KEIICHI SAKUTA versus MUNESUKE MITA

作田啓一 vs. 見田宗介

KEIICHI SAKUTA versus MUNESUKE MITA

KEIICHI SAKUTA versus MUNESUKE MITA

奥村 隆 編

KEIICHI SAKUTA versus MUNESUKE MITA

弘文堂

作田啓一 vs. 見田宗介　◎目次

序章
作田啓一 vs. 見田宗介——「日本の社会学」を研究する
奥村 隆 13
① 「日本の社会学」を研究する——本書にいたる経緯
② 作田啓一／見田宗介とは誰か——素描的な紹介
③ 作田啓一 vs. 見田宗介——本書の構成

I

第1章
戦後社会の生成と価値の社会学——作田啓一における「近代の超克」とその社会学的展開
出口剛司 40
① 近代の超克と一九六〇年代の作田
1 六〇年代の作田社会学
2 「近代の超克」と価値の社会学

② 近代の超克と封建遺制
1 共同態概念と封建遺制の脱イデオロギー化
2 イデオロギーの共同態的基盤
③ 西洋近代と日本
1 西洋近代の輸入
2 タテマエ・ホンネ・使い分け
3 西洋近代との対決？
④ 価値の社会学再考
1 業績主義を超えて
2 謝罪・和解・連帯
3 近代の超克と価値の社会学

第2章
見田宗介における「相乗性」という限界
——『近代日本の心情の歴史』を読み直す
長谷正人 75

① 土着の社会学——一九六〇年代の見田宗介
② 内攻化された心情としての流行歌
③ 相乗的な心情としての流行歌
④ 相剋的な心情としての流行歌
⑤ 相剋性の文化へ

II

第3章

「移行期」の思想――作田啓一と見田宗介の「個人」への問い

片上平二郎

102

①移行期という問い――「社会学の生成」に立ち会うということ
1 作田と見田の「社会学」
2 二つの「日本的な社会学」の間で
3 一九七〇年前後という「移行期」
②「真木悠介」とは誰のことか?――見田宗介の「移行期」
1 「移行期」の消失
2 〈真の社会心理学〉と「新しい世代」
3 時代との距離
4 「真木悠介」の誕生
5 暗い時代の見田宗介
6 「移行期」はなぜ〝消された〟のか?

③「こぼれ落ちるもの」の軌跡と「個人」への問い——作田啓一の「移行期」
1 生成の思想家、作田啓一
2 「こぼれ落ちるもの」の理論
3 「日本文化」再考
4 「文学」を扱うということ
5 「個人」という問題
④「変身」の季節としての「移行期」
1 二人の社会学者の「変身」
2 社会学の変身、もしくは原‐社会学への回帰

第4章 もう一つの時間の比較社会学
——真木悠介『時間の比較社会学』からの展開
鳥越信吾 145
① はじめに
② 第一の比較社会学——抽象性と不可逆性
③ 第二の比較社会学——時間のニヒリズム
④ もう一つの比較社会学——積み重なる時間
⑤「天空の地質学」への展開——『宮沢賢治』の時間論
⑥ 横の比較社会学と縦の比較社会学

III

第5章 事件を描くとき――〈外〉からの疎外と内なる〈外〉 小形道正 180

①はじめに――殺人事件と日本の社会学
②社会構造に疎外された殺人――「まなざしの地獄」より
③自己の欲望に支配された殺人――「酒鬼薔薇少年の欲動」より
④時代診断と自律的言説の暴力
⑤人間と〈外〉をめぐる問い
⑥おわりに――〈外〉の現在性

第6章 「作田啓一／見田宗介の初期著作における「価値」」――「一九六〇年代の理論社会学」をめぐる知識社会学 鈴木洋仁 215

① はじめに
1 「価値」を問う共通性／「価値」を問わない共通性
2 「価値」の現在
② 見田宗介『価値意識の理論　欲望と道徳の社会学』
1 「私」の「基盤」としての修士論文
2 先行研究の整理として
3 新たな方法の確立にむけて
③ 作田啓一『価値の社会学』
1 「価値」を軸に編んだ論文集
2 「価値」を指標とした戦後日本社会論
3 「文化」としての「価値」
④ 「価値」をめぐる時代拘束性
1 「価値」についての三つの立場
2 時代拘束性の理由
3 共通の基盤としての『思想の科学』
⑤ 「価値」のその後と現在
1 見田と作田における「価値」
2 「価値」をめぐる議論の現在

IV

第7章

〈リアル〉の探求――作田啓一の生成の思想

岡崎宏樹

258

①文学の感動と〈リアル〉
②〈第1期〉：学術論文／エッセイの二重戦略
1　学術論文とエッセイの二重戦略
2　責任の進化
3　戦犯受刑者の死生観――「世紀の遺書」の分析
4　死との和解――戦犯刑死者の遺文に現れた日本人の責任の論理
5　非合理的な生の探求と内側からの理解
③〈第2期〉：三次元の自我論
1　三次元のパースペクティヴ
2　生成の論理と定着の論理
3　人間の学と制度の学
4　エロスとタナトス――あるいはマゾッホとサド

④〈第3期〉：力の思想
1 酒鬼薔薇少年の欲動
2 現実界・象徴界・想像界
3 社会の圧力と暴力——不特定多数を狙う犯罪
4 弱者の〈力〉から〈憐憫による連帯〉へ
5 〈リアル〉の探求の特徴と課題
⑤おわりに

第8章 見田社会学におけるリアリティ　浅野智彦　311

①リアリティという問題設定——見田社会学の三つの時期
②原理論・社会意識論におけるリアリティ——未来と主体の理論
1 実感主義の止揚
2 「賢明な男」の逆説
3 相剋性と相乗性
③比較社会学におけるリアリティ——「世界」と〈世界〉の理論
1 「世界」と〈世界〉
2 図と地の反転
3 にんげんの壊れるとき

④ 再開された原理論・社会意識論におけるリアリティ——ロジスティック曲線の理論
1 バーチャルの時代
2 三代目の社会
3 ルール圏と公共圏
⑤ おわりに

V

第9章 反転と残余——ふたつの「自我の社会学」におけるふたつのラディカリズム 奥村 隆 342

① はじめに——ふたつの「自我の社会学」
② まなざしのオブセッション——「恥と羞恥」と「まなざしの地獄」
1 所属集団のまなざし／準拠集団のまなざし——「恥と羞恥」
2 都市の他者たちのまなざし——「まなざしの地獄」
3 まなざしの交錯／平均人のまなざし

③ 自己革命のモノグラフ――『ルソー』と『宮沢賢治』
1 まなざしに貫かれて羞恥する人
2 防衛／超越／浸透――ルソーの「自己革命」
3 修羅／自己犠牲／存在の祭り――宮沢賢治の「自己革命」
④〈明晰〉なる反転――『自我の起原』
1 「動物社会学」という迂回路
2 誘惑と自己裂開性
3 〈明晰〉なる反転とその陥穽
⑤ 残余のラディカリズム――『生成の社会学をめざして』
1 「定着の世界」と「生成の世界」
2 独立我／超個体我／社会我
3 「こぼれ落ちるもの」の探求

序章 作田啓一 vs. 見田宗介

——「日本の社会学」を研究する

奥村 隆

私たちは日本の社会学者がこれまでしてきた仕事をどれだけ知っているだろうか。それが達成したことを検討して、その可能性を評価し、限界を批判して、自分たちがなすべき仕事のために引き継ぐべきものを引き継ぐという作業を、私たちは行ってきただろうか。日本の社会学者たちが現実と格闘してつくりあげてきた成果を、私たち自身が人間と社会をより深く理解するために用いようとする工夫や努力を、どれくらい試みてきただろうか。

本書『作田啓一 vs. 見田宗介』は、社会学者・作田啓一と見田宗介の仕事を理解・紹介し、ふたりの社会学を対比・検討し、それがどんな可能性をもち、いかなる限界があったかを評価・批判して、私たち自身が彼らの社会学からなにをどのように引き継げるかを考えようと試みたものである。もしかしたらこれまでなされていないかもしれないこうした試みを、本書の著者九名は、二〇一三年三月以来「作田啓一・見田宗介研究会」という集まりで行ってきた。本書はこの研究会の現段階の成果を示すものでもある。

九章からなる本編への導入であるこの序章では、私たちがこうした試みをすることになった経緯、本書の検討対象となる作田啓一・見田宗介のプロフィールの紹介、本編の構成の概略を示すことで、この本のねらいを明らかにしておきたい。

①「日本の社会学」を研究する——本書にいたる経緯

丸山眞男は『日本の思想』を、外国人の日本研究者から、「日本の「インテレクチュアル・ヒストリィ」を通観した書物はないか」としばしば尋ねられ、そのたびに困惑の思いをさせられる、という経験から書き起こしている（丸山 1961：2）。日本の各時代において思想の全体構造としての発展をとらえようとする試みは著しく貧弱で、違った立場の思想が共通の知性の上に対決し、その対決のなかから新たな発展を生み出していくという例も（ないわけではないが）通常とはとてもいえない（ibid.：4）。もし日本に「思想が蓄積され構造化されることを妨げて来た諸契機」があるのなら、それをひとつひとつ問題にしていく必要があり、「思想と思想との間にほんとうの対話なり対決が行われないような「伝統」の変革」が必要ではないか、それによって「すこしでも現在の地点から進む途がひらけるのではなかろうか」と丸山は述べる（ibid.：6）。

さらに彼は、日本の「学界」を「「完成品」の輸入取次に明け暮れする」ものと描写しながら、「各時代各集団が、その当時に西洋で有力な地位を占めた国あるいは思潮とそれぞれ横につながって」いる一方で、「縦の歴史的な思想関連が無視される」という状況がそこにある、とする（ibid.：7）。「思想が伝統として蓄積されない」という日本の思想継起の仕方は、「新たなもの、本来異質的なものまでが過去との十全な対決なしにつぎつぎと摂取されるから、新たなものの勝利はおどろくほどに早い」という特徴を生み、他方「過去は過去として自覚的に現在と向きあわずに、傍におしやられ、あるいは下に沈降して意識から消え「忘却」されるので、それは時あって突如として「思い出」として噴出することになる」(ibid.:12)。

この半世紀以上前の政治思想史家の言葉を、日本の社会学をめぐるこの小さな書物の導入部に引用することは慎重でなければならないだろう。だが、西洋の新しい「完成品」が次々と輸入されて、それとの「横」のつながりは存在するが、日本の「過去」との「縦」の歴史的関連は自覚的に問われず、思想の「蓄積」も「構造化」もなされないままで、ときに「忘却」されているという指摘は、二一世紀初頭の日本の社会学にとっても無視できるものではない。たとえば理論社会学や社会学史と呼ばれる領域では、エミール・デュルケーム研究、マックス・ヴェーバー研究、ニクラス・ルーマン研究、ピエール・ブルデュー研究、さらにはジグムント・バウマン研究、ウルリヒ・ベック研究などの精緻な業績が積み上げられてきた。それに対して、日本の社会学に対する研究はどうだっただろうか。本書が試みるような作田啓一研究、見田宗介研究を――そして他の多くの生産的・独創的な日本の社会学者についての研究を――、私たちは蓄積してきただろうか。

もちろん、そうした先人や同時代人の仕事に対する研究は、それぞれが私たちの人間と社会への探究を深く強靭なものにするための、知的な泉のようなものであるからそうするのであって、そこに汲むべき水がゆたかに湧いていなければ、する必要はない。しかし、私たちはそこに水がないという理由で、それを振り返ってこなかったというわけではないように思う。そこに水脈があり、泉があれば、それを探ればよいのではないか。そうすることで、私たちは「忘却」していたり、知らず知らずにその影響下にいながらとらえそこねたりしてきた自分たちが置かれた知的な文脈や構造を自覚し、自らがいま直面する課題を考えるのに意識的に利用できるのではないか。カール・マンハイムが『イデオロギーとユートピア』でいうように、私たちは「自分が属している集団の言葉で話す」のであり、「その集団が思考する流儀に従って思考する」。「厳密な言い方をすると、単独の個人が思考する、というのは誤りである。正しくは、個人は彼以前に他人が考えてきている思考に加わる、といったほうがよい」(Mannheim 1929=1979:99)。私たちは自分がどのような思考に加わっているかを理解しているのだろうか。

本書はこのような問題意識によるささやかな試みである。ただ、この本の著者たちは自分たちだけでこの問題意識を獲得したのではない(おそらく、この研究会が始まるまで誰もこんな仕事をするとは思っていなかっただろう)。それは私たち以前に他の人々が考えてきた思考と、多くの偶然によるのであり、より具体的なひとつのきっかけがあった。

二〇一二年一一月二四日、千葉大学で日本社会学理論学会主催によるワークショップが開かれた。アンソニー・エリオット、片桐雅隆、澤井敦編 *Companion to Contemporary Japanese Social Theory: From Individualization to Globalization in Japan Today* の Routledge 社からの刊行を記念して、これをめぐる討議がなされたのだ(Elliott et al. eds. 2013)。これに参加した私は、現代日本の社会理論を英語で紹介するこの著作を間違いなく画期的なものと感じながら、同時にある違和感を覚えた。前半は現象学的社会学、批判理論、精神分析、構造主義・ポスト構造主義といったパースペクティブごと、後半は自我、ジェンダー、ネットワーク、ポストモダン、グローバリゼーションといったテーマごとに現代日本の社会理論を周到に論じたこの本に、率直にいって、なにかが欠けているように感じたのだ。端的に述べるならば、見田宗介は「理想/夢/虚構」の時代区分がポストモダンを扱った澤井敦執筆の章に登場するに限られ、作田啓一や吉田民人といった日本の社会学理論を牽引してきたといってよい社会学者は本書に登場しない。こうした代表的とも思われる日本の社会学者たちの不在はなぜなのか。私がこの素朴で乱暴な質問をしてみると、編者の片桐、澤井から、一九九〇年代以降の仕事を主なターゲットにしたこと、欧米をマーケットにするため理解しやすいパースペクティブやテーマによるタイトルをつける必要があったこと、たとえば見田宗介は批判理論か精神分析なのかといった分類ができなかったこと、などじつに真摯な応答があった。

おそらく、「外国人研究者」に日本の知的状況を説明（ないし「輸出」！）しようとするこの重要な仕事は、画期的・意欲的であるからこそ次なる課題を指し示したといえるのだろう。編者の片桐、澤井、アンソニー・エリオット、寄稿者だった出口剛司、浅野智彦などを加えたワークショップ会場および懇親会での議論は驚くほど熱を帯びたものとなった。そのような欧米の枠組みで分類できない仕事が、むしろ日本社会学の固有の成果といえるのではないか。分類不可能なら、ひとりの社会学者をまるごととらえ直すという仕事が有効なのではないか。それを英語で発信するということのまえに、私たちはそういう研究をもっているのだろうか。もしそれがなされてこなかったとしたら、それはなぜなのか。[1]

この議論の記憶が鮮明なうちに、奥村、出口、浅野のあいだで、日本の社会学を振り返る研究会を立ち上げることについて何度か意見交換した。メンバーは四〇代半ばから五〇代前半までの同世代と三〇歳前後の若い世代を組み合わせることにし、ひとりの社会学者だけを検討対象にすると閉塞してしまい、毎回別の社会学者を取り上げるような形では拡散してしまうと考え、二～三名くらいの社会学者をとりあえずの検討対象にする方針とした。若い世代のメンバーとして片上平二郎、鳥越信吾、小形道正、鈴木洋仁、寺田征也が加わり、まず取り上げることにしたのが作田啓一と見田宗介である。これは、それまで各自が読んだことがありおもしろいと感じていたという理由と、同じ戦後日本で活躍したこのふたりには多くの類似点と相違点があり、対比することでなにか

1　この経緯については、奥村（2015）により詳細に記している。

がわかるのではないか、より端的にいって、このふたりを検討することは人間と社会の探究に資するだろう、という見込み（素朴すぎるかもしれないが）による。研究会は仮に「作田啓一・見田宗介研究会（略称：S／M研）」と名づけられ、その後、長谷正人、赤川学、岡崎宏樹がメンバーに加わった。

二〇一三年三月から始まった研究会では、まず作田・見田のひとつの作品を全員が読んできて、担当者がその内容についての要約とコメントを行い討論する、というまるで大学院のゼミのような回をひとわたり行った。このさい、寺田は鶴見俊輔について、赤川は高田保馬についての報告を行い、二〇一四年五月の寺田報告の回には鶴見と縁のある井上俊が京都から「見学」（井上の言葉によれば）に訪れた。二〇一四年一〇月の回から、作田と見田についてそれぞれが一章を書いて出版する計画を見据え、各自が原稿の構想を報告する回を繰り返した。作品を決めて自由に意見を交わし合う一巡目の研究会に比べ、作田・見田から自分がなにを切り取り、それとどう対決したかを表明し合う二巡目は遥かに難しいステージとなり、原稿執筆はどの著者にとっても困難を極めたといってよい。二〇一六年九月に、ようやく原稿が出揃った。

この間、他にもいくつかの偶然が重なり、作田・見田の社会学についての報告機会が複数設けられることになった。第一の機会（これは研究会メンバーが意図的に組織したものだが）は、二〇一四年の世界社会学会議横浜大会でのＲＣ16（社会学理論）によるテーマセッション「Discovering and Locating the Legacies of Japanese Sociological Theories」である。七月一四日に開催されたこの部会では、片上平二郎と鳥越信吾が見田宗介について、鈴木洋仁が井上俊、寺田征也が鶴見俊輔、出口剛司が作田啓一についてそれぞれ報告し、「外国人研究者」たちの強い関心を引いた。また、二〇一五年九月二〇日の第八八回日本社会学会大会（於早稲田大学）では、研究委員である出口剛司、奥村隆、杉野勇が企画したシンポジウム「戦後社会学の（再）発見——境界へのまなざし／境界からのまなざし」が開催され、奥村隆が作田・見田を対比する報告、岡崎宏樹が作田社会学についての報告、正村俊之が吉田民人の社会学をめぐる報告を行い、三上剛史、浅野智彦がコメントして討論を行った。

この前日九月一九日には、若手フォーラム「社会学を創造する――見田社会学との対話」が開催された。これは四〇歳未満の若手社会学者がベテラン社会学者との対話を希望し、自分たちの研究関心を踏まえながら「挑戦」するもので、見田との対話を希望した小杉亮子、森啓輔、龍野洋介、西川純司の若手四名の企画、芳賀学の司会で、見田宗介本人が若手からの問いかけに答える生き生きとしたセッションとなった（七月の見田との打ち合わせなどに奥村も参加した）。また同じころ『現代思想』編集部の発案で『現代思想』の「総特集 見田宗介＝真木悠介――未来の社会学のために」が企画され、二〇一五年末に二〇一六年一月臨時増刊号として刊行された。ここには多くの見田の教え子を含む豪華というべき執筆陣による見田＝真木論が収録されているが、研究会メンバーからは奥村隆、片上平二郎、小形道正、浅野智彦が寄稿した。本書の進行と同じ時期にこれらの機会がまったく偶然に重なったことは、研究会にとって弾みともなり、逆に原稿のハードルを上げることにもなった。

もうひとつ、悲しい偶然も重なった。二〇一六年三月一五日、前年の七月から肺炎で入院していた作田啓一が、九四歳で逝去した。京都から参加していた岡崎を通して「S／M研」への作田のメッセージを何回か伝え聞き、病状の報告も受けていた研究会メンバーは、岡崎からのメールによるこの知らせに衝撃を受けた。岡崎によれば、病室にはルソーの『言語起源論』が置かれていたという。この死を受けて、九月四日の日本社会学理論学会大会（於神戸学院大学）では特別セッション「作田啓一の社会学」が企画され、出口剛司、岡崎宏樹が鮮烈な報告を行い、浅野智彦の司会、宮原浩二郎のコメントによって充実した討論が進められた。本書脱稿のタイミングに行われたこの部会の成果も、いくつかの章に反映されている。

② 作田啓一／見田宗介とは誰か――素描的な紹介

作田啓一、見田宗介とはいかなる仕事をしてきた、どのような人物なのか。もちろんこれがこの本の本編の主題であり、序章では本編各章によって塗り替えられるべき粗い素描を提示するにとどめるべきだろう。ここでは、いくつかの既存の資料[2]と本編の叙述などから概要的なことがらを少しだけ抽出して、ふたりのプロフィールを示しておくことにしよう。

作田啓一は一九二二年一月三一日に山口県山口市で生まれた。父は京都帝国大学教授・満州建国大学副総長だった経済学者の作田荘一である。作田によればナショナリストで神道主義者だった（息子の教育ではリベラルだった）父の勤めの関係で、二、三歳から京都で暮らす（清田・作田 2002:130, 147-9, 159）。小学校時代は「虚弱児童」で、中学校高学年から芥川龍之介や夏目漱石を読み漁っていた作田は（ibid.:130, 140）、一七歳に近づくころドストエフスキーの『白痴』を読んで、「天地がひっくり返り、世界が逆立ちしているように見えた」、「この小説に書かれていることが現実であり、日常の世界が仮構であるかのように思えた」という（作田 1988:61）。

一九三九年、関西学院大学予科に入学、商経学部経済学科を卒業して短期間会社勤務を経験するが、再び学問を志して一九四四年に京都帝国大学文学部哲学科選科に入学する。だが、一九四五年一月に学徒動員で、本籍地であった山口県の第四連隊に補充兵として入隊し、戦地に配属される直前に山口で終戦を迎える。広島への原爆投下後、それによって負傷した兵隊が山口の陸軍病院に運ばれ、次々と死んでいく状況に看護兵として遭遇したともいう（清田・作田 2002:146-7）。二〇〇四年七月二五日の「未来を生きる君へ」という朝日新聞のコラムで、自分は「ひょろ長い体型で不器用であり、苛酷な訓練や新兵への暴力にとても耐えられそうにない、と思っていた」、「訓練が終わると戦場に駆り出され、そこで間もなく病死するか戦死するに違いないと確信していた」と記している。未来への生活設計もなく、苦しい集団生活のあとで死ぬだけだと思っていたので、好きな「ドストエフスキーやチェーホフなどの翻訳文学を読む」ことをして余生を送るしかないと思い、それによって「現実の惨めさにもかかわらず、生には本来的に希望が含まれていることを学んだ」と作田は述べている。

戦後、作田は一九四八年に京都帝国大学文学部哲学科を卒業し、西京大学（現・京都府立大学）助手、助教授を経て、一九五九年に京都大学助教授（吉田分校勤務）、一九六六年に同大学教養部教授となる。この間、BC級戦犯について裁判記録を集め遺族への聞き取りを行うなどの研究を進め、これが日本文化論の研究へとつながって一九六七年の『恥の文化再考』で脚光を浴びる。また、京都大学人文科学研究所での「文学理論の研究」（桑原武夫班長）、「第二次ルソー研究」（同）、「プルードン研究」（河野健二班長）に参加、自らも「文学社会学研究会」を主宰し、「文学からの社会学」をめざした共同研究を進める。一九八五年に定年退官して京都大学名誉教授となり、一九九五年まで甲南女子大学教授を務めた。一九八五年から一九八八年まで日本社会学会会長となり、第三一回（平成二四年度）京都府文化賞特別功労賞を受賞した。京都大学出身で教えを受けた社会学者には、井上俊、亀山佳明、高橋由典、岡崎宏樹などがいる。専門分野を超え自由に議論する研究会「分身の会」を最晩年まで主宰し、二〇一五年には京都・松ヶ崎の自宅離れを学問・交流の場として「スタヂオ・サクタ」と名づけた。そして、すでに述べたように、二〇一六年三月一五日、九四歳で逝去した。

作田の学問生活の素描としては、その単著のリストを掲げておくことにしよう。

2　とくに作田啓一の略歴については、二〇一六年九月四日の日本社会学理論学会大会特別セッション「作田啓一の社会学」における岡崎宏樹報告の配布資料と、新堂粧子氏が提供くださった資料がたいへん参考になった。記して感謝する。

『恥の文化再考』（一九六七年、筑摩書房）
『価値の社会学』（一九七二年、岩波書店。二〇〇一年、岩波モダンクラシックス）
『深層社会の点描』（一九七三年、筑摩書房。一九九〇年にいくつかの論考を増補・削除して『仮構の感動——人間学の探求』として筑摩書房から刊行）
『ジャン＝ジャック・ルソー——市民と個人』（一九八〇年、人文書院。一九九二年に『増補 ルソー——市民と個人』として筑摩書房から、二〇一〇年に『ルソー——市民と個人』として白水社〈白水Uブックス〉から増補版を刊行）
『個人主義の運命——近代小説と社会学』（一九八一年、岩波書店〈岩波新書〉）
『人類の知的遺産 五七 デュルケーム』（一九八三年、講談社）
『ドストエフスキーの世界』（一九八八年、筑摩書房）
『生成の社会学をめざして——価値観と性格』（一九九三年、有斐閣）
『三次元の人間——生成の思想を語る』（一九九五年、一九九八年再版、行路社）
『一語の辞典 個人』（一九九六年、三省堂）
『生の欲動——神経症から倒錯へ』（二〇〇三年、みすず書房）
『現実界の探偵——文学と犯罪』（二〇一二年、白水社）

一九九八年以降、同人誌『Becoming』をBC出版より年二回発行、これへの所収論文は一七年間で三五編に及び、いくつかは『生の欲動』、『現実界の探偵』に収録されている。編著には、文学社会学研究会の成果である富永茂樹との共編者『自尊と懐疑——文芸社会学をめざして』(一九八四年、筑摩書房)などがあり、井上俊との共編著『命題コレクション 社会学』(一九八六年、筑摩書房。二〇一一年、ちくま学芸文庫)は命題で社会学を伝える新しい形の社会学のテキストである。訳書には、T・パーソンズ、E・A・シルス編『行為の総合理論をめざして』(一九六〇年、永井道雄・橋本真と共訳、日本評論新社)、E・フロム『希望の革命——技術の人間化をめざして』(一九六九年、佐野哲郎と共訳、紀伊國屋書店)、F・L・K・シュー『比較文明社会論——クラン・カスト・クラブ・家元』(一九七一年、濱口惠俊と共訳、培風館)、E・フロム『破壊——人間性の解剖(上・下)』(一九七五年、佐野哲郎と共訳、紀伊國屋書店)、J・J・ルソー『社会契約論』(一九七九年、『ルソー全集五』所収、白水社。二〇一〇年、白水Uブックス)がある。

本書第7章の岡崎宏樹論文によれば(本編を先取りすることになるが)、作田の仕事は三期に分けられる。第一期は卒業論文「客観的責任の心理と社会的諸条件」が西京大学の紀要に発表された一九五二年から一九七二年の『価値の社会学』刊行までとされ、岡崎はこれを「学術論文/エッセイの二重戦略」期と呼ぶ。この時期は「社会学」の学術論文と文芸評論を中心としたエッセイの両方が書かれており、前者は『価値の社会学』、後者は『恥の文化再考』『深層社会の点描』におもに収められている(が、明確に切り分けられているわけではない)。そこで特徴的な主題は、『価値の社会学』に卒業論文をほぼそのまま収めた「責任の進化」、戦犯受刑者の遺文を編んだ『世紀の遺書』を分析した一九六〇年の論文「戦犯受刑者の死生観——『世紀の遺書』の分析」(『価値の社会学』所収)、一九六四年のエッセイ「死との和解——戦犯刑歿者の遺文に現われた日本人の責任の論理」(『恥の文化再考』所収)に見られる「罪と罰」の問題(これはドストエフスキーから引き継がれた主題である)、一九六四年に『思想の科学』に掲載されたエッセイ「恥の文化再考」(『恥の文化再考』所収)とその発展型として『価値の社会学』に収められた論文「恥と羞恥」で展開された「羞恥・はじらい」というテーマ、一九六三年の論文「価値と行動」以来いくつもの論文が書かれ、『価値の社会学』という単著のタイトルにもなった「価値」についての理論的考察などである。『恥の文化再考』の「あとがき」にあるように、「日本の前近代性を再検討する」ことで「近代を超え、現代にそのままつながる」テーマ群であるともいえよう（作田 1967 : 280）。

第二期は、岡崎によれば「三次元の自我論」期である。一九六〇年代後半から京都大学人文科学研究所で参加したルソー研究を経て、作田は独自の理論を獲得し、一九八〇年の『ジャン－ジャック・ルソー』に収めた諸論考以降、これを展開する。『価値の社会学』でも論じていた三次元の行為の選択基準というアイデアから、『ルソー』での「防衛／超越／浸透」志向という類型に引き継がれ、一九九三年の『生成の社会学をめざして』で「社会我／独立我／超個体我」という独自の自我論へと発展していくこの期の仕事は一九九七年ごろまで続くが、ルソーとともに、アンリ・ベルクソンの理論を本格的に導入したことがこの展開にとって重要な要因であった。「文学によって社会学を豊かにする」ことをめざす「文芸の社会学」の試み（作田 1981 : 10）として、ルネ・ジラールの「三角形の欲望」理論によって夏目漱石や太宰治などの日本の近代文学を再解釈した『個人主義の運命――近代小説と社会学』、「人生は生きるに値するかどうか」（作田 1988 : 394）を真剣に考えた思想家としてドストエフスキーをとらえようとした『ドストエフスキーの世界』などの仕事もこの時期になされた。さらに『生成の社会学をめざして』では、「三次元の自我論」とともに、「定着の論理」に対する「生成の論理」に基づいた社会理論、「制度の学」に対する「人間の学」の必要を主張する。

しかしこの三次元の理論は、続く第三期では参照されなくなる。一九九八年から二〇一六年の死にいたる第三期を岡崎は「力の思想」期と名づけるが、この時期はジャック・ラカンの理論の作田独自の解釈による導入と、先に触れた同人誌『Becoming』という場での自由な思考の展開に特徴づけられる。その創刊号で発表された「酒鬼薔薇少年の欲動」（『生の欲動』所収）は、前年に起きた神戸の児童殺傷事件を題材にして「欲動」という人間の外からやってくる力を論じており、これ以降作田は「不特定多数を狙う犯罪」（二〇〇九年、『現実界の探偵』所収）など殺人事件を中心に犯罪というテーマを繰り返し取り扱う。また、ラカンの「現実界／象徴界／想像界」という三範域の理論を「合理性の彼方にあるものを探求する」（作田 2003 : 297）ために役立つと考えて独特の形で（ある意味で生産的誤読によって）自分の理論枠組みとして採用し、真の自己を成立させる機序に迫ろうとした二〇〇〇年の「真の自己と二人の大他者——ラカンとレヴィナスが交わる点」、「神経症から倒錯へ」という変化の趨勢を論じた二〇〇一年の「倒錯としてのいじめ」（いずれも『生の欲動』所収）といった論考を相次いで『Becoming』に発表していく。さらに文学作品を通した思考も深まりを見せ、二〇〇六・七・八年に島尾敏雄論、武田泰淳論、夢野久作論（いずれも『現実界の探偵』所収）を発表、二〇一〇・一一年にはルソー、ドストエフスキー、ニーチェを題材にして「自己愛と憐憫」を、二〇一二・一三年には西欧の小説と日本の私小説を対比しながら「日本近代文学に見られる自我の放棄」を（これは、死の直前に刊行された亀山佳明編『記憶とリアルのゆくえ——文学社会学の試み』（新曜社）に収録された）、そして二〇一四・一五年には「漱石における夜の思想」を、それぞれ二号にわたって論じている。

見田宗介は一九三七年八月二四日に東京・中野に生まれた。父はヘーゲル哲学研究者の見田石介である。六歳のときピアノの教授だった母が病死、一九四五年の春に空襲で焼け出され、一家で疎開した山形で終戦を迎える。戦争の記憶として、見田は、空襲のあとの焼け野原で、ガラス食器や他の生活用具が形を失って「ぐにゃりとしたマテリー（素材）の塊」になり、家と家の境がなくなって「風が好きなように吹き抜けている」という感覚を抱いた体験をあげている。ある晴れた日に妹と一緒にガラスのオブジェを発見する遠征に出た見田は、「世界がないことはいいことだなあ。世界があることはいいことだなあ。というみたいなこれまでに経験したことのない全肯定感につつまれていた」と、二〇一〇年二月三日の朝日新聞夕刊のコラム「森羅万象の空」に記している（見田 2010→2012:176-7）。

二〇一六年一月一八日から二九日まで朝日新聞夕刊に一〇回連載された「人生の贈りもの わたしの半生」によれば、ヒトラー批判をして収監され、戦後も失業中だった父が自宅で開いていた読書会に参加した見田は、小学生にしてヘーゲル『論理学』を読んだという。父が大阪市立大学に職を得て、中学三年で大阪府堺市に転居、高校時代を大阪で過ごし、一九五六年に東京大学文科二類（現在の文科三類）に入学する。学部で社会学に進むとき、マルクスのような古典理論がある経済学を専攻するよう勧める父に対し、見田は「（社会学の）骨組みとなる古典理論は自分が作る」と答えたというが、一九六〇年に東京大学文学部社会学科を卒業して大学院に進学、一九六五年に同大学院博士課程を単位取得退学して、東京大学教養学部助教授となる。

これ以降の研究・執筆活動については以下に見るが、大きな転機は一九七三年から七六年にかけてインド、メキシコ、ブラジルなどに滞在した経験だった。インドの旅は一カ月にも満たない短期間だったが、見田によれば「全身の血が入れかわったような経験」だった。一九七四年より一年間エル・コレヒオ・デ・メヒコ客員教授としてメキシコに滞在（これはインドから帰宅したときに残されていた鶴見俊輔の留守電がきっかけだったという）、さらにブラジル、グアテマラ、ペルーなど中南米に旅したことは、見田に文体を変えるほどの感覚の変化をもたらした（見田 2015a:252-3）。この後一九七七年に竹内敏晴の身体論・演劇論に出会い、「竹内レッスン」やヨガ、野口晴哉の「整体」などを取り入れたワークショップ（「エチュード合宿」と呼ばれる）を行うようになり、大学での「見田ゼミ」は学生の人気を集め、多くの信奉者が詰めかけることになる。一九八二年に東京大学教授、一九九八年に定年退官して東京大学名誉教授となり、二〇〇八年まで共立女子大学教授を務めた。東京大学で教えを受けた社会学者には、内田隆三、江原由美子、佐藤健二、吉見俊哉、大澤真幸、浅野智彦などがいる。また、一九八〇年から市民との会「樹の塾」を主宰して、著作や発言への質問に答え、「人生の交流会のような場」としての活動を続けている。

では、見田の学問生活の素描として、作田と同様に、単著のリストを掲げておこう。

『現代日本の精神構造』（一九六五年、弘文堂。一九八四年に収録論文を入れ替えた新版が弘文堂から刊行）

『価値意識の理論――欲望と道徳の社会学』（一九六六年、弘文堂）

『近代日本の心情の歴史――流行歌の社会心理史』（一九六七年、講談社〈ミリオンブックス〉。一九七八年、講談社学術文庫）

『現代の青年像』（一九六八年、講談社〈講談社現代新書〉）

『現代の生きがい――変わる日本人の人生観』（一九七〇年、日本経済新聞社〈日経新書〉）

『現代日本の心情と論理』（一九七一年、筑摩書房）

『人間解放の理論のために』（真木悠介名義、一九七一年、筑摩書房）

『現代社会の存立構造』（真木悠介名義、一九七七年、筑摩書房。二〇一四年に大澤真幸の解題と論文を付して朝日出版から刊行）

『気流の鳴る音――交響するコミューン』（真木悠介名義、一九七七年、筑摩書房。二〇〇三年、ちくま学芸文庫）

『現代社会の社会意識』（一九七九年、弘文堂。「まなざしの地獄」（一九七三年初出、二〇〇八年単行本化）を収録）

『青春朱夏白秋玄冬――時の彩り・八八章』（一九七九年、人文書院）

『時間の比較社会学』（真木悠介名義、一九八一年、岩波書店。一九九七年、岩波同時代ライブラリー、二〇〇三年、岩波現代文庫）

『宮沢賢治――存在の祭りの中へ』（一九八四年、岩波書店。二〇〇一年、岩波現代文庫）

『白いお城と花咲く野原――現代日本の思想の全景』（一九八七年、朝日新聞社）

Social Psychology of Modern Japan (1992, trans. by Stephen Suloway, Kegan Paul International)

『自我の起原――愛とエゴイズムの動物社会学』（真木悠介名義、一九九三年、岩波書店。二〇〇八年、岩波現代文庫）

『旅のノートから』（真木悠介名義、一九九四年、岩波書店）

『現代日本の感覚と思想』（一九九五年、講談社〈講談社学術文庫〉）

『現代社会の理論――情報化・消費化社会の現在と未来』（一九九六年、岩波書店〈岩波新書〉）

『社会学入門――人間と社会の未来』（二〇〇六年、岩波書店〈岩波新書〉）

『まなざしの地獄――尽きなく生きることの社会学』（二〇〇八年、河出書房新社）

『現代社会はどこに向かうか《生きるリアリティの崩壊と再生》』（二〇一二年、弦書房）

また、『定本 見田宗介著作集』（全一〇巻）が二〇一一～一二年に、『定本 真木悠介著作集』（全四巻）が二〇一二～一三年にいずれも岩波書店から刊行されている。各巻のタイトルは以下のとおり[3]。

『定本 見田宗介著作集』 Ⅰ「現代社会の理論」 Ⅱ「現代社会の比較社会学」 Ⅲ「近代化日本の精神構造」 Ⅳ「近代日本の心情の歴史」 Ⅴ「現代化日本の精神構造」 Ⅵ「生と死と愛と孤独の社会学」 Ⅶ「未来展望の社会学」 Ⅷ「社会学の主題と方法」 Ⅸ「宮沢賢治――存在の祭りの中へ」 Ⅹ「晴風万里――短篇集」

『定本 真木悠介著作集』 Ⅰ「気流の鳴る音」 Ⅱ「時間の比較社会学」 Ⅲ「自我の起原」 Ⅳ「南端まで――旅のノートから」

これ以外の重要な仕事として、井上俊・上野千鶴子・大澤真幸・吉見俊哉との『岩波講座 現代社会学』（一九九五～九七年、岩波書店、全二七巻）、栗原彬・田中義久との『社会学事典』（一九八八年、弘文堂）、上野千鶴子・内田隆三・佐藤健二・吉見俊哉・大澤真幸との『社会学文献事典』（一九九八年、弘文堂）の編集をあげることができる。

本書第8章の浅野智彦論文によれば、見田宗介の仕事もまた三つの時期に分けられる。第一期は一九六〇年代から一九七〇年代後半、著作でいうと『現代社会の存立構造』までであり、この時期の仕事は「原理論的な仕事」と「社会意識論的な仕事」とされる。一九六一年に提出した修士論文を刊行した『価値意識の理論』は、近代日本の民衆意識の動態分析という課題に取り組むに先立って、行為・パーソナリティ・文化・社会をめぐる価値理論を体系化しようとする作業だった。これは一方で、さまざまなデータに基づいた社会意識の分析へと展開し、NHK放送文化研究所の「日本人の意識」調査や若者やホワイトカラーへの調査の数量的分析、読売新聞の「身の上相談」欄というデータを用いた一九六三年の「現代における不幸の諸類型」（『現代日本の精神構造』所収）、流行歌の歌詞から近代の民衆意識の変動をとらえようとした『近代日本の心情の歴史』、永山則夫（N・N）という連続殺人犯の手記をデータに都市の実存構造を解明しようとした「まなざしの地獄」（『展望』一九七三年五月号初出）などに繋がっていく。そして、マルクスやサルトルの理論を踏まえながら「未来構想」を論じた『人間解放の理論のために』、『資本論』の独自の再構成によってまさに「原理論」を構築しようとした『現代社会の

3　主要作品のうち、『人間解放の理論のために』と『現代社会の存立構造』は（前者の最終章「コミューンと最適社会」を除いて）定本には収録されていない。

存立構造』（いずれも真木悠介名義）が、この時期の仕事のもうひとつの極に位置づけられる。

第二期は一九七〇年代後半から一九九〇年代前半まで、主要な作品では『気流の鳴る音』、『時間の比較社会学』、『宮沢賢治』、『自我の起原』が発表された時期である。浅野はこの時期の仕事を「比較社会学的な仕事」と呼ぶが、「全身の血が入れかわるような経験」だったインド・メキシコ・ブラジル滞在を経た見田は、近代社会の自明性をとらえかえす拠点をさまざまな非近代との「比較」に見出す。ネイティブ・アメリカンの生き方、アフリカの部族社会、日本古代、ヘレニズム、ヘブライズムの「時間」のとらえ方、宮沢賢治という文学者の自我や存在の感じ方、生命の誕生から人類にいたるまでの「動物」の進化における「自我」の発生プロセス、これらとの「比較」によって近代社会とそこに生きる人間を相対化・対自化するとともに、見田は一〇代からの原問題である「ニヒリズムからの解放」と「エゴイズムからの解放」という問いへの明確な展望を獲得したという。この時期の四作品のうち『宮沢賢治』以外は、二〇一五年九月の若手フォーラムの席で、読者を想定せず自分にとってどうしても問わなければならない切実な問題を扱うとき用いる、と述べた「真木悠介」名義で発表されている[4]（同じ席で見田は、『宮沢賢治』は真木名義でもよかったとも述べている）。

第三期は一九九〇年中頃から現在まで、著作では一九九六年の『現代社会の理論』以降とされ、浅野によれば、第二期の比較社会学的な仕事を踏まえながら「再開された原理論・社会意識論」と呼ばれる仕事がなされる。『現代社会の理論』は「近代社会」と区別される「現代社会」を「情報化／消費化」によって特徴づけ、その限界を指摘しながら、情報化／消費化の「転回」による自由な社会の可能性を展望する。同年の論考「交響圏とルール圏」（『社会学入門』に収録）は人と人との相乗性を最大にする「交響圏」と相剋性を最小にする「ルール圏」という概念に基づいた社会理論を構想しようとし、二〇〇七年の「近代の矛盾の「解凍」」（『思想』二〇〇七年一〇月号初出）ではＮＨＫ放送文化研究所の「日本人の意識」調査の一九七三年から二〇〇三年の三〇年間の結果を踏まえて、脱高度成長期において「歴史の減速」と、近代を支えてきたメンタリティーの「地殻変動」が起きていると主張する。この論文にも登場する「時間の経過」を横軸、「個体の数」を縦軸にとって「人間の歴史の三つの局面」を示す「ロジスティック曲線」に第三期の見田は繰り返し言及し、『現代思想』見田＝真木特集号の「現代社会はどこに向かうか（二〇一五版）」でもこの「現実の構造」を出発点に「近代の後の見晴らしを切り開く」（見田 2015b：37）試みをする。

3 作田啓一 vs. 見田宗介——本書の構成

以上の短い紹介からも、ごく外面的なレベルで、このふたりの社会学者の共通点と相違点をいくつも抽出することができるだろう。活動開始時期が一九五〇年代・六〇年代からという違いはあるが、その後の半世紀以上、戦後日本社会において活躍した社会学者である。京都大学と東京大学という旧帝大に属する大学で（しかもどちらも教養（学）部に所属して）研究教育に従事し、次世代を担う社会学者を数多く育てている。岡崎・浅野の見方によるが、その仕事は三期に分けられ、第一期（作田：一九五二年～一九七二年、見田：一九六〇年代～一九七〇年代後半）、第二期（作田：一九七三年～一九九七年、見田：一九七〇年後半～一九九〇年前半）、第三期（作田：一九九八年～二〇一六年、見田：一九九〇年代中頃～現在）と時期も似通っている。そして、成果を社会学の学術的研究という形だけでなく、エッセイなどさまざまな形態、マスメディアを含む多くの媒体で発表し、学界に

4　二〇一五年の加藤典洋との対談では、見田は「締め切りがない仕事を真木で書こうと思った」とし、ペンネームは「家出」であると述べている（加藤・見田 2015：25）。

限定されない影響を社会に与えてきた。

その仕事の内容からも、すぐにいくつかの共通点を指摘することができる。たとえば、一九六〇年代に「価値」を主題とした研究を進め、『価値の社会学』、『価値意識の理論』という作品が第一期の単著であること。時期は異なるが、いずれも殺人事件を題材として「酒鬼薔薇少年の欲動」、「まなざしの地獄」などの重要な論考を残していること。作田はルソー、ドストエフスキー、太宰治など、見田は宮沢賢治などの文学作品を発想の源泉として思考を深めていること。文学を含めて社会学以外の学問の成果を貪欲に利用しており、社会学という学問の境界を自由に踏み越えていること。そして、一〇代に抱いた「原問題」というべき問題関心を手放すことなく探求し続けていること、などである。

しかしながら、彼らの相違にもすぐに（じっさいにその仕事に触れてみると）気づかされる。同じ戦後日本社会を生きているが、一九二二年生まれと一九三七年生まれという年齢差はその経験に決定的な差異を与えているだろう。さきほど引用した作田の「病死するか戦死するか」を確信してただ死を待つような軍隊経験と、見田の融けたガラスのオブジェを発見し「風が好きなように吹き抜けている」と感じた焼け跡の体験は、戦争と戦後社会への異なったまなざしを抱かせるもののように思う。一〇代に胚胎した「原問題」はどちらも人間が生きることへの根源的な問いといえるだろうが、詳しく見るとそのあいだに相違があり、社会学を越境し、とくに文学を思考に導入するときも異なる対象を異なる手つきでそうしているところがある。「価値」を主題にしたそれぞれの研究は「価値」を概念定義する地点から決定的に違う方向を向いており、「犯罪」を扱うときにどの事件を題材に選ぶかという感受性も、それを考察する枠組みも大きく異なっている。本編ではさらに多くの論点に深く踏み込むことになるが、このふたりの巨匠の共通点と差異を丁寧に腑分けすることだけでも、私たちはなにかを手に入れられるように思う。

本書のタイトル『作田啓一 vs. 見田宗介』は、もともとこのふたりの社会学を対比してみようという軽い気持ちで編者が提案したものだが、丸山眞男がいうように、仮にいまも「思想と思想との間にほんとうの対話なり対決が行われないような「伝統」の変革」が必要なのだとすれば、それほど間違ったものではないかもしれない。作田と見田というふたりがもちろん日本の社会学の全体を「構造化」して見せてくれるわけではないけれども、違った立場の思想が共通の知性の上に「対決」し、その「対決」のなかから新たな発展を生み出していくこと、そこから、これまであまり顧みられなかったかもしれない社会学における思想の「歴史的蓄積」を可能にし、自分たちの「過去」との「縦」の関連性を発見していくことはできるように思う。それは「作田 vs. 見田」だけでなく、「各章の著者 vs. 作田/見田」であり、「現代の私たち vs. 作田/見田」という対決ないし対話でもある。

これからの各章は、それぞれの著者が作田啓一と見田宗介に全力で「対決」し、「対話」を試み、「挑戦」した結果である。作田だけを扱った章、見田だけを扱った章、ふたりを対比した章があるが、論文が並んだだけの本にしないために、二章ずつを並べてそのあいだにも「vs.」を設ける仕掛けにしてみた。対となる章にゆるやかに共通するテーマから、作田・見田それぞれがなにを論じ、そこから各著者がなにを引き出すか、ある種の「知的格闘技」としても読んでいただけるものと思う（ただし、編者の奥村は姑息にも（!）「vs.」から外れて単独の最終章を担当した。一章内で「vs.」を演出したのでご寛恕いただきたい）。

まずⅠでは、作田、見田がそれぞれ戦後の日本社会にどのように接近しようとし、なにを解明したか、が論じられる。一九四五年八月を二三歳で迎えた作田と七歳で迎えた見田にとって、戦後日本とはなんだったのか。第1章「戦後社会の生成と価値の社会学――作田啓一における『近代の超克』とその社会学的展開」で出口剛司は、一九六〇年代の作田の仕事の背後に「近代の超克」という問題意識があったことを指摘し、西洋近代とも戦前・戦中のイデオロギーとも異なる「「近代の超克」の超克」を作田がいかに構想しようとしたかを論ずる。おもに『価値の社会学』に収録された「価値体系の戦前と戦後」、「恥と羞恥」などの論考を読解しながら、出口は日本の庶民が生きてきた集団形態や感情構造を抽出するとともに、作田の「価値の社会学」の規範理論としての可能性を主張する。これに対して、第2章「見田宗介における「相乗性」という限界──『近代日本の心情の歴史』を読み直す」で長谷正人は、日本の近代化過程を民衆たちがどのような心情で生きて来たかをとらえようとした一九六〇年代の見田の仕事に注目し、明治以降の流行歌の歴史を分析した『近代日本の心情の歴史』に焦点を当てる。普遍的理論を志向する以前の見田が展開したこの「土着の社会学」(長谷の言葉でいえば)は、民衆のさまざまな心情が仮託された虚構世界としての流行歌を鮮やかに分析するとともに、その心情をいくつかの点でとらえきれずにいる。本章後半で、長谷は見田とは異なる流行歌の分析を試み、見田の分析がもつ限界と、異なったユートピアの可能性を指し示そうとする。

Ⅱでは、時期によって大きな変化を見せる作田・見田の、「移行期」ともいえる一九七〇年代から八〇年代初頭の仕事が、対照的な手つきで論じられる。第3章「「移行期」の思想──作田啓一と見田宗介の「個人」への問い」は、作田と見田それぞれの「移行期」の意味を多くの作品を渉猟・対比して論じたものである。この片上平二郎の論考は、一方で一九六〇年代後半から一九七〇年代にかけて見田宗介が「社会意識論」から「理論的考察」に移行していき、インド・メキシコ・ブラジルへの「旅」によって「移行期」が終了すること、その過程の一九六九年に「真木悠介」という筆名が誕生したことの意味などを「明るさ／暗さ」というキーワードを用いながら跡づける。他方、作田啓一の仕事も「社会意識論」から「批評的な社会学」へと移行するが、その過程で「文学作品」の考察という方法が前面化し、とくに一九七〇年代のルソー論が重要な意味をもつことを片上は強調する。第4章「もう一つの時間の社会学──真木悠介『時間の比較社会学』からの展開」は、この時期の見田＝真木の著作、一九八一年の『時間の比較社会学』を集中的に検討したものである。鳥越信吾はこの論考で、近代社会の時間意識の相対化を試みるこの仕事が「二つの比較社会学」とも呼べる別の局面から成り立つことを指摘するとともに、これとは異なる「もう一つの比較社会学」がありうることをフッサールの『内的時間意識の現象学』を出発点に論証しようとする。そして、これと重なるアイデアが一九八四年の『宮沢賢治』に見出されるとして、この短い期間での見田＝真木の思考の移行をとらえ直していく。

Ⅲは、作田・見田が「事件」と「価値」という同じテーマを扱ったとき、そこにどのような共通点と相違がみられるかを精査した二論考からなる。小形道正による第5章「事件を描くとき――〈外〉からの疎外と内なる〈疎外〉」は、見田の「まなざしの地獄」と作田の「酒鬼薔薇少年の欲動」ほかの論考を取り上げ、殺人事件を分析し、そこから時代状況を描こうとする彼らの仕事の共通点と相違を検討する。一九六八年と一九九七年（およびそれ以降の時期）に起きたそれぞれの事件を、彼らはどのように語ったのか。小形は「〈外〉の思想」という視点を設定して、見田と作田に「〈外〉からの疎外」と「人間の内なる〈外〉」という異なる着想を見出すとともに、その時代診断がもつ共通する問題点を指摘し、現在の言説状況との距離を測定する。鈴木洋仁による第6章「作田啓一／見田宗介の初期著作における「価値」――「一九六〇年代の理論社会学」をめぐる知識社会学」は、『価値の社会学』と『価値意識の理論』というふたりの初期の作品を対象として、彼らがなぜ一九六〇年代に「価値」を問うたのかという問いに知識社会学的にアプローチし、その「時代拘束性」を解明しようとする。当時の日本におけるドイツ観念論、マルクス主義経済学、近代啓蒙主義という「価値」を論ずる三つのコンテクストに対し、作田・見田の「価値」へのアプローチはいずれにも含まれないものであり、その共通の基盤には「シロオト」や「土民」の立場から思考しようとする『思想の科学』があったと鈴木は主張し、彼もまた当時と現在の「価値」をめぐる議論の布置を俯瞰する。

Ⅳには、前節で作田・見田の仕事の時期区分について参照したふたつの論考が配され、彼らがその学問的生涯において「リアル」「リアリティ」という主題をどのように探求してきたかが辿られる。この対は、本書の著者でそれぞれ唯一作田・見田から直接教えを受けた岡崎宏樹・浅野智彦が「対決」するパートであり、両者はこの近似する概念を軸として論考を組み立てている。第7章「〈リアル〉の探求――作田啓一の生成の思想」は、作田を「〈リアル〉の探求者」として一貫して描き出す論考である。岡崎は、作田がパーソンズ社会学では「実生活の底にあるリアルなものは処理しきれない残余」として片づけられ、それが不満だったと述べているのを出発点に、非合理的な生の現れとしての〈リアル〉という主題を彼がどのように探求したかを再構成する。その方法はすでに見た三つの時期で相違しているが、「生成の思想」と特徴づけられる作田の思想をこの論考は丹念に辿り、その特徴と引き継がれるべき課題を最後に明確に提示する。そして、浅野による第8章「見田社会学におけるリアリティ」は、見田＝真木の社会学において「リアリティ」がどのようなものとしてつかまれてきたか、を抽出しようとする。「豊穣な生への道筋」を示すその思考のベクトルは、これもすでに紹介した三つの時期で異なりを見せ、比較社会学の時期を転回点として、「相剋性」を焦点にしたものから「地の輝き」に足をつけたものに変化していく。浅野はこの変化に対する想定しうる批判を踏まえながら、変化の要因とともに、その「肯定性」がもつ説得力と批判力を確認する。

最後のⅤには、奥村隆による第9章「反転と残余――ふたつの「自我の社会学」におけるふたつのラディカリズム」が置かれている。この論考は、同じ一九九三年に刊行された『生成の社会学をめざして』と『自我の起原』というふたつの「自我の社会学」を検討することで、ふたりの社会学者が切り開いたものをとらえようとするものだが、ここにいたるステップとして「恥と羞恥」と「まなざしの地獄」、『ルソー』と『宮沢賢治』の二対の仕事を対比することで、その共通点と差異をより精確に浮かび上がらせようとする。この章は岡崎・浅野の区分でいう「第三期」には触れておらず、第7章・第8章のような包括性に欠けるが、ここで「反転のラディカリズム」と「残余のラディカリズム」と名づけられた見田・作田の思考の方法の一端をとらえたものではあるだろう。

序章のガイドが少し長くなり過ぎたかもしれない。しかし、本編の各章は、このガイドから予想されるよりもずっとゆたかな内容を読者に届けるものと確信する。それは各著者が全力で作田啓一と見田宗介の作品に対峙したことにもよるが、いうまでもなくこのふたりの社会学者が生み出した知的達成の広大さと深さにこそ由来する。もしかしたら、本書はこれまで考えられてきた作田啓一像、見田宗介像とは異なる肖像を描き出しているかもしれない。だが、私たちが行うべきことは、彼らの達成を私たちが次の知的営為を進めるために評価・批判して、引き継ぐべきものを引き継ぐことである。この「対決」の試みを小さな一歩として、さらに作田啓一・見田宗介との、そしてこれまで現実と格闘してきた日本の社会学者たちとの、新たな「対話」に多くの人が参加することを心より願っている。

最後に、本書と作田・見田のかかわりについて触れておこう。編者の奥村は、先に述べた日本社会学会若手フォーラムの打ち合わせのために、二〇一五年七月三〇日に新宿で見田宗介と会う機会があった。このとき恐る恐る『作田啓一 vs. 見田宗介』という本を企画していると打ち明けると、見田はふふふふっとおかしそうに笑い、「vs. というのはどうかと思うけど、まあいいでしょう」と「肯定」してくれた。作田啓一はこの研究会と出版企画について関心をもってくれていたが、二〇一五年一月三一日（作田の九三歳の誕生日）に岡崎が研究会に初参加するさいに、「作田 vs. 見田ということなら、見田さんはヒューマニズムだが、作田は超ヒューマニズムだ！」という「伝言」を届けてくれた。生前に本書を届けられず、これがきっかけで始まるだろう対話に作田啓一が参加できないことが残念でならない。

本書の刊行に早くから賛同され、強力に前に進めてくださったのは、弘文堂編集部の中村憲生さんである。深く感謝申し上げます。そして、作田啓一先生、見田宗介先生に満腔の感謝の気持ちを記すとともに、作田啓一先生のご冥福を衷心よりお祈り申し上げます。

参考文献

Elliott, A., M. Katagiri and A. Sawai eds., 2013, *Companion to Contemporary Japanese Social Theory: From Individualization to Globalization in Japan Today*, Routledge.

加藤典洋・見田宗介　二〇一五「現代社会論／比較社会学を再照射する」、『現代思想』二〇一六年一月臨時増刊号、八－二八

清田和夫・作田啓一　二〇〇二「一士官学校生の戦争体験と戦後」、清田和夫『開かれた郷土愛――渥美と共に』、BC出版、一一五－一七〇

Mannheim, K., 1929, *Ideologie und Utopie*.＝一九七九（高橋徹・徳永恂訳）「イデオロギーとユートピア」『世界の名著 六八 マンハイム・オルテガ』、中央公論社

丸山眞男　一九六一『日本の思想』、岩波書店

見田宗介　二〇一〇→二〇一二「森羅万象の空」、『定本 見田宗介著作集X 晴風万里――短篇集』、一七六－七

――　二〇一五a「鶴見俊輔追悼インタビュー　ラディカルであるということは素朴であるということだ」、『すばる』二〇一五年一〇月号、二四八－五六

――　二〇一五b「現代社会はどこに向かうか（二〇一五版）」、『現代思想』二〇一六年一月臨時増刊号、二九－三七

奥村　隆　二〇一五「共同体の外に立つ――「日本の社会学を英語で伝える」ことをめぐる試論」、『社会学史研究』第三七号、三－二五

作田啓一　一九六七『恥の文化再考』、筑摩書房

――　一九八一『個人主義の運命――近代小説と社会学』、岩波書店

――　一九八八『ドストエフスキーの世界』、筑摩書房

――　二〇〇三『生の欲動――神経症から倒錯へ』、みすず書房

I

出口剛司

第1章▶　戦後社会の生成と価値の社会学

作田啓一における「近代の超克」とその社会学的展開

vs.

長谷正人

第2章▶　見田宗介における「相乗性」という限界

『近代日本の心情の歴史』を読み直す

第1章

戦後社会の生成と価値の社会学

——作田啓一における「近代の超克」とその社会学的展開

出口剛司

① 近代の超克と一九六〇年代の作田

1 六〇年代の作田社会学

本稿の課題[1]は、一九六〇年代、七〇年代初頭における作田の業績を「近代の超克」の社会学的展開という観点から捉え、その問いと成果を実践的な規範理論として発展的に継承することにある。その意味では、学説の歴史的意義や現代的意義をテクストベースで論証する古典的な学説史研究とは大きく異なる。

一般に作田の業績ついては、八〇年代以降の仕事を中心に、ルソー及びドストエフスキー研究、近現代文学の諸作品を対象とした「文学の社会学」、理論的な仕事としてベルクソン、フロイト、ラカンを独自の視点から発展させた「生成の社会学」、時代診断的な「犯罪研究」がよく知られている。[2] それに対して、一九六〇年代を中心とする「価値の社会学」については、ルース・ベネディクトの『菊と刀』に着想を得た羞恥感情の研究、戦犯刑歿者の倫理や死生観の研究など、文化社会学的な経験研究には注目が集まるものの、価値の社会学における価値概念やその経験研究との関係についてはあまり言及されてこなかった。

そこで本稿では、一九六〇年代、一九七〇の作田の仕事の背後の一つに「近代の超克」という問題意識があったことを確認し、そこから価値の社会学の全体像を描き出すことをめざす。その際、これまで明確にされなかった価値の社会学における「価値」がもつ二重の意味、そしてそれと羞恥感情の研究や戦犯刑歿者の倫理・死生観の研究との内在的関係に注目する。

ところで、桑原武夫の率いる京大人文研の文学研究会に参加し（作田 1967:2-29, 98-119:1970）、戦前の京都学派の知的営為に少なからぬ関心を持っていたこと、またすでに学徒動員を経験し、まさに戦地配属の直前に敗戦を迎えた作田にとって、戦争遂行のイデオロギーであった近代の超克は、容易に黙殺しうる言説ではなかったことは想像に難くない。「作品点描」と題された一連の書評群においても、作田は「保田與重郎『日本の橋』」を執筆し、保田の「平和主義者」としての側面を確認する一方、彼のエッセイやその「哀しみ」の描写に高い評価を与えている（作田［1967］1990:246-249）。言うまでもなく、保田は近代の超克において重要な役割を演じる日本

1　本研究は、本書の執筆者を中心とした「作田啓一・見田宗介研究会」（通称ＳＭ研究会）、奥村隆氏、杉野勇氏と筆者が企画した二〇一五年度日本社会学会大会シンポジウム「戦後日本社会学の（再）発見——境界へのまなざし／境界からのまなざし」（二〇一五年九月二〇日、早稲田大学）、浅野智彦氏（司会）、宮原浩二郎氏（討論者）、岡崎宏樹氏（報告）、筆者（報告）が登壇した二〇一六年度日本社会学理論学会大会特別セッション「作田啓一の社会学」（二〇一六年九月四日、神戸学院大学）の成果である。また油井清光氏、新堂粧子氏からそれぞれパーソンズと価値感情概念、作田の羞恥概念について貴重なコメントをいただいた。

2　岡崎宏樹は作田の仕事を第一期「学術論文／エッセイの二重戦略期」（「責任の進化」（初出一九五二年）から『価値の社会学』の刊行（一九七二年）まで）、第二期「三次元の自我論期」（ルソー研究を経て、独自の三次元の自我論を確立した時期～一九九七年頃）、第三期「力の思想期」（一九九八年～二〇一六年三月十五日）に分類している。岡崎の分類に従えば、本稿の考察対象は第一期に当たる。日本社会学理論学会大会特別セッション「作田啓一の社会学」（二〇一六年九月四日・神戸学院大学）における岡崎の報告「現代社会の変容と超近代へのまなざし」による。

浪漫派の代表的人物である（橋川［1960］1998）。しかし、これまで作田の仕事において、いわゆる近代の超克がどのような意味をもっていたかについては必ずしも明らかにされてこなかった。なぜならば、アジア・太平洋戦争敗北後の日本において「近代の超克」は、忌まわしい侵略戦争のイデオロギーと見なされ、それ自体がタブー視されたこと、戦後世代の社会学者であった作田と戦中に展開された近代の超克論とが結びつきにくかったという理由が考えられる。それに対して本稿は、タイトルが示す「戦後社会の生成」とともにタブーを宣告された近代の超克がわれわれに突き付ける課題をもっとも真摯に受け止めた社会学として作田の価値の社会学を位置づけ、さらに作田自身が示した――「近代の超克」の超克と呼びうる――近代の超克の理路を明らかにすることをめざす。それはまた、西洋近代を「価値」として発展した日本社会を分析対象とする「社会学理論」であると同時に、そうした近代的な「価値」を超え出ようとする〈価値〉の実現をめざした〈規範理論〉の一つとして、作田の価値の社会学を位置付ける作業を意味する。

2 「近代の超克」と価値の社会学

そもそも「近代の超克」は、雑誌『文学界』（昭和一七年一〇月号）に掲載された座談会の題名「文化総合会議シンポジウム――近代の超克」に由来する。[3] 司会の河上徹太郎をはじめ、一三名の学者知識人が参加し、明治維新以降の日本の近代化を批判的に総括すると同時にその限界の超克＝乗り越えがめざされた。明治以降の日本の近代化は「西洋化」あるいは「アメリカ化」であり、それが限界に達した今、アジアの盟主たる日本はいかにして日本的あるいはアジア的価値をもって西洋近代を乗り越えうるのか。座談会はまさに、開戦後一年にふさわしいイデオロギー装置として機能したのである。

ただし、座談会及び事前に提出された論文から浮かび上がるのは、論者の間でさえ「近代とは何か」という定義が共有されず、また近代に置き換えるものを積極的に追及するという姿勢もまったく見られないという事実である（廣松 1989）。また広い意味で「近代の超克」と言う場合、その内実はさらにあいまいとなり、『文学界』誌上で展開された当該の座談会のみにならず、たとえば日本浪漫派の思想や京都学派の哲学のように、座談会にかかわる前後の言説群や、『中央公論』誌上に京都学派の四哲学者が会しておこなわれた「世界史の哲学」を主題とする一連の座談会なども含めるのが一般的である。こうしたことは、近代の超克と作田の関係を学説史的に論じる場合、大きな困難をもたらす。

しかし、竹内好は次のように述べ、近代の超克が知識人の間では先の大戦と深く結びついていたとする。「『近代の超克』というのは、戦争中の日本の知識人をとらえた流行語の一つであった。『近代の超克』は『大東亜戦争』と結びついてシンボルの役目を果たした。だから今でも――『大東亜戦争』が『太平洋戦争』と呼び名の変わった今、ということだが――近代の超克には不吉な記憶がまつわりついている」（竹内［1959］1979:274）。さらに廣松は、大戦と結びついた近代の超克の理念的内容を以下のように要約している。「第二次世界大戦の直前と最中の時期における往時の〈近代の超克〉論は、まさに、日本を〝盟主〟とする東亜が欧米に勝利して世界に覇権を唱えるようになるという〝見込的構想〟と相即するものであった。それは、しかも、英米に主導された資本主義の社会体制と政治理念、ならびにソ連に領導された社会主義の経済組織と革命理念、これら双方を、〝超克〟する新体制・新理念として思念されていた」（廣松 1989:5）。

たしかに、近代の超克はあいまい模糊とした言説集合体ではあるが、本稿ではそれをアジア・太平洋戦争遂行のイデオロギーとして広義に理解し、社会学者・作田啓一がそれとどのように対峙したのかに焦点を定める。こ

3　座談会及びそれに先行して提出された論文については、冨山房百科文庫の『近代の超克』（1979）を参照した。同書には竹内好の同名の論文「近代の超克」も収録されている。なお竹内論文の初出は『近代日本思想史講座』（筑摩書房）である（竹内［1959］1979）。

こではさしあたり、近代の超克をアジアで唯一近代化に成功した日本による西洋近代の克服を主張するイデオロギー、子安にならってもう一つの近代としての「アジア的近代を構想するイデオロギー」と解しておきたい（子安 2008：33）。

むろん、作田がこうした国家主義や軍国主義のイデオローグであったわけではない。本稿がめざすのは、作田が近代の超克が抱える問いそのものを根本的に立て直す地平から自身の価値の社会学を構想したこと、そして作田が新たな〈価値〉を探求するなかで、日本対西洋、日本による西洋近代の克服、アジア的近代という構図自体を失効させる現場――作田による「近代の超克」の超克――に立ち会うことである。本稿の考察は、以下の手順で進められる。

続く第2節では、一九七一年に執筆された論文「共同態と主体性」を手がかりに、一九六〇年代の作田の問題関心と近代の超克との内在的なつながりを論証する（作田［1971］1973）。同論文では、竹内好の論文「近代の超克」が参照されており、近代の超克に対する作田自身のパースペクティヴが示される一方、そうしたイデオロギーの社会学的基盤の解明がおこなわれている。

第3節では、『価値の社会学』所収の「Ⅶ 価値体系の戦前と戦後」「Ⅷ 恥と羞恥」を取り上げ、作田による日本の近代化の分析、西洋近代との対決について具体的に明らかにする（作田［1972］2001）[4]。作田にとって日本の近代化とは西洋近代の輸入と適応である。ここから、西洋近代の効果的な輸入はいかにして可能だったのか、さらには「西洋の近代」と「日本の近代」とはいかなる関係にあるのか、という主題が形成される。

最終節・第4節ではまず、近代化論、羞恥感情の研究を通して、作田が日本的なものから出発し、日本的なものと西洋的なものとを同時に超える普遍性への理路を探求したことを確認する。しかしながら、作田の理想とする業績主義的な主体性の抑制は、同時に責任の帰責先をあいまい化する。近代の超克を戦争という形式で戦い、敗北した、その責任はだれが負うのか。本節では、「死との和解――戦犯刑歿者の遺文に現われた日本人の責任の論理」を取り上げて、日本人の罪と普遍的連帯の可能性に関する作田の見解を論じ、その発展的継承をめざす（作田［1964b］1967）。最後に、研究ノート「ジンメルの価値の概念」の検討を通して、ヴェーバー＝パーソンズの概念（価値合理性・価値志向）を超え出る価値概念の二重性を論証し、価値の社会学の〈規範理論〉としての側面を明らかにする（作田 1968[5]）。

本稿は結論として、作田の価値の社会学が、戦後啓蒙主義とも戦中のウルトラ・ナショナリズムとも異なる方法で近代の超克を志向し、最終的にそのイデオロギー構造それ自体を解体する普遍的連帯への理路を示したこと、そしてその連帯を望ましい〈価値〉とする規範的社会理論として、われわれは作田の価値の社会学を継承しうることを主張する。

② 近代の超克と封建遺制

1 共同態概念と封建遺制の脱イデオロギー化

一九七一年に執筆された論文「共同態と主体性」は『近代日本社会思想史Ⅱ』（有斐閣）に掲載され、その後

4 『価値の社会学』は一九七二年に刊行されるが、各章の初出は一九六〇年代のものが多い。その後二〇〇一年に、同書はシリーズ・岩波モダンクラシックスに加えられた。本稿では一九七二年版（第一四刷）を使用しているが、両版の間に相違がある可能性があり、引用等に際しては、モダンクラシックス版をあわせて参照している。新堂粧子氏のご指摘に感謝する。

5 同論文はのちに『価値の社会学』の「Ⅰ 行為の概念」の一部として組み込まれている。

の論文集『深層社会の点描』（筑摩書房）に巻頭論文として収録されている（作田［1971］1973）。一九七一年という段階で、作田は一連の価値をめぐる理論社会学的研究、羞恥及び戦犯刑歿者に関する研究をすでに発表しており、「共同態と主体性」は、一九六〇年代の仕事を振り返る位置にある。本稿の課題との関係では、以下の三点がとくに重要である。第一に、本論文で作田が竹内好の論文「近代の超克」に直接言及し、近代の超克やアジア・太平洋戦争に対する作田自身の見方を明らかにしている点、第二に、作田自身の「近代の超克」の方向性が示唆されている点、第三に、そのための土台となる社会学的集団論が展開されている点である。なかでも第三の集団論は、近代の超克を推し進める作田社会学の基本的枠組みを形作っている。

竹内によると、アジア・太平洋戦争には「植民地略奪戦争」と「対帝国主義戦争」という二つの相矛盾する側面がある。同戦争の本質は植民地の「再分割」要求にあり、再分割は、一方ではアジアにおける新たな支配の確立という性格を、他方では（そのための）西洋諸国のアジアからの排除という側面をもたらす。そうしたなかで、イデオロギーとしての近代の超克は、大東亜共栄圏の名の下、アジアから西洋諸国を撃退し、日本がその新生アジアの盟主になるためのシンボル的役割を担ったという（竹内［1959］1979）。

作田は、こうした大戦の二重性やイデオロギーをたんに「告発」するのではなく、それらを支持する日本人の心的な衝動構造とそうした構造を生み出す社会構造に注目する。そこで作田は、戦後の人文社会諸科学が一致してとり組んでいた課題、すなわち「封建遺制」という概念に注目する。封建遺制とは、資本主義的近代化が進む日本社会に残存する前近代的・封建主義的な慣習・観念、生活様式、社会関係を意味し、当時の人文社会科学において、日本の国家主義や軍国主義の有力な存立基盤と考えられていたものである。[6]

同概念は、戦後の人文社会諸科学おける知のプラットフォームとでも言うべき重要な位置を占めており、一方の丸山眞男、川島武宜、大塚久雄ら近代主義者にとってはめざすべき「近代化」の障害物として、他方の講座派の強い影響下にあったマルクス主義者にとっては階級意識や階級対立を隠ぺいする遺物として、等しく批判の対象とされた。むしろ、本来的には相対立するこれら二つの潮流が、先の戦争の原因を日本社会の前近代性（封建遺制）に求めた点で共闘可能となったといえる。

しかし、作田はこうした戦後人文社会諸科学の根底にある近代主義的・啓蒙主義的側面に対して懐疑的である。封建遺制論が主張するように、日本社会に前近代的要素が根強く残存している事実を認めつつも、作田は「この用語はあいまい過ぎ、またマイナス価値を強調するためのもの」であるとし、独自に「身分階層性を伴う共同態」という概念を設定する（作田［1971］1973:12）。そして、概念としての共同態は「個々の具体的な共同体とは異なって、村落にも町内会にも、家父長家族にも小規模の企業体や職場にも、そしてまた同窓会や種々の閥においても、さらに擬制においては国家においてさえも現われてくるような、特有の集団形態」をさすものとする（作田［1971］1973:13）。「戦後知識人」すなわち近代主義者とマルクス主義者の双方にとって、「否定の対象」でしかなかったこの概念は、作田にとっては軽視することの許されない「民族的性格（の諸特性のシステム）」を表わす。近代主義者のいう近代化や、マルクス主義者の唱えるブルジョワ革命によって安易に除去される単なる「過去の遺物」ではない。作田は「共同態を離脱することによってではなく、共同態に沈み込むことによって、主体性が初めて成立する」と述べ、近代化やそのためのブルジョワ革命ではなく、ウルトラ・ナショナリズムを内在的に突き抜けてこそはじめて「インターナショナルな観点」へと到達することが可能であると考えたからである（作田［1971］1973:41）。日本的あるいはアジア的特殊性によって西洋近代を批判するのでもなく（戦前の近代の超克）、また前者を後者の普遍主義的観点から切り捨てるのでもなく（戦後の封建遺制論）、あくまでナショナ

6　作田は丸山眞男、川島武宜、大塚久雄の他に、日本人文科学会編『封建遺制』（有斐閣、一九五一年）を参照している。

ルなものの内在的普遍化こそ作田の課題であり、そこに作田独自の近代の超克に対するスタンスがある。

2 イデオロギーの共同態的基盤

共同態に注目した作田は、その内実を谷川雁の指摘する日本社会の二重構造に求め、さらに共同態に対する成員の所属形態に光を当てる。[7] 柳田や折口の民俗学にも精通していた谷川によると、[8] 日本社会の共同体は近代以前から「西日本型」と「東日本型」を呼ばれる二種類の形態に分類できる。西日本型共同体の特徴が、小共同体内部において個人や家族集団の独立性や分化傾向が強いのに対し、東日本型のそれは、小共同体がそれらを包括する強い統一原理に支えられている点にある。こうした集団内構造から、西日本型の場合には、強力な個人や家族集団が自己を維持しつつ、同時に多集団に帰属したり、多くの上位集団に同時に服属する傾向が生まれる。つまり、社会全体の「多系的」な集団的発展がみられるようになる。それに対して、東日本型の場合、個人も下位集団も独立性が相対的に弱いため、自己を維持するためにより上位の統一体に「単系的」に吸収されるかたちで集団が発展する。

東西全体を通して見ると、谷川そして作田の分析では、伝統的な農業における生産力や、その後の産業化の諸段階において優位した西日本型の共同体が、それらに劣る東日本型の共同体を飲み込み、上層部には西日本型の多系的な集団形態、下層部には東日本型の単系的な集団形態という二重構造が形成されたという。残念ながら、こうした共同態の二重構造に対する経験的論証は必ずしも十分ではない。しかし、「中間層の主導による変革の不徹底性は自明のことであるとともに、本来それは二重性の再生産となって終わるべく運命づけられていた」という谷川の認識は、作田の近代化論の社会学的枠組み強く規定し、作田自身も日本社会の二重構造の源が前近代にすでにあり、近代化、すなわち資本の本源的蓄積や統一的国家形成以降も残り続けたと見ていた（谷川

1961:213)。

中間層の欠如により、集団形態として上層部の構造（西日本型）と下層部の構造（東日本型）が並存し、それぞれが多系的、単系的構造をもって発展する。こうした共同態の二重構造は、以下に述べる「二重所属」や「半所属」という独特の集団所属形態を生み出す。つまり、一方の西日本型の場合は、底辺の集団や個人からは組織の全体や頂点が見えづらく、「半所属の不安定」を経験する。他方の東日本型の共同体や個人は、複数の集団に同時に所属するがゆえに「二重所属の不安定」を、経験する。その帰結について、作田は谷川を引きつつ以下のように述べている。「複雑に構造化した社会の下層部分はその上層の多系的交錯という雲間を通してやっと統一体の頂点と連絡しているにすぎないから、その脈絡のあいまいさのために、一挙に統一体に到達し、それに全面的に帰属したいという衝動をもつ。そしてこの衝動を満足させることで安定感を得たいと願う。すなわち、下層部分は自己を無化する全面的帰依によって主体性を回復するという、いわば『倒錯した願望』をもつ。これに対して、上層部分は二重所属のあいまいさからくる不安定を免れようとすれば…（中略）…有力な単一の系列にコミットするほかない」。その結果、上層、下層の衝動構造はそれぞれ「帰属の単一化としての純粋主義」と「帰属を全面化するトータリズム」への傾向性を生み出す。そしてこれらが相互に補強しあうとき、日本社会では戦争といった集合的目標に向かう「巨大なエネルギー」が動員されることになる（作田［1971］1973:44)。

7　作田によるアジア・太平洋戦争の二重性と日本社会の二重性を関連付ける議論は、谷川雁の考察に負っている。谷川は次のように述べている。「太平洋戦争の理念的二重性は、日本社会の構造的二重性の反映であったのだ。帝国主義がすでに植民地を分割し終わっている段階において、植民地再分割の要求をもってはじまる帝国主義戦争は、当然に手近な植民地または半植民地への侵略戦争と対帝国主義戦争の両契機を同時にはらむ」（谷川 1961:208)。また谷川自身も竹内好の「近代の超克」に示唆を得ている（谷川 1961:206, 212)。谷川は「この戦争が一種の二重戦争として機能している理由を、二重性の発生過程にしたがって説明していないこと」に竹内の問題点を求め、作田も「問題はこのイデオロギーの両面が存在次元から発する動機づけとどのようにからみ合っているかを分析することである」と述べている（作田［1971］1973:45)。

8　谷川については、松本（2014）を参照。

大戦とイデオロギーに対する支持は具体的に以下のような形で現象する。すなわち、一方の二重所属の状態にある上層部分は、それに伴う不安定感を切り捨て、単独「自立」しようとする衝動構造（帰属の単一化としての純粋主義）をもっているために、まず「対帝国主義戦争」を戦って、帝国主義国家としての自立を達成しようとする。そして「植民地略奪戦争」がその手段として適合する。したがって社会の上層部は、対帝国主義戦争、続いて植民地略奪戦争を支持する。他方、半所属状態にある下層部分は、自らが国内の半植民地であることから、侵略される植民地と倒錯的に同一化し、植民地略奪戦争を事実として受け入れる。その後戦争の結果、植民地性から脱却しはじめると、続いて植民地の解放という反帝国主義戦争に共鳴する。

半所属＝二重所属を生み出す共同態の構造――中間諸集団の成員に対する規定力の弱さと外部への開放性――が、各階層の置かれた状況に応じた特徴的な衝動構造を形成し、それらがアジア・太平洋戦争とそのイデオロギーを支持する共鳴板となった。しかしながら作田は、まさにこの共同態の構造にこそ、「民族心理の底にある普遍的なものへと向かう主体性の契機」があると断じる。それは、「戦後」の啓蒙主義の封建遺制論に現われるような知識人イデオロギーを退けつつ、かつウルトラ・ナショナリズムへと向かう「戦中」の近代の超克イデオロギーそれ自体を克服しようとする作田の問題意識に由来する。こうした問題意識は、一九六〇年代から七〇年代初頭の近代化論、羞恥感情の研究、罪の意識そして価値概念の展開を通して実現される。つづいて作田の近代化論に具体的にとり組んでいく――それは、日本の近代化とは何か、日本の近代化と西洋の近代化とはどのような関係にあるのか、そしてそもそも乗り越えられるべき近代とは何かという問題を構成している。

③ 西洋近代と日本

1　西洋近代の輸入

日本の近代化のメカニズムは、『価値の社会学』に収録された論文「Ⅶ 価値体系の戦前と戦後」で論じられるが[9]、その論旨は極めて複雑である。というのも、作田はマックス・ヴェーバー、タルコット・パーソンズ、ロバート・ベラーらの価値理論を援用する一方、タテマエ・ホンネ・使い分けという日常語を概念化して使用し、ヴェーバー以来の価値理論とは異なった日本の近代化のストーリーを描きだそうとしているからである。まず、作田が想定する西洋の近代化と西洋社会学の価値理論を確認しておこう。

作田が依拠する近代化の価値理論は、プロ倫テーゼのヴェーバー、パターン変数／ＡＧＩＬ図式のパーソンズ、そしてパーソニアン・ベラーによる日本の近世研究である。ヴェーバーのプロ倫テーゼでは、プロテスタンティズムという特殊な宗教倫理において、価値合理性から目的合理性が生み出され、資本蓄積に必要な合理的で首尾一貫した生活態度が形成されたと説明される。こうしたプロテスタンティズム＝資本主義の合理性をパターン変数として再概念化したものが、パーソンズの普遍主義的業績主義である。ベラーはさらに、ヴェーバー＝パーソンズの価値理論を日本の近代化に応用し、近世日本の達成価値（政治）を重視した個別主義的業績主義が、西洋における普遍主義的業績主義に対する機能的等価物として近代化を推し進めるとした（Bellah［1957］1985=1996）。

こうした一連の西洋の近代化論においては、価値合理性と目的合理性の首尾一貫性（ヴェーバー）、そうした首

9　「Ⅶ 価値体系の戦前と戦後」は、一九六三年に執筆された「価値と行動」に加筆を行ったものである。とくに以下で述べる丸山、池田によるベラー批判の箇所に大幅な加筆がおこなわれている。

尾一貫した価値パターンの実現（パーソンズ）が近代化の前提と見なされ、その価値パターンの機能的等価物が非西洋社会（日本）に探求される（ベラー）。しかし、日本の近代化において作田が注目するのは、価値合理性と目的合理性の間の西洋とは異なる結合パターン、価値合理性と目的合理性の「非合理的」あるいは「前論理的な相互浸透」と呼ばれる事態である。この「前論理的な相互浸透」という着想は、ベラーに対する丸山眞男と池田昭の批判に由来する（丸山［1958］1996; 池田 1967）。

丸山は、ベラーが近代化を可能にする「合理性」の契機のみに注目する点を批判する。丸山によると、近代化以前の日本社会には広範囲にわたって「呪術的要素」が存在しており、トップ・レベル（国家神道）と社会的底辺（民衆宗教）に横たわるこうした「呪術性」が、いかにして日本的な「合理化＝近代化」を推し進めたか、という点を解明しなければならない（丸山［1958］1996 : 285）。

それに対して作田は、ベラーがプロテスタンティズムというヨーロッパの合理性（普遍主義的業績主義）に対し、同じく日本の合理性（個別主義的業績主義）を比較の準拠点としている点を評価する。その上で作田は、「ベラーはいわば両者の『最良の』部分を比較したのであるから、彼が『日本の宗教』の呪術性に気づいていなかったとは断定し難い。彼の比較は、むしろ公平であると思う」と述べている。また作田は、日本社会の「呪術性」を過度に強調する戦後啓蒙主義を退け、「西洋の社会においても、そうではない部分（プロテスタンティズム以外－筆者）は、多分に習俗に妥協し、呪術的であるように思われる」と述べ、「合理的な西洋／呪術的な日本」という二項対立図式を批判する（作田［1972］2001 : 277）。

しかしその一方で、作田は丸山が指摘した日本社会の呪術的要素を無視するのではなく、第一に、（丸山を支持しつつ）日本社会の構造的特質（共同態の構造）が伝統的な呪術性の残存を可能にしたこと、しかし第二に、（丸山に反して）まさにその同じ構造的特質ゆえに、日本の近代化が効率的に推し進められたことを主張する。以下では作田に即して後者の論理、すなわち日本の効率的な近代化に関する作田の分析を検討し、続いて前者（呪術性の残存）について論じることにしよう。

ヴェーバー、パーソンズそしてベラーの共通点は、資本主義の内発的発展を対象としている点である。しかし作田によれば、日本の近代化は内発的なものではなく、西洋近代あるいはその価値システムの「輸入と適応」である[10]。そして近代化を「輸入と適応」の過程と見るならば、近代化の成否は、外部の近代化の諸要素に対して社会がどれだけ開放的か、そしていかに効率的・選択的に近代化の諸要素を取り入れ、それを社会の内部において実現させることができるか、にかかってくる。

こうした日本の近代化を価値合理性と目的合理性の概念を使って記述するとすれば、理念として掲げ、動機づけのエネルギーを供給する価値合理性が、まさに西洋近代とその諸価値であり、目的合理性（行為）は、そうした西洋近代を日本に移植し、定着させる合目的的な目標達成行為となる。西洋の内発的近代化が価値合理性と目的合理性の間の徹底した首尾一貫性という意味での論理性あるいは合理性によってもたらされたのに対し、後発資本主義国である日本においては、価値合理性（動機づけ）と目的合理性（目標達成）を状況依存的に切り替えることが望ましい。というのも「目標に関しては価値合理性を、手段に関しては目的合理性をという具合に、二つの合理性を使い分ける『非合理性』は、価値合理性を手段にまで一貫させる合理性よりも、高度の能率を発揮する」からである（作田［1972］2001:278）。理念に対する一貫性の欠如という意味では「非合理的」であることのほうが、迅速かつ効率的な近代の実現を可能にする。

10　ただし作田はベラーの等価機能分析を高く評価している。「状況超越的で首長へのインパーソナルな忠誠を志向させる価値へのコミットミットは、ベラーの指摘するとおり、行為のシリーズの持続的な動機づけの源泉である。この点に関しては、ベラーの価値理論からの近代化論はやはりメリットをもつ」（作田［1972］2001:278）。

さらに作田は、日本の近代化における価値合理性と目的合理性の使い分け（非合理性）の特徴を「前論理的」な相互浸透に求めている。前論理的な相互浸透とは、価値合理性と目的合理性が「意識的」に使い分けられるのではなく、使い分け自身が論理的思考以前の水準でおこなわれる事態をさす。その利点は以下にある。すなわち、「『使い分け』が無意識に行われる場合、パーソナリティ内に緊張が生じないなら、目標達成行為の効率はいっそう高くなる」のである（作田［1972］2001：278）。

2 タテマエ・ホンネ・使い分け

作田の見立ては、西洋に見られる内発的近代化に対し、後発資本主義国における効率的な近代化は、価値合理性と目的合理性の非論理的相互浸透によって可能となるという点にあるが、作田はさらに、その詳細なメカニズムをタテマエ・ホンネ・使い分けという日常語を概念化しながら追究する。

ところで加藤典洋は、日本のニヒリズムを論じるなかで、タテマエとホンネという対表現が戦後という比較的新しい時期に発明され、本格的な用語として定着したのは一九八〇年代に入ってからではないかと推測している（加藤 1999：41）[11]。それに対して、作田はタテマエ・ホンネ・使い分けについて論じた先行文献として、一九五六年の『現代日本の思想』所収の久野収の論考「日本の超国家主義――昭和維新の思想」と一九六一年の『現代の発見』所収の谷川雁の論考「日本の二重構造」を参照している（久野・鶴見 1956；谷川 1961）。これらの論考は、明治維新以来の外来文化の導入と文明開化について考察したもので、当時の知識人の間では、日本文化の輸入体質に由来する二重性に関して、タテマエとホンネの使い分けという観点から論じることに対するある程度の共通了解が成立していたと推測できる。タテマエ・ホンネ・使い分けという言葉を使用することで、久野や谷川などの日本の知識人の間で行われた議論と、自らが展開した社会学的な価値理論との接合をはかり、議論そのものを深化させることが可能になる。

作田は、久野や谷川の議論との接合をはかるにあたり、価値合理性、目的合理性という行為の志向性を示す用語系に代わり、パーソンズ＝デュルケムを援用しながら、立体的な社会・文化システム（体系）の概念群を準備する。すなわち、互いに欲求の充足をめざす行為者が織りなす相互行為のシステムとして社会システム（体系）を定義し、文化については、理念的文化と制度的文化という二つの類型化をおこなう。前者の理念的文化は、社会システムの外部にあり、超時間的な一貫性をもつ価値のシステムである。それに対して後者の制度的文化は、社会システムの内部に取り入れられ、役割期待の形成などを通して、システム内部における行為調整を円滑に行う価値のシステムである。先の議論と重ねると、価値合理性は理念的文化に、目的合理性が制度的文化に構図上ほぼ対応する。ここで目指されるのは、平板な価値理論に代わる立体的な社会＝文化システム理論である。それでは社会システム、理念的文化、制度的文化は、日本の近代化に際してどのような作動形式をとるのだろうか。

そもそも社会システムは、外部に適応しながら同一性を保つという現実的要請に答える必要があるため、理念的文化がもつ価値の首尾一貫性を貫徹させることができず、結果として超越的な理念的文化と内在的な制度的文化が社会システムの外部と内部で分離する。タテマエとホンネの分離は、文化の理念と制度への分裂に対応する。したがって「一貫的であろうとするタテマエは、生活の中では現実の壁に衝突して貫徹されず、その衝突の部分からホンネがタテマエと分岐していく」ことになる（作田［1972］2001:257）[12]。ただしここが重要なのだが、ホン

11　加藤の調査（国語辞典の用例）によると、建前がわれわれの使用する「表向きだけの方針」「表向きだけの原則」という意味で使用されはじめたのが一九七〇年代の後半、建前と本音が一対の概念として紹介されるのは一九八〇年代に入ってからだとされている。加藤は註7の谷川の研究と作田の『価値の社会学』に言及しているが、むしろ絶対数としては少数だったと推測している（加藤 1999:41-43）。

12　このタテマエ・ホンネ・使い分けの分析は「価値と行動」から『価値の社会学』に引き継がれている。

ネとタテマエの分裂が問題なのではない。なぜならば、理論的には社会システムがシステムの境界維持的に作動する限り――近代化の途上にある日本の社会システムのみならず――いかなる社会システムにおいても、超越的な理念的文化と内在的な制度的文化への分離は免れえないからである。タテマエとホンネの分離は、けっして日本社会特有の現象ではなく、どんな社会においても普遍的に起こりうる。まさに「タテマエとホンネが分離しているかどうかが問題なのではなくて、その分離の特殊形態が問題となりうる」のである（作田［1972］2001:254）。そしてその「分離の特殊形態」が価値理論でいう「前論理的な相互浸透」である。

こうしたタテマエ・ホンネの関係を規定するのは、社会システム内に存在する社会諸集団の集団形態である。ここでデュルケムの機械的連帯（環節的集団）と有機的連帯（組織的集団）の区別が導入される。強固な共有価値（集合意識）に守られた機械的連帯のもとでは、外部から侵入してくる理念的文化はどこまでもタテマエ化し、制度的文化をホンネとする両者の「論理的な区別」が生じる。他方、有機的連帯においては集団内部の分化が進み、個人や部分集団は全体集団及びその共有価値の支配から完全に独立している。したがって、成員は集団内外の二種類の文化（理念的文化と制度的文化）に自主的にコミットしながら、タテマエとホンネの「論理的な使い分け」がおこなわれる。しかし、日本の近代化に見られるタテマエとホンネの関係（前論理的な相互浸透）は、ここで示した有機的連帯のもとでの「論理的な使い分け」とも異なるし、機械的連帯で見られる「論理的な区別」とも異なる。

作田が日本の社会諸集団の特徴として注目するのは、近代化以前から日本社会に存在する「中央への強い志向性」である。これは集団論的には前近代的な環節的集団（機械的連帯）の独立性が徹底しないことに起因する。作田の理解に従えば、一般に環節的集団は外部の影響から隔離され、内部の共有価値を強固に保持する。たとえばヨーロッパ社会では、歴史的に貴族階級、自治都市、特権ギルドをはじめ、各種の中間団体には中央の権力に対する強固な防御壁が存在していた。それに対して、日本社会の中間諸集団は、外部からの独立を維持することができず、物質的にも精神的にも外集団への依存性が高かった。中間諸集団はその成員に対して強い規定力を持たない。作田は、ベネディクトを引用しながら「日本の家父長家族やそれに類する集団は、その集団に恥をかかせたという理由で、集団内部においても排斥される。集団の価値が自律性をもたず、外界の規準をみずからの規準とする傾向があるからである」と述べ、外部からの価値の浸食を受けやすい傾向を指摘している（作田［1972］2001：262）。

前近代の日本社会は、高度な分業が進んでいないという点では、デュルケムの定義通りの環節的社会であるが、中間諸集団の境界が弱く、外部の価値が内部の共通価値を超えて侵入しやすいという意味では「特殊」な環節的社会である。そして、近代化という現象を考える場合、集団の外部に留まる理念的文化は、西洋近代とその価値であり、タテマエとして認識される。逆に集団内在的な文化は、伝統的価値そしてホンネとして意識される。しかも、強く中央を志向する日本の中間諸集団にあっては、当然、タテマエがポジティヴな価値をもち、ホンネがネガティヴな価値を帯びる。また部分集団としての環節的集団に属しながら、その集団の成員に対する規定力が弱いために上位もしくは中央の保護を志向する場合、成員は部分集団に対し、いわゆる「半所属」という状態におかれる。このとき個人の中に「独立と従属」のアンビヴァレンスが生じる。まず、個人は部分集団からの「独立」を求めて中央の価値に「コミット」するが、部分集団での彼の地位を危うくするので、外部の価値から距離を置きつつ、内部の価値を「採用」するという態度をとる。しかし同時に、成員は「従属」を求めるため、部分集団の価値に「コミット」しようとする。だが部分集団は個人としての成員を十分保護するほど強力ではないので、同時に外部の価値を「採用」しようとする。

端的に言えば、半所属という状態が集団からの超越と集団への内在を同時に要求し、個人がそれぞれの価値

（近代的価値と前近代的伝統的価値）の両方に無意識的に準拠せざるをえない状況が生まれる。純粋に一つの価値へのコミットができず、自己欺瞞という要素が必ず付きまとう。そして、フロイトの指摘を待つまでもなく、アンビヴァレンスと自己欺瞞は、自我の防衛機制により、意識の領野から抑圧され排除される。これが、パーソナリティに負担をもたらさない、タテマエとホンネの非合理的な使い分け、理念的文化（価値合理性）と制度的文化（目的合理性）の前論理的な相互浸透を生み出すメカニズムである。

ところで、日本社会の近代化と関連してここで展開される環節的集団の防御壁の脆弱さ――中間諸集団の成員に対する規定力の弱さと集団の外部（中央）への開放性――は、すでにアジア・太平洋戦争及び近代の超克を支えた衝動構造の形成について論じた際に言及された日本型共同態の構造を想起させる。丸山はベラーを批判し、日本社会に広汎に存在する呪術性[13]に注意を喚起していたが、ここに来てようやく丸山の問いに答える地点に到達した。日本社会に呪術性が残存するのは、まさに「外の社会に対しての環節的集団の独立と依存のそれぞれへのアンビヴァレンスから生じる不安のために、呪術性の傾向が温存される」からである（作田［1972］2001：277）。呪術性の残存は、日本文化の本質的属性（文化本質主義）ではなく、より一般的で社会学的な集団形態（半所属を生み出す共同態の構造）から把握される。すなわち、半所属という集団の成員に対する保護の力の弱さのために、呪術性に対する合理化の力が徹底しなかったのである。しかしながら、こうした呪術性を残存させる原因となる、一見すると前近代的な共同態の形態――中間諸集団の成員に対する規定力の弱さと外部への開放性――が、近代化を阻害するどころか、効率的な近代化の遂行そのものを可能にしたのである。

3　西洋近代との対決？

価値理論から、価値の首尾一貫性から生まれた西洋近代と外部の価値にコミットしながら効率的に採用する日本の近代化の間の差異を明らかにした作田は、日本の社会構造（共同態の構造）に内在しながら、これら日本型と西洋型双方の近代を同時に乗り越えようとする。その議論の出発点を提供したのが、ルース・ベネディクトの『菊と刀』である。作田はベネディクトの罪の文化と恥の文化という類型を出発点としながら、罪と恥という二つの価値感情が生じるメカニズムを社会学的集団論から解明し、さらに罪と恥を媒介する第三の感情として羞恥（はにかみ・はじらい）を発見する。そしてこの羞恥のなかに、二つの近代の超克へとみちびく潜勢力を見出すのである。

ベネディクトの分類によると、文化には罪の回避を行動基準とする罪の文化と恥の回避を基準とする恥の文化が存在し、前者が西洋文化、後者が日本文化に相当するとされる。作田はこれらの価値感情の生成を社会集団（準拠集団・所属集団）と社会集団が成員に対して果たす機能（規律機能・比較機能）の帰結として考察する。すなわち、社会集団は成員に対し、その規律機能から「逸脱」あるいは比較機能によって「劣位」という負の価値評価を下すが、罪や恥という価値感情はこのような集団による負の評価によって発生するのである。具体的には、自らの行動規範を提供する準拠集団において、規範からの「逸脱」と認定された場合、逸脱者は「罪」を感じ、他方、人が具体的にメンバーとなっている所属集団において、「劣位」の評価が下された場合、劣位者は「恥」の感情を経験する。罪と恥はそれぞれ準拠集団における逸脱（罪）と所属集団における低い評価（恥）によって生じるのである。

しかし、恥の感情には所属集団における「劣位から生じる恥」と異なる「羞恥」という感情が存在する。羞恥

13　池田と丸山の言う呪術性は、ヴェーバーのいう呪術性と理解することができる。その場合、呪術性は一貫性の欠如という意味での「非合理性」と考えられる。作田も呪術性という場合、価値もしくは目標に対して一貫性が欠如している事態をさして使用している。丸山そして、久野を引き継ぎ、作田は日本の呪術性を代表するものとして天皇制を挙げている（作田［1972］2001:277）。

は、人が所属集団とは別に私的に準拠集団をもつときに生じる。人は、所属集団にありながらも、内面では別の評価基準（準拠集団）のもとで劣位を経験することがある。羞恥とは、所属集団と準拠集団という二つの集団に引き裂かれ（志向のくい違い）、自己同一性が見失われる危険にさらされるときに生じる反応である。

こうした羞恥は、所属集団が準拠集団よりも上位と考えられる場合でも起こる。作田は、ここでリースマンの『孤独な群衆』に登場する学生の例を参照している。ある豊かな地域集団に属する学生が、準拠集団としている学生集団に対して感じる感情である。経済的に豊かな集団に所属する学生は、学生集団のメンバーに加わりたいと思っているのだが、この場合、裕福な彼は、準拠集団である貧しい学生たちの集団に対して（経済的に豊かであるにもかかわらず）劣位に置かれ、羞恥の感情を抱いてしまうのである。単なる所属集団において劣位に位置づけられることから生じる恥を「公恥」と呼ぶとすれば、所属集団と準拠集団のずれから生じる私的な恥は、「私恥」と名付けることができる。作田によれば、ベネディクトのいう恥は前者の公恥に相当し、羞恥や私恥という感情に対して彼女は関心を向けなかった。なぜならば、彼女には複数の集団のまなざしから注がれる「志向のくい違い」ということを問題にしなかったからである。

私恥と羞恥は、隣接する概念であるが違いがある点に注意しよう。[14] 一九六四年の「恥の文化再考」の段階では、作田は私恥と羞恥の区別を積極的には行っていない。私恥は、作田が提唱する恥概念（私恥）とベネディクトのいう通常の恥概念（公恥）との差異を示すために導入されたその意味では消極的な概念である。しかし一九七二年の論考「恥と羞恥」では、私恥は羞恥、恥、罪の関係を明確にするために、より積極的な役割を果たしている。[15] 作田はこの段階で、羞恥を相対的に恥に近いとしながらも、恥と罪との「交接点」にあると明確に位置づけている。すなわち、恥一般とは異なり、羞恥には「罪の意識」のニュアンスが伴い、恥と罪のはざまにある点が強調されるのである。羞恥が恥でありながら罪の意識を伴うのは、羞恥が恥一般とは異なり、所属集団を超える超越的な視線（準拠集団からのまなざし）を内包しているからである。先にリースマンから引用された事例では、豊かな学生は「貧しい学生」をあるべき学生の姿として想定するがゆえに、貧しい学生の間にあって「恥ずかしさ」（恥）だけでなく、自らを罰する「後ろめたさ」（罪）を同時に感じてしまう。

作田の議論に立ち返ろう。公恥、私恥の概念は恥がもつ「二つの位相」をさし、前者の公恥はたった一つの「比較するまなざし」から生じるのに対し、後者の私恥は、複数のまなざしのずれ（志向のくい違い）のために生じ、羞恥へとつながる側面をもつ。また超越的な規範からの逸脱のニュアンス（罪の意識）が強まると、恥（私恥）は羞恥と呼ばれる感情に近づく。羞恥は恥に近いが、同時に恥（私恥）とは区別され、罪のはざまに位置する感情である。一九七二年の論文「恥と羞恥」のタイトルが示すように、羞恥は「恥」とカテゴリー的に区別される。

しかし繰り返すが、恥、羞恥、罪の感情は「連続的」である。「所属集団を超えたどこかにある視点がともなってくると、恥は羞恥に転化する。そして羞恥にとっては非本質的な所属集団の仲間に対する劣位の認識がうすれてゆくにつれて、羞恥は罪に近づく」。「それゆえ羞恥は恥と罪の中間にあり、両者を媒介する機能を果たす」のである（作田［1972］2001:304）。

ここで重要な論点を確認しておこう。一般に、罪の文化と恥の文化は、西洋の文化と日本の文化に対応し、べ

14　日本社会学理論学会の特別セッション（註1参照）での羞恥と所属集団に関する報告内容に対して、新堂粧子氏より貴重なご意見をいただいた。

15　一九七二年の「恥と羞恥」は、「恥の文化再考」（一九六四a）として『思想の科学』に掲載されたものと、その後、多田道太郎と分担執筆した「羞恥と芸術」（一九六七）を統合したものである。その意味で、一九六〇年代後半を通して作田はこの主題を温め続けたと考えてよいだろう。その後作田は一九七五年に、太宰の作品に焦点を定めた「羞恥の文学－太宰治－」を執筆している。ちなみに一九七五年の段階では私恥・公恥の概念は使用されず、「はにかみ」「はじらい」のみが考察の対象とされている。しかし概念図式としてはもっともシンプルで明快である（作田［1975］1990:158–159）。

ネディクトが見逃した羞恥の感情は日本人特有の感情と理解されている。がしかし、これは誤りである。罪と恥そして羞恥は、個人と集団の関係の在り方（準拠集団・所属集団）、集団の果たす機能（規律機能・評価機能）を変数として生じる価値感情であり、その意味では文化限定性を伴わない。社会学的に同様の配置が生まれれば、これらの感情はあらゆる文化圏で発生する。[16]

つまり、次のように言えるだろう。作田は、日本的とされる恥の概念を出発点としつつ、第一に、恥（日本的）と罪（西洋的）の間にある羞恥（日本的）の感情とその媒介機能を発見することにより、また第二に、感情の文化的限定性を社会学的集団論によって解除することにより、「日本文化」対「西洋文化」という二項対立的表象を失効させたのだ、と。むろん、「はじらい」「はにかみ」として知られる庶民の羞恥感情が、特殊、日本において相対的に、顕著にかつ明確に観察されるという事実を否定するものではない。むしろここでの論点は、内的に人を行為に導く価値感情の観点から、日本的なもの（恥）のうちに、日本的なもの（恥）を超え出る普遍性の契機が発見されたこと、また一見日本的に思われるもの（羞恥）が、内在的に西洋的なもの（罪）へと接合する理路が示されたことが重要である。それは同時に近代の超克という問題そのものの存立基盤を揺るがす。

最後に、前段の議論を補足するために、羞恥が相対的に生じやすい社会構造に関する作田の考察を確認しておこう。精神分析の知見によると、罪の意識は強力な超自我によって生じる。中間集団としての家族やその絆が強固な西洋社会では、家族の内部において十分に排他的な社会化がおこなわれるため、強い超自我の形成が促される。その帰結として、自立的な自我が生み出されやすい。それに対して、中間諸集団の規定力が弱く外部（とくに中央）の影響にさらされやすい日本の集団構造の下では、超自我＝罪の意識は形成されにくく、逆に集団の内部と外部からの志向のくい違いが起こりやすいため、羞恥の感情が生じやすい。ここでもまた、半所属＝二重所属を生みやすい中間諸集団の特徴、すなわち集団の成員に対する規定力の弱さと外部への開放性という作田の一貫した日本社会の分析を確認することができよう。

④ 価値の社会学再考

1 業績主義を超えて

ベネディクトの文化論は、作田が近代の超克へと向かう一つの、しかし大きな出発点となっている。一九六四年の「恥の文化再考」と題された論文は、たしかに――羞恥の発見という――ベネディクトの日本文化論の盲点を突くという性格が強い。しかし『価値の社会学』に収録された「Ⅷ 恥と羞恥」と先行する「Ⅶ 価値体系の戦前と戦後」を読解することによって、恥、羞恥、罪の価値感情の研究が日本文化と西洋文化という二項対立的表象、さらに近代の超克という歴史哲学的な主題そのものを失効させうる性質をもつことが明らかになった。さらにこの点を追究しよう。

罪の文化とは、プロテスタンティズムの精神である。ヴェーバーのプロ倫テーゼによると、西洋の近代化はプロテスタンティズムの禁欲的な倫理によって可能となった。超越的な宗教倫理から行動する西洋的個人は、まさに罪の文化に属する行為者である。それに対して、日本の近代化は、劣位（恥ずべき地位）からの回復をめざす

16　作田は一九七二年の論考では、罪の文化を理念的文化、恥の文化を制度的文化とよんでいる。「罪の文化と恥の文化とは、すでに述べた理念的文化と制度的文化とにそれぞれ対応することは明らかだ。社会体系との関連からみるなら、罪の文化はいわばこの体系の外にあって、みずからの一貫的実現を主張し、恥の文化はこの体系の中に制度される文化であって、体系内部の諸活動間の調整という現実的要請によりよく答えうる。しかし、現存するどの文化体系も完全に理念的でもなければ完全に調度的でもない」（［1972］2001：250）。ここでも罪の文化と恥の文化の文化本質的理解は、社会学的に相対化されている。

ことに始まった。列強に向かって国を開いたものの（所属集団としての列強への仲間入り）、西洋列強からの遅れ、さらには敗戦による屈辱が、近代化と戦後の経済成長を成し遂げた。作田は恥と日本の近代化について、「日本の社会に関しては、外国人に笑われまいとする心がけが、攘夷から開国への政策転換にもかかわらず、日本人に一貫しており、近代化の動因の一つとなったという議論もある」と述べている（作田［1972］2001：329）。

普遍的な規範によって独我論的に能動的な行為者を生み出す罪の文化が、伝統の壁を内発的に突破する西洋型の資本主義的近代化に適合的であるのに対し、「遅れ」を取り戻し、列強と対等な地位に立とうする日本のような後発的近代化には、他者との比較のなかで自己の位置評価を測定しながら懸命に行為する恥（公恥）の文化が適合的なのである。

しかし、作田が見出だすのは、恥（公恥）を罪に対置する構図ではない。むしろ、両者の価値パターンには、普遍主義か個別主義か、という相違はあるものの、「業績主義（達成本位）」という共通の性質がある。その点を見過ごしてはならない。作田は言う。「これらの議論は、恥の文化に対する罪の文化の優越を暗黙のうちに前提とするキリスト教中心的な考え方への挑戦である。したがってそれは有意味な異論ではあるけれども、能動的な活動に高い地位を与える達成の原理に立って、罪と同じように恥もまた、あるいはむしろ罪よりも恥のほうが有効だということを指摘するにとどまっている。そのかぎりにおいて、これらの議論は西洋ヒューマニズムの枠を超えでてはいない」のだ、と（作田［1972］2001：329）。

作田が注目するのは、恥と罪を媒介する羞恥のもつ「別の可能性」である。第一に、恥はとくに公恥の側面において罪とともに業績への動機づけを行うが、私恥から近い羞恥は業績主義に伴う競争の精神を抑制する作用をもつという。「競争の過程においては当然自己があらわになってくるが、この自己顕示は羞恥によって限界を画されるからである」（作田 1972［2001：329］）。さらに第二に、業績主義（達成本位）はときとして集合体（徒党）を形成し、互いの自己主張（エゴイズム）を助け合う「集団エゴイズム」を発揮するが、羞恥の感情に晒された人々が織りなす連帯は、エゴイズムから結びつく集団を超えたより「広範な連帯」となる。なぜならば「自己の内部の劣等な部分が八方から透視されている人間、集団という甲羅の一切が剝奪され、有としての自己を主張しうる根拠を失った人間、そういう人間同士の連帯は集団の砦を超えた連帯」だからである（作田［1972］2001：330）。つまり羞恥の感情を抱く個人はすでに複数の社会集団からまなざされる存在であり、その意味でどの集団にも安定した居場所を見出すことができない存在なのである。

こうして作田は、業績主義を構成原理とする二つの近代社会——日本と西洋——を超え出る〈普遍的な連帯〉の契機を羞恥感情のなかに見出した。もちろん、そうした連帯は未だ実現には至っていない。作田が言うように「疑いもなくそれは、現在の時点では生産的、創造的な機能をもつことはできない。だがこの連帯は、生産力の高まりによって競争の動機づけが弱化し、有機的な構成によって階級の壁が徹底的に崩されるところまで進んだ未来の社会において、結合の重要な一形式となることは確かだ。はにかみがちな日本人は事大主義や権威主義にたいして、無為の立場から消極的に抵抗してきた。その伝統は未来につながるものとして再評価に値するだろう」（作田［1972］2001：330）。

2　謝罪・和解・連帯

新しい普遍的な連帯は、これまで普遍主義を内面において保証してきた罪に羞恥の感情がとって代わることを意味する。しかし、そもそも罪は普遍的・超越的な規範（正義）を心理学的に担保するだけでなく、引き起こされた正義の侵犯に対する「つぐない」の感情でもあった。罪の意識が薄れるとき、アジア・太平洋戦争と近代の超克の負の側面（侵略と戦争犯罪）は、どのようにつぐなわれるのだろうか。近代の超克をアジア・太平洋戦争という形で遂行し、敗北した者の側に贖罪の意識なくして、敵国との和解や連帯は可能なのだろうか。アジア・太平洋戦争に責任を負う国の人間は、もはやこれらの問題を抜きにして普遍的連帯について語ることは許されない。

作田は、「恥の文化再考」の執筆と同じの一九六四年、「死との和解——戦犯刑歿者の遺文に現れた日本人の責任倫理」を執筆している。[17] 本論文については、副題が決定的に重要である。ここでは、ＢＣ級戦犯の遺文の分析を通して一連の恥と羞恥の研究では扱われなかった日本人の罪の意識が論じられている。たしかに本論文は、ＢＣ級の戦犯刑歿者たちが自らの死をどのように受け入れたか（死との和解）、を明らかにすることを目的としている。しかし「いけにえ死」「とむらい死」「自然死」という遺文より抽出された死の受容の諸類型は、同時に戦争に対する日本人の態度、さらに言えば日本人が戦争における「死の意味」をどのように理解しているか、を表わしている。つまり本論文は、戦犯刑歿者たち、そして日本人一般の「自らの死」のみならず、「（異邦人も含む）戦争で命を落とした人々の死」に対する彼ら／彼女らの思いを論じているのである。そしてここに、われわれは作田とともに「贖罪死」という近代的なつぐないとは異なる、つぐないの仕方を発見することができる。それはおそらく、作田自身の先の大戦で命を落とした人びとに対するつぐないでもあり、価値の社会学の構想を根底で支える土台でもある。

作田は、戦争責任を一方的に糾弾する立場から距離をとりつつ、「大東亜戦争はたんに物質的な利害のための戦争にとどまらず、東と西の思想戦でもあるというスローガンが、戦争中指導者によって繰返し主張された」と述べ、「現代の戦争はもっとも破壊的な、だがもっとも根底に触れ合う文化接触の形態である」と述べている（作田［1964b］1967 : 156）。「大東亜戦争」「東と西の思想戦」という表現から、作田が先のアジア・太平洋戦争の思想性や近代の超克を強く意識していることがうかがえる。ここでも作田は、啓蒙主義の立場を放棄する。「ＢＣ級戦犯はほかならぬ私たちであるから、裁くより前にまず理解しなければならない」。「そして裁いた側の近代的な倫理的責任の立場と、ＢＣ級戦犯すなわち私たちの責任の考え方が、どの点でくい違い、たがいに理解しあえなかったかをあきらかにしなければならない」（作田［1964b］1967：157）。敗北を喫した者にとって、「東と西の思想戦」はもはや、罪を追求する側と抵抗する側の「贖罪」をめぐる闘争とならざるをえない。戦争裁判について、作田は戦勝国による戦争裁判の目的を報復感情をしずめる報復裁判であったと述べ、戦犯刑歿者の遺文に現れた「死の美学」[18]は、こうした「贖罪」を求める報復裁判に対するささやかだが、「ただ一つの抵抗の様式」だったとしている（作田［1964b］1967：174）。

戦犯刑歿者の死の類型は、「いけにえ死」「とむらい死」「自然死」の三つであった。そのなかで、基本形となるのが「いけにえ死」である。戦争を戦った多くのＢＣ級戦犯たちにとって、この裁判それ自体が戦勝国による報復裁判である以上、「命令者であろうと実行者であろうと、有罪であろうと誰かが責任を負わねばならない」。これが「いけにえ死」の論理であり、彼らをもっとも強く支配した。戦犯は「日本人というメンバーシップによって選ばれるのであり、行った行動そのもののゆえに選ばれるのではない。だから犠牲者として集団を代表する者は、将校、下士官、兵のどれでもよく、『無実の罪』でありながら、敵の側に引き渡されてもやむをえない」という論理である（作田［1964b］1967：170）。このいけにえ死から二つの死、自然死ととむらい死が派生する。いけにえ死に並ぶ死の受容が「とむらい死」である。とむらい死にあっては、人は「仲間との共同事業の果て

17　作田は『恥の文化再考』において「罪と救済」の章を設け、「われらの内なる戦争犯罪者」「波濤と花火」「死との和解」という三つの論文を収録している。また「死との和解」は「戦犯受刑者の死生観」を書き改めたものである。その修正に関して作田自身の説明が付記として『価値の社会学』に収録されている（作田［1972］2001：393）。

18　作田は死を受容する理由から靖国信仰を排除する。「天皇陛下万歳の三唱は、遺族への配慮か（それは戦後日本で起こった価値意識の転換を知らないための哀しい配慮なのだが――括弧内も作田による）、それとも旧敵国人＝現在の迫害者を前にして恰好よく死ぬためのポーズにもとづく場合が多かった」（作田［1964b］1967：173）。

に、彼らは先にゆき、自分たちはあとからゆく。生き残った協力者には死んでゆく責任がある」と考える（作田［1964b］1967:181）。それに対して自然死においては、戦争という状況の特殊性を切り捨てられ、刑死を日常的な自然死と同一視する。「秩序を動かした以上、動かしたものの犠牲が要求され、その死が反作用となって、失われた均衡が回復する」という信仰のようなものが見出される（作田［1964b］1967:179）。

いけにえ死、その派生形であるとむらい死、そして自然死という三つの類型は、西洋すなわち戦勝国が要求する「贖罪死」との間に大きなずれを生む。

西洋社会の責任は、「普遍的規範と個人の人格」に基礎づけられた「個人責任」と状況から超越した「個の主体性（主観的動機）」を前提とする「主観責任」によって成り立つ。「罪」の意識を伴う死、すなわち贖罪死は、こうした個人責任と主観責任から生じる。それに対して、日本人にとっての責任とは、個別主義に基づく「集団責任」と、行為の主観的動機と無関係に起こった事態に対し責任をとる「客観責任」である。ここで言う個別主義とは、仲間との特定の関係や所属集団における具体的な「人間関係」を重んじる価値意識であり、そこから集団責任という意識が生まれる。また客観責任とは、行為の「動機」よりも行為を規定する状況やその「秩序」を重んじる状況倫理から生じる責任である。罪の意識に基づく西洋型の「贖罪死」に対して（主観的責任＋個人的責任）、日本型の「いけにえ死」は「純粋な集団責任の思想によって支えられ、死の原因となった行為の主観的動機についての反省はまったくないが、行為の結果については責任を負うという客観責任を肯定する」（客観的責任＋集団的責任）（作田［1964b］1967:177）。こうした責任の取り方は、企業の不祥事に際して、無関係な社員が責任を感じてしまうという現象に見出すことができよう。

しかし、贖罪死といけにえ死とのこうした責任意識のすれ違いこそが、皮肉にも「いけにえ」型の死の受け入れを可能にしてきた。「いけにえとして死んでいった人たちは、自らの致命的な不幸を招いた行為が戦争と軍隊という状況の産物以外の何物でもないと考えていた点で、贖罪死を求めた戦勝国と決定的にすれ違う。むしろ自らの「『無責任』の主張こそ、彼らがいけにえとして制裁を受ける資格をみずからに認めたところの、責任の根拠」でもあった（作田［1964b］1967：177）。戦勝国が罪を追求すればするほど、いけにえの戦犯たちは無罪を根拠に死を受容する。戦争責任はその帰責先を失い、宙に浮く。謝罪によって開かれる連帯への道はふさがれたままとなる。

ただし、「いけにえ死」を構成する状況倫理の側面と個別主義の側面それぞれが深化することによって、普遍主義の浸潤、そして個別主義の拡大が起こり、独特の罪意識を伴う死の類型が形成される。これが先の「自然死」と「とむらい死」である。個別主義的で、状況依存的ないけにえ死が、多様な状況の背後にある「不変の秩序」に対する意識が強くなると、死とその原因を普遍主義的に位置づける自然死へと移行する。このとき、自らの振る舞いが不変の秩序を動かしたという罪が宿命や運命として与えられる。それに対して、いけにえ死の個別主義（仲間意識）が深化し拡大することにより、「とむらい死」に達する。「とむらい死」には死者との連帯という心情がながれている。そしてこの連帯への思いは、個別主義が深化することにより拡大し、同じ戦争を戦った仲間から同じ戦争を戦った異邦人へと接続する。作田は、いけにえの死において「加害者と被害者とのあいだの集団所属の関係にかかわりなく普遍的に妥当する真理に合致するかどうかによって、行為の正邪を判定する立場を普遍主義とよぶなら、西欧的な意味での贖罪とは、普遍主義によって裁かれた行為に対する償いである。戦犯受刑者は普遍主義への道を閉ざされていたのだが、異国の人びとの大量の死をかたわらで見送るほかになかった人たちは、これらの死者とつながりを通じて、普遍主義への道を切り開いた」と述べている（作田［1964］1967：165）。

作田は、個別主義のもとで成立した仲間へのとむらいが、やがて異邦人へと拡大することで開かれる普遍的な連帯に注目した。しかしこうした普遍主義は、近代的な罪と同様、贖罪の意識をもたらすのだろうか。この点に関する作田の言葉は、必ずしも明快ではない。また作田は、先に引用したように、裁く側と裁かれる側は「くい違い、たがいに理解しあえなかった」とも述べている[19]。

しかし戦後七〇年が経過し、作田以上に戦争を知らない世代が社会の中心となった。果たして――国家や政府や政治家ではなく――個人としての彼ら／彼女らに罪と贖罪の意識は必要なのだろうか。むしろ、先の大戦において「人びとの犠牲の代償」として手に入れたもの――「とむらい」をとおしての普遍的な連帯――の可能性に目を向けることも可能なのではないだろうか。作田自身はそれを戦争の犠牲となった名もないBC級戦犯たち、異邦人の死をもとむらおうしたBC級戦犯たちの死生観の中に見出した。ジンメルを継承した作田の言うもうひとつの〈価値〉とは、「犠牲の代償」である（作田 1968:135）。まさに先の大戦の犠牲から、かのイデオロギー〈西洋の超克〉を超克しようとする「〈価値〉の社会学」の構想が立ち上がったとは考えられないだろうか。

3　近代の超克と価値の社会学

最後に価値の社会学における価値概念について検討を加えよう。価値概念が社会学にとって有効な理由として、以下の三つがあげられる。第一に、とくに作田が価値の社会学を構想した一九六〇年代は、敗戦、急速な復興と経済成長によって、価値に関するアノミー的状況が蔓延した。そうした時代に価値という概念は、人々の心理的なニーズに合致した。すなわち「急速な社会変動が進行している場合には、価値と状況とのつながりがあいまいになり、そのために、意思決定にさいして、個人は多少とも困難を経験しなければならない。今日の日本社会において、価値の問題が人びとの関心につよくアピールするようになったのは、このような事情からである」（作田 1963: ii）。

第二に、価値は「大多数の成員のパーソナリティに内面化され、内がわからも彼の行動を統制している」ため、概念としての価値は、社会を構造論的に外部から記述するのではなく、行為者の内面から描写する際に有効に機能する。作田によれば、「望ましさは行為者の外側の対象に付着する性質と見るよりか、行為者を内側から支配する指南の規準」である（1963:5）。社会を内側から記述するという方法論的立場は、ルソー研究を経由した後の作田によって「定着の論理」に対する「生成の論理」と呼ばれることになる。価値の社会学の段階における社会の記述は、いわば「定着の論理」にとどまりながら、価値による社会生成の記述をめざしたものと理解できよう。残念ながらこの点——前期作田（価値の社会学）／後期作田（生成の社会学）の接合問題——については稿をあらためざるを得ない。

第三に、行為を導く価値の領域を功利主義的欲求の水準と区別して設定でき、かつあくまで形而下的な経験の地平に、つまり行為の経験的な欲求充足とその犠牲または排除という経験的な世界に結び付けることができる。それは作田の価値概念が、ヴェーバー＝パーソンズ流の強い超越性を伴う価値合理性、価値志向における価値概念に依拠する一方、それをジンメルの価値概念——入手あるいは到達に犠牲を伴う、何らかの欲求の犠牲、代価としての価値概念——の導入により補正することによって可能となっている（作田 1968:134）。「もし社会と個人との間に完全な調和があるとすれば、与えられた状況に関して定められている行動様式は、個人の側になんらかの犠牲をもたらすことなく順守されるだろう。いいかえれば、個人が行動様式に忠実に従えば従うほど、それ

19　作田の言う「普遍主義への道」を考える上で、加藤典洋の以下の見解は示唆的である。「そもそも、名前をもたない三百万の自国の死者に対置されるさらに名前をもたない二千万のアジアの死者とは、何か。そこでは何かが激しく転倒している。しかし、そのことを了解した上で、わたしは、先に述べた三百万の自国の死者への哀悼をつうじて二千万の死者への謝罪へといたる道が編み出されなければ、わたし達にこの「ねじれ」から回復する方途はない、と考える」（加藤［1995］1997:86）。

だけ、彼の諸欲求の充足の総合量は高まるだろう。だが現実の社会においては、このような完全な調和は存在しない。そのために、ある行動様式を順守するにあたり、個人は多少とも何らかからの欲求の充足を犠牲にしなければならない。その場合、欲求不満の代償として重要な役割を演ずるのは、このように順守された行動がなにか神聖な価値をもつという信念である。彼の犠牲は無為ではない。それはなにものかに値する」（作田 1958:42）。

現実の作田の社会学的分析を見るとき、価値概念は三つの特徴を有している。第一に、価値概念はつねに――恥や罪の感情のように――価値感情として、欲求との関連で現実的に論じられている。第二に、価値は社会システムの中で――たとえば近代化論における「価値としての西洋近代」のように――手に入れがたく「望ましいもの」として経験的に論じられている。第三に、普遍的連帯という「めざすべき規範」としてユートピア的に論じられている。第一と第二の「価値」概念は、経験的世界において現実にわれわれの行為を導く「規範」として位置付けられている。それに対して第三の〈価値〉概念は、経験的世界にありながらも（内在）、未だ十分に実現せざるもの（超越）として実在している。その意味において、作田の価値の社会学は、現実世界の中に内在し、そこから現実そのものを変革する潜勢力（羞恥でつながる普遍的連帯）を先取りし、さらに現実そのもの（恥や罪に表れる業績主義）を批判的に考察する〈規範理論〉、日本発の批判的社会理論として、引き継がれてしかるべき社会学的遺産なのである。[20]

20　ここでいう批判的社会理論とは、フランクフルト学派の社会理論を念頭においている。批判のための規範的基礎がすでに社会的現実に内在していること、そしてその都度の批判的な社会診断によって、そうした規範的基礎が明確にされるような社会批判のタイプをさす。第三世代のアクセル・ホネットは、批判的社会理論について次のように述べている。「これらの理論家たちにとっては、たえず社会診断というものが必要とされていたのであり、この診断は世界に内在する超越のモメントを出来させることができるようなものでなければならなかった」（Honneth 2000=2005:95）。なお、批判理論と「近代の超克と」の関連について論じた先駆的な業績として、天畠の論考がある（天畠 2009a, 2009b）。

参考文献

Bellah, R. [1957] 1985 *Tokugawa Religion: The Cultural Roots of Modern Japan*, Free press.（=1996, 池田昭訳『徳川時代の宗教』岩波書店）
Deguchi,T. 2013
橋川文三 [一九六〇] 一九九八 『日本浪漫派批判序説』講談社
廣松 渉 一九八九 『〈近代の超克〉論』講談社
加藤典洋 [一九九五] 一九九七 「敗戦後論」『敗戦後論』講談社
―― 一九九九 『日本の無思想』平凡社
久野収・鶴見俊輔 一九五六 『現代日本の思想――その五つの渦』岩波書店
Honneth, A., 2000 *Das Andere der Grechtigkeit :Aufsätze zur praktischen Philosophie*, Suhrkamp Verlag.（=2005, 加藤泰史・日暮雅夫他訳『正義の他者――実践哲学論集』法政大学出版局）
池田 昭 一九六七 『日本の精神構造論序説』勁草書房
子安宣邦 二〇〇八 『「近代の超克」とは何か』青土社
桑原武夫・作田啓一・橋本峰雄 一九六七 「文学価値論」
松本輝夫 二〇一四 『谷川雁――永久工作者の言霊』平凡社
丸山眞男 [一九五八] 一九九六 「ベラー『徳川時代の宗教』について」『丸山眞男集』（第七巻）岩波書店
日本人文科学会編 一九五一 『封建遺制』有斐閣
作田啓一 一九五八 「文化の理論」『講座社会学・第三巻・社会と文化』東京大学出版会
―― 一九六三 「価値と行動」『今日の社会心理学５ 文化と行動』培風館
―― [一九六四ａ] 一九六七 「恥の文化再考」『恥の文化再考』筑摩書房
―― [一九六四ｂ] 一九六七 「死との和解――戦犯刑歿者の遺文に現れた日本人の責任の論理――」『恥の文化再考』筑摩書房
―― [一九六七] 一九九〇 「保田與重郎『日本の橋』」『仮構の感動――人間学の探求』筑摩書房
―― 一九六七 「羞恥と芸術」『文学理論の研究』桑原武夫編、岩波書店
―― 一九六八 「ジンメルの価値の概念」『ソシオロジ』（第48号）、京都大学文学部社会学研究室
―― 一九七〇 「ルソーの集団論」『ルソー論集』桑原武夫編、岩波書店
―― [一九七一] 一九七三 「共同態と主体性」『深層社会の点描』筑摩書房
―― [一九七二] 二〇〇一 『価値の社会学』岩波書店
―― [一九七五] 一九九〇 「羞恥の文学――太宰治」『仮構の感動――人間学の探求』筑摩書房

作田啓一・多田道太郎　一九六七「羞恥と芸術」桑原武夫編『文学理論の研究』岩波書店
竹内　好　[一九五九]一九七九「近代の超克」『近代の超克』冨山房百科文庫
谷川　雁　一九六一「日本の二重構造」『現代の発見第十三巻・亀裂の時代』春秋社
天畠一郎　二〇〇六a「〈近代の超克〉座談会における言語観と歴史観」『近代の超克――永久革命』（石塚正英・工藤豊編、理想社）
――　二〇〇六b「『啓蒙の弁証法』と『近代の超克』――アクセル・ホネットのフランクフルト学派理解」『近代の超克――永久革命』（石塚正英・工藤豊編、理想社）

第2章

見田宗介における「相乗性」という限界

――『近代日本の心情の歴史』を読み直す

長谷正人

① 土着の社会学――一九六〇年代の見田宗介

本稿は、見田宗介を論じるにあたって、彼の一九六〇年代の仕事に注目したいと思う。そこでは彼は、一九七〇年代以降のように普遍的な社会理論を論じるのではなく、日本社会独自の近代化の歴史と現代の状況の両方をつぶさに観察して分析しようとしていたからである。例えば彼は、明治維新を支えた人びとの民衆意識（「明治維新の社会心理学」（見田 1965））や日本近代化の主導意識としての立身出世主義（「立身出世主義の構造」（見田 1967））について分析し、日本の近代化過程を民衆たちがどのような心情で生きたかを描こうとした。また、六〇年代という同時代の日本社会を人びとがどのような意識を持って暮らしているかを、新聞に掲載された無数の身上相談の内容（「現代における不幸の諸類型」（見田 1963））やベストセラー書籍の傾向の変化（「ベストセラーの戦後日本史」（見田 1963））などから明らかにしようとしていた。つまり六〇年代の見田は、近・現代の日本社会のありようを民衆たちの心情の側から明らかにしようとしていた。[1]

逆に言えば、そこには明治期日本の文明開化や戦後の民主化過程の説明において常識的に言われるような、「欧米列強の圧力」や「占領政策」といった「外発的」な要因の検討がほとんど不在であった。いわば彼は、日本の近代化・現代化を民衆たちの「内発的」な社会意識の側から描こうとしていた。それは、なぜなのか。私はそこに見田宗介の思想の特徴が表れていると思う。つまり見田は、近代日本社会を、国家や資本主義といった外発的な力によって作られた社会としてではなく、民衆たちが社会の内側から、自発的かつ内発的に作り出した社会として論じようとしたということだ。

むろんすぐに付け加えなければならないが、彼はそれをあくまで普遍的な文脈のなかで論じようとしていたのであって（どの社会にも当てはまると言う意味で）、文化人類学的に日本の近代化の特殊性を主張しようとしていたわけではない。しかしやはり、それは一九七〇年代以降の見田宗介の仕事とは大きく違っているように見える。七〇年代の見田宗介は、『人間解放の理論のために』（見田 1971）や『現代社会の存立構造』（真木 1977）のように、マルクスの唯物論や疎外論という普遍的な社会理論を駆使して社会批判を繰り広げたからだ。だから、そこでは民衆たちの内発的な生の豊かさを根っこに置きつつも、社会がそうした生の豊かさを疎外するという相剋性のメカニズムが普遍的な問題とされたため、日本社会の内発的な特徴はとくに取り上げられることはなくなった。

一九七五年のメキシコ滞在後に「比較社会学」と名付けられて展開されていった仕事（『気流の鳴る音―交響的コミューン』（真木 1977）と『時間の比較社会学』（真木 1981））となると、見田は最初からさまざまな文明（未開社会も近代社会も）を比較するような超越的な視点に立っているので、日本社会の特殊性はもはや問題にならなくなった。彼自身が『気流の鳴る音』のなかで、「〈土着と近代〉について語るとき、土着を日本的なもの、近代を普遍的なものとしてとらえる見方は偏狭なものにすぎない。日本の、中国の、インドの、ラカンドンの、トロブリアンドの土着があり、ヨーロッパにさえ土着はあるはずだ。〈近代〉を特殊性として、〈土着〉を普遍性としてとらえなければならない」（真木1986、29頁）と言っているように、もはや彼にとって日本とトロブリアンドは土着的な文化として等価であり、自分が日本人であるということは意識しないでいいような理論的立場に立ったのである。ましてや『自我の起源』（真木1993）になると、生物レベル・遺伝子レベルにおける解放が論じられているので、日本社会の文化的特徴や歴史的特異性などは問題になりようもないだろう。こうして見田は、一九六〇年代から八〇年代にかけて、日本社会（ルール圏）の内側から徐々に離陸して、「孤独な鳥」（見田1988）としてこの世界を眺め渡すような超世俗的な思想家になって行ったように思われる。

むろん見田における、こうした〈土着の日本近代化論〉から〈普遍的な社会理論〉への離脱という変貌は、彼独自の思想的特徴というだけでなく、戦後日本の社会意識の変化や日本の社会学の議論のありようの変化ともきわめて相即的であるように思われる。つまり、日本社会も社会学者たちも、この期間に、日本であることの特殊性から普遍性へと徐々に離脱しようとして行ったのではないか。

一九四五年の日本社会は、敗戦で自信を失い、アメリカの人類学者ルース・ベネディクトに特殊な「恥の文化」と名指され、社会科学を志す者たちもまた自分たちの社会を封建遺制に囲まれた特殊社会と考えざるを得なかった。だから例えば、見田と同時代に論壇に登場した作田啓一は、日本社会を「恥の文化」と名指されたこと自体に理論的に抵抗しようとしたり（「恥の文化再考」（作田1964））、西欧市民社会の倫理で裁かれたＢＣ級戦犯のなかに日本人独自の倫理性を読み取ろうとしたりして（「死との和解」（作田1964））、西欧市民社会とは異なった日本社会独自の価値観に徹底的にこだわった論考を発表していた。だからその時代にあっては、普遍的な社会

1　近年の見田宗介論ブームのなかで、六〇年代の見田宗介（初期見田宗介）に注目した論考がいくつか書かれており（吉見2014、佐藤2015、江原2015）、本稿もまたそれらの影響を受けた。

理論を志向する見田でさえも、土着の日本社会の独自性から分析を出発させざるを得なかったのだ。しかし七〇年代から八〇年代にかけて、消費資本主義の進展のなかで（見田の有名な図式を使えば、「夢の時代」から「虚構の時代」への変化のなかで）[2]もはや日本社会のひとびとは、自分たちを遅れた特殊社会とは思わなくてもよくなった。

むしろ八〇年代以降の社会学者たちは、自分たちの社会を論じれば、それがそのまま普遍的な社会を論じることになるような錯覚を抱くことさえできた（私自身がそうだ）。例えばM・フーコーの監視社会論を使って近代の学校や病院の権力の作動を批判するときには、そこに日本社会の問題を自動的に含めて考えることができたし、[3]N・ルーマンの社会システム論は、社会には普遍的なシステムの作動が遍在的に広がっているという考え方なのだから日本特殊性論など問題にする必要がなかった。あるいはA・ギデンズの近代社会論の「再帰性」や「脱埋め込み」などを問題にするときにも、日本社会と西欧社会の区別はないだろう。つまり見田宗介や作田啓一らによって先導されたような、一九八〇年代以降の理論志向の強い（ポストモダン的な）日本社会学の新しい展開は、[4]このような日本社会と社会学理論の脱土着化や普遍化と相即的に起きたものだと考えることができる。

だがそうした歴史的変化を経た、現在の私たちの日本社会は、果たして日本社会論＝恥の文化を完全に乗り越えたと言えるだろうか。私はいささか疑問である。じっさい日本人たちは、相変わらずホームルーム的な公共性になじめないところがあるのではないのか。例えば選挙戦に見られる、襷がけや鉢巻きや名前の連呼や土下座といった土着的な日本文化の風景を見る限り、私たちの土着的な生活感覚は、普遍的な公共性の裏側に本音としてピッタリと貼り付いたままのように思われる。だから私は、普遍的な社会理論を展開することによって、脱土着化していく日本社会に相即的に応じた七〇年代以降の見田宗介の仕事よりも（そうした普遍的な理論を私たちはいまどこまで必要としているのか疑問だ）、普遍性を志向しながらも日本社会の土着の民衆意識にこだわるしかなかった六〇年代の見田宗介の仕事に今こそあえて注目したいと思うのだ。

そのときの見田は、いきなり普遍的な社会を探求するのではなく、まず日本社会の内側に立ちつつ、なお土着的文化のただなかにいかに普遍的「価値」を立ち上げるかという方途（それこそが、私たちの社会にあったかもしれない別の可能性ではないか）を探っていたと思うからだ。そこに、いまの私は共鳴する。それこそが普遍性のなかに閉じてしまった現在の社会学理論（＝「虚構の時代」の社会学）を、もう一つ別の内発的な「理想の時代」の社会学へと開いてくれるのではないだろうか。

② 内攻化された心情としての流行歌

本稿は、六〇年代の見田宗介が土着的な日本社会を対象とした諸研究のなかでも、明治以来の日本の流行歌の歴史を社会心理学的に論じた『近代日本の心情の歴史』（見田 1967→2012）を取り上げたいと思う。この本で見田は、日本の民衆の心情のありように一冊かけて丁寧に迫っていると思われるからだ。見田は冒頭のところで、本書は「シベリアの大氷原をさすらう人の姿」、「赤い実のたわわに熟れる南国の島の娘」、「勝負師ややくざや兇状持ち」といった、流行歌の歌詞に見られる現実ばなれした紋切り型の幻想的な象徴のなかに、仮託され、投げ入れられた幾百万の民衆の心情（一回限りの人生の確執や幻想や打算や愛や献身のひしめく総体）を読み解こうとす

2　正確には、一九四五－六〇年のプレ経済高度成長期が「理想の時代」、一九六〇－七〇年代前半の経済高度成長期が「夢の時代」、一九七〇年代後半－九〇年のポスト経済高度成長期が「虚構の時代」である（見田 1995）。
3　例えば、桜井（1984）がある。
4　日本におけるポストモダンの社会学の展開については、拙論（長谷 2002、長谷 2005、長谷 2006）を参照してほしい。

るものだと述べている。つまり、近代の日本社会の歴史を（明治維新から戦後に至るまで）、公的政治の歴史としてではなく、流行歌という表現を通して民衆たちの心情の側から描こうとした書物だと言えるだろう。

このように流行歌の歌詞から民衆の心情を読み取ろうとするような試みは、すでに戦後すぐに思想の科学研究会によって行われていた（思想の科学研究会編『夢とおもかげ』50年など）。ただし、彼らの研究は、西欧市民社会の文化を価値基準にして、流行歌のなかに日本の民衆たちの「封建的な生活感情」を読み取るという啓蒙的で差別的なものにすぎなかった。[5]

例えば本書のなかで南博は、当時の流行歌をその歌詞から、1.別れやあきらめや未練など「感傷を主題とするもの」、2.マドロスややくざや淪落の女などを歌った「退廃的なもの」、3.明るく恋愛や異国趣味を歌った「ロマンチックなもの」、4.『東京ブギウギ』のように同じ言葉を機械的に繰り返すだけの「ナンセンスなもの」に分類し、それらの、意欲を欠いた悲観性や運命論的な傾向に「今日の日本が持つあらゆる不幸の集中的な表現」を読み取っている（1950:167）。また園部三郎も、現代日本の流行歌の最も大きな潮流を作り出している作曲家として古賀政男を取り上げて、その曲に民衆の退廃をいっそう煽り立てるような「感傷性」を読み取って「最も反動的な性質をおびたもの」と批判している（1950:183）。

このように民衆たちの心情を表す素材として流行歌を取り上げながら、思想の科学研究会は、西欧文化を普遍的価値基準にしてそこに日本文化の特殊な封建性を読み取ってしまった。それに対抗して、見田はたくさんの流行歌の歌詞を具体的に引用しつつ、そこに民衆たちのさまざまな心情のありようを肯定的に読み取ろうとした。彼は、明治元年から昭和三八年（一九六三年）に至るまでの流行歌四五一曲を取り上げ、それらを1.怒り、2.かなしみ、3.よろこび、4.慕情、5.義俠、6.未練、7.おどけ、8.孤独、9.郷愁とあこがれ、10.無常感と漂泊感という10のモチーフに分類してこの順番で論じていく。この10のモチーフは、決して人間の普遍的な心理のありようを論理的に整理したカテゴリーではないし、それぞれの時代をシンボリックに表すような歴史的心情として選ばれたわけでもない。そうではなくそれらは、近代日本の民衆たちが時代を超えて流行歌に託し続けた独特の心情として選ばれている。そこに普遍的な理論としてではなく、日本近代社会を特殊なままで論じようとしていた六〇年代見田の特徴が出ていると言えるだろう。

とはいえ、ここで本書を短く紹介するためには、ある程度大胆な整理が必要となってくるだろう。そこで私としては、全体を独自の三つのセクションに整理して考えたい。最初の、1.怒り、2.かなしみ、3.よろこびの三つの章からなるセクションは、日本人が近代化以前から持っていたような内発的で素朴な感情を表した歌を取り上げていると言えるだろう。

例えば、明治一六年-二〇年に流行した『ダイナマイト節』は、自由民権運動の壮士たちが、薩長政権の専制性と日本を圧迫する帝国主義への「怒り」(1)を「若しも成らなきゃ　ダイナマイトどん」(要求が叶えられなければダイナマイトでドンだ!)といった具合にストレートに歌いあげた流行歌だった。しかし見田は、民衆が流行歌で表現していた内発的な怒りが、やがて日露戦争後に支配機構が強大化していくとともに「うらみ」や「やけ」へと屈折し内攻化していったことに着目する。その内攻化を具体的に表しているのが、例えば、明治四一年に添田唖蟬坊が作って流行した、「お前この世へ何しに来たか／税や利息を払うため／こんなうきよへ生れて来たが／わが身の不運とあきらめる」という『あきらめ節』である。

このように明治末期において日本の民衆たちの心情が内攻化していくなかで、流行歌のキーシンボルは「涙」となり、「かなしみ」(2)を歌った短音階の曲が愛好される傾向が生まれたと見田は分析する。こうした歴史的

5　思想の科学研究会など戦後知識人がいかに歌謡曲を低俗な文化として見ていたかに関しては輪島(2010)が詳しい。

経緯が思想の科学研究会が嘆いていたような日本の流行歌の祖型を作ったわけだ。例えば、日露戦争時に戦死した戦友を悼んだ軍歌『戦友』は（勇ましい好戦的な歌などよりも）、ずっと日本人の心情を揺さぶる歌として好まれてきたし、「わたしゃ夜咲く酒場の花よ……さめてさみしいなみだ花」と歌って昭和六年にヒットした『女給の唄』を始めとして、さまざまな恋愛を歌った歌においても「かなしみ」を「真珠」のように美化して歌うことを日本人は好んできた。

そして「よろこび」（3）もまた、明治初期や日清戦争勝利時や昭和初期の都会賛歌や第二次大戦後の解放感など、時代ごとに少しずつ違う形で歌われてきたという。ただし、ここでも注目されるのは、自然の美に託して生きることのよろこびをのびやかに歌い上げた名曲『美しき天然』（明治三三年）が、同じメロディーを借りて日露戦争後には戦後の閉塞感や怨恨の心情を託された『夜半の追憶』（明治三九－四一年）や『袖しぐれ』（明治三九年）といった曲に変容させられて流行したことである。

つまり見田は、「怒り」、「かなしみ」、「よろこび」を扱った第一のセクションにおいては、民衆たちの素朴な心情を内発的に表現していた流行歌が、日露戦争後の支配機構の強大化のなかで内攻化してうらみを表現したり、人工的に美化されたかなしみの表現が主流になったりしたという歴史的な変化を示していると言えるだろう。つまり、思想の科学研究会の主張した日本の流行歌の「感傷性」という特徴は、ただ内発的に民衆たちのなかに生まれたものなのではなく、政治的権力の抑圧によって外発的に生まれたものであって、それらの抑圧が取り除かれた向こう側には必ず民衆たちの内発的な（相乗的な）心情があるはずだといういかにも見田的な議論を前提にしているのだ。

そして、そうした人工的に歪曲された流行歌独特のさまざまな心情表現を直接に扱ったのが、真ん中に置かれた4．慕情、5．義俠、6．未練、7．おどけという四つの章からなる第二のセクションだと思われる。最初の「慕情」の章（4）では、恋愛の歌でありながら、自分の愛情を相手に訴えるのではなく、自分の思いが相手には決して届かないという屈折した心情が表現されるような数々の流行歌が取り上げられる。そのなかでも日本の流行歌を代表する曲となるのが、古賀メロディーとして有名な『影を慕いて』（昭和六年）であろう。「まぼろしの／影を慕いて　雨に日に／月にやるせぬ　我が想い／つつめば燃ゆる　胸の火に／身は焦れつつ　しのび泣く」。こうした美的な紋切り型の文句を集めて作られた恋情の歌に、民衆たちは失恋の苦しみだけでなく、生活のさまざまな局面での行き詰まりから生まれた失意や侘しさを託していたのだろうと見田は言う。

そして次の「義侠」の章（5）では、自己の内にある激しい愛着や欲求を、他者や集団への忠誠のために自らすすんで断念するという、よりドラマティックな心情の屈折を歌いあげた曲の数々が取り上げられる。この「断念の美学」とでもいうべき屈折した心情は、浪花節や大衆演劇の泣かせどころにもしばしば現れるように、日本の大衆芸能の核となるようなお馴染のものであろう（そしてむろん、国に殉じる国粋主義的な心情にも通じている）。南博の啓蒙的分析においても「やくざの世界」に分類されている「義侠」の歌は（「影はやくざにやつれても／きいてくれるなこの胸を／所詮男のゆく道は／なんで女が知るものか」『男の純情』昭和一一年）、知識人には封建的な世界として批判されていたのだが、しかし見田はそうした非現実的なやくざの世界にこそ民衆たちは生活感情のなかの深い層を託していたのだと肯定的に分析する。

またその次の「未練」の章（6）が取り上げるのは、「義侠」と対になるよう心情で、「義侠」の歌が欲望や愛着を断念しようとするところで、なお自分のなかに残存している愛着に後ろ向きにこだわるような心情を歌った歌だと言えるだろう。例えば「あんなおんなに未練はないが／なぜかなみだが　ながれてならぬ」（『人生劇場』昭和一一〜一二年）といったような歌詞がそうだ。ここでも見田は、こうした非現実的な歌が民衆の生活のなかの失意と未練を仮託して歌われたのだと分析する。そしてその次の「おどけ」（7）は、この第二のセクションの他三つに見られるような屈折した心情とはやや異なっているのだが、第一セクションの「怒り」「悲しみ」「よろこび」といった素朴な感情を自然に歌うのではなく、そうした素朴な心情におかしみを込めて批評的・風刺的に歌われる流行歌の数々である。こうしたユーモラスな歌もまた、「ざんぎり頭をたたいてみれば文明開化の音がする」（明治四－六年『さんぎり頭』）から始まって、戦争中の軍歌の替え歌（「みよ東条のはげあたま……」）から『スーダラ節』（六一年）に至るまで、流行歌のなかで数多く歌われてきた。

以上のように第二のセクションは、第一のセクションが示した民衆の心情の歴史的内攻化を受けて、そうした内攻化した心情がいかに洗練されて流行歌独特の表現となったかを示したセクションだと言えるだろう。

それに対して第三のセクション、すなわち8.孤独、9.郷愁とあこがれ、10.無常感と漂泊感という三つの心情は、日本の民衆たちが、近代化による共同体の解体を強いられることで抱えこんだ、根底的な心情として提示されていると言えるだろう。最初の「孤独」（8）に関して見田は、大正六年『さすらいの唄』の「行こか戻ろか北極光《オーロラ》の下を／ロシアは北国はて知らず」という歌詞を取り挙げて、そこに歌われた「ふるさとを離れてあることの孤独こそ、日本近代の孤独の心情の原型である」（強調原文）と述べている（1967→2012:168）。そして、そうした孤独な心情を『からたちの花』（大正一三年）から『リンゴの歌』（昭和二一年）や『別れの一本杉』（昭和三一年）まで、時代を超えたさまざまな流行歌のなかに読み取っている。

次の「郷愁とあこがれ」（9）は、近代化によって生じた、都市と地方との格差から生まれる心情を歌ったものとして取り上げられている。明治二〇年代の第一回民謡ブームは、都会に住む出郷者たちの故郷への「郷愁」をそそるものとして起きたのに対して、昭和初年の第二回ブームではお国自慢的に作られた新民謡が都会人たちの地方文化への「あこがれ」として歌われて起きたのだと言う。こうした対照的な二つのモチーフは、例えば『沓掛小唄』（昭和四年）の「生まれ故郷ははるかな空よ」が「郷愁」だとすれば、『支那の夜』（昭和一三年）

が大陸への「あこがれ」を表しているように、繰り返し流行歌のなかに現れてきた。そして見田はここで、昭和三〇年代になって都市化が進行し、ついに都会人たちは「郷愁」の対象となるような故郷を喪失していることを指摘する。

そして最後の「無常感と漂泊感」(10)では、軍歌『戦友』の「ここは御国を何百里／離れて遠き満州の／赤い夕日に照らされて／友は野末の石の下」や『船頭小唄』(大正10‐12年)の「おれは河原の枯れすすき／おなじお前も枯れすすき／どうせ二人はこの世では／花の咲かない　枯れすすき」といった歌詞を提示しながら、見田は「このような無常感こそ、日本の民衆の歴史意識の根底をなす世界感」(強調原文)であり、それは近代西欧的な「進歩の感覚」と対立すると論じる(1967→2012:222)。

③ 相乗的な心情としての流行歌

以上のように本書は、戦後の民主化過程のなかで、退廃的で感傷的な文化として侮蔑的に見られていた流行歌を、民衆たちのさまざまな心情が仮託された独特の虚構世界として鮮やかに描き出した。一見したところ現実離れした大袈裟な表現にしか見えない、「シベリアの大氷原をさすらう旅人」であったり、「旅から旅へと賭け事をして暮すやくざ」であったりといった奇妙な仮構表現は、民衆たちの暮しのなかから生まれるさまざまな心情を幅広く受け入れるための特殊な形象装置のようなものなのだ。私はそのような見田宗介の分析に感心しながらも、本書が書かれてから半世紀が経過した現在の眼で読み直したとき、こうした流行歌のモチーフ分析に対して、いささか違和感を覚えざるを得ないのも事実である。

その違和感は、簡単に言えば、「怒り」とか「義俠」といったモチーフ別に歌詞が分析されるとき、異なった文化的パラダイムにある曲が同じ範疇に入れられてしまうことから生じるように思う。例えば「よろこびの歴史」の章。明治期では、自然の美に託して生きることのよろこびを歌いあげた明治ロマンティシズム的な『美しき天然』（空にさえずる鳥の声／峯より落つる滝の音／大波小波とうとうと／響きたやせぬ海の音）が挙げられ、昭和初期では、東京のダンサーの恋の哀しみを織り交ぜて、都会の繁華街のモダニズム的な華やかさを歌った『東京行進曲』（昭和四年、昔恋しい銀座の柳／仇な年増を誰が知ろ／ジャズでおどってリキュルで更けて／あけりゃダンサーのなみだ雨）が挙げられ、そして章の最後では、本書が書かれた当時にヒットしていた、戦後マイホーム主義的な家族の愛情を歌った『こんにちは赤ちゃん』（昭和三八年、こんにちは赤ちゃん　あなたの笑顔／こんにちは赤ちゃん　あなたの泣き声／その小さな手　つぶらな瞳／はじめまして　わたしがママよ）が紹介されている。

しかしこれら三曲は私にとっては、同じように「よろこび」という心情を表現していたとしても、全く異なった文化に属しているようにしか思えない。『美しき天然』は、昭和期の退廃的な流行歌とは違って、唱歌のような行儀のよい歌でしかないように思えるし、何よりも文語的な調子を帯びた硬い歌であるだろう。それに対して『東京行進曲』は、都会のダンサーを主人公として低俗な都会風俗を描いた、まさに流行歌的な曲に思える。「ジャズ」や「リキュール」といった言葉は、自分たちの暮しには手の届かない非日常的で虚構的な洋風文化を表す語として楽しまれたのだろう。いずれにせよこれら二曲が、日常的な口語表現とは異なった七五調的な文語的表現になっているのに対して、『こんにちは赤ちゃん』はまったく異なって、本当に家庭のなかで母親が子どもに語りかけているかのような、ごく自然な口語表現になっている。つまりこのマイホーム主義の心情を会話体で歌った曲は、見田が分析対象としているような、紋切り型の華麗なシンボリズムを駆使した一群の流行歌とは全く異なった、平凡な日常性の文化を切り開いた音楽だったのではないだろうか。

日本社会のなかで、流行歌は平凡な日常の外に加工されるべき非日常の世界だった。だから、シベリアの大氷原をさまよう旅人や旅から旅へと暮す博徒といったような大袈裟な非日常的な表現が好まれていた。しかし『こんにちは赤ちゃん』という流行歌は、日常的な家族生活の平凡な一場面から生まれる自然な愛情表現が歌われている。伝統的な日本の家族観からすれば、このように母親が自分の赤ん坊に呼びかけること自体が気恥ずかしいことかもしれない。つまり、そうした私生活主義や愛情家族の考え方は、戦後アメリカ文化の影響によってはじめてもたらされたと思われるのだ。[6]例えば作田啓一は、「戦後日本におけるアメリカニゼイション」（一九六二年）という論文において、戦後日本社会のアメリカ化という文化変容は、私生活における「自由」を、「豊富」な物資を消費することによってエンジョイするという「アメリカ的生活様式」の模倣として起きたと論じている。そしてそれは社会志向ではなく私生活志向で生きるという価値観の変化として現れた、と。だから『こんにちは赤ちゃん』に「ママ」という言葉が出てくるのは決して偶然ではなく、ここでは、アメリカ的な家族の感情交流を真似することが、戦前の日本にはなかった新たな幸福として屈託なく歌い上げられているのである。

しかし見田宗介は、そうしたアメリカ文化的な親密さで満ちた「よろこび」の歌を、あたかも日本の民衆たちの内発的な心情から生み出されたかのように論じてしまっているのである。彼は今から見れば、奇妙に思えるほど、日本の民衆たちに与えた戦後アメリカ文化の影響を無視してしまっている。そうした視点の偏りは、同じ「よろこび」の章における、アメリカンポップスの扱いにおいていっそう明白である。ここで見田は『ヴァケーション』（昭和三七年）や『可愛いベイビー』（昭和三七年）などのアメリカンポップスのカバーヴァージョンを紹

6　輪島裕介（2010:198）も「こんにちは赤ちゃん」は低俗でない洋楽的な楽曲として作られたと論じている。「ザ・ピーナッツ《恋のバカンス》、坂本九《上を向いて歩こう》、梓みちよ《こんにちは赤ちゃん》などは、これらの番組で外国曲と並べて放送されても遜色ない日本製の楽曲として、レコード会社専属でない作曲家によって作られ、テレビを通じてヒットしました」

介しながら、その解説として「安保闘争の退潮のあとの、いわゆる泰平ムードの中で、「よろこびの歌」はふたたび大きな比重をみせる」（見田1967→2012:76）と書き、あたかもそれらが日本の民衆たちの内発的心情として求められた日本の歌であるかのように論じている。しかし、曲の冒頭で「V、A、C、A、T、I、O、N」と「休暇」の英語の綴りをテンポよく畳みかけて歌う『ヴァケーション』も、恋人の女性に向かって「ベイビー」と呼びかける『可愛いベイビー』も、ともにアメリカ文化への憧れ（西欧的な休暇制度や率直な愛情表現）を煽る曲として楽しまれていたことは間違いあるまい。

事実、戦後日本の歌謡界や芸能界にとって、アメリカのジャズやポップスやフォークソングやロックは決定的に重要な意味を持っていた。そうしたアメリカの音楽における、流行歌の屈折した表現とは異なった、率直な感情の吐露やビートを重視する音楽のありようこそが、本書が出版された一九六七年以降の日本の流行歌や日常生活の感覚を大きく変化させて行ったことを、いまの私たちは知っている。例えば、本書の前年にはビートルズが来日して日本の若者たちを熱狂させ、すでにエレキギターやグループサウンズのブームが巻き起こっていた。それらのエレキ音楽は、もはや日本語にカバーすることで流行歌の世界に取り込むことのできないような、つまりそのサウンドやビートが生命力をもって人びとを捉え、言葉を理解することによってではなく、身体的・生理的に応じるしかない（キャーという悲鳴やダンス）ような、新しい音楽文化だったと言えるだろう。そうしたカウンターカルチャーとしてのロックの流行や、それが六〇年代末以降に歌謡曲の世界に流入していった文化変容を知っている今の私たちから見たときに、本書はそうした文化革命が開始されたただなかであるにもかかわらず、それに耳を塞ぐかのように、過去の日本の民衆たちの心情世界を歌詞から読み取ろうとする、実に古臭い研究だったとしか見えないのである。[7]

しかしでは、本書はそうした外発的なアメリカ文化の影響による戦後日本社会の変化に目をつぶったために、今読んでも無意味な書物になっているかというと私は必ずしもそうではないと思う。むしろ流行歌の世界が決定的な変化を被ろうとしていたときに、見田は土着的な文化の内側からの視点でなければ見えてこないような、日本文化の可能性を浮かびあがらせたと思うからだ。それは、最初にも述べたが、一九七〇年代以降の見田からは考えられないことだろう。なぜならその後の彼自身は、むしろフォークやロックのようなアメリカ的な若者文化・カウンターカルチャーの立場に立って、伝統的な社会のありようを乗り越える、普遍的な社会理論を探求していったのだから。そしてだからこそ見田の理論はその後の若者たちを魅惑していったのだから。しかしここでの見田は、あえて日本社会の内発的な視点に立って、そのころ古臭くなっていた歌謡曲や時代劇や大衆演劇の世界を支える民衆たちの心情を探り、日本社会を内側から内破し、乗り越えるような可能性を探求していた。

私はそうした本書の持つ可能性を、最も優れて表しているのが「義俠」の章だと思う。先述したように、義俠とは、家族や故郷といった土着的なものへの愛着（人情）を断念して、そうした人情を超えた社会的な価値（義理）を選ぶときの苦しい心情を表したものだと言えよう。例えば「意地の筋金　度胸のよさも／人情からめば涙ぐせ／渡り鳥かよ　旅人ぐらし／あれは沓掛時次郎」（「沓掛小唄」昭和四年）といった歌がそうだ。このような長谷川伸の股旅ものから東映任俠映画の世界に至るまで、六〇年代までの日本人にとっては、一宿一飯の恩義を受けた主人公のやくざが、心ならずもその義理を果たすために、敵方の善玉やくざと斬りあいになるといった義俠的心情の場面は、フィクションのなかでお馴染みのものだったと言えるだろう。少なくとも当時の日本人たちは、そうした愛着や人情を断念してそれを超えた普遍的な価値に殉じる主人公の心情に深く共鳴していたのだ。

7　見田宗介がアメリカ占領軍の文化的影響、同時代のロック音楽の影響を否認して歌詞の静態的秩序に自らを閉ざしていることが最も徴候的に現れてるのが、笠置シヅ子に関する論評だろう。「「東京ブギウギ」の生命感は、こんにちわれわれを浸している心情の気圏から悲惨なくらい遠いものになってしまった。」（見田 1967→2012：72）しかし、六六年のビートルズの来日とファンたちの絶叫を考えれば、笠置シヅ子の全身を震わせて歌う姿は「われわれを浸している心情の気圏」に最も近いところにあったと言うべきだろう。

実は私は、「義侠」は、民衆の心情のなかに内発的な価値による社会変革の可能性があったことを示していると思うのだ。例えば、明治期の民権演歌は、まさに義侠的な心情によってこの世の中の矛盾を糺すような心情を訴えるものだったろう。戦後社会にあっても、やくざ映画の義侠的心情の世界は、私生活を大事にする（マイホーム主義的な）価値観と対抗して、普遍的社会の達成を目指すような体制変革的な志向性を持っていた（だから全共闘の学生たちは任侠映画を熱狂的に支持したのだと思う）。いや、任侠映画の世界を体制変革的というのは言い過ぎかもしれないが、少なくとも「義侠」は、流行歌がただ民衆たちの内攻化された心情を表していただけでなく、同時に彼らが暮しのなかで抱えている葛藤や軋轢を乗り越えようとする積極的な心情をも表現していたことを教えてくれるだろう。

しかし見田はその「義侠」を、そのような相剋性を孕んだ心情の可能性として主張していたわけではない。どちらかと言えば、彼にとってはそれもまた内攻化し屈折した民衆の心情の反映にすぎなかった。見田は、「義侠」や「未練」のような第二のセクションの屈折した心情は、どこかで第一セクションの「怒り」や「かなしみ」や「よろこび」といった民衆たちの素朴な心情が権力によって疎外された結果生み出された不自然なものでしかないと考えていた節がある。のちに見田自身は若者たちのコミューンやインディオの世界に惹かれたように、抑圧から解放された民衆の素朴な欲望こそが、本来的な心情として暗黙の内に想定されているように思えるのだ。近代化による葛藤や抑圧などない、人間が互いの心情を肯定しあうような相乗的な世界としての民衆的世界。そうしたユートピア的世界を、見田は本書でも日本の内発的な心情のありようとして捉えている。だから第三セクションの「孤独」や「無常感」もまた、内発的な心情が近代化によって疎外された結果だと考えられているだろう。

だから見田宗介は、本当には流行歌に表された屈折した心情を肯定できていないのだと思う。民衆たちは日常生活のなかで互いに相剋的に生きていくことのなかで、いやおうなく葛藤や屈折を経験する。しかし見田は、民衆たちは権力による抑圧がなければ互いに互いを生かしあうような、葛藤なき相乗的世界を作り出せるはずだとどこかで信じている。だから民衆たちの暮しのなかにある葛藤を正面から見ようとはしないのだ。だから以下で私たちは、本書の成果を踏まえながら、見田とは違って人間の相剋的世界を描き出すような流行歌論を探求したいと思う。

④ 相剋的な心情としての流行歌

流行歌を民衆たちの安定的な心情の世界としてではなく、民衆たちの生活のなかの心理的葛藤がなまなましく表現される世界として描くことに成功したのは、評論家の上野昂志である。彼は、その優れた一九六〇年代歌謡曲論において、思想の科学研究会や見田宗介のように流行歌を歌詞を通して分析するような方法を批判し、[8] 代わって歌手の「歌いぶり」に注目した批評を展開した（『肉体の時代』上野1989）。「歌いぶり」とは、それぞれの歌手たちの個性的な歌い方のことを指している。[9] 上野は、流行歌が民衆たちにもたらす心情は、決して歌詞の内容にストレートに反映されているようなものではなく、歌い方のような、もっと深層的な肉体の次元にこそ現

8　鶴見俊輔（1978→1999:420、428）もまた、見田宗介や思想の科学研究会の、歌詞による流行歌分析に対して批判的に言及し、歌手は「民衆の生命力を担う代表選手」だと言っている。

9　見田宗介も、こうした歌いぶりを全く問題にしなかったわけではない。「浪花節の発声法は、肺から息が出てくる途中で、のどにも鼻にも最大限の抵抗をもうけ、声を幾重にも屈折させながらしぼり出すような発声である。これにたいして、……植木等は、のどにも鼻にもなにひとつ抵抗がなくて、声がスポンとつきぬけるような歌い方である。植木等の発声における抵抗感のなさこそまさしく……オノマトピアの感触である」（見田1967→2012:163・強調原文）しかし植木等の歌いぶりに関するこの解釈には賛成できない。むしろ彼はステテコ姿やダミ声によって浪花節性を残存させるような「歌いぶり」だったと思う。

れているというのだ。

では、どのようになのか。例えば上野は、こまどり姉妹の「歌いぶり」に注目してみせる。彼女たちの『涙のラーメン』（昭和三八年）や『幸せになりたい』（昭和四一年）といった、貧しく不幸な生活を歌った歌は（「この世に生きる　よろこびなんか／誰も教えてくれはせぬ」）、実際の彼女たちの人生の苦労を重ね合わせたような内容になっているのだが、しかしその紋切り型的な歌詞の内容をリアルにしているのは、彼女たちの「肉声のもろさをそのまま露出させたような」、「弱くて、細くて、絶え入りそう」な独特の「歌いぶり」だと上野は言う（1989:289）。そうした低空飛行的な「歌いぶり」は、都はるみが鋼のような声を地上から垂直に舞い上がるかのように健康的に出しているのとは対照的で、そうした弱い歌い方を通してこそ、虚構的な不幸の歌は痛切さをもって聴き手に迫って来るというのだ。

あるいは西田佐知子の『アカシアの雨がやむとき』（昭和三六年）。見田宗介はこの歌に関して、女性の失恋の辛さを「冷たくなった私の脱がら」という比喩的な言い方で表した歌詞（「それはベンチの片隅で／冷たくなった私の脱がら／あのひとを　探してはるかに／飛びたつ影よ」）から分析して、そこに「自分の悲しみの美しさに恍惚と酔いしれている日本の青春」という心情を読み取っている（見田 1967→2012:59）。つまり見田にとっては、この歌は日本の流行歌独特のさまざまな自己陶酔的な「かなしみ」の象徴的な表現の最新のものにすぎない。

しかし、上野はこの歌の西田佐知子の独特の「歌いぶり」に注目して、そこに流行歌の歴史的変化を感じ取ってみせる。すなわち、西田の歌詞の世界に没入しないような醒めた歌いぶりは、この歌が女性一般の未練の感情を歌っているようでいながら、こまどり姉妹の場合のように聴衆に心情の共鳴を求めるのではなく、逆に聴き手からは入り込めないような歌い手の個別性を際立たせているのだという。だからその「かなしみ」は、民衆に共有される仮構世界というよりも、その歌い手のパーソナルな心情であるかのような感触を持って人びとに迫る。

つまり上野は、西田の歌いぶりを通して、歌謡曲の世界が過剰なシンボリズムの世界から私的な表現の世界へ変化（自然化）していく過程を見ているのである。

上野によれば、そうした日本の歌謡曲の自然化過程が最も大きな潮流となって露わになったのが、一九六六年（見田の本の前年）だった。この年、東宝の『若大将』シリーズで人気だった映画スター・加山雄三の『君といつまでも』が、三百万枚の大ヒットになったからだ。この曲は、「ふたりを夕やみが　つつむこの窓辺に／あしたもすばらしい　しあわせがくるだろう」という、見田流に考えれば中産階級の「よろこび」を屈託なく歌い上げたものだが、いったい何が新しかったというのか。もちろん、それは『こんにちは赤ちゃん』と同じように、アメリカ的な私生活主義の幸福が口語体で描かれていることが、流行歌の世界の自然化を促していたのだが、上野はそれ以上に、加山の屈託のない自然な「歌いぶり」の新しさの方を重視する。

それは加山と同じように湘南で裕福に育った、同時代のスター・石原裕次郎の「歌いぶり」と比較すると明確である。つまり裕次郎の場合、流行歌が持っている仮構的世界を、素人っぽくはあっても、映画と同じように主役として演じようと身構えて抑制的に歌っていたからだ。だから裕次郎の歌は「赤いハンカチ」や「錆びたナイフ」のような流行歌独特のシンボリズムも使われる。これに対して加山の歌いぶりには「歌に対する緊張や抵抗やそれに伴う抑制というものが、まったくといっていいくらいない」（1989:299）。言い換えれば、「日常感覚の延長で、開けっぴろげに」、「あたかもわれわれが鼻唄でも口ずさむように気楽に」歌ってしまう（1989:300）。そうした「歌いぶり」という肉体の水準で、ここでは流行歌の世界自体の大きな変化が起きていたと上野は考えるのだ。

上野はそうした加山の「歌いぶり」を、この曲が自作自演であることと結びつけて論じている。加山は、アメリカのフォークソングのように、日常生活のなかで自らギターを使って曲を作って自分で歌っているからこそ見構える必要がないのだ、と。そうした日常的な営みのなかから生まれた、私生活を自然体で謳歌する歌が、流行歌のヒット曲のなかに現れたこと（同じように小さな日常生活の幸福を歌ったフォークソング、マイク真木『バラが咲いた』のヒットも同じ一九六六年だった）。そしてそのことによって見田が分析していたような過剰なシンボリズムで飾られた流行歌の屈折した心情世界が崩壊して過去の文化になって行ったこと。そのような六〇年代半ばにおける、戦後日本社会の外発的な文化変容は、奇妙な言い方かもしれないが、互いの私生活やマイホーム主義を尊重しあうという意味では、民衆たちが互いを疎外しあうことなく社会を作り上げていくという見田的な相乗的世界のユートピアを仮構的に作り出していたともいえるだろう。

だが興味深いことに、そのような自然的な日常生活の仮構世界に民衆たちは必ずしも満足しなかった。そうした自然化に抵抗するような、過剰な人工性を帯びた流行歌が『君といつまでも』と同じ一九六六年に数多く登場したからである。ここが上野の分析の最も鮮やかなところである。彼は、城卓也の『骨まで愛して』、バーブ佐竹の『ネオン川』、黒沢明とロス・プリモス『ラブ・ユー東京』、美川憲一の『柳ケ瀬ブルース』、そして森進一『女のためいき』など、この年に登場した若い男性歌手たちが、一斉に女性を主人公とした歌詞の内容を歌ったことに注目する。なぜ、そんな性倒錯的なことが流行歌の世界に起きたのか。もともと日本の伝統芸能における女形の問題はもちろんあったのだろうが、ここで大事なことは、男性歌手がただふつうに歌うだけでは、もはや流行歌は恋愛の心情をリアルに表現できなくなっていたということだろう。

戦後のアメリカ的生活様式の普及によって、中産階級の人びとの市民生活自体は、もはやむかしの歌謡曲とは違ったモダンな心情で出来つつあった。だから加山雄三らの自然で開けっ広げな歌いぶりは、そういう新しい生活様式にふさわしい歌い方として多くのひとびとに好意的に受け止められていた。しかし他方でそうした文化変容に乗り切れない貧しい民衆たちもいて、彼らは日常生活のなかで抱えている自分たちの苦しさや疎外感を、そうした自然主義的な歌では上っ面の部分でしか癒してくれないようにも感じていたのだろう。つまり、そうした貧しい暮しの根っこのところにあるような苦しい心情を表すには、より捩れた倒錯的な「歌いぶり」を持った歌が必要だった。そこに、あえて男が、男に捨てられた女に自分を擬すというマゾヒスティックな「歌いぶり」が登場したのである。

そうした男による「女歌」を歌った歌手たちのなかでも代表選手と言うべき森進一のデビュー作『女のためいき』を見てみよう[10]。歌詞内容から見れば、「死んでもお前を離しはしない／そんな男の約束を／嘘と知らずに信じてた」という、男に騙された女の嘆きをふつうに歌った曲なのだが、じっさいの森進一の歌を聞くと、その「歌いぶり」はただ女の歌という以上に凄まじい。この最後の「信じてた」の部分は、「信じてた、ああ、あ、あ」と、思い入れたっぷりの節回しで歌われていて、もはや森は歌詞の意味内容を通してではなく、その「ああ、あ、あ」という余剰の雑音を通して、振られた女の言葉にならない心情を伝えてくるかのようだからだ[11]。それはまさに加山雄三的な自然な愛情表現によっては決して表されないような、私たちの肉体の内側にある苦しい感情だろう。つまり森はただ観念として女性の立場を歌ったというよりも、自らを女に擬して歌おうとするときのその捻じれた不自然さを余剰的音声として表現することで、流行歌に、紋切り型の比喩表現を超えた生き生きした生命力を与えたのである。

見方を変えれば、森進一がやったことは、流行歌をビートルズのようなロックに変えたことだと言えるかもしれない。

10　森進一をこの時代の「歌いぶり」の代表と考えるのは上野昂志のアイディアだが、以下の『女のためいき』のこぶしに関する分析に関しては、長谷独自のものである。上野は「森進一は、独特のヴァイブレーションを持った一人の歌手という以上に、そのメタ・レベルに立つ歌謡曲論的な歌手だったというべきかもしれない」（上野 1989:310）とやや異なった言い方で表している。

11　高護（2011:97）は、同じフレーズに着目して「これは官能ともいうべき表現が、歌唱として歌謡曲に導入された歴史的瞬間である」と称賛している。

れない。ビートルズのようなロック音楽は、エレキギターの激しい電気音やシャウトする歌声やビートなど、いわば外発的な力によって、若者たちの肉体を振動させたり、悲鳴をあげさせたりといったように熱狂させたと言えるだろう。だが若者たちがビートルズの音楽に呼応したということは、そもそも彼らの身体の内側には既存の流行歌の象徴的世界では満たされないような激しい思いがあったということだろう。そういう平穏な心情の枠組みには収まり切れないロック的な情動を、森進一はあえて流行歌という土着文化の枠組みのなかでエレキのように振動する歌声を作り出して演じてみせたのだ。いわば彼は、日常生活のなかに眠っている苦しい感情を、内発的な力によって内側から表現してみせた。つまり先述したように、戦後社会が作り出して行ったマイホーム主義的な、相乗的な世界が抑圧していったような、日常生活のなかで生まれる相剋的な感情を、まさに肉体(歌声)と歌詞との相剋性を通して表現してみせたのだ。

この森進一の「歌いぶり」に見られるように、六〇年代半ばの流行歌が示していたのはアメリカ化によって起きていた日常生活の変容のなかにあって、その変容から生み出される軋轢や矛盾の思いを、まさに相剋的な歌い方を通して肉体的に表現することであった。つまり流行歌は見田が考えていたように、必ずしも民衆たちの暮しの変化(近代化・都市化)から現れる疎外感をただ反映するような静態的な文化ではない。民衆たちは日常生活の変化に疎外され不安を感じつつも、その変化に応じようとする身体のエネルギーと情動を抱え込んでいる。むしろ流行歌は、そのような外発的な文化変容に内側から拮抗して乗り越えてしまうような、民衆たちの生命力を表出するダイナミックな世界だったと考えるべきなのだ。

じっさい、私たちはこの後一九七〇年代になっても、山口百恵やピンク・レディーといったアイドル歌手たちが、さまざまな過剰性を帯びたイメージの世界(百恵の「赤いポルシェを乗り回す女性」やピンク・レディーの「宇宙人と恋愛する女性」など)を虚構的に演じ切ることを通して、そしてサザン・オールスターズというロックグループは日本語の歌詞のリズムをサウンドの力で無理やり捻じ曲げてしまうことを通して、それぞれ相剋的な民衆たちの心情の世界を表し続け、人びとを流行歌の世界に熱狂させたことを知っているだろう。その意味では見田の分析は、アメリカ文化が流入する以前の、土着の文化を静態的な心情として救っただけに終わったしまったと言えるのかもしれない。

5 相剋性の文化へ

私は一九六〇年代の見田宗介の仕事に、その後の彼の普遍的社会理論からは消失してしまった、日本の土着的文化のなかの普遍的価値が表されているのではないかと考え、それを『日本近代の心情の歴史』という書物のなかに探し出そうとした。しかし本書は、流行歌という日本の土着的文化のなかに普遍性を見出すというよりも、それらを民衆たちが近代化に疎外された結果としての歪んだ心情の表現とみなし、そうした流行歌の人工的表現の向こう側に、「怒り」や「よろこび」といった内発的な心情が生き生きと表現されるような相乗的なユートピア世界があることを普遍的な可能性として仮構していたのだった。

それはある意味では、一九七〇年代以降の見田宗介の仕事をあらかじめ先取りするような考え方だったと言えるだろう。つまりのちの見田はまさに様々なやり方で、人間同士が互いの豊かな生を収奪しあうことを強いられるような市民社会の相剋的メカニズムの向こう側に、互いが互いの欲求を解放し合うような相乗的社会のありようをユートピアとして探求していったからだ。それは例えば、「異質な諸個人が自由に交響するその限りにおいて、事実的に存立する関係の呼応空間」としての「交響するコミューン」（見田1996→2006:181）であったり、「欲望の矛盾を矛盾であるままで相剋性から相乗性に転回すること、生きる矛盾をみにくい連鎖からうつくしい連鎖に転回すること」（見田 1985→2012：322）といったように、繰り返し見田の論考の核心部に登場してくる。だから七〇年代以降の普遍的な社会理論の仕事は、ある意味では、六〇年代の内発的な相乗性を内包した民衆文化論から一貫した論理でつながっていたともいえるだろう。

しかし見田のような七〇年代的なユートピア志向やコミューン運動がその後ほとんど事実として破綻していったことを考えると（例えばオウム真理教事件に流れ着くような潮流があっただろう）、今の私はそうした思想に無前提に同意することはできない。見田自身は、そのような歴史的事実を踏まえつつもなお「交響するコミューン」の可能性を慎重に唱えていることはわかるが、やはり私は共鳴できない。むしろ私は、人間たちは互いに相剋的にしか社会を作れないと認めるところから思考を出発させるしかないと思うのだ。いや私たちはすでに歴史のなかで、自分たちは相剋的な生を生きるしかないと経験的に知ってしまったのではないか。少なくとも私たちは、人間の解放を直截に目指すような文化や社会理論をいま謳いあげることなどできないだろう。だとすれば、目の前の日常生活のなかに存在する矛盾した生のありようを、逆に普遍的なものとして捉えるような社会思想を探すしかないのではないか。

そのとき私にとって、森進一の表現が意味を帯びてくるのだ。彼は「歌唱」というアクションを何らかの相乗的な生の豊かさに向かって解放するのではなく、そのアクションから生じる肉体と意志の相剋的な矛盾（誰もが歌うことにおいてつまずく矛盾）をよりいっそう研ぎ澄ましたものとして表現しているように見える。つまり相剋性を、それ自体として豊かに生きてしまうような生の可能性もあることを教えてくれているのではないか。しかも、それは決して過去の話だけではないと思う。いまもそうした表現は、何気なく私たちの前に存在している。例えば私は、同性愛、女装、肥満というあらゆる負の要素を身体的に纏わせたマツコデラックスがテレビで、そうした最弱者の立場から世の中の恵まれた人間たちを罵倒しているのを見るとき、民衆たちが暮しのなかに潜在させている恨みや妬みが身体的な叫びとして表現されていると感じる。マツコのそうした捩れた身体的な表現は、相乗的なユートピア世界を目指すのとは異なった、相剋性それ自体を生きてしまおうとするような、異なったユートピアの可能性を教えてくれているように思うのだ。

参考文献

江原由美子　二〇一五「前期見田社会学を男性学として読む――〈家郷〉と「母性」とフェミニズム」『現代思想』二〇一六年一月臨時増刊号、二二四–二三五頁

長谷正人　二〇〇二「文化の社会学と日本社会学のポストモダン的変容」『文化と社会』3号、五六–七四頁

――　二〇〇五「文化の社会学の窮状／可能性」『年報社会学論集』18号　関東社会学会　二〇〇五、一六–二七頁

――　二〇〇六「分野別研究動向（文化）：「ポストモダンの社会学」から「責任と正義の社会学」へ」『社会学評論』57巻3号、六一五–六三三頁

高　護　二〇一一『歌謡曲』岩波新書

南　博　一九五〇「日本の流行歌」思想の科学研究会編『夢とおもかげ――大衆娯楽の研究』中央公論社

見田宗介　一九六三→一九六五「現代における不幸の諸類型」『現代日本の精神構造』弘文堂

――　一九六五「ベストセラーの戦後日本史」『現代日本の精神構造』弘文堂

――　一九六五→二〇一二「明治維新の社会心理学」『定本　見田宗介著作集Ⅲ』岩波書店

――　一九六七→一九七一「「立身出世主義」の構造」『現代日本の心情と論理』筑摩書房

――　一九六七→二〇一二「近代日本の心情の歴史――流行歌の社会心理史」『定本　見田宗介著作集Ⅳ』岩波書店

――　一九八五～六→二〇一二「二〇世紀末思想地図――論壇時評一九八五／八六」『定本　見田宗介著作集Ⅴ』岩波書店

――　一九八八「孤独な鳥の条件――中沢人事の祭りの決算」朝日新聞四月一九日

――　一九九〇→一九九五「現代日本の感覚変容」『現代日本の感覚と思想』講談社学術文庫

――　一九九六→二〇〇六「公共圏とルール圏――〈自由な社会〉の骨格構成――」『社会学入門』岩波新書

真木悠介　一九七一『人間解放の理論のために』筑摩書房

――　一九七七『現代社会の存立構造』筑摩書房

――――　一九七七『気流の鳴る音――交響するコミューン』筑摩書房
――――　一九八一『時間の比較社会学』岩波書店
――――　一九九三『自我の起源――愛とエゴイズムの動物社会学』岩波書店
桜井哲夫　一九八四『近代の意味――制度としての学校と工場』ＮＨＫ出版
作田啓一　一九六四→一九六七「恥の文化再考」『恥の文化再考』筑摩書房
――――　一九六四→一九六七「死との和解――戦犯刑歿者の遺文に現れた日本人の責任の論理」『恥の文化再考』筑摩書房
――――　一九六二→一九七二「戦後日本におけるアメリカニゼイション」『価値の社会学』岩波書店
佐藤健二　二〇一五「見田宗介と柳田国男――初期著作論考にあらわれた歴史社会学の諸問題」『現代思想』二〇一六年一月臨時増刊号、一九四－二〇九頁
園部三郎　一九五〇「現代流行歌曲について」思想の科学研究会編『夢とおもかげ――大衆娯楽の研究』中央公論社
鶴見俊輔　一九七八→一九九九「現代の歌い手」『限界芸術論』ちくま学芸文庫
上野昂志　一九八九『肉体の時代――体験的'60年代文化論』現代書館
輪島裕介　二〇一〇『創られた「日本の心」神話――「演歌」をめぐる戦後大衆音楽史』光文社新書
吉見俊哉　二〇一四「見田社会学と文化の実践――初期見田宗介試論」吉見俊哉編『文化社会学の条件――二〇世紀日本における知識人と大衆』日本図書センター

II

片上平二郎

第3章▶　「移行期」の思想

作田啓一と見田宗介の「個人」への問い

VS.

鳥越信吾

第4章▶　もう一つの時間の比較社会学

真木悠介『時間の比較社会学』からの展開

第3章

「移行期」の思想

——作田啓一と見田宗介の「個人」への問い

片上平二郎

① 移行期という問い——「社会学の生成」に立ち会うということ

1 作田と見田の「社会学」

作田啓一と見田宗介はともに、狭義の「社会学」という学問世界にとどまらず、メディアやマス・コミュニケーションの世界を通じて世の人々にも名を広く知られた、日本を代表する社会学者である。両者の間にはたしかにさまざまな思想的な立場の違いが存在するが、同時に、多くの共通点もまた存在している。その共通点の最たる部分は、「社会学」的思考を行うに際して、自らの〝青臭い〟ともとられかねない根本的な問題関心を捨てず、それに基づいて自身の研究を行ってきたことにある。

見田は『社会学入門』の中で、「子どものころ」からの「ほんとうに切実な問題」として、「『人間はどう生きたらいいか』、ほんとうに楽しく充実した生涯をすごすにはどうしたらいいか。という単純な問題」があったと語り、それを「論理と実証という方法で……追求してゆきたかった」と自身の研究人生をまとめている（見田 2006:9–10=Ⅷ:7–8）。そして、ドストエフスキー論を書くにあたり、同時代的な文学研究の表現形式に対する強い関心の中で「『人生は生きるに値するかどうか』といったたぐいの問題を大まじめに考えた思想家として」その著作を読むという「古いスタイル」を選択したと語る（作田 1988:394）作田啓一もまた一貫してナイーブともとれる思考を行ってきた社会学者である。岡崎宏樹は、作田の仕事の基本線を、枠組から〈漏れ落ちるもの〉への一貫した着目とまとめている（岡崎 2016:190）。作田がその晩年に到達したラカンの理論に基づいた「リアル」という問題系も、この〈漏れ落ちるもの〉に対する思考が結晶化したものであるだろう。

だが、このことは彼らの思考が一貫してかたちを変えず、同じようなものとしてありつづけたということを意味してはいない。ある原的な問題を徹底して追求するということは、むしろ、試行錯誤の連続としてあり、思考枠組や方法、そして扱う対象をたえず変化させていくことへと結びつく。作田も見田もこれまで築き上げてきた思考枠組を捨て去ることを恐れずに、自身の思想をダイナミックに変形させてきた。時には常識的な意味での「社会学」という枠を大幅に外れることすら行いながら、彼らは思索を続けてきた。そのような領域を越え出ていく思想は、日本における「社会学」という学問全体の枠組すら変形させるような力を持っていたものであったはずだ。

そしてまた、この試行錯誤の道行きも、大まかにまとめた場合に、この二人の間で方向性は共有されている。両者がともに当初行っていた研究の方向性は、方法論や分析対象は異なるものの、「日本社会」の「社会意識」分析とでも呼ぶべきものだ。作田も見田も、既存の社会学方法論を応用し、独自の方法論的態度を構築しながら、

1　見田の文献については、著作集収録のものは、巻数をローマ字で記し、所収の有無を提示することとする。

目の前にあった戦後の「日本社会」の意味を問うていく。おそらく、この時期の両者の関心は、「社会学」という学問範疇の中での試行錯誤とでも呼ぶべきものであったはずだ。欧米でかたちづくられた「社会学的方法論」を学びとり、それを「日本社会」に適用できるかたちへとつくりかえていくことで、彼らは新たな「日本の社会学」を生み出そうとしていた。

だが、この態度は一九七〇年代からよりラディカルなかたちへと変化していくことになる。両者の関心は、現実の「日本社会」、および、従来の学問としての「社会学」の枠組みを越え、別のかたちへと移行する。見田の場合、彼はメキシコやインドのような非近代的世界や宮沢賢治が描き出す幻想世界のような「異世界」への関心を示すようになる。その変化を顕著に見ることができるのは、別の名前「真木悠介」による著述活動だ。その探究の端緒として『気流の鳴る音』が存在している。

作田においても、その関心は、文学世界やもしくは犯罪者の観念などといった「フィクティヴ」な要素を強く持ったものへと移行していく。作田は八〇年代以降、「文学社会学」という言葉を積極的に使うようになり、また、表層的な「社会」からこぼれ落ちるラカンが述べるところの「現実界=リアル」への関心を高めていく。両者は「社会学」とも、「文芸批評」とも、「哲学」的考察とも簡単にまとめることができないような「批評的な社会学」に関心を移していく。八〇年代に「社会学」の内部でポストモダン理論がある程度まで受容され、また、九〇年代には「批評」界の「社会学」化とも呼ばれるような事態が起きたとしばしば指摘されるが、それらに先駆けた彼らの「社会学」に対する試行錯誤は、大きな変化を「日本の社会学」や学問世界にもたらす契機ともなっていることだろう。

本稿で考えてみたいのは、このように「日本の社会学」にも大きな影響をおよぼしている作田と見田という二人の社会学者の思考の変遷についてである。

2 二つの「日本的な社会学」の間で

ただし、このような「社会意識論」から「批評的な社会学」という作田と見田の道行きは、両者の思考の完全にオリジナルな展開というよりも、「日本の社会学」、そしてその背景となる「日本の社会」という文脈を反映したものでもあるともいえる。

たとえば、「社会意識論」なる学問分野はしばしば「日本社会学」特有のものであると語られる。山岸俊男がM・C・ブリントンとともに一九八〇年に書いた英語論文「日本の社会学とシャカイイシキロン」の中では、この「社会意識論（shakai-ishikiron）」なるものについて、日本の社会学に対する「西洋の影響と現代日本の社会-政治的風土」という二つの要因の中で生まれた「ヨーロッパ社会学にもアメリカ社会学にも直接対応物を持たないもの」であると紹介されている（Yamagishi and Brinton 1980: 192）。そこでは、日本の社会学に戦前において影響を与えたドイツ社会学系列の知識社会学やイデオロギー論と、戦後に影響を与えたアメリカ社会学系列の社会心理学という本来相容れないはずの二つの流れが、戦後の日本の新たな社会状況を分析するために融合したという分野の特異性が語られている。[2] 両者が初期に行っていた「社会意識論」なるジャンルは「日本」という文脈を強く反映したものとしてあった。

そして、その後に二人が移行する「批評的な社会学」という立ち位置もまた、特殊日本的な学問形態であると語られることが多い。日本においては「文芸批評」と「学問」は強く絡み合うかたちで展開されてきた。東浩紀が指摘するように、「文学」と「思想」が同時に輸入され「翻訳」される「後発国」にあっては、言葉を意識的

2 ただ、その点において、ドイツの知識人たちのアメリカ亡命によって生み出された初期フランクフルト学派のメンバーが持っていた指向性は、日本の「社会意識論」に似たものであると感じている。

に扱う「文学」の方が、生活と距離のある「翻訳語」によって構成される「学問」の世界よりも、「思想」として強いアクチュアリティを持つようになる（東 1999:17）。「哲学」と「文学」と「社会学」が入り混じったようなものとして存在する「批評」的な語り口もまた、「日本」という場と絡み合った特殊な思想文化として存在している。

つまり、ある意味において、作田と見田の思考の移行は、「日本の社会思想」における特異な二つの学問文化の間の移行であると見ることもできるということだ。ただし、このように指摘することは、この二人の思考を、「日本」や「日本の学問」なる文脈にただ受動的に規定されたものであるというように語りたいわけではない。たとえば、「日本人」の「性格」の固有性を肯定的に語る「日本人論」なるもののブームは一九七〇年代半ば以降[3]、つまり、作田と見田が「日本の社会意識」に対する関心を薄めはじめた頃に顕著に見られるようになるものだ。後知恵的に見れば、この両者は、「日本人」を語ることを急激に社会が求めるようになった時期に、むしろ、それに抵抗するかの如く、そこから離脱していく[4]。

そして、「批評的な文化」に向けて、アカデミシャンの側が積極的に参加するようになるのは、一九七〇年代末から八〇年代初頭にかけての「ポストモダニズム」や「ニューアカデミズム」の隆盛においてであるが、それに対して、七〇年代の両者の移行を先駆的なものと見ることもできる。九〇年代半ば以降の「批評の社会学化」と呼ばれる状況をいち早く準備したものとして、彼らの「批評的な社会学」を位置付けることも可能だろう。作田と見田の思考の道行きとは、単に「日本社会」や「日本の学問状況」を反映したものに留まらず、それらに対するリアクションとして生み出されたものとしてもある。

3　一九七〇年前後という「移行期」

であるとすれば、彼らの思考の転轍が生み出された一九七〇年代という時代状況がどのようなものであったかが考えられるべきであるはずだ。一九七〇年前後とは、安保改定やベトナム戦争の流れの中でこれまで「日本社会」に対して「理想」としてあった「アメリカ」という存在がその位置を失う時代であり、また、もう一つの別の「理想」としてありえた「ソ連」という存在も内情の暴露の活発化やチェコ侵攻などにより理念的地位を失墜させていく時期でもある。それまで存在していた外的な参照項は、この頃から「日本社会」の中で希薄化していくこととなる。

それと同時に、「日本社会」もまた、一九七二年の田中角栄による『日本列島改造論』というタイトルにも顕著なように、経済成長を通じてその姿を変容させていった。都市化の傾向は顕著なものとなり、素朴な地方共同体はもはや存在していない。そして、家族という場もまた大きくかたちを変えていった。「前近代」的な「日本社会」というイメージはもはや通用しないものとなりつつあった[5]。

言ってみれば、一九七〇年前後の「日本社会」を取り巻く状況とは、これまでそこから自身の姿を俯瞰することができるようになっていた「西洋」という外的で超越的な視点の喪失の只中にあり[6]、また、一定の経済成長の成功下で「西洋」に対して〝遅れた〟「日本社会」という自己像も崩れつつある中にあった。それゆえに、こ

3　たとえば、濱口惠俊『「日本らしさ」の再発見』(1977)、村上泰亮・公文俊平・佐藤誠三郎『文明としてのイエ社会』(1979)、エズラ・ヴォーゲル『ジャパン・アズ・ナンバーワン』(1979)、山崎正和『柔らかい個人主義』(1984) など。特に濱口という、作田啓一と共訳など多くの作業をともにし、また、見田宗介を「畏友」(濱口 1977→1988:329) と呼ぶこの社会学者の著作の持つ意味については考えてみたいところがある。

4　作田は後年の夢野久作論において、夢野が自身の「良心」という言葉に対する思索を充分に行わなかったために「良心を中核とする日本文化」と「功利主義が支配する西欧文化」の対立という「紋切型のイデオロギー」に陥ってしまったと批判している (作田 2012:50)。これは夢野単独に向けた指摘というよりも、「日本人論」的なものが陥りがちな思考回路一般 (そして、さらには自身の初期の思考にもあったある種の傾向性) に向けられたものであるとも感じられる。

5　見田が「虚構の時代」と一九七〇年代後半以降の時代を名付けるのも (見田 2006:71＝Ⅵ:99) この変化をあらわすものであるだろう。

れまでの「西洋」を「理想」としていた単純な「近代化」という思考枠組[7]は徐々に破綻を迎えつつあった。このことは「日本の社会学」に対しても大きな影響を与えたはずだ。これまで理論枠組として用いていた「西洋の社会理論」はもはや確固たる土台を提供してくれないし、分析対象として存在していた「近代化していく日本」や「封建遺制の下にある伝統的な日本」もすでに自明なものではなく、思考の足場となるものではない。「近代」という基準の中ではとらえきることができない局面に「日本社会」は突入していた。「日本の社会学」において、超越的な視点という意味でも、分析の対象という意味でも、これまで足場となっていたものは失われてしまった。そのため、新たな土台となるものが要請されるようになる。

本稿で考察の対象となるのは、このような思考の足場を二重に喪失した社会状況の中で、作田と見田がどのように自身の次の思想を構築しようとしたかということだ。そして、特に注目したいのが、その「移行期」たる時期だ。新たな知を創造することはそんなにたやすいことではない。冒頭で、「日本社会を対象とした社会意識論」から「批評的な社会学」へという移行について述べたが、ここで見たいのは、そのような前期から後期へという図式それ自体ではなく、むしろ、この中間に位置する試行錯誤の時期だ。「西洋の理論」と「日本社会」というこれまでの足場が失われ、次の「文学」や「異世界」といった次の足場を生み出すまでに、作田と見田の二人はどのような知的作業をすることを通じて、次の足場に辿りついたのかについて考えてみたい。それは「生成の社会学」ならぬ「社会学の生成」とでも言うべきものであるはずだ。足場がみつからない、宙吊りのような時期の中で行われた彼らの七〇年前後における思考を見ることで、彼らが「日本の社会学」の中で行ったことの意味を考察してみたい。そのために彼らの「移行期」に至るまでの初期の思想的軌跡を追っていき、どのようにして「移行期」が生じ、どのようにして、次のモードへの「移行」が生じたのかを見てみよう。

② 「真木悠介」とは誰のことか？――見田宗介の「移行期」

1 「移行期」の消失

見田宗介は「明晰さ」を好む思想家である。ただ、それは素朴に事態の諸側面を切り落とし論理を単純化しようとすることを意味するものではない。「明晰」であることと「深みを持つこと」は矛盾しない。むしろ、本当の意味での「明晰さ」と「深み」は同時に存在しうるし、事態の根源に辿り着いた思想はシンプルなかたちをとる。そのような真の「明晰さ」をとらえようとすることに見田の思想的特徴がある。

このような議論の「明晰さ」への志向は個別の論考の特徴を明確に取り出しやすくするし、それだけにその思想的展開や転回をつかみやすいものにする。「真木悠介」という筆名の誕生もまた、そのような思想的展開／転回を明確に見せてくれるものだ。見田は、一九八六年の時点で

第一期　一九六〇年代の、社会学者としての仕事。

第二期　一九七〇代前半の過渡期。『人間解放の理論のために』という生硬な試論と、『現代社会の存立構造』だけがまとまったもので、「まなざしの地獄」「現代社会の社会意識」「ユートピアの理論」「価

6　この時期の西洋的な社会学的な立場に関する動揺は、単に日本という場に限定された出来事ではなく、A・W・グールドナーが一九七〇年に *The Coming Crisis of Western Sociology*（邦訳『社会学の再生を求めて』）を書いているように、欧米それ自身の中でも生じていたものであるだろう。

7　ただし、市野川容孝が指摘するように、「近代化」という問題構成が「社会学」の中にあらわれるのは六〇年代半ばであり（市野川 2014:129）、丸山眞男や大塚久雄らの思想との関連の中で、この語と「社会学」の関係は問うていかれるべきでもあるだろう。

値空間と行動決定」を補論とする。

第三期　七六年以降。『気流が鳴る音』と『時間の比較社会学』が主柱で、「卵を内側から破る」『宮沢賢治——存在の祭りの中へ』等を補論とする。（見田・小阪 1986：145）

と、自身で自らの思考の時期区分についてまとめている。

だが、このような「明快さ」は、ときとして「混乱したもの」を思想の中に含めることを困難にすることもある。その顕著な例は自身の仕事を総括するものであるだろう『著作集』に、まさに「真木悠介」という筆名の誕生に関わる『人間解放の理論のために』（ただし、最終論考「コミューンと最適社会」のみは見田名義のⅦ巻に収録）とそこでの問題関心の継承を行った書であろう『現代社会の存立構造』とが収録されていないことだ。「移行期」とは試行錯誤という混乱した部分を持つものであるが、それだけにその「過程」から生み出された「結果」とは矛盾した部分を持ちかねないものでもある。だからこそ、『真木悠介著作集』は、先に第三期とされた『気流の鳴る音』から開始されることになる。著作集でまとめられた見田自身の自己の来歴においては、本格的な「真木悠介」の誕生は上述の第三期からなのであり、第二期における「真木悠介」はそれを生み出すための〝幻の〟プロトタイプに過ぎないような扱いとなっている。

本節では、この〝消された〟「移行期」なるものについて考えながら、その意味を、再度、見田の思想全体との関連の中で考察していくことを目的とする。「社会意識論」的な初期の思想から「批評的な社会学」へと転回していく見田の思考の運動を、その「空白期」となってしまった足場なき「移行期」から再度考えていくことが目指される。

2 〈真の社会心理学〉と「新しい世代」

最初期の見田の「社会学者としての仕事」は、独自の「社会心理学」的視点から、人々の「社会意識」を精緻にみつめることにある。見田は『近代日本の心情の歴史』の文庫版あとがきの中で高校生時代に図書館で南博の『社会心理学』という本の「題名」を見たときの感動を語っている。「『社会・心理・学』という連字符の中で」、「歴史的な社会との総体性を把握するということと、人間のこころの深奥を理解することという……二つの問題意識」が「みごと統合するみちを見出したように幻想したのだ」（見田 1967→1978:231-232）。見田の初期の仕事は、このときに心に思い浮かんだ、この「幻の〈真の社会心理学〉」の実現という夢に向けたものとして見ることができるだろう。

この「社会心理学」期に見田がとらえようとしたものの一つに、新たな価値観の保持者としての「戦後世代」がある。見田は六〇年代前半に多くの場所で「世代」という言葉に特別な意味をこめて使用している。「世代」とは単なる年齢区分を意味するだけのものではない。ある時代体験は「つねに、一種のpotentialityあるいはgenerativeなエネルギーとして存在している」。そして、この「ジェネラティヴなエネルギーとしての時代経験を共有する集団として」、「世代」は定義されることになる（見田 1965:142）。「戦後」という時代体験を共有する「戦後世代」は「戦争世代」の「体験を語る時にある『女々しさ』」（見田 1965:143）とはまったく違う新たな価値観を持つ可能性を持つものであり、[8] 見田はこの「世代」的な断絶を強調して語ろうとする。この「世代」に対する語り口は、目の前に広がっている「戦後」という時代に対してだけ使われるのではなく、「文明開化」の分析などに対しても使われている（見田 Ⅲ:91-92）。新しい「世代」の誕生は、新しい「社会」を生み出しうる

8　見田は日本における戦死者に対する語り口が、「ぼくらはごめんだ！」と断絶を強調するドイツとは異なり、「きけわだつみのこえ」的な「未練たらしく『非合理的』」（見田 1965:153＝X:65）なものになりがちであることを指摘してもいる。

ものでもあるのだ。見田は「世代」という言葉の中に、このような歴史生成性の意味合いを込めて使用している。

だが、実際のところ、このような歴史的生成はまだ一九六〇年代前半という時代の中では発生してはいない。現実的には「戦後状況の中で充電された世代体験」は、「今日の状況の中では、もっぱらテレビとか電気洗濯機の電源として使われているのが現状で」(見田 1965:145)あるという情勢判断を見田は行っている。そのような状況の中でも、人々の「社会意識」を精緻にとらえていき、その深奥にあるものをとらえていくことによって、新たな「戦後」という時代の展開の可能性を探っていくという試みを、この時期に見田は行おうとしていた。

だから、基本的にこの時期の見田の見取り図はきわめて「明るさ」に満ちたものでもある。一九六四年に書かれた「日本人の人生観」においては「デモクラシーと科学とヒューマニズムとの価値理念が、国民的なひろがりをもって定着しはじめて」いると論じられる(見田 1965:70)。この時期の仕事は主に『現代日本の精神構造』において読むことができるが、ここにおける若者に対する見田のまなざしは「日常性と『革命』のあいだ」の「お嬢さんたち」に向けられているようにやさしげなものであるし、年長者たちの悲哀を描いた「現代における不幸の諸類型」や「スクラップの幸福と悲惨」などもどこかユーモラスな響きを持ったものである。

「戦争」が終わり、「日本社会」には新たな可能性が満ち始めた。それは「デモクラシーと科学とヒューマニズム」といった「近代」的な価値観によって生み出されたものだ。その可能性に向けて六〇年代前半期の見田は「社会意識論」という思考のモードの中で思索を進めていった。

3　時代との距離

見田宗介は本質的に〝明るい〟思想家である。[9] その〝明るさ〟はこの「戦後」という時代の可能性に対する語りの中に見ることができるだろう。だが、このような〝明るさ〟のトーンは六〇年代後半になると見田の論考から徐々に姿を消しはじめる。このことについてもっとも示唆的であるのは一九六五年の論考「新しい望郷の歌」の結びの部分が、一九七一年に『現代日本の心情と論理』に収録されるに際して、書き改められたことであるだろう。マイホームという「〈新たなる家郷〉」の普遍化」という現象について、「発表当時は、普遍としての新しい生の拠点の創造ということと……必ずしも明確に分離されない表現をとっていた」。つまり、六五年時点では、マイホーム主義にも見田はある種の可能性の萌芽を読み取ろうしていた。それに対して、七一年の見田は「初稿のこの表現の一瞬のあいまいさは……当時の私の現代社会認識の不徹底さのあらわれ」であるとし（見田 1971: 233）、それを書き改めることとしたとされる。そして、見田は「このような近代主義的な方向での「可能性」への幻想を、はっきりとこえてゆくべきものと考えている」（見田 1971: 233）と語る。六〇年代半ばと七〇年代前半における見田の「日本の近代化」に対する評価ははっきりと異なっている。本節では、まず、この移行過程を追ってみよう。

　六〇年代後半の見田の仕事を見ていてまず気付くことは、テレビに代表されるマスメディアに対する言及やホワイトカラー層の意識に対する分析が多くなり、それらに対するシニカルな視線が表に出るようになっていることだ。一九六〇年代後半の雑誌などに発表された論考は『現代社会の心情と論理』に収録されているが、『現代日本の精神構造』に比べてみた際に、対象に対するシニカルな視点が含まれていることが感じられる。タレント候補を論じた「華麗なる空洞」（見田 1971: 125）という論文名を筆頭に、「幸福への軟禁」（見田 1971: 139）、「幸福の背理」（見田 1971: 59＝V: 63）、「サラリアート」や「グレーカラー」（見田 1971: 20＝V: 14）といった表現も目立っている。そこには「進歩主義的保守感覚」（見田 1971: 139）とでも言うべきものがある。六〇年代後半には、

9　この点に関する議論は片上（2016）を参照のこと。

人々の意識に寄り添おうとしていた六〇年代前半の見田のスタンスとは微妙に異なる、距離を保った語り口[10]が徐々に目に見え出すようになる。たとえば、「華麗なる空洞」末尾の次の文章にも、この距離感の如きものを見ることができるだろう。

> 政治を庶民の手に戻すとは、政治を「庶民」のレベルのまでひき下げることではなくて、「庶民」がみずからをまず政治の主体にふさわしい民として形成する努力のうちにあったはずである。（見田 1971：128）

一九六〇年代も後半に移っていく中で、見田において、それまで存在していた新しい日本社会の「社会意識」に関する共感という足場が徐々に失われはじめたようにも見える。

4　「真木悠介」の誕生

以上のように、一九六〇年代後半とは見田がこれまで自分の思考を支えるものとして存在していた「日本」における人々の「社会意識」との距離が大きくなる時代であった。だからこそ、次の自身の思考を支えるためのまったく新しい足場がつくりだされなければならない、そのような課題の中で生まれたのが、「真木悠介」という別の名前を持った「社会学者」である。

これまで、見田は現在で言われるところの「理論社会学」的な考察を前面に出して行うことはしてこなかった。ある程度「理論」的な性格を持っていたとしても、基本的にそれは「社会心理学」を通じた「社会意識」分析のための「方法論」を生み出すための作業であり、「理論」的考察それ自体を目的としたものではなかった。それに対して、「真木」名義の初期二著作は、積極的に「理論」的考察を行っていくものとしてある。「真木」名義の一冊目、『人間解放の理論のために』ではサルトルが、『現代社会の存立構造』ではマルクスといったように、西洋の「近代思想」が大きく論じられている。だが、その「理論」的考察は、彼らの思想を読み直すことで、「近代」という足場を再設定し「日本社会」を論じるための枠組としようとするものではなく、むしろ、彼らの思想の読み直しの中から、「近代化する日本」と同時にその根本にある「近代」なるものそれ自体をも貫通する批判的視座を形成するために行われるものである。「近代思想」の批判的読解の果てに「近代」ともまた違った新たな足場が再設定される必要がある。

「真木悠介」名義のはじめての論考は一九六九年の「未来構想の理論」だ。そこにはゴシック文字で強調された次のような文章が存在している。

> 一つの未来をもつことなしに人は自立することができない。そして一つの未来を共有することなしに、人と人は連帯することができない。(真木 1971:31)

この論文も収められた『人間解放の理論』の中では、一貫して、「〈目的の理論〉としての未来のイメージの基礎的な優先性という真理」(真木 1971:9) が語られている。未来を指向しないその場限りのラディカリズムはニ

10 このような見田における人々の意識との距離の感覚は、若年層との間にも感じられるものだ。一九六八年に講談社現代新書で書かれた『現代の青年像』は四五〇〇人の青壮年に対する面接に基づいた統計調査をまとめたものであるが、そこで十年前と違い政党支持率で「自民党が優位に立」(見田 1968:194) っているような若者の意識像の調査結果が紹介された後に、あとがきで「少数派を忘れてはいけない」、「全体的な傾向と個人の問題はちがう」、「グループ間の比較とグループ内の比較とを混同してはならない」、そして「これがいちばん大切なこと」として「多いことと正しいことはちがう」という意識調査データの解釈における原則が紹介される (見田 1968:196-197)。この原則の強調に、調査結果と見田自身の思想との距離感をうかがうことができる。

ヒリズムと同根の発想だ。だから、「未来」に向けた「理念」こそがまず考えられるべきである。見田は真木の名前を用いて、学生運動の中にあったそのような危うさを指摘しながら、別の可能性を模索しようとする。「賢明な人間」は現実を明晰に分析し「やっても無駄なことはやらない」（真木 1971:46）。だが、その種の「明晰さ」を待つものは単なる〈死せる未来〉である。そのような限定的な「明晰さ」に対して、「明晰を真に徹底させ」（真木 1971:51）、新たな「未来のイメージ」を生み出すことを「真木悠介」の初期思想は目論んでいる。そのような新たな「未来のイメージ」との関係の中で、ようやく「現在」もまた、意味を得るようになるのだ。六〇年代後半に入ると、見田は目の前の「日本社会」の中に新たな「未来」の可能性を構想するための足場を見出すことがむずかしくなっていた。だからこそ、そこに「理論」的な考察を通じて、「目的の未来」という新たな足場を再設定しようとしていた。

そして、その「未来のイメージ」なるものを描くために、見田は、主体間に生じる矛盾を強調したが故に「相剋性」を前提にして思考を進めてしまったサルトルに対して、「相乗性」を基調とした人間関係の在り方を強調しようとする（真木 1971:189=Ⅶ:141）。サルトルの中では「他者性と相剋性とがむすびついている結果、相剋性の否定ということが他者性の否定と同一視され」（真木 1971:184=Ⅶ:136）てしまう。だから、サルトルがコミユーンを語ろうとすると、それは多様性が消去された「純粋の溶融状態」（真木 1971:173=Ⅶ:125）に陥ることになる。だが、多様なる「他者」の存在は、同時に「私の労働における私自身の喜びの前提」（真木 1971:186=Ⅶ:138）となるものでもある。自らの生産物が「私とは異なった目的をもつ他者たちの実践において」、「私のうちにはなかった新鮮な意味をも付与され」ること、それは「疎外される契機でもありうる」が、「私の実践が豊饒化される契機でもありうる」（真木 1971:186=Ⅶ:138）。後者の側面を強調した世界の存在こそが、人間社会の「未来のイメージ」として「真木」が提示するものであるのだ。

『人間解放の理論』の一連の論考を「思想」に定期的に発表している間に、見田は日経新書で『現代の生きがい』という本を書いている。おもしろいことに、この本で語られている「生きがい」という言葉は、先に見た「目的としての未来」とほぼ同じ論理によって語られている。この本は、社会調査を通じて人々の「生きがい」を見出そうとするという意味では、これまでの「社会意識論者」としての見田の仕事と連続したものであるが、ここで見田は人々にとって「生きがい」というものの追求が日々の行動の意味づけを与えるものであると語り、その「生きがいの条件とは……未来と現在、他者と自己とが相乗的にその生の内容を豊富化する関係を設定することにある」(見田 1970:186) とまとめている。これはまさに『人間解放の理論』で提示された問題関心と一致するものである。

「日本の社会意識」との距離感が強くなりはじめた時期の見田は、新たに「真木悠介」という名の下に新たな足場となりうる「相乗性」を基調とした「未来のイメージ」を生み出した。それは「社会学者」としての見田宗介の仕事の中にも共有されるものであり、一九七〇年前後の彼の思考の基本的なモードを形成している。

5　暗い時代の見田宗介

だが、この「相乗性」という新たな足場は、その後の見田の思考の展開の中で簡単に安定した足場になるようなものではなかった。明るい「未来のイメージ」が提示されればされるほど、「現状」の暗さは際立ったかたちで見えてきてしまう。むしろ、「真木悠介」が創りだした「相乗性」という思想は、彼の思考に現実と理想、ないしは現実と夢との間の分裂を生み出したとも言えるかもしれない[11]。一九七〇年代に書かれたエッセイ

11 『人間解放の理論』出版後の作田啓一・市井三郎・見田宗介の鼎談の中で、市井は幾度も見田が提起する思想の現実的可能性について問うているが (市井 1972:455-463)、「社会学者」としての見田こそがこの問いにもっとも直面していたのかもしれない。

や時評は『青春 朱夏 白秋 玄冬』に多く収められているが、一九七二年に書かれた文章は「水俣の問い」（見田1979:128）、「オキナワの声」（見田 1979:132）、松本清張論「共犯の鎖」（見田 1979:236）、「デラシネの病」（見田1979:114）としての「うつ病」など、〝暗さ〟を伴った「周縁」的な場に関する話題がとても多い。見田の中で生まれてきた「未来のイメージ」の明るさとは対象的に、目の前に存在する「近代日本」を考察した場合、暴力や排除の問題がむしろ多く語られてしまっている。

後の著名な永山則夫論「まなざしの地獄」の前年であるこの年には、すでに、永山則夫について触れられたエッセイ「磁場と弾道」が存在している。永山が撃つ拳銃の「弾道は射手の自由な意思とはべつに、『別の過酷な法則』によってたわめられ……見知らぬ軌道を走る」ことになってしまった。そこで見田は、「自由な弾道を『別の過酷な法則』によって奪い去るこの磁場の構造をこそ撃たねばならない」（見田 1979:235）と記している。「近代社会」は人の自由な可能性を歪ませ、暴力に追いやるような「磁場」を持っている。だから、この「磁場の構造」を分析し、それを批判することが必要となってくる。この暴力の「磁場」の分析こそが、いま社会学の中で行われるべきことであるのだ。

実際にこの「磁場の構造」を考察した書物が、一九七三年から一九七四年の間に発表され一九七七年に「真木悠介」名義の二冊目の書物として刊行された『現代社会の存立構造』であるだろう。「真木」は、この「磁場」としての「相剋性の回路」について問いを進めていく。人々の中で「自明」であるがゆえに自然現象の如きものになった「相剋性の回路」は、人々の行為を「磁場」のように誘導することで、「相乗的」な人間関係を見えないものとしていく。「真木」は、マルクスの『資本論』を読み直していくことで、このような「相剋性の回路」として作動する「現代社会の存立構造」の骨格を精緻に描き出していく。現代社会の暴力の「磁場」は、「媒介された共同性」、「媒介の階級的収奪」、「媒介の合理化過程の貫徹」、「合理化された体系相互間の集列性」といった物象化の諸論理が、重畳し具体化する展開の中で存立することとなる（真木 1977a:49-50）。〝暗い時代〟の中で見田は、その〝暗さ〟をもたらす「近代社会」の編成原理を徹底的に描き出そうとした。「近代社会」が落ち込んだ〝暗さ〟を考えるためには、それをもたらす根源的な「磁場」の構造、それ自体をとらえなければならないという感覚が見田の中には存在していたはずだ。それが「真木悠介」名義で出された二冊目の本『現代社会の存立構造』である。

一九七三年は「まなざしの地獄」と『気流の鳴る音』にも収録されている「交響するコミューン」が発表された年でもあるが、この後、見田はメキシコ、インド、ブラジルに「旅」をし、その経験を通じて、さらにラディカルな思考態度の転回を行うことになる。つまり、「旅」の経験をもって「移行期」は閉じられることになる。本パートの最後には、「旅」後の思想との関連からこの「移行期」の意味について考えてみよう。

6 「移行期」はなぜ〝消された〟のか？

本パートの冒頭にも書いたように「真木悠介」名義の初期二冊の内容は見田が自選した著作集にはほぼ収録されていない（『現代社会の存立構造』は大澤真幸の大部の解題とともに復刻されたが、これについても、見田は解説などを書いていない）。徹底した「明るさ」を伴った思想家である見田宗介が珍しくその基調を「暗さ」においていたこの「移行期」の仕事は〝消されて〟しまっているともいえる。その意味について考えてみよう。

「旅」以後の見田は『気流の鳴る音』のあとがきで「ここで追求しようとしたことは、思想のひとつのスタイルを確立することだった」と述べ、そのスタイルを「生きられたイメージをとおして論理を展開する思考」として語っている（真木 1977b:191＝真木 Ⅰ:203）。そして、その思考の手がかりとされるものは「ドン・ファンやドン・ヘナロの生きる世界や、インドやブラジルやメキシコのインディオたちの生きる」〈異世界〉である（真木 1977b：192＝真木Ⅰ：204)。見田は自身が「移行期」における思索の中で「理論」的に構想していた「相乗性」の感覚を、「旅」の中での〈異世界〉経験によって具体的につかむことができた。それはもはや、〝難解な〟思想などを経由することなしに、「旅」の中で見た人々の生活の中で〝生き生きと〟感じられるものだ。この感覚の獲得ゆえに、彼は「移行期」における「理論」的苦闘という「過程」をもはや必要とはしなくなった。たしかに「移行期の思想」は「〈旅〉以降の飛翔のためのたしかな台座をはじめて用意してくれたものだ」(真木 1977a：189)。だが、台座とは実際に飛んでしまえば、その後ではもはや必要はなくなってしまうものであるかもしれない。

おそらく「旅」以後の転回によって見田が獲得したもっとも大きなものの一つは「明快さ」や「シンプルさ」である。文体もやわらかなものに変化したが、それ以上にわかりやすい変化は、「旅」以降、頻出するようになる4象限図に見ることができる。実際に確認してみるとわかるが、「旅」以前の見田が使用する図はKJ法的な複雑さに満ちたもので、事象や解釈の連関が複雑に矢印でつなげられたものになっている。そこには、ビジュアルがもたらす直観的な把握機能はあまりない。それに対して、「旅」以降の4象限図は二つの軸の中で事象を〝明晰に〟把握させてくれる。この図における変化は見田の思想の転回をかなり明瞭にイメージさせてくれるものだ。また、『現代社会の存立構造』の精緻な議論の内容も、『気流の鳴る音』の中では「マルクスの物象化論の固有の方法論的翼は、いわば『経済学的判断中止』であった」(真木 1977b：69＝真木Ⅰ：73)とされ、その後、数行の要約で紹介されてしまう。ここにおいても、細かな論理を用いた精確さより、「明快」な本質の提示が志向されるようになっている。「旅」以降、見田の著述には「明快さ」の魅力が前面にあらわれるようになる。

そのような新たな「スタイル」から見た時に、『現代社会の存立構造』の緻密な議論の組み立てもまた、「分析理性」の徹底化のように見えてくることだろう。資本主義の罠にはまらないために、徹底的にその構造を把握しようとすること、それはたしかに罠にはまらないための行為であるが、同時に罠に再びからめとられるような行為にも思えてくる。そのような思考は「明晰を真に徹底させること」（真木 1971:51）になりえるものなのだろうか。もしかしたら、そのようにして全体性を明晰に把握したいという欲望自体も資本主義のフェティシズム的な欲望が反映されたものであるかもしれない。精緻な論理で語ろうとすることそれ自体が、「分析理性」の枠に人を閉じ込めるという側面もあるだろう。そこには「旅」以前と以後の大きな違いがある。足場を持たない人間の思考は、抽象的なものにならざるをえない。

「旅」を経た視点からもう一つ問題として見えてくるのは、「移行期」における「分析理性」の書き換えというプロジェクトが、「自己自身の生き方を切開する」「痛みをともなわずにいない」（真木 1971:18）というイメージを持って語られていたということだ。「疎外の体系が、たとえばぼくたちの日々の欲望や発想そのもののありかたとして、内奥深く刺しつらぬいている以上、この自己切開なくしておよそどのような自己解放もありえぬだろう」（真木 1971:18）という宣言は美しくもあるがどこか息苦しい。[12] このことは同時期の新書、『現代の生きがい』における「生きがい」という語が「楽しみ」や「幸福」と区別されていること（見田 1970:174）とも関連しているだろう。「生きがい」は「現在」の「充足」とは異なるものだ。これもまた、足場のなさが「現在」の中に可能性を見出すことができなかったことと関係していることだろう。逆に言えば、「旅」は「現在」の「充足」を見田に実感させてくれるものであった。

「旅の後」を象徴する書物『気流の鳴る音』の中でも、「旅」以前に書かれたパート「交響するコミューン」の

12　たしかに真木＝見田は『明日の社会』の現実的な設計」のために「それを実現するための『戦略・戦術』」（真木 1971:71）として道具化されてしまうことに強い反発を示していた。「それはわれわれの生きるこの日々が、逃れようもなく歴史の本番であるということの緊張を希薄にしてしまう」（真木 1971:72）。ただ、それでもこの時期の議論の中では「相乗性」のイメージは「目的の未来」に仮託されたものであり、「現在」の中に見出されるものではない。

中には「反転の弁証法」という語がある（真木 1977b：176＝真木Ⅰ：186）。「移行期」の著作とはまさにこの「反転」を目指して思考が進められる時期である。そして、それはマルクスへの大いなる参照があるように「弁証法」的なものである。「移行期」の思想とは、足場がないという不安定さの中で、抽象的で現在否定的なものにならざるをえない。「過程」とは過酷なものであり、悲観的なものだ。それは「否定性」を媒介とした「弁証法」なる思考態度に反映されている。だが、だからこそ、そこで描かれる世界像は「肯定性」に満ちた転回が生じた後の世界とは、ずれてしまうところがある。「旅」という横にずれる行為は、「弁証法」が苦しみながら掘り下げようとしていた世界を、あっさりと水平的な移動という行為によって与えてくれてしまったかのようにも見える。「移行期」を象徴する初期「真木悠介」の論考をどのように評価するのか、それはこの「過程」なるものの評価をめぐる議論と重なるものであろう。「転回」は、過酷で悲観的な「過程」があるからこそ、起きたものなのか。それとも、そのようなものがなくとも、起きえたものなのか。これは「結果」と「過程」の関係をめぐる「近代性」の評価という問いとも重なるものであるはずだ。

③「こぼれ落ちるもの」の軌跡と「個人」への問い——作田啓一の「移行期」

1　生成の思想家、作田啓一

「明快さ」を旨とする見田宗介の思想と比べてみると、作田啓一の著作はどこか混沌とした複雑さを持っているように感じられる。それは作田の議論が、岡崎宏樹が指摘するように「枠組から〈漏れ落ちるもの〉」や「残余」といったものを扱おうとしているからであるだろう（岡崎 2016：190）。体系的にまとめることと、体系にまとめられることを拒むものを思考に含めようとすること、その二つの矛盾した要素を作田は同時に文章の中に含めようとする。後に作田はこのような思考法を「生成の論理」（作田 1993:30）と呼ぶことになるが、矛盾や複雑さをおそれないこの思考のスタイルは、「定着の論理」の下での単純な要約を拒むところがある。また、だからこそ、個々の著作の流れに対して明確な時期区分のような区切りを与えることも、見田の時ほど簡単なことではない。たえず動き続けているものは、それだけにその中にはっきりとした大きな変化を拾うことはむずかしい。

だが、だからといって、作田の一連の議論の中に大きな変化が存在しないのかといえばそんなことはない。冒頭で見たように、作田の行ってきた「社会学」もまた、「社会意識論」から「批評的な社会学」という大きな変化を見せている。この変化を象徴するのは、一九七三年に発売された『深層社会の点描』が一九九〇年に改訂増補されて復刊されるに際して『仮構の感動』というタイトルに変更されていることだ。前者においてはそこに「深層」という言葉がつき通常の意味の使用ではないということはあるにせよ、いまだ「社会」なるものを「点描」することが目指されている。だが、後者においては「仮構」なるフィクショナルな存在にこそ重点が置かれている。ここに見えるのは、見田同様に、やはり、眼前の具体的な「日本社会」とは別のものに徐々に問いの対象が移っていっていることだ。

このような問いの対象の変化を意識して作田の著作群の流れを見てみた時に、見田がマルクスやサルトルという西洋の近代的思想家について考察したのと同じように、「移行期」においてルソーの思想を扱った『ジャン-ジャック・ルソー　市民と個人』が存在していることが確認できる。そして、このルソーに対する考察の後、一九八一年に刊行された『個人主義の運命』」において「文芸の社会学」（作田 1981:9）という言葉が提示され、その後の『ドストエフスキーの世界』のような「文学社会学」への移行がはっきりとしたものになる。つまり、見田の場合と同様に、西洋思想に対する理論的な考察作業が、作田においても「社会意識論」的な論構成から「批評的な社会学」的なものへの「移行期」の中に存在しているように見える。

本節では、作田啓一が「移行期」において、ルソーに関する考察を行ったことの意味について、考えてみたい。そのために、まずは作田啓一の「移行期」に至るまでの思想の変遷を追っていき、そこから「移行期」に「近代思想」が問題化されるに至る経緯を考えてみたい。冒頭に記したように、作田の議論は全体像を要約することも、またその通史的な変遷を図式化するところも拒むようなところがある。だが、一点、作田の著作の中に一貫して存在し続けている論点がある。それは岡崎が記したような「こぼれ落ちるもの」への視点だ。たえず、作田はこの「残余」カテゴリー的な「こぼれ落ちるもの」こそを問うてきた。であるとすれば、この「こぼれ落ちるもの」として語られる対象の変化を追っていけば、ある程度、作田の思想の変遷をまとめていくことができるはずだ。そこで、まずは作田における「こぼれ落ちるもの」の軌跡を追跡していきたい。

2 「こぼれ落ちるもの」の理論

この「こぼれ落ちるもの」への着目という作田の態度は、彼の研究生活の初期から一貫して確認することができるものである。たとえば、最初期のデュルケムを中心的に扱った純粋な学説史的研究を見てみてもそのことを確認することができる。『価値の社会学』収録時に「責任の進化」と名を変えた論文「客観的責任の心理と社会的諸条件」(一九五二年)は「罪」の責任帰属の問題を問うたものであり、「社会」とそこからはみ出てしまう「犯罪」の関連を問うたものとしてある。この問題関心は翌年に発表された「逸脱行動と社会構造」や一九五四年の「アノミーの概念」の中に見ることもできる。「社会」の中には規範によって割りきることができないものがいつでも伏在しており、これについて作田は強い興味を示している。このように、初期の学説史研究期にもすでに、作田の「こぼれ落ちるもの」への強い問題意識を読み取ることができる。作田は、「こぼれ落ちてしまう」

ものを、いかに社会学の説明原理の中に再度組み込むことができるかということを一貫して考えてきた。

このような「こぼれ落ちるもの」への理論的関心という態度は、一九五九年の「孤独の諸形態」（論文原タイトル「孤独な人間」）の「孤独」という問題についても、一九六〇年の「同調の諸形態」（論文原タイトル「社会的適応」）の「同調」や「適応」という問題についても、同じように見ることができるはずだ。ただ、この時期になると、これらの問題の扱い方について変化があらわれはじめる。単に理論的に「こぼれ落ちるもの」を扱うだけでなく、そこで考察された理論枠組を使って「日本社会」が分析されるようになる。

「孤独の諸形態」の中で、作田は日本の近代社会を「天皇性権威主義社会」、「市民社会」、「大衆社会」の三つの社会形態に分け、それぞれの「価値体系に対する同調性という角度から」対応したものとして〈庶民〉、〈市民〉、〈大衆〉という三つの社会的性格類型をあげている（作田 1967:36-37）[13]。その上でこの論文の中で強調されるのはこの三つの中の「近代」の〈市民〉的要素の「日本社会」における不足である。欧米の理論の中では精緻に語られてきたものが、「日本社会」の中では見出すことができないということがここでは強調されている。だからこそ、「孤独」を「連帯」に向けて解決しようとする方法も、これまで欧米的な理論の下で描かれてきたものとは違う道が探られなければならない。

「同調の諸形態」においても、同様に、欧米的理論の中で適切に扱うことができない「日本社会」の性格が、

13　なお、この性格類型の元になったとされる日高六郎においてはもう一つ、「反体制的な組織の中で未来の社会を目指す」〈人民〉という類型も存在している（作田 1967:36）。また、作田は、多田道太郎、津金沢聡広との共著である『マンガの主人公』の中で、マンガの主人公たちを分類するために、状況克服 - 状況受容と開いた世界 - 閉じた世界の二つの軸による4象限図式で、「市民」、「臣民」、「大衆」、「庶民」という4類型、および「人民」という「これらの性格を否定し、新しい社会の中で生きることを願うタイプ」を説明している（作田・多田・津金沢 1965:209）。日本のマンガの中に「人民の例はただ一つし見いだせなかった」とされ、それは「忍者武芸帳」の影丸であったと語られる（作田・多田・津金沢 1965:209）。

明治期以降の歴史的変遷とともに考察されている。当然、「日本社会」の価値体系は、明治以降の「近代化」の流れの中で、西洋の価値観の影響を受け、その形態を大きく変化させてはいる。だが、この価値体系の流入は素直なかたちで日本に「近代的自我」を生み出す機能を果たすものではなかった。たとえば、それは立身出世といった変形されたかたちをとり、天皇制国家の原動力として吸収され、別の社会的機能を果たすようになる（作田1972:341-342）。日本に流入してきた「近代的価値観」は、「日本社会」の中で独自の水路付けをされ、元となった欧米の世界とはまったく違った場所へと流れ込んでいくことになる。一九六二年に書かれた「戦後日本社会におけるアメリカニゼイション」でも、戦後の「日本人の生活」のいちじるしい「アメリカナイズ」にもかかわらず（作田 1972:396）、それでも、「社会意識」のレベルではそこまで強い「アメリカ化」が生じていない様子が描かれている。作田がこの時期に見ていたものは、「日本社会」における「近代」の〝中途半端な〟かたちでの受容についてだ。彼は、素朴な「近代化」の構図からは「こぼれ落ちてしまう」ような「日本社会」という存在を積極的に論じるようになっていく。

この時期の作田の「日本社会」観がもっともユニークなかたちで描かれている論文は、戦犯受刑者たちの遺書を分析した「戦犯受刑者の死生観」（一九六〇年）であるだろう。この論文は「刑死という究極的な、そして絶対的に他律的な価値剝奪を目前にした」（作田 1972:364）人々の、その目の前の死に対する意味付けをとらえようとするものだ。死という不条理なものが、まさに不条理なかたちで到来する戦争犯罪に対する刑死とは、個々人の生が社会体系と深刻な葛藤状態に陥るような状況としてある。作田は社会的常識から「こぼれ落ちる」このような場面に着目し、その中に身を置くことになった人々の内面に目を向ける。作田は彼らの死生観について、死を避けがたい運命として受容する「自然死」型（作田 1972:370）、他者のために死を受容する「いけにえ」型（作田 1972:374）、自身の死を未来の目標のためのものとして理解する「いしずえ」型（作田 1972:379）、自らの罪を認め、その罪の正当な罰として自身の死を受容する「贖罪」型（作田 1972：382）という四つの類型を用意する。そして、その分析から導き出された結果は、「いけにえ」型のきわだった多さと「いしずえ」型と「贖罪」型の少なさであった。それは刑死の責任を能動的に受け入れる立場の少なさであるとも言える。これは「罪の文化」である西洋近代型の世界観から見れば異質な結果とうつることであるだろう。ここにおいても、「日本社会」は「近代的な個人主義」の論理から「こぼれ落ちてしまう」ものとして描かれている。

作田が一九六〇年代に入る頃から着目するようになった新たな「こぼれ落ちるもの」とは、欧米の「近代」的な理論枠組で説明しようとしてもそこからはみ出してしまうような「日本社会」の性格であった。そこで作田が重視したのは、「市民」という感覚が奇妙なまでに立ち上がらない、つまり、「封建遺制」に呑み込まれてしまう「日本社会」の性格とでも言うべきものであっただろう。作田は西洋の議論を枠組として用いながら、そこから「こぼれ落ちてしまう」ものとしての「日本社会」を描き出すようになった。そこでの「日本社会」に対する評価は、いまだその「市民」的未成熟さに対する批判的なまなざしが強いものだ。

3 「日本文化」再考

だが、このような作田の「日本社会」に対する語り口は一九六〇年代半ばには方向性を変えることとなる。それをはっきりと見ることができるのが一九六四年に「思想の科学」に掲載された「恥の文化再考」である。そこでは内面的な〈罪の文化〉としての西欧と、外面的な〈恥の文化〉としての日本というルース・ベネディクトによる二分法が批判的に「再考」の対象とされている。ただし、ここで批判されるのは、この二分法図式の単純さそれ自体ではなく、それが〈恥の文化〉としての「日本社会」を完全に描きえていないことだ。そこで「描かれたゲシュタルト」は「〈恥の文化〉の反面しかおおっていない」（作田 1967：9）。「公開の場の嘲りに対する反応」

である「公恥」に、「ベネディクトはこだわり過ぎ」（作田 1967:10）ており、「私恥」とでも言うべき「恥」の側面を見落としてしまっている。たとえば、それは家族と歩くなどのプライベートな時間の中で、仕事上の誰かとふと偶然会った時のとまどいのような〈志向のくい違い〉（作田 1967:12）の中で生じるものである。ベネディクトの視線からはこのような日本における「恥の文化」は「こぼれ落ちて」しまっている。

この「恥の文化再考」の中ではこれまでの議論とは違い、この「日本社会」の独自性は「市民社会」の未成熟さのあらわれとしてではなく、むしろ、これまで着目されてこなかった別の社会的機能を持つものとして「再考」される対象として扱われている。日本的な「羞恥」は「達成の原理に伴う競争のスピリットを抑制する作用をもつ」（作田 1967:24）ものでもあり、「集団的エゴイズムに対決するところの」「羞恥の共同体」（作田 1967:25）という新たな連帯の形式を生み出す契機ともなりえるものだ。「恥の文化再考」では、「日本人」を、「近代化」しえていない「封建遺制」下の民として批判的に描こうとはしていない。「はにかみがちな日本人」の「事大主義や権威主義に対して、無為の立場から消極的に抵抗してきた」性格が肯定性をまじえて語られることになる（作田 1967:26）。西洋的理論から「こぼれ落ちるもの」としての「日本社会」は、単に「説明しにくいもの」という要素を越えて、西洋的理論の盲点をあぶり出すためのものとして、積極的に扱われるようになる。

この作田の「日本社会」に対する態度変化をあらわすものとして、先に見た一九六〇年発表の「戦犯受刑者の死生観」と同様に、戦犯たちの遺書を分析した一九六四年の「死との和解」がある。作田は「贖罪」型の死の受容がきわめて少ないという以前の論文で自らが書いた結論を、この論文の中で「再考」している。この論文では、以前の論文では少数カテゴリーであった「いしずえ」型という死の受容形式を廃し、新たに「この世を去った人々への『とむらい』に死の意味を見出す論理」（作田 1967:162）としての「とむらい死」というカテゴリーを設定するという改変が行われている。[14] だが、この論文のもっとも大きな変更点は、そのようなカテゴリー分割の変化よりもむしろ、「贖罪死」以外の「いけにえ死」や「とむらい死」、「自然死」といった死の受容の論理が、実際にはどのように「贖罪死」との間に接近可能性を持ったものであったかが論じられていることの方にあるだろう。以前の「贖罪死」の少なさという「日本人」的特質の摘出という結論に対して、この論文では、実際にはその他の死の受容の形式がいかに「贖罪死」との間に相互浸透の可能性を持ちうるものであったかが「再考」されている。そして、「彼ら日本人は彼らなりに『罪』を認めて死んでいった」（作田 1967：183）という結論が示されるに至る。「日本人」たちの刑死に対する態度は、西洋的な「罪の論理」にしたがってみた場合、そこから「こぼれ落ちてしまうもの」であるかもしれない。だが、その「こぼれ落ちてしまうもの」を丹念に「再考」していった場合、そこには別の可能性を持った回路を見出すことができる。このようにして作田は「日本社会」の側に立ち、そこから思考を進めていくという態度変更を行うようになった。

このような作田の「日本社会」に対する態度変更は、主に二つの経験によって引き起こされたものであると考えられる。その一つと考えられるものは、一九六三年に書かれた「価値と行動」の中で、「日本社会の価値体系」を考えるためにルース・ベネディクトとロバート・N・ベラーの二人のアメリカの社会学の「日本社会」分析の議論を精緻に追ったという経験だ。それまで、作田は既存の西洋の理論枠組を応用しながら、自身の観点で「日本社会」の分析を行うということをしてきた。だが、この論文では、「日本社会」の分析を行った「アメリカの社会学者」たちの議論を紹介しながら、「彼らの見解に立って……日本社会の価値体系の特質を追求」（作田 1972：249）することが行われていく。[15] 作田はここで直接的に西洋的理論家の「日本社会」に対するまなざしと同一化しながら、「日本社会」を考えるという作業を行っている。そのようなまなざしの獲得は、その欠点を含め

14　この変更については、『価値の社会学』の「戦犯受刑者の死生観」の付記で説明がなされている。（作田 1972：393-394）

て、その視点を内化するということであり、だからこそ、そこでは「こぼれ落ちてしまう」ような「日本社会」の特質もまた、強く意識されるようになる。その過程で、作田の視点は分析枠組としての「理論」の側ではなく、分析対象である「日本社会」の側へとスライドしていくことになる。

また、過去の自分の分析を「再考」するという事態を呼ぶことになった、戦犯遺書の読み込みの作業もまた、この態度変更と関わったものであることが予想される。最初の分析は、ベネディクトの議論の枠組にのったかたちでの否定的な「日本社会」論という視座から行われた分析であった。だが、ある質的なテキストを深く読み込むという経験は必ず、そのような予定調和的な枠組からは「こぼれ落ちる」ものを見出すことにもつながるものだ。ある質的テキストに深く入りこむという経験は必然的に「共感」という回路を生み出すことになる。ここでもまた、作田の視点は分析枠組から、分析対象の側へとスライドしていくことになる。死という経験を扱った文章群は、そのような転換を生み出すだけの重さを伴ったものであるはずだ。

このようにして、六〇年代半ばという期間を通して、作田の思考の足場は、西洋的な理論から「日本社会」という場所へだんだんと変化していった。「こぼれ落ちるもの」への着目という基本的な態度は変わらないがその内容は大きく変化していく。一九六〇年代半ばという「日本社会」の変革期の中で、作田は「日本社会」により近づいて思考を行うようになった[16]。

4　「文学」を扱うということ

「恥の文化再考」において、作田にあらわれた変化にはもう一つ大きなものがある。それが太宰治を代表とする（作田 1967:20-23）「文学作品」の考察という方法の前面への登場だ。作田は、恥という問題をより深く掘り下げていくために太宰の「文学作品」を掘り下げて論じていく。この方法は同様に「羞恥」という問題をさらに掘り下げた一九六七年の「羞恥と芸術」(『価値の社会学』において、「恥の文化再考」と組み合わせたかたちで「恥と羞恥」として収録)の中で、嘉村礒多と太宰治の「文学作品」を論じるというかたちで、さらに展開されていくことになる。

たしかに作田はこれ以前にも多くの場面で「文学作品」を彼の議論の中で登場させてきている。最初期の論文である「客観の進化」においてもドストエフスキーの引用で議論はまとめられているし(作田 1972:190)、「孤独の諸形態」においては、「日本社会」における〈市民〉的孤独の在り様の特殊さを描くために夏目漱石が行った議論について論じてもいる(作田 1967:49-50)。だが、そこでの文学に対する語り口はまだ、扱われているテーマやモチーフの一つの社会的あり方を論じるための一例として用いられているに過ぎない。たしかに当初より、作田は「文学」を「社会学」の中に含めて論じることが多い、「文学趣味」が透けて見える社会学者であったが、六〇年代半ば以降、「社会学的認識」を深めていくための方法として、積極的に「文芸批評」的な視点を用いるようになる。

だが、ここで作田の思考の足場が完全に「文学」に移行したのかといえば、そういうわけでもない。一九六七年から一九七二年までの論文でまとめられた著書『深層社会の点描』は、日本社会を主に論じたI部、性や恋

15　この前年である一九六二年にベラーの *Tokugawa Religion: the Values of Pre-industrial Japan* が『日本近代化と宗教倫理——日本近世宗教論』というタイトルで初訳されており、ここでの紹介はこの訳出とも関連していることだろう。また、これ以降、作田はこれまで使用していたパーソンズの図式の使用が控えめになるが、これもまた、日本社会学におけるパーソンズの隆盛の終焉だけでなく、このベラーの内在的紹介を経由した以後の作田のモードにおいて、とらえることができるかもしれない。

16　このような思考のモードは一九六〇年代後半を通じて作田の書く物の中に見受けられるが、一九七一年に自身も編者に加わった『近代日本社会思想史II』に収められた「共同態と主観性」(『深層社会の点描』収録)という文章以降、あまり前面に立って論じられることはなくなっていく。この論文は、「主体性論争」をめぐる総括とでも言うべき内容のものであり、「日本社会」論の総決算としてみることができるものでもあるだろう。

愛を論じたII部、文学作品を扱ったIII部となっているが、これらのテーマをまとめる言葉は「深層」である。たしかに、それは「日本社会」の「深層」や生や愛という「深層」、文学によって描かれる「深層」というさまざまな「深層」をめぐるものであるが、この「深層」という言葉は明確に定義されてはいない。この本の「あとがき」では、「目的合理性および比較計量的な態度や行為の相互連関のシステムをもって社会の表層と見る視点」が本書の視点であると説明されるが（作田 1973：270）、「深層」という語はあくまでもこの「表層」から否定的に規定されるに留まり、その意味ではこの文章の中で使ってきた「こぼれ落ちるもの」とほぼ同義であると言えるだろう。そして、これまでの作田の道のりの中では、この「こぼれ落ちるもの」は各時期において、具体的に追いかけられるさまざまに具体的な問題関心というかたちをとってあらわれてきていたが、ここでは抽象的な「深層」という語に留まってしまっている。一九七〇年代の作田はその意味では、次に得る足場を模索していた時期としてあり、いまだ「文学」はその足場になるであろう「深層」というあいまいなものを考えるための入り口になるものにすぎない。

先にも書いたように、作田は一九八一年の『個人主義の運命』において「文芸の社会学」という立場を鮮明に出し、一九九〇年の『仮構の感動』では、「現実」とは別の自律物たる「芸術」という「仮構」の意味を積極的に論じはじめる。そして、一九九三年の『生成の社会学をめざして』で「定着の論理」とは別の「生成の論理」という問題圏が見出され、晩年のラカン理論に基づいた「リアル」という論点の中で「文学」を語る際の自身の思想の対象をさまざまなかたちで具体化していくようになる。だが、この時点ではその具体化はまだ生じる以前の段階にある。

その意味ではやはり作田においても、一九七〇年代という時代がほぼ「移行期」に対応していることがわかる。それは一九七二年に、初期からの学術性の高い論文を抽象度の高い「価値」というキーワードでまとめた（ただし、それゆえに書物としての一貫性を見出しにくい）『価値の社会学』というこれまでの思想の総決算の書物を区切りのように出していることからもうかがうことができよう。本節の最後に、「日本社会論」を離れ、その後、「文芸社会学」に至るまでの「移行期」である一九七〇年代の作田の仕事を見てみたい。

5 「個人」という問題

一九六六年から三年間にわたり開催された京都大学人文科学研究所の第二次ルソー研究会に作田啓一は参加していた。一九四九年に開催された第一次ルソー研究会は、その代表者桑原武夫によれば、「『近代』を構成する諸要素中の重要なもの」（桑原 1951→1968 iii）を生み出した、「近代」の始祖の一人とでも言うべきルソーの思想に立ち返るために領域横断的に立ち上げられた研究会であった。それは戦後という混乱期の中で、「近代」という来るべきものの内実を見極めるためにつくられたものであると言えよう。その十五年後に再開された第二次研究会は、新たに「すぐれた文学者であると同時に多くの社会科学的作品」の著者でもある（桑原 1970 ii）、ルソーの二重性格への着目ということを意識しながら行われることになった。

ただし、実際のところ、作田は研究会開催中の六〇年代後半には、「十八世紀のヨーロッパは私にとってあまりにも遠く、この人物に容易に感情を移入できなかったため」（作田 1980:212）、ルソーという思想家には強い関心を持てなかったという。これはまさに作田が「日本社会」の肯定的語りを模索していた時期と対応しており、その意味では、この「遠さ」は、この時期の作田の問題関心と関係を持つものであるだろう。だが、この研究会後、徐々に「ルソーについての私の心像は明確となり、色彩を帯び始めた」（作田 1980:212）と作田は語っている。作田は一九七〇年に研究会の成果としての『ルソー論集』に「ルソーの集団観」を発表し、その後に、一九七四年から七九年にかけて雑誌「思想」にルソー論を発表し、それを一九八〇年に『ジャン-ジャック・ルソー——市民と個人』としてまとめることになる。まさに七〇年代という「移行期」をかけた仕事として、作田のルソー論は存在している。的確な足場を見失った「移行期」の中で、「近代」という大きな時代を生み出した原動力となったルソーの思想と作田は再び出会い、彼の思想を掘り下げていくことで次の思想的足場を見出そうとしている。

作田のルソーに対する問題関心は「自己の内面の探究に明け暮れていたこの人物の思想が、世界史の転換をもたらした巨大な社会的事実であるフランス革命の知的源泉の一つとして挙げられてきたこと」の謎にある。作田が関心を持ったものは「自己の内部の探究が自己の外部の変動とどのように対応しえたのか」（作田 1980:212）という「文学」と「社会」の連関に関する問題圏であり、第二次ルソー研究会が着目していた「文学と社会科学」の関係についての問いと重なるものだ。「文学」という足場を徐々に獲得しつつありながらも、そこで得られる「深層」が「社会学」とどのように関連づけるかということについて、いまだ模索期にあった作田にとって、ルソーについて考えることは、その連関をとらえるための重要な示唆をもたらすものであっただろう。

そこで作田が注目するのはルソーの「変身願望」についてである。ルソーの「変身願望」は徹底したものであり、彼は「別人」や「他人」になろうとした（作田 1980:29）。ルソーの「自己革命」の徹底性は「人間は変化しうる」ということを示すことを通じて（作田 1980:8）、革命家たちに感銘を与えるものでもあった。作田はこのルソーの「自己革命」の解釈を行っていく。ルソーの「パーソナル」なレベルの思索は同時に「社会性」を帯びてもいる。ルソーは自身が生きる社会を徹底して嫌悪し、それとは別の生き方を模索したが、その先には社会批判のための論理が生まれてくる。そこで起きることは、〈父〉や〈母〉、「自然」といった「文明化」が抑圧したものへの「退行」でもあるが、ルソーのこのような「変身願望」は、それぞれに対応した「ユートピア」像を生み出すものでもある。そして、また同時に、その中で「相互依存のシステムからみずからを引き離す自足的人間の視点を確立」（作田 1980:207）もされていく。ルソーは、自身を変容させる願望を持つ中で、自足的な存在である「個人」という新たな人間像を提起するようになる。社会から「こぼれ落ちるもの」を徹底してみつめる「文学」的な想像力は「社会構想」という視座と結びつくものであり、「近代」という時代は、このようなルソーの「自己変容」と結びついた「批判意識」や「ユートピア意識」に影響を受けて成立したものでもある。

ただし、作田は、ルソーが生み出した「個人」という「イデオロギー」から「こぼれ落ちてしまうもの」にもまた、敏感であった。ルソーは、他者関係がもたらす自己の「内部の分裂に苦しむ」ことから解放されるために、単独者として生きる「自然人」と、「自己を共同体に完全に預けてしまって、共同体の意思を自分の意思として生きる」「理想の都市国家の市民」という二つの幸福のイメージを生み出した（作田 1980:197）。だが、この二つのイメージの中で「ルソーは……隣人にはほとんど理論的な関心を抱」いてはいない。このように作田は、ルソーにおける「横の関係にある同質者との同一化の弱さ」（作田 1980:187）という傾向を指摘するが、これはルソーの思想に影響された「近代」という時代が持つ弱さでもあるだろう。「近代的個人」なる存在は、「他者」から分かたれた自由さを志向する存在であるが、それゆえに「他者」を対立的な存在として認識し、それを避けようとする傾向を持つ。「水平の関係より垂直の関係に注意を向ける」（作田 1980:187）ルソーは、社会との関係を掘り下げ思考することには可能性を持っていたが、横並びにある「友人」としての「他者」との「連帯」なる問題を語り落としてしまうことになる。これは「連帯」の成立を困難とする「近代社会」の問題と関係するものでもある。

この「水平関係」なるものを問うのが、続く一九八一年の『個人主義の運命——近代小説と社会学』である。ここで大きく問題とされるのは「三者関係」という人間関係のモデルである。これまでの社会学では、主体と客体の二者間の関係のみが重要視され、そこに介入してくる「媒介者」という第三項（作田 1981:14）についてはあまり語られることがなかったと作田はする。このことはルソーが、水平的な関係にある「他者」への理論的な関心を欠落させていることと相同的である。「近代的な個人主義」は、「他者」を自己の自由に対する疎外物として排斥してしまう傾向を持つ。作田から見れば、従来の社会学はこのような「近代的な個人主義」の欠陥を強く反映してしまっているものであった。作田は「三者関係」を視野に入れた社会学を構想しようとする。

このような「三者関係」、もしくは「水平的な他者」を視野に入れるために参考にされるものが「ルネ・ジラールの文芸批評」だ（作田 1981:14）。ジラールは人間の欲望が「他者を媒介とする動機付けのパタンの学習」（作田 1981:16）によって成り立つものだと考え、「個人」の自律性なる前提に対する懐疑を突きつける。人間が何かを欲するのは、個人に純粋に内在した欲望によるのではなく、何者かがそれを欲望しているということを知り、その何者かの欲望を模倣することによるものである。だが、誰かがそれを欲しがっているのを見ていたから自分も欲しくなったなどということを自認することは、「自律を至上の価値とするロマンチックな個人主義者の誇りを傷つけ」（作田 1981:19）る。だから、「個人主義者」たちは「ロマンチックな虚偽」（作田 1981:17）として、「媒介者」からの自身への影響をないかのようにふるまってしまう。しかし、そのような「自律性」の信奉は、むしろ、自身への影響を与える存在に単に目を伏せるだけのことであり、人間をより不自由な場所へと追いやっていくことになる。これに対して、ジラールは数々の「西欧近代文学史の巨匠」たちの作品を選び、彼らが「人間がそのように自律的な存在ではないことを明らかにした作家であることを論証」していくことで（作田 1981:18）、「近代個人主義」が陥った行き詰まりを突破しようとする。「媒介者の不可避の影響をはっきり自覚することによってのみ、人間は自由になりうる」のだ（作田 1981:18）。

作田は「文学」が描き出す「三者関係」を精緻に見ることを通じて、ルソー的な「近代個人主義」が見落としてしまった「水平的な他者」との関係性を補完しようとする。そして、このような「他者」の意識化の延長に

「客体との共存という理想」(作田 1981:199)への方途を見出そうとする。この「他者との共存」に対する探究は、続く『ドストエフスキーの世界』(一九八八年)にて、ドストエフスキーの個々の作品の分析を通じて、より深められていくことになる。[17]

作田は『ジャン-ジャック・ルソー』から『個人主義の運命』に至る思考の中で、「文学」なるものが「社会学」に対して持ちうる意味を明確につかむことが可能になった。「文学作品」は単に「目の前にある現在の社会」を理解する道具としてありうるだけでなく、より根底的に「社会」というものの根本的な構造、そして、その中でありうる可能性を理論的に把握するためにも使用可能なものであるのだ。「移行期」におけるルソーの研究は、「近代的個人」なるものの意味とその限界を作田にはっきりと見せてくれるものとしてあり、そこから、「文学」なるものが社会学的探究の明確な足場となりえることを理解させるものであったことだろう。

④「変身」の季節としての「移行期」

1 二人の社会学者の「変身」

本稿では「移行期」である一九七〇年代に至るまでの見田宗介と作田啓一の思考を追うということをしてきた。

17 ドストエフスキーが生きたロシアという社会もまた、「ヨーロッパ文化を一特殊的文化であると同時に普遍的文化とみなすような」自負とは無縁の社会としてある(作田 1988:174)。そして、それは日本人が置かれた状況と類似したものであり、「ロシヤ人の国民性に関するドストエフスキーの議論は、われわれ日本人にとってきわめて理解しやすい」(作田 1988:174)と作田は語る。「西洋的近代」との微妙な関係性とともに、「文学」なるものが特殊な位置を占める場としても存在する日本とロシアという二つの社会に属する作家を、作田が語る意味について、考えてみることも重要であるだろう。

一九七〇年前後という時代状況は、「日本社会」の激変期としてあり、これまでの「近代化」を前提としてきた社会学的思考がその根拠を失いつつあるような時代でもあった。社会学者たちは、自明視してきた「日本社会」という場所も、「近代」という理論的枠組も、これまでのように安定した足場として扱うことができなくなりつつあった。この足場のない真空状態のような位置で、次の思考を進めるための足場を模索していく時期がこの文章で考えたかった「移行期」という期間である。

「移行期」の中で、作田も見田も、これまでにない密度で「近代思想家」の思想を「理論」的に問うということを行っていった。目の前にある「社会」を問うのでも、それを分析するための「方法」を問うのでもなく、「近代」という時代それ自体を問うことによって、「近代」とは別の在り方を思考するための足場が模索される必要があったのだ。そこで両者が「近代」の象徴として選んだのが「個人」という思考の枠組だ。

見田においては、この「個人」という問題は、サルトルに見られるような「相剋性」という「近代」的思考の前提を成すものへの問いとして現れた。「近代的個人」は「他者」を自身の行いと剋峙する障害物のように認識してしまう。それに対して、見田が提示するものは、「他者」との関係性が自身に新たな可能性を用意してくれるという「相乗」的な関係のあり方というものであった。

作田においては、ルソーが同時代の人間の表層的な関係性に覆われた社会を嫌い、それとは別の「自足的な人間」を構想しながらも、それゆえに「水平的な他者」の問題を扱うことが不可能になってしまったことが指摘されていた。作田はジラール的な「三者関係」の構図を社会学理論にふくめることで、「他者」と共存可能な「連帯」の可能性を模索しようとした。作田もまた「個人」という問題を問い、その中で「水平的な他者」という問題が「こぼれ落ちて」しまっていることを発見した。

言ってみれば、両者はこれまで「近代社会」の中で前提とされていた「孤立した個人」という問題を再考し、その中で「他者」という問題系を再発見することになる。それを、これまで思考の中で暗黙の内に足場とされていた「個人」という前提を問い直し、「他者」という新たな足場の可能性を見出すことになったとまとめることも可能であるだろう。「他者論」という問題関心が当たり前のものになってしまった現在から見れば、それは素朴な一歩に見えるかもしれないが、七〇年代という「移行期」において、それは確かな一歩として感じられることであったはずだ。この後、新たな「他者」という足場を表現しうるものとして、作田は「文学作品」を、見田は「異世界」を新たな問いの対象として発見することになる。

ここで注目すべきことは、「移行期」の思考の過程の中で作田と見田の両者が「変身」という問題に関心を寄せていることだ。見田は『人間解放の理論』の中で「相乗性」と「相剋性」に関する議論をまとめる際に、「私とは異なった目的をもつ他者たちの実践において」、「私のうちにはなかった新鮮な意味をも付与され」ることについて考察を行った（真木 1971：186＝Ⅶ：138）。「他者」は疎外をもたらす危うさをもつものであるが、自己の新たな可能性を提示するものでもある。「他者」との関係の中で「自己」が変形されていくこと、その中にある肯定的な可能性にこの時期の見田は賭けようとしていた。そして、見田のこの「変身」に対する問題関心は、彼自身のもう一つの名前である「真木悠介」という存在を生み出すことにもなる。『人間解放の理論』は、「いくつかの若い友人たちのグループとの討議のための一素材」（真木 1971：222）として用意されたものであったが、まさにこのような若者たちとの関係性が見田に「真木悠介」への「変身」という可能性を呼び込んだものであったと言えるだろう。

作田においても「変身」という問題は大きな意味を持っていた。ルソーへの着目は、そもそも、彼が別の人間に変わりたいという強い「変身願望」に対する興味からはじまったものであった。そして、そのルソーという一人の人間の「変身願望」が「近代」に対してもたらした可能性を作田は問うていった。だが、ルソーの「変身願望」には「水平的な他者」に対する関心の薄さという欠落を抱えていた。だから、作田はその後、ジラールやドストエフスキーに対する考察から、そのような関係性も視野に入れた、人間の「変身」へと問いを広げていく。このような作田の「変身」に対する興味は、「社会学」にとどまらない「人間学」というものの提示にまで、思考を変化させていくことになる。

「移行期」における「変身」というものへの問いは、作田と見田、それぞれの中に新たな思考の生成を呼び起こし、彼らの「変身」を引き起こすことにもなった。「移行期」とは「変身」の季節としてある。

最後にもう一点、この「移行期」という時期に、見田にも作田にも、その思考スタイルにいささかの変化が生じていたことを確認しておこう。見田の基本的な思考のスタイルは「眺める」というかたちにあると考えられる。見田は二〇一四年の雑誌「現代思想」の「社会学の行方」特集に際して、「高原の見晴らしを切開くこと」という文章を寄せている。そこでは「安定平衡の高原」を目指す「『場所』としての社会学」という構想が語られている（見田 2014:33）。それは「旅」の視線にも似たものだ。初期の見田の仕事も、たとえば、『近代日本の心情の歴史』の冒頭に置かれるのは、十六歳のアルバイト時に「同年輩の工員たちがいつも歌っている歌」の思い出だ。見田はここで自身が一緒に歌った思い出ではなく、それを横で聴き、またその光景を見たことを語っている。ここでも彼は眺めている。むしろ、実存に深く食い込むような視線は「まなざしの地獄」を生み出してしまう。見田の世界との距離感は「眺める」という適度な距離の保持の中に理想を感じているとも言えるだろう。それは水平的な視線でもある。だが、「移行期」における見田は「弁証法」的に「掘り下げる」という垂直的な思考のスタイルを強く持っている。当然、他の時期にも、このような垂直的な指向性は存在しているが、この時期ほど重点的にそれを行った時期はない。

水平的な思考スタイルの見田に対して、作田の思考スタイルは垂直的な「掘り下げ」の方向性が強い。岡崎は作田における「方法としての〈共感〉」というものを指摘しているが（岡崎 2016：190）、たしかに『生の欲動』においては神戸連続児童殺傷事件の犯人の少年に対してすらもある種の「共感」を伴った理解が行われている。作田において、新たな問題関心に基づき問いの対象が移行する場合においても、それはある対象を徹底して「掘り下げた」結果、次の思考対象が発見されるというかたちをとる場合がほとんどだ。作田は当初から存在していた「精神分析」に対する強い関心にも見られるように、「内面」に対する垂直的な「掘り下げ」を志向することが多い。だが、作田が「移行期」において、発見したものは「水平的な他者」との「三者関係」、つまり並列した「第三者」というものへの関心である。そして、その「第三者」との関係は、深い「共感」による同一化というよりも、「模倣」という平面的な運動の中で生じるものである。作田はルソーに欠けたものとして「水平的な他者」を発見し、ジラールを通じて、その「水平的な他者」との関係を志向する方法を獲得した。垂直的な志向を基本的なスタイルとして持つ作田は、それとは異なる水平的な思考法をこの時期には問題化していた。

このように両者は「移行期」において、自身の思考スタイルにまで徹底した「変身」を行っていたという解釈を行っていくことが可能であるだろう。その後、新たな足場を得た二人は、再度、元の思考スタイルに基づいて、新たな「社会学」の可能性を展開させていくことになる。思考の足場が確固たるものではありえない真空状態のような「移行期」という時期は、「変身」という問題を強く打ち出し、「個人」というものの不変性という前提を打ち崩す可能性を切り開いたと言えるだろう。

2 社会学の変身、もしくは原‐社会学への回帰

「移行期」を通過した後、作田と見田の二人は自身の「社会学」をさらに積極的に「変身」させていくことになる。それは「哲学」や「文学」、さらには「精神分析学」や「分子生物学」といった領域にまで参照先を求め、

既存の学問の境界線を踏み越えていくものであった。「社会」とそこを生きる「人間」の姿をとらえようとする両者の試みは、そのような地点にまで辿り着いた。

だが、よく考えてみれば、「社会学」とはそもそも、そのような学問としてあったともいえるかもしれない。「社会学」の始祖として語られるコントにせよ、また、三大巨人と称されるヴェーバーやデュルケム、ジンメルといった人々にせよ、彼らは未開拓な学問としてあった「社会学」を自分たちの手でつくりだしていった。また、学として明確な姿をとらぬ「社会学」を構想するために、彼らは、「哲学」、「歴史学」、「経済学」、「法学」、「人類学」、「統計学」、「文学」など当時存在していたさまざまな学問を〝野蛮〟なまでに横断し、その知的成果を応用していた。その意味では、作田と見田の既存の学問の枠組を踏み越えていく〝野蛮さ〟は、むしろ、「社会学」が原的に備えていた性格であったと見ることもできる。試行錯誤の〝野蛮さ〟こそを「社会学」という学問の中核に置き、二人による「社会学」の「変身」を、「原‐社会学」への「回帰」と見る考え方もありえるはずだ。

そして、「日本の社会学」というものもまた、そのような試行錯誤の渦中で形成されてきたものだ。「社会」という観念自体がほぼ存在していない日本という場に、「社会学」という学問がほぼ同時に輸入されてくるという経験、しかも、それとともに他の未知の学問分野もまた同時に大量になだれ込んでくるという「近代流入期」の経験は、相当に特異なものとしてあったはずだ。「日本の社会学」はそのような異質な経験の中で、試行錯誤されながらかたちづくられてきたものだ。国体と接続するあやうさなどもはらみながら、未知の学としての「社会学」を「輸入」しつつ、自分たちの理解をそこに加え、日本の学問人たちは自分たちなりの「社会学」を形成してきた。そして、「戦後期」においても、また新たな別の試行錯誤が存在していたはずだ。そこでは「社会学」の中で、一度、壊滅した過去の日本の価値体系とは異なる、新たな価値体系を求めるための試行錯誤が行われていた。「安定期」の方こそが「日本の社会学」においては珍しい時期であると見ることもできよう。

一九六〇年代末とは、「日本社会」の混乱期が一時的に収束し、徐々に高度成長の完成と終焉が眼に見えはじめてきた時期であった。そこでは、「社会学」も一度、試行錯誤の〝野蛮〟なる時期を終え、制度化という「安定」が目に見える時期でもあったことだろう。だが、完成とは終焉を意味することであり、「社会」も「社会学」も再び、新たな「移行期」を呼び込むことにもなる。それが一九七〇年代という時代だ。むしろ、この「移行期」なるものは、「社会学」が原的な〝野蛮さ〟をこそ取り戻す時期としてあるのかもしれない。作田と見田は率先して、「社会学」を「原-社会学」的な場所へと回帰させていったのだ。

おそらく、われわれはいま、また、「日本社会」の「移行期」の只中にある。これまでの常識は通用しない、そのようなことがしばしば語られる。その中で、一九七〇年代という「移行期」において、徹底した思考を行った二人の社会学者が向かいあった問題を考えることは、「社会学」という学問にとって重要な意味をもつことであるだろう。

参考文献

東　浩紀　一九九九　『郵便的不安たち』朝日新聞社

濱口惠俊　一九七七→一九八八　『「日本らしさ」の再発見』講談社

市井三郎　一九七一　『近代への哲学的考察』れんが書房

市野川容孝　二〇一四　「近代化という概念と日本の社会学」、『現代思想』四二（十六）、一二四-一三八

片上平二郎　二〇一五　「肯定のまぶしさ、そして、あやうさ――「危険な思想家」として見田宗介を読む」、『現代思想』四三（一九）、一六二-一七九

桑原武夫　一九五一→一九六八　「序言――ルソー共同研究の意義と方法」、桑原武夫編『ルソー研究　第二版』岩波書店

――――　一九七〇　「はしがき」、桑原武夫編『ルソー論集』岩波書店

真木悠介　一九七一　『人間解放の理論のために』筑摩書房

――――　一九七七a　『現代社会の存立構造』筑摩書房

――――　一九七七b　『気流の鳴る音――交響するコミューン』筑摩書房

見田宗介　二〇一二『気流の鳴る音――定本真木悠介著作集 第一巻』岩波書店
――――　一九六五『現代日本の精神構造』弘文堂
――――　一九六七→一九七八『近代日本の心情の歴史――流行歌の社会心理史』講談社
――――　一九六八『現代の青年像』講談社
――――　一九七〇『現代の生きがい――変わる日本人の人生観』日本経済新聞社
――――　一九七一『現代日本の心情と論理』筑摩書房
――――　一九七九『青春朱夏白秋玄冬――時の彩り・88章』人文書院
――――　二〇〇六『社会学入門――人間と社会の未来』岩波書店
――――　二〇一一『生と死と愛と孤独の社会学――定本見田宗介著作集 第六巻』岩波書店
――――　二〇一二a『近代化日本の精神構造――定本見田宗介著作集 第三巻』岩波書店
――――　二〇一二b『現代日本の精神構造――定本見田宗介著作集 第五巻』岩波書店
――――　二〇一二c『未来展望の社会学――定本見田宗介著作集 第七巻』岩波書店
――――　二〇一二d『社会学の主題と方法――定本見田宗介著作集 第八巻』岩波書店
――――　二〇一二e『晴風万里：短篇集――定本見田宗介著作集 第十巻』岩波書店
――――　二〇一四「高原の見晴らしを切開くこと」、『現代思想』四二（十六）、二八－三三
見田宗介・小阪修平　一九八六『現代社会批判――〈市民社会〉の彼方へ』作品社
岡崎宏樹　二〇一六「文学からの社会学――作田啓一の理論と方法」、亀山佳明編『記憶とリアルのゆくえ――文学社会学の試み』新曜社、一六九－一九六
作田啓一　一九五三「逸脱行動と社会構造――デュルケームの「自殺論」をめぐって」、『西京大學學術報告　人文』三、五一－六〇
――――　一九六七『恥の文化再考』筑摩書房
――――　一九七二『価値の社会学』岩波書店
――――　一九七三『深層社会の点描』筑摩書房
――――　一九八〇『ジャン－ジャック・ルソー――市民と個人』人文書院
――――　一九八一『個人主義の運命――近代小説と社会学』岩波書店
――――　一九八八『ドストエフスキーの世界』筑摩書房
――――　一九九〇『仮構の感動』筑摩書房
――――　一九九三『生成の社会学をめざして――価値観と性格』有斐閣
――――　二〇一二『現実界の探偵――文学と犯罪』白水社
作田啓一・多田道太郎・津金沢聡広　一九六五『マンガの主人公』至誠堂書店
Yamagishi, T. & Brinton, M. 1980. "Sociology in Japan and Shakai-Ishikiron." *The American Sociologist* 15, 192-207.

第4章

もう一つの時間の比較社会学

——真木悠介『時間の比較社会学』からの展開

鳥越信吾

1 はじめに

本章では、『時間の比較社会学』（真木［1981］2012、以下『時間』）を主たる検討の対象とする。見田宗介が真木悠介名義で行なった仕事は、一九七〇年代初頭までは、マルクスに依拠したパースペクティブからなされたものであった。『人間解放の理論のために』（真木 1971）や『現代社会の存立構造』（真木 1977）といった作品がそれである。その後、彼は一九七三年から七六年のあいだインドやメキシコなどを旅する。彼自身が自らの転回点として位置づけるこの旅のあと（真木 2012a：207）、前二作とはまったく違った「比較社会学」的な立場から、『気流の鳴る音』（真木［1977］2012）が上梓される。『時間』はその後、一九八〇年から八一年に書かれた論考をまとめて一九八一年に発表された、真木悠介名義の四作目の著書である。

この作品の主題は、そのタイトルが端的に示しているとおり「時間」、なかでも抽象的で数量的な直線としての時間である。すなわち、真木が接近を試みるのは、かつてI・カントが「時間そのものはそれだけでは知覚されることがかなわない」（Kant [1781, 1787] 1926= 2012 : 239）ため、「私たちは時間を……一本の線の形象のもとにその線を引くかぎりで私たちに表象しうるものとするほかはなく、そのような表示のしかたをとる以外には、時間を測定する単位をまったく認識することができない」（ibid. : 178）としたような、直線的なものとして観念される時間であり、またG・ジンメルがこう述べたような、社会生活がこれに従って配列される抽象的で量的な時間に他ならない。

ベルリンのすべての時計が突然狂って異なった方向へ進めば、たとえそれがたんに一時間のみであるにしても、すべての経済的その他の取引生活は、長きにわたって混乱するであろう。……大都市の生活の技術は、すべての活動と相互関係とが確定した超主観的な時間表にきわめて正確に配列されるのでなければ、けっして考えることができないのである。（Simmel [1903] 1957= 2004 : 273）

われわれは「時間」と聞くとまず最初に、こうした数直線に喩えられる時間を思い浮かべるだろう。われわれの日常生活は、この時間に従って予定を立て、この時間を「分割したり、節約したり、浪費したり、補充したり、抹殺したり、盗んだり」（Lynch 1972= 1974 : 183）することによって進行している。この時間は、あたかもそのものとして実体的に存在しているかのような仕方で、われわれの生活のあらゆる領域の編成原理の座を占めている。

しかしながら真木によれば、この時間だけが唯一の時間のあり方ではない。この時間は実際には、近代社会の成立に伴って成立してきた一つの時間意識なのである（若林 2015 : 148）。われわれが深く馴染んでいるこの時間を、近代社会に特殊な一つの時間意識として対象化・相対化すること、これが『時間』における真木の目指すところであった。

それでは真木はどのようにしてこの企図を実現するのだろうか。アウグスティヌス以来の時間哲学の歴史を持ち出すまでもなく、時間とは一方でもっとも重要な学的探求主題の一つである。真木によれば、それは「人類史のなかのすぐれて特異な文化としての、近代文明の本質を理解するための鍵でもある」（真木［1981］2012:40）。しかしながら他方で時間とは、把握することがもっとも困難な探求主題の一つでもある。真木の表現を借りれば、時間は「われわれの生きる世界の、それ自体の内部においては問い返されることのない自明性」（ibid.:40）の核の一つをなしているのである。

そこで真木が採用するのが、「比較社会学」という方法である。比較社会学とは「「現代社会」、あるいは近代化された社会と、そうでない社会との比較」（見田［2006］2011:2）を主眼とする方法である。これにより、「いったんは離れた世界に立ってみる。外に出てみる。遠くに出てみる。そのことによって、ぼくたちは空気のように自明（「あたりまえ」）だと思ってきたさまざまなことが、〈あたりまえではないもの〉として、見えてくる」（ibid.:2）。『時間』に関して言えば、真木が「比較社会学」によって試みているのは、非近代社会の時間意識を参照軸とすることで、われわれの生活に切り離し難く結びついている近代社会の時間意識を対象化することなのである（真木［1981］2012:41）。ゲシュタルト心理学の用語法で言えば、非近代社会の時間意識を「地」として捉えることによって、近代社会の時間意識を「図」として浮きあがらせること、これが本作品でなされる「比較社会学」の含意である。

ただし真木の「比較社会学」という方法は、さらにもう一つの含意をもっている。「図が存在しないかぎりは、地は永久にいちめんの地であるばかりだ。どんなに小さな図であっても図がいったん現われた以上、それは図の方を地として、地の方を図として視覚を反転する道をひらく」（真木［1977］2012:104）という真木の言明に表されているような、「図と地の反転」がそれである。真木の「比較社会学」はさらに、「図」と「地」とを反転させることにより、近代社会の自明性を批判しようとする志向をもつ。『時間』に関して言えば、近代社会の時間意識を「地」、非近代社会の時間意識を「図」とした探求を行うことで、近代社会の時間意識に対する批判の契機を非近代社会の時間意識のなかに探し求めていくことである。

すなわち、真木は『時間』のなかで、「二つの比較社会学」を遂行している。第一に、非近代社会の時間意識を「地」とすることで、近代社会の時間意識を「図」として浮かびあがらせることを企図する「第一の比較社会学」。第二に、このようにして浮かびあがった近代社会の時間意識を「地」として、非近代社会の時間意識（「図」）を探求していくことにより、そこに近代社会の時間意識の病理からの解放の契機を見出そうとする「第二の比較社会学」、これである。本章前半部分では、この「二つの比較社会学」を基本線にして『時間』を読み解いていきたい。

だが真木の比較社会学的な時間論の可能性はこれだけではない。本章後半部分では、『時間』を『宮沢賢治』（見田［1984］2012）とつき合わせることで、上述した二つの比較社会学とは異なった「もう一つの時間の比較社会学」の可能性を呈示してみたい。それは真木が『時間』では明示的には展開していないが、しかし『宮沢賢治』を経由することで取り出すことができる、もう一つの近代的時間批判の途である。

② 第一の比較社会学——抽象性と不可逆性

『時間』の議論は、序章「時間意識と社会構造」で、次の二つの仮説を提示することに始まる。「抽象的に無限化されうる等質的な量としての時間の観念は、萌芽的にはインダスその他の、高度にはヘレニズムのような、都市化された（集合態的な）社会形態の中で発生し、展開してきたものではないのか」（真木［1981］2012:42）、「虚無化してゆく不可逆性としての時間の観念は、萌芽的にはオリエント、とりわけヘブライズムといった、最古の反自然主義的な文化と社会の中で発生し、展開してきたものではないのか」（ibid.:42）。これらを論証することにより、「西欧にその起源を有する近代文明は、この二つの文明史的な展開の統合の帰結として存立する」（ibid.:42）こと、したがって近代社会の時間意識が、このようにして「不可逆性（直線性）」と「抽象性」という二つの性格を持つに至った機序を描くのが、「第一の比較社会学」の目的である。

第一章「原始社会の時間意識」では、C・レヴィ＝ストロースやE・E・エヴァンス＝プリチャードといった文化人類学者の仕事を主として参照することで、原始社会の時間意識が近代社会の時間意識とはその性質をまったく異にすることが、その社会構造との関連で示される。

第一に、エヴァンス＝プリチャードのヌアー族についての研究が明らかにしているように、原始社会の言語には「時間」という抽象化された語それ自体が存在せず、それに対応して時間が抽象的に把握されることもない（ibid.:79）。むしろ原始社会では、「牛」や「潮」や「花」などの具体的な自然の事物そのものが時間の経過を表現しており（ibid.:36）、そうした「特定の風土的条件の中で」（ibid.:36）のみ通用する事物とともに具体的な時間が生きられている。

その理由は真木によれば、「狩猟するひとつの共同体のうちにあって、他の生業の共同体との交渉が問題とならないかぎり、成員にとって肝要なことは狩猟の月のうちにあるということであって、その月が「客観的に」二五日あるか三五日あるかという問題は提起されない」（ibid.:83）ことにある。たとえば牛を生業にするゲマインシャフトであれば、その内部で人びとの生活が完結しているかぎり、牛に表現された具体的時間を中心に当該社会の時間が編成される（牛時計）ことで事足りる。したがって、原始社会に時間を抽象化して捉える傾向が存在しないのは、その社会がゲマインシャフト内的に完結していることによるのである。

真木はこの事実の明示を通して、近代社会の時間意識の第一の特徴である「抽象性」が、近代社会の構成的特徴の一つと言ってよい「ゲゼルシャフト的な社会関係」に由来することを示唆する。「生活の基本的なサイクルを異にしている共同体との交渉が日常化するときにはじめて……狩猟や雨期や収穫といった具象的な事物や活動から「時間」が剝離して抽象化される。つまり「時間」が、具体的な事象にたいして外在する客観的な尺度として物象化される」（ibid.:84）ということである。すなわちここでは、原始社会の時間意識の検討を通して、時間の「抽象性」という性格が、「ゲゼルシャフト化」に由来するものであることが示唆されるのである。

また第二に、一方でJ・S・ムビティが看取する「伝統的なアフリカ社会が未来をもたない」（ibid.:90）という事実が、また他方でレヴィ＝ストロースが「チューリンガ」の議論のなかで洞察する「（原始社会では）過去は帰無することなしに現在し続ける」（ibid.:17、括弧内は筆者）という事実が示すように、原始社会における時間は、われわれになじみ深い「過去」「現在」「未来」からなる数直線的な時間ではない。「実際、いくつかの未開社会においては」、時間の経過は「同じ方向へたえず進行してゆくという感覚」において把握されてはいない（ibid.:19）。「反対に、時間は、持続しない何か、繰り返す逆転の反復、対極間を振動することの連続として経験される。すなわち、夜と昼、冬と夏、乾燥と洪水、老齢と若さ、生と死という具合にである」（ibid.:19）。真木はこのような原始社会の時間を、「振動する時間」（ibid.:99）と呼ぶ。

その理由について、真木は次のように説明する。まず彼は、われわれの時間の観念にはもともと、「繰り返し」と「繰り返しはしない」の二つが矛盾しつつも同時に含まれており、この二つは、「自然の現象は繰り返す」と、「人生の変化はもとにもどらない」という二つの基本的経験に由来しているという文化人類学者E・リーチの洞察を分析の基軸に据える（ibid.：21）。そのうえで真木が強調するのは、原始社会の人びとの特徴は、そのうち前者の繰り返す「自然」に主として関心を向けることにあるということである（ibid.：93）。このようにして、原始社会の振動する時間とは、季節のような「自然の時間の循環性」（ibid.：141）を基礎に置いたものだということが示される。

真木はこの事実の明示を通して、近代社会の時間意識の第二の特徴である「不可逆性」が、「自然」ではなく「人生」という一回起的な出来事への関心、これに由来することを示唆する。近代化のなかには、自然を人間と区別したうえで、前者を操作的支配の単なる対象、人間をそれに優越する主体として捉える思考様式の浸透があったことは疑うべくもない（cf. 池田 2003：3-4）。不可逆的な時間の観念の成立に、この流れが与していることが示唆されるのである。

第一章ではこのように、原始社会の時間意識が①ゲマインシャフト的な社会関係をその基礎に置く「具体的な時間」であり、②自然の循環性への関心をその基礎に置く「繰り返す時間」であることが明らかにされる。以下ではこの二つの基本的な洞察をものさしとした比較社会学的なパースペクティブから、近代社会の時間意識が析出されていく。結論を先取りしておけば、すでに示唆されているように、近代的な時間意識は①ゲゼルシャフト的な社会関係をその基礎に置く「抽象的な時間」であり、②人間の生の一回起性への関心をその基礎に置く「不可逆的な時間」であることが示されていく。

『時間』の第三章「時間意識の四つの形態」は、「第一の比較社会学」のいわば本丸である。第三章冒頭では、第一章で取り出した原始社会の時間意識の特徴と、O・クルマンによるヘブライズムおよびヘレニズムの時間研究とをつき合わせることで、一方でヘブライズムの時間意識は原始社会のそれと同じく具体的・質的だが、しかし近代社会のそれと同じく直線的であること（真木［1981］2012：160）、他方でヘレニズムの時間意識は、原始社会のそれと同じ繰り返す時間だが、しかし近代社会のそれと同じく抽象的・数量的なものだということ（ibid.:160）、これらが明らかにされる。これらの時間意識は、それぞれがもつ性格にしたがって、「質的－量的」の横軸と、「可逆的－不可逆的」の縦軸から成る四象限図式に次のとおり配列される。（図1）

図1　真木の四象限図式1
（真木［1981］2012：163）

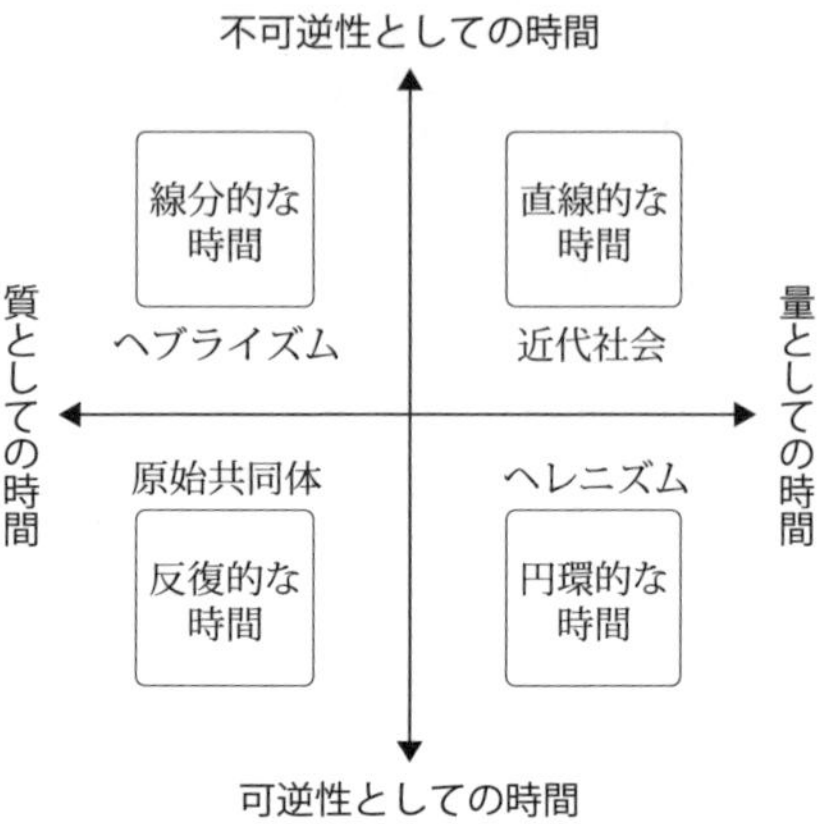

この図式をそれぞれの事例にそくして論証していくことが、第三章の議論の基調をなす。まず、ヘレニズムの時間意識でいかにして時間を抽象化する思考様式が生じたかをみていこう。紀元前九世紀ごろのホメロスの叙事詩には、いまだ時間を抽象化する考え方は存在しない。むしろそこには真木が『時間』第一章で析出した原始社会の時間意識と同様の様式が見て取られる。しかし、それより時代が下ったピュタゴラス学派の思考様式には、その「万有は数である」（ibid.:177）という基本テーゼに端的に表現されているように、時間を抽象的・数量的に捉える傾向が見られる。両者のあいだの転換の契機を解明することが、ここでの問題となる。

まず真木はその契機を、紀元前七世紀頃の「貨幣の発生」に見て取る。「この時代のイオニアの最も注目されるべきことは、それが人間の歴史における鋳貨の流通の発祥の地」（ibid.:171）であり、そしてそもそも「鋳貨とは……財貨や労働の質を捨象する数量化としての価値を、物的な実体性として対象化するもの」（ibid.:174）だからである。貨幣との類比関係で時間が捉えられるようになったことが、この抽象的時間の発生の一つの契機だと言われるのである。

だが言うまでもなく、抽象的な時間や貨幣は「旧来の共同態《ゲマインシャフト》の限界をこえる関係の集列性が基礎的な事実」(ibid.:171)となった社会ではじめて要請されるものである。そのため、貨幣や時間の根本的な発生原因は、真木によればさらに一段深くに存する。すでに第一章で示唆されていた「ゲゼルシャフト的社会関係の発生」がそれである。

共同態・間の集合態《ゲゼルシャフト》的な連関、あるいはすでに風化して集合態化した(元)共同態・内の個人や集団間の、多角的にくりひろげられる相互依存の関係は、それぞれに独自の生きられる世界を構成するさまざまな異質の活動を外的に調整する媒体として、一般化され抽象化された尺度としての「時間」を析出せずにはいない。(ibid.:38)

たとえば「牛時計」にしたがって編成されたゲマインシャフトと、「花時計」にしたがって編成されたゲマインシャフトとが相互に関係をもつとき、両者を媒介するもう一つの時間の尺度が必要になってくる。ここに真木は時間の抽象化の発生原因を求めている。そしてまさしくヘレニズム社会とは、「共同態《ゲマインシャフト》的な統合の限界をこえて普遍する市民社会《ゲゼルシャフト》的な秩序の原理」(ibid.:171)が、当時の改革者であったソロンによって求められた時代であった。したがって真木によれば、ヘレニズムの時間意識は、「ゲマインシャフトからゲゼルシャフトへ」という社会構造の転換、これにより「抽象性」という性格をもつに至ったことになるのである。

次にヘブライズム社会でいかにして時間を不可逆的なものと把握する思考様式が生じたかをみていこう。ここではR・K・ブルトマンによる研究をもとに、「バビロニアやアステカの終末論はくりかえされる世界の破滅というかたち」をとっていたということ、すなわち「ヘブライズム自体においてさえその初期のものは、このように回帰する時間の表象のうちにあったこと」(ibid.:181)、しかし、時代が下った後期ユダヤ教の時間意識には、明確に不可逆性という特性が見出しうること、このことが議論の前提として置かれる(ibid.:182)。そのうえで、「このような回帰としての終末論に代わって、不可逆性としての時間の観念にうらうちされた「真の終末論」(ブルトマン)が確立」(ibid.:182)されたのはいかにしてかということが、議論の主題となる。

真木はこの転換を捉えるにあたり、後期ユダヤ教の黙示文学が、「徹底した迫害とイェルサレム滅亡の時代」という「徹底的な受難と絶望の時期に書かれている」(ibid.:187)ことに着目する。真木によれば、このことから一方で後期ユダヤ教では、「現に存在するものの総体が否定性として」、つまり「けっして反復されてはならないものとして」(ibid.:191)捉えられる傾向が生じたという。すなわち、原始社会の時間意識がそれにもとづいていた「可逆性としての時間の観念の基礎にある体験としての自然の循環性」(ibid.:188)が、後期ユダヤ教にあっては否定されることになったのである。

この受難と絶望は他方で、「この絶望に拮抗しうるだけの希望の徹底性、より純化され絶対化されたユートピア」を要請していく(ibid.:188)。だが、「このように純化され絶対化されたユートピアは現実の歴史のうちにはありえないから、それは未だ存在しないものとして、回帰ではないかたちの未来としてしか示されえない」(ibid.:188)。真木によれば、このユートピア的な未来の要請に伴い、「どのような絶望の時をも耐えぬく信仰として、決して回帰することのない終末の結審に向かう時間の不可逆性という観念」(ibid.:190)が成立していったという。注目されるべきは、この不可逆性の観念が、「この世界が年をとって死ぬ」(ibid.:189)というふうに、生まれては死んでゆく「人間」の生をそのモデルとしていることである。すなわち、「不可逆性としての時間の観念の基礎にある体験としての人生の一回性」が強調されていくのである(ibid.:188)。

したがって真木によれば、ヘブライズムとりわけ後期ユダヤ教の時間意識は、「循環する自然の否定」および

「一回起的な人間性の強調」、これによって「不可逆性」をもつに至ったことになるのである。

〈あるがままに存在するもの〉のすべてとしての〈自然〉が、現時充足的なよろこびとして生きられうるような契機の一切をそぎ落とされた全き否定性としてあらわれたときにはじめて、……不可逆的な時間が、救済を可能なものとする唯一の時間形式としてたちあらわれる。（ibid.: 191）

図2　真木の四象限図式2（真木 [1981] 2012: 192）

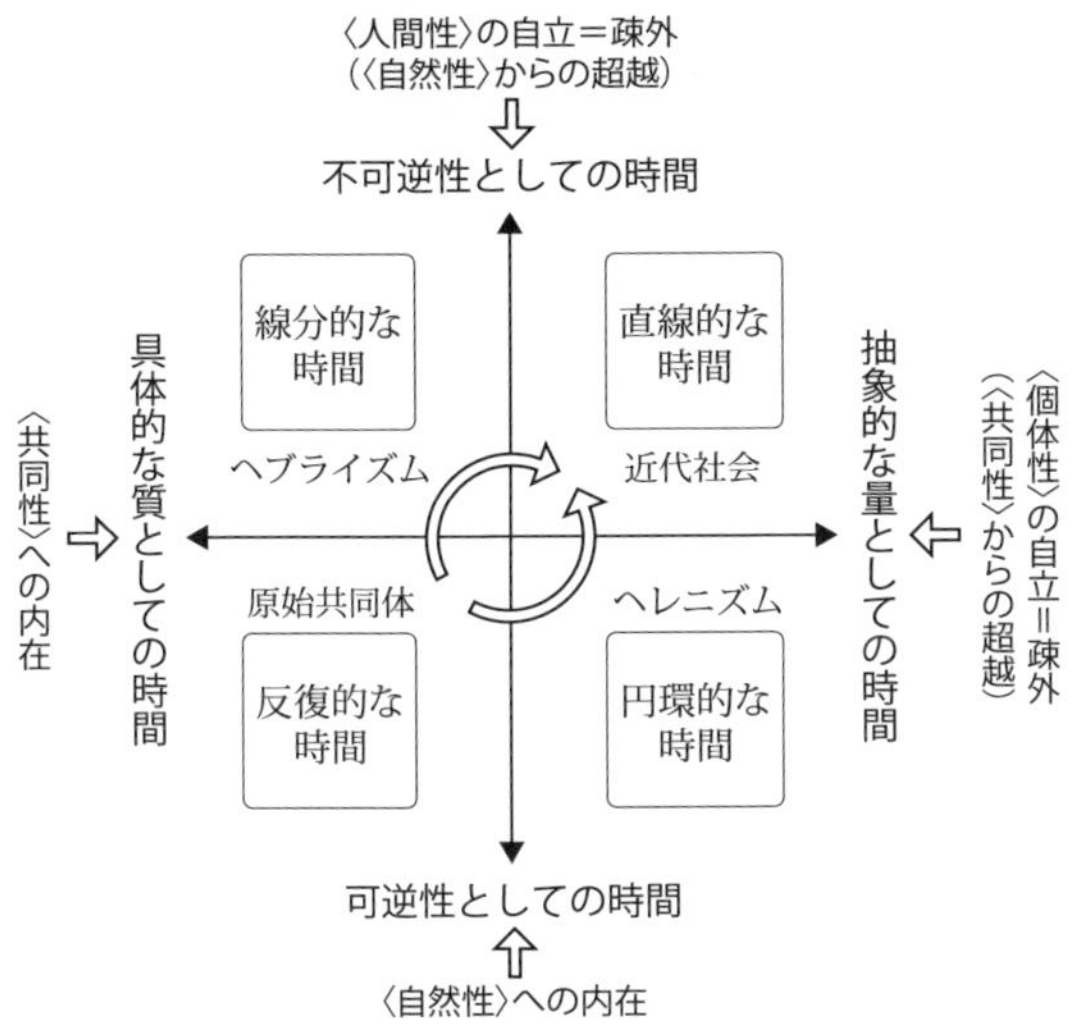

ヘブライズムとヘレニズムの時間意識についての以上の分析をふまえ、真木は前段で挙げた四象限図式を、最終的に次のような図式へと修正する。真木の枠組みからすれば、近代社会は、一方でヘレニズムに由来する「共同性からの超越」と、他方でヘブライズムに由来する「自然性からの超越」とをその構成的特徴としてもつ。そして近代社会の「抽象的」で「不可逆的」な時間意識もまた、この特徴に根づいていることが明らかにされているのである。言い換えれば、「社会」と「自然」に対するいわば「二重の疎外」(cf. ibid.: 262)、これによって近代社会と、その時間意識とが構築されてきたというわけである。（図2）

議論をまとめよう。真木のここまでの試みは、原始社会、ヘレニズム社会、ヘブライズム社会といった非近代社会の時間意識のあり方を解明し、それを「地」とすることで、近代社会の時間意識を「図」として浮かびあがらせるものとして定式化することができる。この「第一の比較社会学」によって、真木はわれわれの自明性の核をなす「時間」を、近代社会に特殊な時間意識として析出しているのである。

3 第二の比較社会学――時間のニヒリズム

真木によれば、このようにして成立した近代社会の時間意識は、近代社会の人びとに大きな恩恵をもたらした。第一に「集合態的な協働連関によってはじめて獲得されうるような物質的生活水準の高さと、精神的生活内容の多様性」（真木 [1981] 2012：282）の実現、第二にこの時間を通じてゲマインシャフトに内在的な時間から抜け出すことによる「自由な個体性と自律した創造力」（ibid.：282）の獲得がそれである。貨幣がもたらした帰結の一つを人格の自由の発展にみたジンメルのように（cf. Simmel [1900] 1922= 2004：93-4）、真木の関心はこの時間がもたらした解放の側面にも注がれている。

しかしながら、近代社会の時間意識は同時に大きな代償をも賦課することになった。『時間』第四章と第五章で主に扱われる「時間のニヒリズム」である。「第二の比較社会学」では、近代社会の時間意識が生み出す病理としての時間のニヒリズムの成立機序の解明と、この病理からの解放の契機の探求が目指される。

時間のニヒリズムとは、過去、現在、未来からなる「生存する時」のすべてが「それじたいとして充足しているという感覚が失われ」（真木 [1981] 2012：10）、その結果「人生の意味」（ibid.：308）がこれらのいずれにも求められえなくなる事態を指す。真木は「二重の疎外」により生じてくる「抽象性」と「不可逆性」という近代的時間意識の性格を基礎に、このニヒリズムの成立機序とその内実を説明している。具体的にみていこう。

原始社会において特徴的だったのは「現在する過去」、すなわち流れ消え去ることなくつねに現在に堆積し現在と緊密に結びついている、そうした過去であった（ibid.:50-1）。これに対して近代社会の時間意識とは、前述したように、自然の疎外をとおして生じた「不可逆的な」ものである。この不可逆性が強まるにつれて、過去は「たえずむなしく消え去ってゆく」（ibid.:7）ものとして把握されるようになる。さらに、このような過去の意識が現勢的になることは、現在についての意識にも大きな影響をおよぼす。「過去が存在したということは現在ではもはや虚無にすぎない。そうである以上、現在もまた、やがて虚無となるものとして意識される」（ibid.:7）ほかないからである。

過去と現在が次々と消え去っていくものとして捉えられるようになると、人は「人生の意味」を過去と現在に託すことはできなくなる。その結果、未来が要請される。[1]「生きることの意味を、現在のうちにも過去のうちにも見出すことのできない人びと。そのような人びとこそが、意味に飢えた眼を未来に向ける」（ibid.:88）。

この未来指向的な意識の発達は、ゲゼルシャフト的な社会関係の成立をとおして生じた「抽象的な」時間に基づいている。というのもこの抽象的な時間にもとづいて、原始社会にはなかった抽象的で計測可能な未来の観念（ibid.:8）、および「未来に向かって現在を手段化」（ibid.:315）しつつ「抽象化された無限に向かって上すべりしてゆく」（ibid.:317）未来指向的な意識が立ち上がってくるからである。しかしながら真木によればこの意識によって「われわれの未来が有限な具象性のうちに完結する構造」（ibid.:317）を失う。すなわち、未来もまたそれ自

1　近代社会の時間意識の特徴がその未来指向性にあること、そしてこれが時間を貨幣と同様に計算可能なものと捉える思考様式とともに展開したものだということは、すでに多くの論者によって指摘されている通りである（ex. Thrift [1981] 1990:128）。真木の枠組みからすれば、こうした展開は、過去と現在の虚無化に駆動されたものだということになる。

体の充足を喪失することになるのである。

しかしそれでもなお、人びとは未来を求めざるをえない。過去と現在とに「人生の意味」を託せない以上、未来だけが近代の人びとに残された最後の希望なのである。だがこの未来指向的な意識は、未来を計算しつつ進んでいくなかで、その先に待つ自らの死を不可避的に見出すことになる。真木によれば、このことにより未来が「人生の意味」を支える根拠となることはありえない。

> 未来の根拠のこのような優位の代償はただひとつである。それはどのような未来もそのかなたに死をもつということであり、したがってわれわれがつねに、生活の「意味」をその未来にえられる結果のうちに求めつづけるかぎりにおいて、このような生の総体は、とつぜん虚無の深淵に投げかえされる他はないということだ。(ibid.:249)

真木はこのように、近代社会の時間意識がもつ「不可逆性」と「抽象性」をもとに、時間のニヒリズムが生じてくる仕組みを描いている。

真木によれば、時間のニヒリズムが力を強めてくるにしたがって、人びとの時間経験はその統一性を剝奪されてしまう。そこで経験されるのは、過去や未来とは結びついていない点的な現在の連続にすぎない。この「時間の解体」(ibid.:213)は、真木によれば、統合失調症患者の時間感覚としてすでに指摘されている「てんでばらばらでつながりのない無数の今が、今、今、今、今、と無茶苦茶に出てくるだけで、何の規則もまとまりもない」(ibid.:210、木村 1978:18からの引用)という感覚と類比的なものであるという。

この病理からの解放の契機を探究することが、ここでの問題となる。真木は、様ざまな思想家たちの営みを、時間のニヒリズムに対する苦闘の歴史として再構成することによってこの病理からの解放の方途を摸索していく。まず真木は、G・プーレに依拠することで、一七世紀におけるデカルトの「われ思う、ゆえにわれ在り」の命題を、「たえずすばやく帰無してゆく時間のうちにみずからの連続性を解体」（真木［1981］2012：201）していく恐怖感によって突き動かされた「ひとつの生きられる問い」（ibid.：198）だったと位置づける。真木の観点からすれば、デカルトのコギトは、純粋に学問的な「方法的」懐疑などではない。それはむしろ、「たえずすばやく帰無していく時間」への恐怖を背景として、そのなかでコギトの属する現在を、その思惟作用の明証性によって充実させようと願う「生きられる条件法」（ibid.：208）だったことになる。

しかも、こうした恐怖に慄然としたのはひとりデカルトのみではない。真木は一六世紀におけるカルヴァンの努力を「われ信ず、ゆえにわれ在り」として、一八世紀におけるパスカルの努力を「われ感ず、ゆえにわれ在り」としてそれぞれ定式化し、次のように言う。

> 「われ信ず」「われ思う」「われ感ず」ということは近代社会の熟成してゆくそれぞれの世紀において、人間が自分自身の存在感、実存のリアリティをとりもどすために要請し、発見してきた条件法であった。それらはけっして観念のなかの小理屈ではなく、それぞれの時代の人びとにとって、なまなましく強迫的な条件法であったということが、まず理解されねばならない。（ibid.：208）

一六、一七、一八世紀の思想家がそれぞれの条件法で自己の存在を確証しようと努めたその背後にあったものこそ、時間のニヒリズムにほかならない。したがって真木の観点からすれば、このような「時間の解体」という病理の進行のさなかにあって、自らの生の意味を「信仰」や「思惟」や「感覚」といった作用をとおして「現在」のうちに確保しようとしたのが、デカルトたちの「生きられる条件法」だったことになる。

さらに一九世紀から二〇世紀におけるサルトルおよびプルーストの試みは、近代がより徹底化した時代における、時間のニヒリズムとの闘いとして位置づけられる。真木によれば、彼らはデカルトらのように何らかの作用によって現在に生の意味を取り戻そうとすることはない。むしろサルトルとプルーストは、未来や過去に、それ自体において充足した理想の時間を創造しようと試みるのである。

サルトルにおける〈未来（futur）〉の概念の、〈将来（avenir）〉からの峻別と、人間的自由の構造としての把握は、プルーストにおける〈見出された時〉の、年代記的な過去からの峻別としての確立と、逆の方向をとりながら呼応している。〈世界の時間〉とは異質の次元としての人間的時間の構築。それは近代的自我の、時間論的な自立の二つの様式である。（ibid.: 244–5）

しかしながら真木によれば、こうした仕方では時間のニヒリズムは根本的には解決しない。というのも一方でプルーストらの試みにあっては、「プルーストが過去にリアリティを求めるのは、なによりもまず、現在の生が形と固定感を失い、リアリティを解体しているから」（ibid.: 231）であり、その現在が充足を取り戻さなければ、問題は根本的に解決したことにはならないからである。だが他方で、デカルトたちのしたような、現在を充実させようとする試みもまた同様に、問題の解決には至らない。というのも、それは「はじめに時間が断片化されているゆえにその孤立した瞬間に生きようとする適応」（ibid.: 254）という消極的なものだからである。すなわち真木によれば、両者はともに、時間のニヒリズムの内部における、あるいはそれを所与とした、その消極的な解決の仕方にほかならないのである。

これに対して、真木がすでに自らの「比較社会学」によって明らかにしているとおり、時間のニヒリズムは、近代社会の時間意識がもつ「不可逆性」と「抽象性」から、そしてより根本的には、それらを生んだ「二重の疎外」から帰結している。そうであれば、この病理からの根本的な解放はこの「二重の疎外」の打破以外にはありえない。すなわち、近代社会にあっては失われてしまっている「自然」と「社会」との関係を回復することこそが、この病理からの解放の契機だということになる。

この観点から真木は、時間のニヒリズムからの解放の契機を探求していく。そこで彼が着目するのが、「一九七〇年代のはじめにメキシコでおきたある大規模な列車事故」(ibid.:284)である。この事故は、「近代化が未だ、精神の底辺にまでは浸透していない」(ibid.:285)メキシコで、「運転手が運転席で女ともだちとテキーラをのんでいるうちに、次第にどんちゃんさわぎとなって、さわぎながら運転していたため」(ibid.:284)に生じたとされる。真木はこの運転手を、現象学的精神病理学者E・ミンコフスキーの概念である「生きられる共時性」――「周囲の生成に浸透され、それと一体をなすと感じながら、それとともに調和をもって前進する能力」(ibid.:284、Minkowski [1933] 1968= 1972:84の引用)――によって理解し、「かの列車運転手はまさに、よきメキシコ人として、「周囲の生成に浸透され、それと一体をなすと感じながら」前進していたのである」(真木 [1981] 2012:285-6)として位置づける。すなわちこの事故の原因が「生きられる共時性」にあったとみなすのである。

その上で彼は次のように述べる。

> われわれが現時充足《コンサマトリー》的な時の充実を生きている時をふりかえってみると、それは必ず、具体的な他者や自然との交響のなかで、絶対化された「自我」の牢獄が溶解しているときだということがわかる。すなわちわれわれの現在の時が、未来に期待されている結果のうちにしかその意味を見出せないほどに貧しく空疎となる

のは、われわれが人間として自然を疎外し、孤我として他者を疎外し、いいかえれば現在の時にそれじたいとしての充足を与える一切の根拠を疎外し、ミンコフスキーが〈生きられる共時性〉と名付けた、存在のうちに交響する能力を疎外しているからだ。(ibid.:317-8)

真木によれば、たしかに「〈生きられる共時性〉というもの」は、この列車事故の例に端的に表現されているように、「近代的な社会のシステムにとっては、無条件に肯定されうるものではないばかりではなく、時には破滅的な攪乱要因にさえなる」(ibid.:285)。だが、たとえそうであったとしても、時間のニヒリズムからの解放のためには、近代にあっては失われた「生きられる共時性」が回復されねばならない。言い換えれば、時間のニヒリズムの元凶たる「自然からの人間の自立と疎外、それによる自然との〈生きられる共時性〉の解体」と、「共同態からの個の自立と疎外、それによる共同態の〈生きられる共時性〉の解体」(ibid.:42)こそが、克服されねばならないのである。「生きられる共時性」が、「具体的な他者や自然との交響」と規定されているもっとも深い根拠は、この概念が真木の枠組みのうちでは「二重の疎外」によって失われた他者や自然との関係を回復させる契機として位置づけられていることにある(ibid.:317-8)。

議論をまとめよう。「第二の比較社会学」における真木の企図は、近代的時間意識の構造から「時間のニヒリズム」の発生機序およびその内実を描き出したうえで、この病理からの解放の契機を非近代の時間意識のなかに探求していくことにある。その結果、「近代化が未だ、精神の底辺にまでは浸透していない」(ibid.:285)メキシコでの列車事故をモデルとした「生きられる共時性」が見出されることになる。この意味で、「第二の比較社会学」では、近代社会の時間意識が「地」、非近代社会の時間意識が「図」として位置づけられているのである。「図が存在しないかぎりは、地は永久にいちめんの地であるばかりだ。どんなに小さな図であっても図がいったん現われた以上、それは図の方を地として、地の方を図として視覚を反転する道をひらく」(真木［1977］2012:104)。このような反転にもとづいた批判的な探求が、「第二の比較社会学」である。

4 もう一つの比較社会学――積み重なる時間

だが、真木の枠組みからいえば、「二重の疎外」とは近代社会の構成的特徴をなすものであった。すなわち『時間』における真木の理論内在的にみれば、近代社会とは「われわれがその内にあるかぎり、自然や他者との溶融や交響はつねに、永続しえないエピソードに転化してしまうような文明」(真木［1981］2012:261)、つまり「具体的な自然や他者との交響」を疎外したうえにはじめて成立したものであった。そうであれば、この「二重の疎外」を克服し、「具体的な自然や他者との交響」を取り戻そうとする真木の試みは、まさしく近代の否定と非近代への回帰を目指す、いわば「近代のロマンティシズム」(ibid.:251)にほかならないのではないか。

しかしながら、見田／真木自身が述べているように、彼の近代批判の主眼は、近代の否定にではなく、あくまで近代のなかで「ぼくなりに良いと思うものを評価」(見田・橋爪 1997:131)することにある。要するに真木は、単純な「近代否定」を目指しているわけではないのである。だがそうであれば、この真木の基本的な態度と、上述した『時間』の議論とは、矛盾をきたしてしまう。

以下では、真木のこうした態度に重点を置き、非近代に回帰することなく「時間のニヒリズム」からの解放の契機を探求する方途を摸索してみたい。すなわち「もう一つの比較社会学」の途を、真木の立論にそくして素描する試みである。

そのためにわれわれが着目するのが、「積み重なる」時間性である。現象学者E・フッサールは、「内的時間意識」を分析するなかで、われわれの実際の経験には、流れ去る時間だけでなく、積み重なる時間もまた関与しているということを明らかにしている。たとえば「ドレミ」というメロディーを聞く時、われわれの耳に届く音は単独での「ド」と「レ」と「ミ」の三つの音にすぎない。だがわれわれは、それを「ドレミ」というメロディーとして聞き取っている。なぜこのような把握が可能かといえば、「レ」の経験にはそれに先立つ「ド」の音が、「ミ」の経験にはそれに先立つ「ド」と「レ」の音が、それぞれ積み重なった仕方で関与しているからである。フッサールは過去の経験をこのように現在に留める作用を「過去把持（Retention）」と呼ぶ。

音は鳴り始め、そして鳴り止む。そしてその音の持続統一の全体は、すなわち音が鳴り始め、鳴り終わる全過程の統一は、それが鳴り終わったあと、次第に遠い過去に「後退する」。そのような沈退の中で私はなおもその音を保持し、それを「過去把持」のうちに所持している。（Husserl [1928] 1966 : 19 = 1967 : 34）

過去把持によって現在のうちに留められた過去は、「今の生き生きとした地平」を構成する（ibid. : 36 = 59）。したがって現象学的にみれば、過去はつねに地平として現在する性質をもつのである。フッサールによるこの積み重なる時間の発見を、彼の高弟L・ラントグレーベの表現を借りて「フッサールの偉大な発見の一つ」（Landgrebe 1967 : 157）と呼ぶことができる。

ただしフッサールにおいては、この積み重なる時間は、現象学的還元における孤独な自我の領野に属するものであるし、また自我によって直接的になされた、しかもいまだ生き生きとしている近い過去の経験が基本的には含まれるのみである。だが彼の幾人かの後続研究者たちが明らかにしているように、積み重なる時間は、第一に孤独な自我の領野のみならず間主観的な世界にも見出されるものであるし（Schutz [1932] 2004 : 129－30＝2006 : 74-5）、また第二に遠い過去の経験や、さらには「歴史」とも呼びうる直接体験不可能な過去の領域へも伸び広がっている（野家 1995; 浜 2010; Rodemeyer 2010）。野家啓一はこのように自我の有限性を超えて広がる時間の積み重なりを、「水平に流れ去る時間」——本章の用語法で言えば近代的な時間意識——に対置しつつ、「垂直に積み重なる時間」と呼ぶ（野家 1995 : 161）。「垂直に積み重なる時間」とは、「流れの無限系列によって表象される直線的時間ではなく、沈澱し、層をなして堆積し、断層や鉱脈を通じて現在へと露頭を見せる地質学的時間」であり、それは「流れ去るのではなく、垂直に積み重なって現在へと接続し、沈澱する地層として現在を支え続けている」、そのような時間であるという（ibid. : 161）。いずれにせよ現象学的な議論によれば、われわれの経験にはつねにすでに積み重なる時間が関与していることが明らかになっている。

真木は『時間』のなかで、このような積み重なる性質をもった時間に繰り返し言及する。「物的に現在化された過去」（真木 [1981] 2012 : 50）としてのチューリンガについての議論や、「昨日あって今日ないことはＳＡＥ〔Standard Average European〕の文化では「ないこと」に入るが、ホピの文化では「あること」に入る……過去は帰無することなしに現在し続ける」（ibid. : 16-7、亀甲括弧は筆者）といった記述がそれである。しかも真木は、こうした「累積する時間」が、「時間のニヒリズムを未然に救済する装置」（ibid. : 85）であることを強調している。

> けれども時間の不可逆性を前提してみても、それがたとえば、つぎつぎと過去を帰無してゆくような不可逆性でなく、存在のうちに累積してゆくような不可逆性であるならば、とりかえしのつかない後悔というような別個の不幸があらわれるにせよ、虚無の感覚は帰結しないはずだ。（ibid. : 13）

ただし『時間』のなかでは、この「累積する時間」は、近代社会にあってはすでに失われたものとして位置づけられている。「人間と自然との連続性の感覚が、ホピの文化で、〈現在する過去〉の感覚とむすびついている」(ibid.:17)と言われるように、真木の枠組みからすれば、「累積する時間」とは「自然」と結びついた時間性だからである。したがって、自然を疎外することで成立した近代社会においては、「累積する時間」は消失してしまっている。二重の疎外の枠組みに依拠する以上、「〈現在する過去〉としての聖なる時間とそれを支える自然的＝共同態の解体は、個人の生を時間の容赦ない不可逆性の力にゆだねる」(ibid.:86)という事態が帰結するほかないのである。[2]

しかしながら真木は、『宮沢賢治』[3](見田[1984]2012、以下『賢治』)のなかでは、『時間』とは別の仕方で、積み重なる時間に目を向けているように思える。そこで、以下では、『賢治』を主として参照することをとおして、「生きられる共時性」ではなく、積み重なる時間に依拠した時間のニヒリズム批判としての「もう一つの比較社会学」の可能性について、考察していこう。

⑤「天空の地質学」への展開――『宮沢賢治』の時間論

真木は『賢治』のなかで、宮沢賢治が「アインシュタインの相対性理論の依拠する、四次元時空間論」(見田[1984]2012:281)に魅了されていた事実を指摘する。四次元空間とは、「ユークリッド空間(ふつうの常識的な空間)の三次元……に、第四番目の「方向」として〈時間〉を加えた形式であり、このとき第四次元とは、もちろん時間のことである」(ibid.:24)。この四次元空間論に依拠するのであれば、「ミンコフスキー空間(四次元空間)

では時間も空間のひとつの次元なのであるから、過去に存在したものも未来に存在するはずのものも、この四次元世界の内部に存在しているものである。たとえば「過去」というものは、上下、左右、前後とならぶもうひとつの〈第四の〉〈方角〉の名称であって、過去に存在したものが現在「ない」と感じられるのは、わたしたちの感じ方の習慣の問題にすぎない」(ibid.:25、亀甲括弧は筆者)ということになる。

真木によれば、宮沢賢治はこの四次元空間論に裏打ちされた想像力によって、「空間の中に時間を見る視力」(ibid.:272)をもつに至ったという。「賢治が風景の内にみるのは、重層する空間であるばかりでなく、重層する空間として現存する、巨大な時間の累積」(ibid.:272)、すなわち空間のうちに積み重なる時間であった。

このように存在しつづける過去を賢治は、わたしたちの世界の内部に、〈透明に集積してゆく時間〉として心に描いた。それはあのりんごの孔が銀河系宇宙の孔として外部に反転するときのような仕方で、気圏のかなたに一切の過去を保存しながら、明るい地層を累積してゆく地質学――遠心する地質学に他ならなかった。(ibid.:26)

2　もちろん見田/真木は、総体としてみれば「近代化=自然の消失」という素朴な図式をとっているわけではない。対談のなかで、彼は「資本主義は可能な限り自然に近づいていくんじゃないかという話は、じつは大賛成なんです。文化が発達すればするほど自然から遠ざかるというのはドグマだとぼくは思っているんですね」(見田・橋爪 1997:134; cf. 見田・小阪 [1986] 2011:106ff.)と述べているし、『自我の起源』(真木 [1993] 2012)はまさしく、近代社会においても内在する「自然」に注目した作品とも位置づけられる。だがここでの問題は、『時間』に限ってみれば、真木のこうした態度は、少なくとも明示的には彼の理論枠組みに反映されていないように見えるということである。

3　『賢治』は見田宗介名義の作品であるが、記述が煩雑になるのを避けるため、本章ではこれを真木の作品として取り扱っている。本章にとって「見田」と「真木」の区別はレリヴァントではないことがその主たる理由であるが、より積極的には、『賢治』はもともと真木名義で出版されるべき作品であったという二〇一五年九月の日本社会学会大会での見田宗介氏自身の発言から、こうした取り扱いを行なった。

すなわち、宮沢賢治が自身の詩的実践の果てに見出したのは、不可逆的に流れ去る抽象的な時間ではない。上の引用から分かるように、それはむしろ流れ去ることなく積み重なった「巨大な時間の累積」であり、「地層に向かってばかりではなく、天空に向かってもまた具体的に積層して」いく「地質学」的な時間であった（ibid.: 274)。野家と真木がともに、「積み重なる時間」を垂直次元にあるものとして把握し、しかも同じく「地質学的」と形容していることは非常に興味深いことだが、いずれにせよ、『賢治』において真木は、積み重なる時間を、宮沢賢治の詩にそくして発見しているのである。[4]

このようにして宮沢賢治が見出した時間の堆積を、真木は「天空の地質学」と名づける。「このいわば天空の地質学では、わたしたちには風も水もないがらんとした空にしか思われないような〈気圏のいちばんの上層〉に、過去が発掘されるのである」（ibid.: 19)。真木が強調しているのは、この「天空の地質学」が、「わたしたちの世界の内部に」（ibid.: 26）あるものだということである。宮沢賢治の世界像が近代科学たる「現代物理学の世界像に立脚している」（ibid.: 280）という事情を鑑みても、『賢治』で描かれている積み重なる時間は、『時間』におけるそれとは異なって、近代化によって消え去ってしまった類いのものではないことが示唆される。それでは真木の「わたしたちの世界の内部に」という表現は、いったいどういった事態を指示しているのだろうか。

先の引用にあるように、真木によれば、宮沢賢治は「天空の地質学」を「第四次元」に見出したという（ibid.: 24)。真木はこの「第四次元」を、別の箇所では「うらの世界」と言い換えている。「空間幾何学的な議論を一切とばしてかんたんにいうと、第四次元とは要するに、ぼくたちのふだんみている世界の「うらの世界」のことである」（ibid.: 282)。そのうえで次のように述べている。

たとえば二次元の紙の表面に生きている虫は、紙の「裏側」があることをしらない。油滴の落ちることなどによって紙が透明になるときに、はじめて裏に描かれたものが、同じこの場所にあるものとして立ち現われる。虫の視覚は、この時〈二重の風景〉をもつことになる。同様に、三次元空間を知覚しているふつうのときのぼくたちは、第四の次元、〈風景のうらの風景〉を視ることができない。異次元の世界が立ち現われるのは、『小岩井農場』やそのほかの詩篇の中で賢治が記録しているように、風景がすきとおる時、世界が透明になる時である。(ibid.:282)

「うらの世界」は、この引用文中での「紙の「裏側」」や、〈風景のうらの風景〉にあたるものと考えられる。するとこの引用文から読み取ることができるのは、「天空の地質学」がそこに属する「うらの世界」とは、「油滴の落ちることなどによって紙が透明になるとき」や「風景がすきとおる時、世界が透明になる時」に立ち現れてくる潜在的な次元を指すものだということである。したがって、この点から「うらの世界」は、すでに失われてしまった何ものかではない。それはむしろ、「三次元空間を知覚しているふつうのときのぼくたち」につねにすでに潜在しているものだということが分かる。

ここで真木は、潜在的な「うらの世界」と、顕在的ないわばおもての世界とを対比している。この潜在性と顕在性との対比は、真木が『賢治』のなかで使い分ける二つの世界概念と対応させて捉えることができる。「〈世界〉とは、わたしたちが現実の「世界」とかんがえているものを数かぎりなくその内に含む、存在の地の部分のごときものである」(ibid.:56) と言われる場合の、〈世界〉と「世界」とがそれである。〈世界〉は顕在的で現実的な諸々の「世界」をそのうちに含みつつ、それらの基底につねに潜在的に在るものだというふうに、両者は位

4　さらにこの「天空の地質学」のうちには、後の『自我の起原』で論究される「生成子」が位置づけられることになる(真木 2012b:213-4)。したがって『賢治』で精緻化された積み重なる時間は、『自我の起原』においてさらなる(とりわけ身体論的な)展開をみることになる。

置づけられている。

さらに真木は、「世界」と〈世界〉とが『気流の鳴る音』の用語法における〈トナール〉と〈ナワール〉にそれぞれ対応するものであるとしつつ（ibid.：195–6）、次のようにも述べる。

にんげんの身をつつんでいることばのカプセルは、このように自我のとりでであると同時に、またわたしたちの牢獄でもある。人間は体験することのすべてを、その育てられた社会の説明様式で概念化してしまうことで、じぶんたちの生きる「世界」をつくりあげている。ほんとうの〈世界〉はこの「世界」の外に、真に未知なるものとして無限にひろがっているのに、「世界」に少しでも風穴があくと、わたしたちはそれを必死に〈がいねん化する〉ことによって、今ある「わたし」を自衛するのだ。（ibid.：195）

すなわち、一方で「世界」とは、「育てられた社会の説明様式で概念化」された世界、いわば人びとがそのなかに生きている自明性の世界であり、他方で〈世界〉とは、そうした「世界」の外に広がる「真に未知なるもの」としての領野、このようにも説明されている。

以上から分かるとおり、〈世界〉と「世界」との区別は、「非近代」と「近代」との区別とは重ならない。というのも、非近代社会も近代社会もともに、「育てられた社会の説明図式で概念化」された「世界」であることには変わりがないからである。したがって〈世界〉と「世界」とのあいだには、近代社会や非近代社会などを含む現実的な諸々の「世界」と、それらの基底に存する〈世界〉、このような関係があることが分かる。

この〈世界〉の次元こそが、真木が『賢治』のなかで探し求めた次元にほかならない。このことは第一に、この〈世界〉という次元が「存在の地の部分」と言われていること――「〈世界〉とは、わたしたちが現実の「世界」とかんがえているものを数かぎりなくその内に含む、存在の地の部分のごときものである」(ibid.:56) ――、また第二に、『賢治』における真木の主たる企図は、そもそも「存在の地の部分への感度を獲得することという、この仕事の固有の主題」(ibid.:304) にあったこと、これら二つの事実をとりあげることによって示すことができる。真木が宮沢賢治に言及することの主たる理由は、宮沢賢治が「存在の地の部分にこそみちあふれているいちめんのかがやきと光に向けられた感度」(ibid.:170) をもっていることにあったというわけである。

そうであれば、『賢治』において真木が目指したのは、宮沢賢治の詩的な感度に示唆をえつつ、顕在的な諸「世界」の基底にある潜在的な〈世界〉について探求していくことであり、その結果真木は、〈世界〉のなかに、「天空の地質学」を発見したのだと言うことができる。「〈透明なもの〉」、すなわち世界が透明になるときに顕在化してくるものとは、「このようにして、過去というものの存在する仕方、過去の現在する様式に他ならなかった」(ibid.:27)。

6 横の比較社会学と縦の比較社会学

ここまでのところで明らかになったのは、「天空の地質学」は「存在の地の部分」として特徴づけられる〈世界〉という次元に属する時間性だということ、そしてこの〈世界〉の次元はといえば、非近代社会や近代社会などの顕在的な諸「世界」につねに潜在し、その基層をなすものだということ、これであった。最後に、本章第四、五節で議論した内容をふまえて『時間』に再び立ち戻って考察を行なってみよう。

真木が『時間』における「二つの比較社会学」で比較したのは、非近代社会と、近代社会であった。これを前節で示した〈世界〉「世界」図式で言い換えれば、次のようになる。すなわち、非近代社会も近代社会もともに、「社会の説明様式で概念化」された世界であり、したがってどちらも〈世界〉ではなく「世界」という次元に属するものだということである（見田［1984］2012:56）。そうであれば、『時間』で展開された「二つの比較社会学」――非近代と近代とのあいだの比較――はともに、「世界」と「世界」とに関する比較社会学、いわば「横の比較社会学」であった。そして、この「横の比較社会学」の図式に依拠するかぎり、真木の「時間のニヒリズム」への批判は、真木の基本的な方法的態度に矛盾する非近代への遡及という帰結を導く他ないということを、われわれはすでにみてきた。

これに対してすでにみたように、真木は「非近代－近代」という図式には必ずしも対応しない、〈世界〉と「世界」の二世界論を保持している。そうであれば、この二世界論に依拠することでなされる比較社会学は、「世界」と、その基底をなす〈世界〉とを比較する「もう一つの比較社会学」、すなわち『時間』における「横の比較社会学」とは区別されるいわば「縦の比較社会学」ではないだろうか。そしてこの「縦の比較社会学」が真木の時間論において可能であるとすれば、その時彼の時間のニヒリズム批判は、『時間』におけるそれとは別様の軌跡を描きうるのではないか。本稿で示唆してきたのは、まさしくその可能性であった。『時間』と『賢治』とをつき合わせてみるかぎり、真木はこの「縦の比較社会学」の枠組みのなかに、時間のニヒリズムからの解放の契機としての「天空の地質学」を位置づけている。すなわち、〈世界〉に属する「天空の地質学」によって、近代という「世界」に属する時間のニヒリズムを批判するための道具立てが、すでに揃ってはいるのである。

しかしながら、『時間』単独では、「世界」と〈世界〉とを区別するかまえは明示的には見られない。たしかに、『時間』でも部分的には、先に見た二世界論と同様の用語が用いられてはいる。たとえば「存在の地の部分」という語がそれである。だがこの語はつねに「自然」という語とセットで用いられており（真木［1981］2012:189,

255, 262, 266)、したがって『時間』が「二重の疎外」の枠組みに依拠するかぎり、非近代社会という「世界」には属するが近代という「世界」においては失われてしまったものとして、すぐさま位置づけられてしまうことになる。

ただし、必ずしも顕在的にではないが、〈世界〉と「世界」との区別をふまえたであろう記述は、『時間』のなかにも見られる。たとえば次の引用を見てみよう。

> 原始人も近代人も、ともにこの現実の世界が、くりかえすものと一回的なもの、可逆的なものと不可逆的なもの、恒常的なものとうつりゆくものとの両方から成ることを知っている。つまり当然、両者はおなじ外界の世界をみている。けれどもそこから、両者はまったく異なった「世界」の像をつくる。原始人にとって意味があるのは、くりかえすもの、可逆的なもの、恒常的なものであり、一回的なもの、不可逆的なもの、うつりゆくものはその素材にすぎない。近代人にとっては逆に、くりかえすもの、可逆的なものの方が背景となる枠組みをなして、この地の上に、一回的なもの、不可逆的なものとしての人生と歴史が展開する。……赤色フィルターと緑色フィルターをとおしてみられた世界のように、おなじ対象世界から、異なった様相が意識にとらえられ、全く異なった「世界」が描かれる。(ibid.:61)

ここでは、「おなじ世界」から、原始社会の人びとと近代社会の人びとが「まったく異なった「世界」の像をつくる」ことが指摘されている。したがってこの引用のなかには、「〈世界〉とは、わたしたちが現実の「世界」とかんがえているものを数かぎりなくその内に含む」(見田 [1984] 2012:56) という上で見た図式を読み取ることができる。このように考えると、『時間』のなかにも、「縦の比較社会学」を見出すことは可能であるだろう。

時間という難問に対して、真木は比較社会学という独特の方法で切り込んでいる。本章では真木の比較社会学が「横の比較社会学」と「縦の比較社会学」とに区別されうることを示し、彼の方法的態度に矛盾することなく彼の時間のニヒリズム批判が遂行されるためには、後者の比較社会学に依拠する必要があることを示してきた。とはいえ本章は前者の比較社会学が無用だということを主張したいわけではない。本章第二節で見たとおり、われわれの生活に切り離し難く結びついている近代的時間意識を対象化するにあたって、横の比較社会学はきわめて有効な方法であった。最後に、これと同じ方向性のもとに議論を蓄積してきたと言ってよい「時間の社会学（Zeitsoziologie）」（Bergmann 1983:470）と『時間』との異同について、簡単にふれておきたい。時間の社会学とは、E・デュルケームの『宗教生活の基本形態』（Durkheim 1912 = 2014）をもってその嚆矢となし（Hassard 1990）、近年ではとりわけ欧米圏で積極的に展開されている分野である。

『時間』ではほとんど「時間の社会学」と呼びうる先行研究は参照されていない。だが、社会構造と時間意識との関係を軸に展開される真木の「横の比較社会学」は、「すべての時間は社会的時間である」（Adam 1990 = 1997:71）というテーゼを時間の社会学と共有しており、したがって立脚する文脈は違えど、まぎれもなく「時間の社会学」として位置づけられる。

真木が近代的時間意識の成立過程を説明するその仕方は、大枠でみるとA・ギデンズによる周知の「時間と空間の分離」の議論と似ている（Giddens 1990:16 = 1993:32）。ギデンズによれば、前近代の社会では、限定された空間内でのみその効果を発揮する装置（ex. 教会の鐘）によって時間が告げられていた。そのためそれぞれの社会集団ごとに時間はまちまちであったし、またそれぞれの社会集団の生活に根ざした具体的なものであった。「「いつ」は、ほとんどつねに「どこ」と結びつけて考えられていた」のである（ibid.:17 = :31）。これに対して近代社会においては、時間は「機械時計」の発明および「暦の標準化」「時刻の標準化」を契機として、空間的な拘束を解き放たれ普遍的なものとして成立していく（ibid.:18＝:32）。「いつ」が「どこ」から切り離され抽象化される、というわけである。こうした仕方で、ギデンズはわれわれが通常観念する「時間」が、近代的な構築物であることを看破している。

ただし真木の「横の比較社会学」と時間の社会学の所説とでは違いもある。上の議論から明らかなように、ギデンズは前近代の時間と近代の時間とを、「具体－抽象」という真木の図式における横軸のみで説明している。ギデンズばかりでなく、ギデンズがその発想の源泉としているゼルバベルの「抽象的時間」についての立論や、P・ソローキン＆R・K・マートンによる「諸活動の同期化および調整の手段としての時間」についての議論もそうであるが、時間の社会学は通例「具体的時間から抽象的時間へ」という仕方で、つまり時間の性質から近代的時間を説明することが多かった（Sorokin and Merton 1937:627; Zerubavel 1981＝1984:107ff.）。もちろん時間の社会学のなかには、「円環か直線か」という時間の形状を主題化する議論もある（De Grazia 1974:466; Adam 1990＝1997:134）。だがその場合には、基本的には「円環的時間から直線的時間へ」という仕方で、主として時間の形状のみが問題にされる傾向にあった。

これに対して真木は、「具体－抽象」「可逆－不可逆」という二つの軸からなる四象限図式によって、近代社会の時間意識を説明している。[5] この四象限図式自体のいわば図式主義的な問題はここでは措くとして（佐藤1998:71; cf. Adam 1990＝1997:218）、少なくとも真木はこの四象限図式を採用することで、時間の「不可逆性」と「抽象性」の両者から近代社会の時間意識を対象化することのできる視点を築いていると言える。H・ローザの

5　この図式に関しては、O. ラムシュテットがこれと類似した図式を提示している。彼によれば、時間理解の仕方には歴史的にみて次の四つの類型がある。第一に「今」と「非今」のみをもつ時間理解、第二に循環的な時間理解、第三に「閉じられた未来」を伴う直線的時間理解（目的論的な時間観）、第四に「開かれた未来」を伴う直線的時間理解（非目的論的な時間観）である（Rammstedt 1975:50）。ただし、ラムシュテットはこの四つの類型を、真木のように四象限図式において把握しているわけではない。

言うように、近年の時間の社会学の問題が、「時間の社会学が、相互に関連をもたず、累積的でもなく、また社会理論による諸々の試みとの接続を欠いていることによって完全に「独我論的な（solipsistische）」諸研究から成っている」（Rosa 2005:20）ことにあるのであれば、真木の四象限図式はこの問題の解決に資する有効な枠組みとなりうるかもしれない。さしあたり本章では、『時間』の「時間の社会学」的な特徴を、この点に求めてみたい。

参考文献

Adam, B. 1990, *Time and Social Theory*, polity. ＝1997, 伊藤誓・磯山甚一訳『時間と社会理論』法政大学出版局

Bergmann, W. 1983, "Das Problem der Zeit in der Soziologie: Ein Literaturüberblick zum Stand der 'zeitsoziologischen' Theorie und Forschung" *Versuch Einer Ontologie Der Persönlichkeit*. 35 (3): 462-504.

De Grazia, S. 1974, "Time and Work", Yaker, H. ed., *The Future of Time*, The Hogarth Press: 439-478.

Durkheim,E. 1912, *Les formes élémentaires de la vie religieuse : le système totémique en Australie*, PUF. ＝2014, 山崎亮訳『宗教生活の基本形態（上）』筑摩書房

Giddens, A. 1990, *The Consequences of Modernity*, Stanford University Press. ＝1993, 松尾精文・小幡正敏訳『近代とはいかなる時代か？——モダニティの帰結』而立書房

Hassard, J. 1990, "Introduction: The Sociological Study of Time", Hassard, J. ed., 1990, *The Sociology of Time*, The Macmillan Press: 1-20.

浜日出夫　二〇一〇「記憶と場所——近代的時間・空間の変容」『社会学評論』六〇（四）：四六五‐四七九

Husserl, E. [1928] 1966, *Vorlesungen zur Phänomenologie des inneren Zeitbewußtseins, aus Jahrbuch für Philosophie und phänomenologische Forshung*, Heidegger, M. Hrsg., Niemeyer, Halle. ＝1967, 立松弘孝訳『内的時間意識の現象学』みすず書房

池田善昭　二〇〇三『自然概念の哲学的変遷』世界思想社

Kant, I. [1781, 1787] 1926, *Kritik der reinen Vernunft*, Meiner. ＝2012, 熊野純彦訳『純粋理性批判』作品社

木村　敏　一九七八『自覚の精神病理』紀伊國屋書店

Landgrebe, L. 1967, *Phänomenologie und Geschichte*, Gütersloher Verlagshaus G. Mohn.

Lynch, K. 1972, *What Time Is This Place?* MIT Press. ＝1974, 東大大谷研究室訳『時間の中の都市——内部の時間と外部の時間』鹿島出版会

真木悠介　一九七一『人間解放の理論のために』筑摩書房

———　一九七七『現代社会の存立構造』筑摩書房

——— 一九七七『気流の鳴る音——交響するコミューン』、二〇一二『真木悠介著作集Ⅰ』岩波書店
——— 一九八一『時間の比較社会学』、二〇一二『真木悠介著作集Ⅱ』岩波書店
——— 一九九三『自我の起源』、二〇一二『真木悠介著作集Ⅲ』岩波書店
——— 二〇一二a「定本解題」『真木悠介著作集Ⅰ』岩波書店
——— 二〇一二b「定本解題」『真木悠介著作集Ⅲ』岩波書店
Minkowski, E. [1933] 1968, *Le temps vécu, etudes phénoménologiques et psychopathologiques*, Delachaux et Niestlé. = 1972, 中江育生・清水誠訳『生きられる時間——現象学的・精神病理学的研究Ⅰ』みすず書房
見田宗介 一九八四『宮沢賢治——存在の祭りの中へ』、二〇一二『見田宗介著作集Ⅸ』岩波書店
——— 二〇〇六「鏡の中の現代社会」『社会学入門——人間と社会の未来』、二〇一一『見田宗介著作集Ⅱ』岩波書店
見田宗介・橋爪大三郎 一九九七「情報化・消費化社会に未来はあるか」『インターコミュニケーション』、二二：一三〇－一四〇
見田宗介・小阪修平 〔一九八六〕二〇一一、「現代社会批判」『見田宗介著作集Ⅱ』岩波書店
Rammstedt, O. 1975, "Alltagsbewußtsein von Zeit" *Kölner Zeitschrift für Soziologie und Sozialpsychologie*, 27:47-63.
Rodemeyer, L. M. 2010, "A Return to Retention and Recollection: An Analysis of the Possible Mutual Influence of Consciousness and its Content" ed. by Lohmar, D. and Yamaguchi, I. *On Time: New Contributions to the Husserlian Phenomenology of Time*, Springer: 231-249.
Rosa, H. 2005, *Beschleunigung: Die Veränderung der Zeitstrukturen in der Moderne*, Suhrkamp.
佐藤俊樹 一九九八「近代を語る視線と文体——比較のなかの日本の近代化」高坂健次・厚東洋輔編『講座社会学1——理論と方法』東京大学出版会、六五－九八
Schutz, A. [1932] 2004, *Der sinnhafte Aufbau der sozialen Welt, Alfred Schütz Werkausgabe II*. UVK. = 2006, 佐藤嘉一訳『社会的世界の意味構成』木鐸社
Simmel, G. [1900] 1922, *Philosophie des Geldes*, 4 Aufl. Duncker & Humblot. = 2004, 居安正訳『ジンメル著作集3——貨幣の哲学（下）綜合篇』白水社
——— [1903] 1957, "Die Großstädte und das Geistesleben" in *Brücke und Tür: Essays des Philosophen zur Geschichte, Religion, Kunst und Gesellschaft*, Susmann, M. und Landmann, M. Hrsg., K. F. Koehler. = 2004, 酒田健一・熊沢義宣・杉野正・居安正訳「大都市と精神生活」『ジンメル著作集12——橋と扉』白水社
Sorokin, P. and Merton, R. K. 1937, "Social Time: A Methodological and Functional Analysis" *American Journal of Sociology*, 42 (5): 615-629.
Thrift, N. 1981, "The Making of a Capitalist Time Consciousness", Hassard, J. ed., 1990, *The Sociology of Time*, The Macmillan Press: 105-129.
若林幹夫 二〇一五「翼と足——重層する時間と空間」『現代思想』四三（一九）、青土社、一四八－一六一
Zerubavel, E. 1981, *Hidden Rhythms*, The Univ. of Chicago. = 1984, 木田橋美和子訳『隠れたリズム——時間の社会学』サイマル出版

III

小形道正

第5章▶　事件を描くとき

〈外〉からの疎外と内なる〈外〉

VS.

鈴木洋仁

第6章▶　作田啓一／見田宗介の初期著作における「価値」

「一九六〇年代の理論社会学」をめぐる知識社会学

第5章

事件を描くとき

——〈外〉からの疎外と内なる〈外〉

小形道正

① はじめに——殺人事件と日本の社会学

われわれは、それを犯罪だから非難するのではなくて、われわれがそれを非難するから犯罪なのである。

（Durkheim 1893＝1971：82）

犯罪とはいったい何だろうか。社会学にとって犯罪とは、古典的であり、また現在的な研究対象のひとつとされる。なかでも、犯罪社会学と連字符社会学の名を冠する科目では、さきのデュルケームの言葉は必ず参照される命題のひとつであるように思う。すなわち、犯罪とはある行為に宿る本質などではなく、ある時代に生きる人びとの、反応の結果の産物にすぎないのであると。

このとき、「犯罪は正常なもの」として理解される（Durkheim 1895＝1978：153）。それは決して、犯罪が正しい行為だということではない。それは「犯罪が公共的な健康の一要因であり、およそ健康的な社会にとって不可欠な一部分をなしている」からである（Durkheim 1895＝1978：152）。つまり犯罪が犯罪として、法規範に沿って非難され裁かれることは、社会が正常に機能していることの証なのである。したがってそこでは、犯罪者は「根本的に非社会的な存在、社会のなかによび入れられた一種の寄生的な要素、すなわち同化しえない異物などではなく、まさしく社会生活の正常な主体」としてあらわれることとなる（Durkheim 1895＝1978：160）。

犯罪は人びとの反応の結果であり、それは社会秩序を維持する機能をもつ。では、さらに、人びとはいかなる行為を犯罪として認識し、またいかにして、ある行為を犯罪として問題視するようになるのだろうか。こうした問いの先にあらわれるのは、犯罪化（criminalization）の過程をめぐる分析である。このような思考の転回は、機能主義からラベリング論へ、あるいは構築主義へという、犯罪社会学のひとつの系譜として捉えることができるだろう。

けれども、戦後日本の社会学に目を転じてみると、そこではこのような典型的な犯罪社会学とは、全く異なる議論が展開されてきたといえる。とくに殺人という、犯罪のなかでももっとも衝撃的な事件を対象とする論文では、明らかに先述の議論とは異なる内容が記されていた。現在では、これらは社会批評のひとつのように思われるかもしれないが、たしかにそれは言説空間の一部を成し、むしろ社会学や論壇誌上において、より中心的な位置を占めてきたといえる。

このような殺人事件を語る、特異的かつ中心的な日本の社会学者とは、多くは「ポスト・モダンの社会学」、あるいは「教養学部的社会学」と呼ばれる社会学者たちであった（厚東 1997、厚東・高坂 1998、小形 2015）。彼らは従来の社会学理論に留まらず、記号論や身体論、精神分析などさまざまな現代思想を援用しながら、資本や都市、文化やメディア、性や家族などあらゆる社会現象を対象とした。なかでも東京・埼玉連続幼女誘拐殺人事件（宮崎勤事件）、オウム真理教事件、神戸連続児童殺傷事件（酒鬼薔薇聖斗事件）、東電ＯＬ殺人事件、秋葉原通り魔事件をはじめとする、凄惨な出来事が続いた八〇年代後半から〇〇年代にかけて、彼らはこれらの事件からわれわれが生きる、現在の時代情況を鮮やかに描いてみせた。そこには殺人事件こそが社会を、そして時代を映し出す鏡だとする感覚があった。そして多くの読者たちもまた、彼らによる分析を通じて、殺人事件という不可解な出来事を理解し、さらに不透明な時代という歴史の現在を認識した。

けれども、この新たな社会学と殺人事件に関する特異な議論の、双方の先達を務めたのは、作田啓一（1922-2016）と見田宗介（1937-）という二人の社会学者であったといえる。[1]見田は一九六八年に生じた永山則夫連続射殺事件を題材とした、論文「まなざしの地獄」を七三年に発表している。この論文はまた、二〇〇八年に生じた秋葉原通り魔事件との対照性を通じて、近年再び注目されることとなった。一方、作田は九八年の神戸連続児童殺傷事件を扱った、「酒鬼薔薇少年の欲動」をはじめとして、殺人事件を対象とする数多くの論文を残している。現在、それらは主に『生の欲動』ならびに『現実界の探偵』の、二冊の著書のなかに収められている。このように、彼らは新たな社会学を切り拓くとともに、ある種の社会批評にも似た殺人事件について語る、後続する社会学者たちの言説に大きな影響を与えたといえる。

殺人事件は戦後日本の社会学の歴史に照らした際、一般的な犯罪社会学とは異なる、特異な分析対象であった。それは後述するように、ひとつの殺人事件から、ある社会や時代を捉えようとする試みである。見田宗介と作田啓一はまさに、こうした殺人事件について語る社会学者たちの魁であった。だが、彼らの論文に目を通すとき、そこには幾重もの意味において、双方の議論をめぐる差異と同一を覚えることとなる。たとえば、彼らはともに殺人事件を分析し、時代情況を描こうとする。しかし、このとき彼らの析出した論点は、当然のことながら決して同じではない。ただしこの議論には、時代を描くことに伴う、ある共通する問題点が潜んでいる。また、彼らは彼らの主張以上に、より根源的な位相、すなわち個々の分析枠組みを形成する彼らの思想において、異なる志向を有している。しかしながら同時に、この相違はある同一の台座に準拠することではじめて可能となる議論だといえる。このことはとくに先述した、後続する「ポスト・モダンの社会学」者との殺人事件を論じることの距離において、より判然となる。すなわち、彼らは事件を論じる内容と構造の、双方においてその差異と同一を抱えているのだ。

見田宗介と作田啓一の距離は近くて遠い。また遠くて近い。本稿では彼らの事件を論じる際の、こうした差異と同一について明らかにする。彼らは事件をどのように語ったのか。彼らの語りにはいかなる共通の問題がみられるのか。これは内容の位相の問題である（第4節）。また、彼らはどのような分析を試みているのか。彼らの分析はいかなる共通の視座に準拠しているのか。それは構造の位相の問題である（第5節）。そして、事件を論じる内容が変貌を遂げるとき、この構造はどのような転回を迎えるのか（第6節）。これらの問いはおそらく、われわれが事件を語ることの、その理由の幾分と現在の（不）可能性について教えてくれるはずである。だが、ここではまず見田と作田のそれぞれが、殺人事件という対象をいかように描いているのか、そのことを確認することからはじめたい（第2節、第3節）。

1　厚東（1997）や厚東・髙坂（1998）の議論では、「ポスト・モダンの社会学」を先導したのは、見田宗介と井上俊の二名とされる。だが六〇年代頃のパーソンズをはじめとする構造－機能主義に準拠した価値に関する議論、またその後の、従来の社会学の枠組みから越境していく試みにおいて、見田と同様の軌跡を歩んだのは作田啓一だといえる。したがって見田宗介、作田啓一、井上俊の三者こそが、「ポスト・モダンの社会学」や「教養学部的社会学」と呼びうる新たな社会学を、切り拓いたといえるのではないだろうか。また、この「ポスト・モダンの社会学」以降の、（文化の）社会学をめぐる展開については、長谷正人（2002、2005、2006）の諸論文を参照されたい。

② 社会構造に疎外された殺人——「まなざしの地獄」より

見田宗介が殺人事件を対象とした論文は、一九七三年五月号の雑誌『展望』に発表された、「まなざしの地獄」だけである。[2] これは一九六八年秋に当時一九歳の永山則夫が、東京・京都・函館・名古屋の四か所で犯した連続殺人事件を手掛かりとして、高度経済成長期の日本社会に生きる人びとの現状を分析した論文であった。ここでは見田が殺人事件という対象から、どのような主張を展開し、またいかなる分析視座に立脚したのかという、内容と構造の双方について追尾してゆく。

まずこの論文では、たしかに永山則夫というひとりの人間の、人生の軌跡に沿って論旨が展開されている。だが、そこには永山則夫という文字はない。そこにはN・Nという固有名を排した表記が登場するだけである。それはこの事件が、たんに永山則夫個人の問題ではなく、高度経済成長期における多くの人びとの生を、極限的なかたちであらわしているからである。すなわち、N・Nはこの時代を生きる「社会構造の実存的な意味を」、「その平均値においてではなく、一つの極限値において代表し体現している」のだと（見田 2011:10）。見田は論文のはじめに、つぎのように記している。

> 本稿はこのN・Nの生活史記録を軸にして展開する。しかし本稿はN・N論ではない。ひとりの少年が「尽きなく存在し」ようとしたゆえに、その生の投企において必然に彼の情況を照らし出してしまった、現代日本の都市というもの、その人間にとっての意味の一つの断片を、ここでは追求してみたいと思う。（見田 2011:1）

高度経済成長期の人びとの生を、尽きなく存在しようとした、ひとりの少年の情況より描出すること。では、この事件が彼個人の問題ではなく、われわれの問題として感受されることはいかにして可能なのか。それはいかなる厚みのある記述によって裏打ちされているのか。ここで見田はN・Nのライフヒストリーとともに、つぎのような記述を行う。

N・Nの上京した一九六五年の全国の中学卒業者のうち、就職を希望する者四四万八〇〇〇にたいし、求人は一六六万八〇〇〇であり、求人倍率は三・七二であった（高卒者は三・五〇）。つまり一人の中卒者にたいし、ほぼ四つの企業から誘いの手がかかっている。その最大の需要地が京浜であり、そこへの最大の供給地が東北であることはいうまでもない。板柳中学校のN・Nら卒業生にたいしても、引く手あまたであったといわれる（ちなみに一九七〇年の京浜の中卒求職者数九四九四にたいし、求人数二一万六八四三、求人倍率はじつに二二・八四である）。（見田 2011:11）

就職にともなう上京は、決してN・Nだけに訪れるものではなく、この時代を生きる多くの人びと、とくに若者たちに共通しうる経験であった。なかでも、ここでは労働省『年少労働者就労状況調査』や東京都総務局『流入青少年実態調査報告書』をはじめとする、当時の社会調査を照らし合わせながら、質的なひとりの人生が、人

2　この論文は幾度も版を重ねており、『展望』版、弘文堂版、河出書房新社版、岩波書店版の四つが存在する。本稿では論文「まなざしの地獄」を参照する際、つぎの岩波書店版より引用を行うこととする。見田宗介 2011、「まなざしの地獄」『生と死と愛と孤独の社会学（定本見田宗介著作集Ⅵ）』岩波書店、1-66。

びとの平均値を示す量的なデータと重ねられてゆく。このようにして、「N・Nの固有性ではなく、年々幾万、幾十万もの流入青少年を待っている、一般的な情況」が記される（見田 2011:11）。

質的な個人の極限値となるライフヒストリーと、量的な全体の平均値となるデータを交叉させること。このときひとつの殺人事件は、ある個人の生に帰責する問題ではなく、「ひとりひとりの「尽きなく」存在しようとする人間たち」、われわれ全体の生に関わる現象としてたちあらわれる（見田 2011:1）。これは論文「まなざしの地獄」の、大きな特徴のひとつだといえる。

けれども、ここで重要なのはこの論文が、たんにさまざまな社会調査を駆使していることにあるのではない。それはこうした社会調査を参照しながら、N・Nのみならず、この時代を生きる人びとと全体の存在を、無意識のうちに拘束し、形成し、疎外する社会構造について明らかにしていることにある。見田はこれを「〈都市の論理〉」と呼び、ここでは大きく二つの構造が析出されている（見田 2011:10）。まずそのひとつとは、家郷からの斥力と都市への引力という、社会移動のうちにみられる。上京する若者と彼らを雇用する人びととの間には、たとえばつぎのような矛盾が存在している。

一方に斥力があり一方に旺盛な引力がある。ここには一見、何の矛盾もないようにみえる。しかしはたしてそうであろうか。家郷をあとにする青少年は、ひとつの解放への希望を抱いて、「尽きなく存在する」意思として都会に足をふみ入れる。一方現代日本の都市は、このような青少年を要求し、歓迎するという。けれどもこれはうそである。少なくとも正確ではない。都市が要求し、歓迎するのは、ほんとうの青少年ではなく、「新鮮な労働力」にすぎない。しかして「尽きなく存在し」ようとする自由な人間たちをではない。ところがこの「新鮮な労働力」はその一つ一つ、解放への生を求める自由な主体としての人間、ましてや青

少年である。（見田 2011:11-2）

N・Nをはじめ多くの若者たちは、みずからの夢と希望を抱き都市へとやってくる。また、雇用者たちはこれら都市に流入する若者たちを、「金の卵」と呼び歓迎する。だがそこでは結局のところ、彼らの存在は安価な、そして「新鮮な労働力」としてしかみなされていない。「〈価値ある〉物質存在として要求し歓迎する都市の論理にとって、この物質に付着する自由＝存在は、一つの余剰であり、「当惑させるもの」であり招かれざる客」なのである（見田 2011:13）。すなわち、彼らの「階級的に規定された対他と対自のあいだには、はじめから矛盾が存在」しているのだ（見田 2011:14）。

つぎに、もうひとつとは、人びとが都市に生きるなかで直面する、彼らの過去から現在を、そして未来をも拘束する、他者たちのまなざしである。「服装、容姿、持ち物」などの「具体的な表相性」。また「出生、学歴、肩書」などの「抽象的な表相性」。それらは「ひとりの人間の総体を規定し、予料するまなざし」である（見田 2011:30）。たとえば戸籍そのものは、たんなる一片の徴にすぎない。だが、その戸籍をもって差別する社会構造が、人びとを絶望の淵へと追いやってゆく。彼の過去が彼を呪縛するのではなく、彼の過去に眼を向ける他者たちが彼を呪縛する。見田はこのことを、つぎのように明確に述べている。

〈過去が現在を呪縛する〉といっても、このばあい「過去」が生きているもののごとく本人の生のゆくてに立ちふさがるというわけではない。人の現在と未来とを呪縛するのは、この過去を本人の「現在」として、また本人の「未来」として、執拗にその本人にさしむける他者たちのまなざしであり、他者たちの実践である。（見田 2011:28）

このように「〈都市〉の論理」とは、人びとの生を規定する社会構造のなかで、さまざまな様態となってあらわれる、他者のまなざしである。このとき、みずからを自由な存在として尽きなく生きようとするかぎり、他者のまなざしは地獄となる。他者のまなざしの地獄。N・Nをはじめ、尽きなく存在しようとする人間たちの自由な意志は、この他者のまなざしによって侵食され、喪失してゆく。そしてその姿は、つぎの具体的な二つの機制のなかにあらわれる。

ひとつは、他者のまなざしが自己を規定するということにある。であれば、みずからは表相の演技によって他者の視線を操作すればよい。だが、それは結局のところ、都市が要求し、好む人間の型にみずからを同化させているにすぎない。それこそが「第一の疎外」であり、「〈演技〉の陥穽」である（見田 2011:46-8）。見田はこのことを、N・Nの問題ではなく、われわれの問題としてつぎのように指摘する。

> 人の存在は、その具体的な他者とのかかわりのうちにしか存在しないのだから、彼はまさしくこのようにして、その嫌悪する都市の姿に似せておのれを整容してしまう。他者たちの視線を逆に操作しようとする主体性の企図をとおして、いつしかみずからを、都市の要求する様々な衣裳をごてごてと身にまとった、奇妙なピエロとして成形する。N・Nの話ではない。われわれのことだ（見田 2011:47）。

もうひとつ、それはこうした他者のまなざしを、強硬に突破しようとするときにあらわれる。それは「〈怒り〉」である（見田 2011:49）。N・Nはこの対象を見失うまでに、過度に一般化された〈怒り〉によって自己を確認するとき、たしかにみずからの存在を獲得することができたのかもしれない。だが、この〈怒り〉に基づいた「悪による存在証明」は、情況のたんなる否定にすぎず、情況からの解放へと至ることはできない。それが「第二の疎外」である（見田 2011:48）。ただし、われわれは彼のこうした行為を、決して笑うことはできない。なぜなら、見田はその理由をつぎのように記す。

およそ〈怒り〉の陥穽は、〈怒らないことの陥穽〉の裏に他ならず、当の怒らない人びとの無関心さこそがたくさんのＮ・Ｎたちを、絶望的な孤独のうちに追いこんでしまうものだから。（見田 2011:56）。

では、こうした他者によるまなざしの地獄のなかで、人びとはどこに解放の契機を見出せばよいのだろうか。もちろんこの解決策について、ここでは直截には言明されてはいない。だが、おそらくそれは「たえずみずからを超出してゆく自由な主体性」を持つ、尽きなく存在することそのものにある（見田 2011:30）。みずからの初発の内にこそ、解放の契機は宿っている。それは自由な主体を疎外する社会構造から、たえず解放を試みる自由な主体である。そして、このような主体性を獲得するためには、「自己自身の存在と方向性とを、一つの総体的な展望のうちに獲得せしめるような、精神の力」、すなわち「〈教養〉」こそが必要となる（見田 2011:55）。主体性と教養。まなざしの地獄であるこの社会を生き抜くには、尽きなく存在しようとする自由な意思と、われわれを拘束する社会構造の総体を明晰に把握する力の、翼と根の双方が必要不可欠なのである。

このように、論文ではＮ・Ｎ個人の人生の軌跡だけではなく、高度経済成長期に生きる多くの人びとが、他者のまなざしの地獄のなかにあることが指摘される。またここでは、このことが「ひとりひとりの「尽きなく存在し」ようとする人間」と、彼らの「無数のひしめき合う個別性、行為や関係の還元不可能な絶対性の、密集したある連関の総体性」としてあらわれる都市との関係によって析出されている（見田 2011:1）。すなわち、尽きなく生きようとする人間は、無意識のうちに、常にこの眼前に立ち塞がる社会構造によって疎外されるのである。

③ 自己の欲望に支配された殺人――「酒鬼薔薇少年の欲動」より

一方、作田啓一が殺人事件を対象とした論文は数多く残されている。「酒鬼薔薇少年の欲動」、「空虚感からの脱出」、「殺人禁止の掟とその効力」、「不特定多数を狙う犯罪」、「対象不特定の報復」など。これらはいずれも、作田が中心となって発行している同人誌『Becoming』に掲載されたものであり、現在、主な論文は『生の欲動』と『現実界の探偵』の二冊の著作のなかに所収されている。なかでも、ここでは『Becoming』創刊号の掲載論文であり、もっとも明確に見田との差異があらわれていると思われる、論文「酒鬼薔薇少年の欲動」をとりあげ、作田の議論の内容と構造それぞれに迫りたいと思う。[3]

「酒鬼薔薇少年の欲動」では、自身の体験や大澤真幸の論文「バモイドオキ神の顔」への批評などが挿入されており、一見複雑な論文であるが、ここでは主に二つの主張がさまざまなかたちに変奏しながら、展開されている。まず、そのひとつとは当時中学生であった酒鬼薔薇少年が、この時代の同じ中学生を代表しているのではなく、「特別な人間」であったということである。そして、もうひとつとは彼の殺害行為、すなわち「彼の破壊行動は供犠にほかならない」ということ、この二つの主張である（作田 2003:5）。

では、はじめに酒鬼薔薇少年が「特別な人間」であるという理由は、いかなる意味においてなのだろうか。酒鬼薔薇少年の事件、すなわち神戸連続児童殺傷事件とは、一九九七年に当時一四歳の少年が犯した連続殺傷事件のことである。神戸市のある中学校の正門にて、切断された男児の頭部が発見された。男児の口には酒鬼薔薇聖斗と記された、声明文が挟まれており、その異常ともいえる残虐性からメディアは大々的に報じた。続いて、第二の声明文が新聞社に郵送された後、犯人の当時一四歳の少年が逮捕された。逮捕後、それ以前に生じた女児二名への殴打事件と、同じく女児二名への殺傷事件も、この少年による犯行であることが発覚し、この一連の事件は世間を大きく震撼させた。

作田はこの殺人事件に対し、たんに彼の猟奇的な犯行から「特別な人間」だと述べているのではない。通常、われわれは犯罪を金銭欲や復讐心、姦淫願望といった一般的な動機より理解する。そこには「人間は広い意味で快楽を求める存在であり、その欲望は対象を獲得することで満たされる」ものだとする前提が横たわっている。このような「快楽を求める欲望で動くとみなされる人々の行動が、相互に予測可能であり、理解可能であるような場」を、作田は「〈世界〉」と呼んでいる（作田 2003:6）。けれども、人間はこのような単純な欲望によってのみ存在しているのではない。作田はこの不気味な、理解しがたいものの存在について、つぎのように述べる。

> しかし人間を動かす駆動力はこのような欲望だけではない。我々は欲望よりももっと深い層にある欲動、S・フロイトがTriebと呼んだものによって動かされている。欲動は欲望の中に浸透しているので、欲望と全く切り離されているかのように欲動について語るのは事実に反するが、駆動力の一類型として欲動をまず認めることが先決である。（作田 2003:6）

欲動とは性欲動と自己保存欲動の二つに区分されるが、ここで重要となるのは前者の性欲動である。[4] 性欲動

3 『Becoming』での題名は「酒鬼薔薇君の欲動」であり、書籍化にあたって、いくつかの加筆・修正が施されている。なお本稿ではつぎの『生の欲動』より参照する。作田啓一 2003、「酒鬼薔薇少年の欲動」『生の欲動――神経症から倒錯へ』みすず書房、5-31。

とは対象をもたず、常に自己みずからへと回帰してゆくものとされる。それは〈世界〉内で快楽を求め、対象の獲得によって満たされる性欲とは異なるものである。また、性欲動は自己の限界を越えて自己喪失にまで至らしめるが、一方、自己保存欲動は決して自己自身を脅かすことはないとされる。すなわち、性欲動とは対象によって真の満足を得るのではなく、「いわば〈世界〉の外からやってきて、人間を貫く」ものなのである（作田 2003:7）。

「酒鬼薔薇少年には〈世界〉内性欲はなかった。しかし性欲動はあった」（作田 2003:7）。酒鬼薔薇少年の犯行は一般的な動機理解の範囲から逸脱している。だからこそわれわれは、彼の動機は理解しがたい、不可解なものだと感じる。だが、それはわれわれの理解に問題がある。欲動の存在をまず認めること、それこそが重要なのである。このとき酒鬼薔薇少年は、自己自身をも破壊してしまうような、人間の〈世界〉の外から訪れる性欲動によって支配されていると理解しうる。すなわち、彼は「欲動の犠牲者」となったのである（作田 2003:30）。

酒鬼薔薇少年の性欲動の、肥大化のきっかけになったのは、祖母の死とされる。もちろん、一般的にわれわれも、このような近親者の死に立ち会う経験をするのであるから、大袈裟なことだと言うことができる。だが、それこそがまさに、彼が「特別な人間」である根拠となる。ここで作田は自らの経験にふれる。それは小学生の頃にカエルを殺した時のことであるのだが、その経験とはまさに紛れもなく性的興奮であったという。だが同時に、この経験は吐き気を伴う嫌悪感のために、それ以後繰り返すことはなかったという。つまり、何者かの生命を奪う破壊行為とは、性欲動による自己喪失とともに、強い嫌悪感を行為者に齎す。したがって、作田自身の経験からしても、「彼の通道はよほど大きく広がって」おり、酒鬼薔薇少年が「強い嘔吐感に耐え、人間の殺傷にまで向かったという意味で、特別の人間であるに相違ない」といえるのである（作田 2003:11）。

酒鬼薔薇少年は、この意味において「特別な人間」である。では、つぎに酒鬼薔薇少年の犯行が、たんなる殺人ではなく「供犠にほかならない」とする理由はどこにあるのだろうか。それは彼が、「特別な人間」だとみなしうる強い欲動と深く関係している。

そもそも供犠とは、古代の社会においてみられる、ひとつの儀礼であった。われわれは日々の日常的な生活を何気なく送っている。だが、このような生活のみが継続されると、人びとは活気を失ってしまい、社会全体が停滞してしまう。そこで社会は象徴性を回復し、人びとの心的な凝集性を高めるために、動物供犠の儀礼を行う。作田はこの動物供犠の儀礼の機能を、さきの欲動との関係において、つぎのように指摘している。

> 動物の肉体の破壊は、その肉体へ向かう主体の自己保存欲動（食糧への欲求として現れる）を断ち切って、その欲動に阻止されがちな性欲動を解放する意味をもっているのである。自己保存欲動が必然的にもたらす主体と客体の分離は、いけにえの肉体の破壊によって解消される。こうして人々はいけにえとひとつとなり、自己自身から解放されるのだ。（作田 2003:13）

酒鬼薔薇少年の場合、それはこうした「社会が主宰する公共の供犠」とは異なる、「個人が主宰する供犠」だといえる（作田 2003:13）。彼は動物を殺した後、女児二名への殴打と同じく女児二名への殺傷の二つの事件を起こしている。だがそれは「聖なる実験」であって、供犠そのものではない。彼の犯行が真に供犠とされるのは、最後の犯行とされる小学生男児の殺害と、その後の一連の行動によってである。彼はこの殺人を「聖なる儀式」

4　フロイトが欲動を性欲動と自己保存欲動（自我欲動）の二つに区分するのは、一九一五年に発表した「欲動とその運命」においてみられる。だがその後、一九二〇年の「快感原則の彼岸」では、自己保存欲動と性欲動は生の欲動として統合され、新たに生の欲動と死の欲動という対関係が設定されている。

と呼んでいるが、ここでの行為は主に二つの部分に区分される。まずひとつは、いけにえの肉体的な破壊、すなわち現実的な殺人である。しかしその後、彼はこの死体の首を切断し、それを中学校の校門前に置いた。また当時の報道によれば、彼は「首の切断によって流れ出たいけにえの血を呑んだ」という（作田 2003:16）。こうした一連の行為はまさに、もうひとつの儀礼的な殺人である。

また、酒鬼薔薇少年は犯行後に、声明文を新聞社に送りつけている。その最後の箇所に、「ボクには一人の人間を二度殺す能力が備わっている」と記しているが、それは「現実的殺人のあとで儀礼的殺人を重ねたことを指している」といえる（作田 2003:16）。けれども、こうした彼の猟奇的な行動によって、この犯行が直截に供犠としてみとめられるのではない。それは「彼を現実的殺人へと駆り立てた欲動があまりにも強力であったため」である。このとき、「欲動の現実の運動はエクリチュールのレベルでもういちど再現されなければ」ならない（作田 2003:16）。人間が強力な欲動に支配されるとき、一度目は現実的殺人として、二度目はエクリチュールの儀礼的殺人として実行される。

酒鬼薔薇少年が「特別な人間」であり、そして彼の犯行が「供犠にほかならない」ということ。それは以上の理由による。もちろん、こうした説明をもってしても、彼の犯行は充分に理解することはできないだろう。だが、作田はこの理解し難さを、つぎのように積極的に説明している。

少年の「賭け」は「死」こそ現実であり、「生」は仮の形に過ぎない、という真理を確かめるためのものではなかったか。「生」の側にいる我々には、わざわざ「生」の底の「死」を立証する苦悩にあえて飛び込む行動が容易には理解できない。「死」こそ真理であることを立証して、いったい何になると言うのか。しかし真理の探求とはそういうものなのだ。結論がどう出ようと、それがどんなに苦しいものであろうと、人は根拠を探求するように運命づけられている。これがエクリチュールの領域に現れてくる欲動の運動なのだ。
（作田 2003:23）

このように、この論文では彼の一連の犯行と事件は、人間自身にも理解し得ない、人間の無意識の内的な欲動より説明される。したがって、彼をあの残虐な破壊行動へと導いたのは、決して彼の家庭環境や学校の教育体制、あるいは地域生活といった社会の側に責任があるのではない。それは人間の側の「強い欲動であり、社会の力をもってしても、その欲動を並の欲動へまで社会化することができなかった」からである（作田 2003:26）。酒鬼薔薇少年が「特別な人間」であるということは、社会の影響を受けないほど、心の深層つまり無意識の欲動が強いからであり、また彼に宿る強い欲動ゆえに、その犯行は「供犠」となるのである。したがって、酒鬼薔薇少年の存在は社会の反映などではない。彼は「欲動の犠牲者」なのだ。そして、こうした人間の出現は、むしろ「社会の影響によるのではなく、その影響の稀薄さによると言わなければ」ならないと指摘し、この論文は締めくくられている（作田 2003:31）。

④ 時代診断と自律的言説の暴力

このように、見田宗介と作田啓一は、ともに殺人事件を対象としている。だが、前節また前々節にて確認したように、彼らの論文は内容と構造の、双方の位相において、明らかにある差異と同一を抱えている。では、それは具体的にどのような事柄であるのか。ここではまず、よりわかりやすい彼らの論文の内容に焦点をあてることとしたい。

「まなざしの地獄」と「酒鬼薔薇少年の欲動」の二つの論文のなかで、まず注目すべき点は、これらがともにひとつの殺人事件から、ある時代の社会や人間の情況を鮮やかに描き出していることである。それはひとつの時代診断である。もちろん、彼らは異なる時代の、異なる殺人事件を論じている。見田は一九六八年の永山則夫連続射殺事件を対象としており、一方、作田は一九九七年に生じた神戸連続児童殺傷事件を分析の俎上に載せている。そこには三〇年ほどの月日があり、高度経済成長期における殺人事件とバブル崩壊後の殺人事件として、当時の時代情況や社会背景に大きな隔たりがみられるのは当然のことである[5]。

この点については、充分に留意しなければならないだろう。けれども彼らはたしかに、ひとつの殺人事件より時代を描き、そして歴史を描いている。たとえば先述した論文のなかで、見田は高度経済成長期に生きる多くの人びとが、他者の「まなざしの地獄」にあることを析出していた。このような時代診断は、その後の二〇〇八年に生じた秋葉原通り魔事件との比較を通じて、その対照性が強調されることとなる。見田はこの変容を、つぎのように指摘している。

> 永山則夫の四十年前の事件の場合、「まなざしの地獄」ということで、中卒だとか青森弁だとか、そういった人々の見る目が濃すぎるために周囲についていけないということが非常に多かったわけですが、今度の秋葉原の事件の場合は、結論から言うとちょうど正反対なのです。……なぜ正反対かというと、永山則夫の場合、さっき「まなざしの地獄」というふうに言いましたが、あいつはこうだ、という人々のまなざしの力、その強さに彼は生きる方向を阻まれましたが、加藤智大の場合、いくら「これから殺人に行くぞ」と言っても誰も相手にしてくれない。「まなざしの不在の地獄」なのです。まなざしが無いということ、誰も見てく

れないということの地獄です。（見田 2012: 12-14）

「まなざしの地獄」から「まなざしの不在の地獄」へ。それは永山則夫と加藤智大が犯した二つの殺人事件の違いであり、同時に、「四十年前と現在との日本社会の時代の変化」を示している。他者のまなざしの変容。もちろん、こうした指摘はいくつかの新聞記事や講演での言及に留まっており、充分な分析とはいえない。だが少なくとも、見田は殺人事件より現在という時代を描き、戦後日本という歴史を描いている。また、このような現在の他者の視線の不在に関する議論は、酒鬼薔薇少年の事件時に、大澤真幸がまさに見田の議論を引き継ぎながら論じている事柄でもある（大澤 2008a、2008b）。すなわち、かつて夢の時代のなかで他者のまなざしから逃れることを求めた人びとは、四〇年を経た現在、虚構の時代のなかで他者のまなざしを得られることを求めているのであると。

一方、作田もまた、ひとつの事件より時代診断を行っている。さきの論文において、酒鬼薔薇少年は「特別な人間」であるとされた。それは社会の側より説明すれば、社会化の稀薄さにあった。こうした議論は、『生の欲動』ならびに『現実界の探偵』に収められた他の論文にもみうけられ、たとえば二〇〇〇年に生じた豊川市主婦刺殺事件を題材とした、論文「空虚感からの脱出」のなかでも、現実界からの抑止力の欠如という問題が論じられている（作田 2003）。だが、作田はこの問題をあくまで、社会の側からではなく、主体の側より捉えている。作田は現代社会における主体の変容について、つぎのように述べている。

5　たとえば『犯罪白書』を紐解けば、永山則夫連続射殺人が生じた六八年と神戸連続児童殺傷事件の九七年とでは、後者の事件発生件数が、前者と比べても圧倒的に少ないことがわかっている。すなわち、九〇年代の減少傾向に推移した殺人事件と、それにもかかわらず「少年犯罪の凶悪化」を語る、過剰な言説とのあいだには大きな落差がある。そして、そのことがまさに見田のいう、「虚構の時代」のひとつを物語っているといえよう（見田 1995）。

神経症から倒錯への変化は、抑圧から否認への変化である。我々はこの変化を戦後の日本社会において見いだすことができる。禁止の法は抑圧をもたらし、人間を神経症に陥れるという見地から、抑圧の解放が善とされてきた。しかし、抑圧からの解放は去勢の事実の承認へとは向かわず、その事実の否認に向かった。それが倒錯への道である。(作田 2003:155-6)

神経症から倒錯へ。[6] 抑圧から否認へ。ここでは主体の変容とともに、見田同様、戦後日本の社会変容が重ね合わされている。また、『現実界の探偵』の論文「殺人禁止の掟とその効力」では、近年の無差別殺人事件を列挙しながら、殺人事件より捉えうる以前の主体の姿と、現在のそれとの異同が明確に指摘されている。すなわち、以前の殺人事件とは「殺せない」という人間の根源的な感覚を、「殺すな」という禁止に読み替えることによって生まれる、「ヒステリー的主体による実験型殺人」であったとされる。だが、現在のそれは「殺せない」という感覚そのものが欠如している、「ナルシシスト的主体によるアノミー型殺人」であり、そこには「ヒステリー的主体」から「ナルシシスト的主体」へという主体の変容が存在している(作田 2012:188)。

このように、見田と作田はともに殺人事件という対象を通じて、われわれが生きる現在の時代診断を試みている。「まなざしの地獄」から「まなざしの不在の地獄」へ。「ヒステリー的主体」から「ナルシシズム的主体」へ。また、これは戦後日本が辿った社会変容でもあった。ある殺人事件より時代を描き、歴史を描くこと。それは彼らの議論における、重要な面白さのひとつだといえよう。もちろん、彼らの準拠する視点は少なからず異なっている。たとえば、現在、見田は他者のまなざしが不在であることを問題としていた。一方、作田はまなざしが届かない自己の問題を問うている。そこには他者の不在と自己の肥大、また社会の他者性と自己の社会化という、他者と自己をめぐる焦点の差異があらわれている。

けれども、ここで重要なことは、こうした議論における内容の是非などではない。重要なのはこの時代診断が齎す、言説の自律性である。彼らの論文は、ある殺人事件から時代を、そして歴史を描くという特異な言説を形成している。だが、それは一方で、殺人事件という出来事から遊離し、対象との距離に大きな問題を生むこととなる。たとえば、見田の場合、それは永山則夫本人の反論となってあらわれる。永山は寺山修司への批判とともに、見田をつぎのように批判している。

> 寺山修司よ、サルトルよ、見田宗介よ、その他の「犯罪学者」諸氏よ、——右のように「犯罪」者は「永山則夫」だけではないのだ。現在殺人はなにも〃連続射殺魔〃永山則夫固有のものではないのだ。先の年鑑では、全国約五万人の監獄に囚われている人民がおり、その内四千二百人余が「殺人犯」という。（永山1977:38）

見田は永山則夫が犯した事件を、ひとつの極限値として対象化していた。もちろん、見田は先述したように、この事件を永山個人の問題に還元するのではなく、われわれの問題として引き受けようとしている。だが、それ以前に永山にとっての問題は、なぜみずからの犯行が極限値として採用され、処理されるのかということである。

6 『生の欲動』に所収されている、論文「ロマン主義・倒錯・アノミー」によれば、両者は根本的に異なる社会病理ではなく、一九世紀以降にあらわれたロマン主義の、「所与のものの解体」が共通の根源とされる。そこでは「所与のものの解体」が、限りなく己を高めようとする「至上の自我」と、限りなく欲望しようとする「無限への欲望」を生む。そして、「至上の自我」は禁止による神経症へと、一方、「無限への欲望」は享楽による倒錯へと人びとを導く。このように神経症と倒錯は、同根より派生した社会病理である。だが、近年では、やはり一方の倒錯ないしナルシシズムが支配的であるとされる。

それは社会調査における、代表性に関わる問題である。なぜ数多の殺人事件が生じているにも関わらず、他ではなくこの私なのかと。おそらくこの恣意性に、永山は違和感をあらわしたのだろう。

一方、作田の論文に対しては、このような当事者からの反論はみうけられない。だが、むしろ精神分析に準拠した作田の分析は、酒鬼薔薇少年の心の内奥にまで至り、彼と強く共振し、ときに「特別な人間」とされる彼以上の説明を行ってしまう。たとえば、それはつぎのような記述にみられる。

> 彼はこれから何年かのあいだに、欲動の長い流れ、供犠の儀礼をその一部とする長い流れのエクリチュールを試みるだろう。それが文章の形をとるのか、それとも別の形のものとなるかはわからないとしても、きっとエクリチュールを試みるに違いない。（作田 2003:24-5）

この予言は十数年の時を経て、現実のものとなった（元少年Ａ 2015）。だが、このような作田の分析では、論文の妥当性を問うことができない。いや、むしろそこでは、もはや分析の妥当性など問題ではないのかもしれない。犯罪者の心の深層へと迫る、犯罪者以上の説明は、犯罪者の当事者性を二次的な問題にしてしまう。すなわち、分析者が対象者以上に対象者であるような説明を行うとき、また分析者がいまだ意識化しえない対象者の心を捉えるとき、そこでは双方の距離そのものが失効してしまうのである。

このように、彼らの殺人事件に関する論文は、ひとつの自律した言説を形成している。彼らの議論は殺人事件という出来事や、犯罪者の当事者性という問題から遠く離れている。だからこそ、見田の分析には当事者本人からの反論があり、また作田のそれは妥当性を問えない分析となっている。もちろん、これらは現在の典型的な社会調査よりみれば、インフォームド・コンセントなどといった倫理的問題を孕んでいるともいえる。そこには犯罪者による犯行とともに、社会学者による時代診断の、二重の暴力性が潜んでいる。それは自律的な言説の暴力である。

けれども、彼らの時代診断はこうした問題を内包することで、その自律性を獲得している。彼らの論文における内容の同一とは、たんに時代診断にのみあるのではない。それはひとつの極端な殺人事件から、時代を描き、歴史を描くことを通じて、その言説固有の自律性があらわれるところにある。そこにこそ彼らの議論の、魅力と面白さがあるのではないか。時代診断による言説の自律と暴力。殺人事件を論じることの誘惑と困難は、出来事の力とそれを言葉で捉える際の距離にあるのだといえる。

5 人間と〈外〉をめぐる問い

殺人、それは、歴史と犯罪とが交差する地点なのである。(Foucault 1973 = 2010:364)

殺人事件を語ること。新聞やテレビ、ネットニュースに目を向ければ、そこにはいつも、そして常に加害者の名前、時間、場所、被害者の名前、犯行の動機といった「ありふれた」内容が詳細に綴られている。けれども同時に、それらの内のいくつかの事件は、われわれの生きる時代を象徴する出来事として、また歴史的な徴となる重大な社会現象として語られることとなる。すなわち、殺人事件を語ることとは、殺人という非日常的な出来事に、ある歴史や時代を招き寄せることである。[7]

見田宗介と作田啓一の二人の社会学者もまた、殺人事件について語り、そして歴史を語っていた。だが、このような時代診断における他者の視線と自己の欲動という差異と、それを通じた言説の自律性と暴力という同一は、殺人事件を論じる内容における問題にすぎない。より重要なことは、彼らが殺人事件を論じる構造的な枠組みそのものである。それは彼らの思想における差異と同一である。そして、おそらくこのことがまさに、彼らの議論における近さと遠さを印象づける根源であるとともに、双方が殺人事件を扱う理由となっているのではないか。ここではこの構造の差異と同一について、上記した論文とともに、彼らのより理論的著作を参照しながら明らかにしていくこととしたい。

まず、見田は論文のなかで、N・Nをはじめとする「尽きなく存在」しようとする人びとが、「〈都市〉の論理」とよばれる社会構造によって拘束される姿を描いていた。それは人間が社会によって規定される存在であるということである。こうした枠組みは疎外論的構図である。このような見田の思想は他の著作にも数多くみうけられ、たとえば彼の理論的著作であり、同時期に発表された『人間解放の理論のために』では、この考えがつぎのように鮮明に示されている[8]。

解放過程の直接的な論理としての現在的実践の理論の課題は、いうまでもなく、〈目的の理論〉の定立する価値と、〈情況の理論〉のとらえる現実とのあいだの矛盾を、どのように実践的に止揚しうるかということにある。そしてこの課題を構成している矛盾は、疎外の体型に内奥までひたされ形成されているこのぼくたちが、どのようにして自己を解放の主体として形成しうるのかという、実践的なアポリアとしてまず現実にたち現れる。このアポリアは、人間的な生の根源的なアポリア、すなわち、過去からの因果連関によってすみずみまで規定された情況的存在としてのこの〈私〉が、いかにして同時に未来を目的論的に形成する主

体でもありうるのかというアポリアの、実践的表現であるにすぎない。(真木 1971:21-2)

人間とは、「疎外の体型に内奥までひたされ形成されている」存在であり、また「過去からの因果連関によってすみずみまで規定された情況的存在」である。このとき見田は人間を人間の外部、すなわち社会という〈外〉より疎外された存在として捉えている。もちろん、社会という〈外〉も人間相互の営みによって存在するのであるから、人間みずからが生み出したものである。だが、それは人間の手から離れゆき、まるで無意識の内に自動形成された疎遠かつ頑強な力となってたちあらわれ、逆に人間を拘束する存在として映し出される。こうして〈外〉は常に人間を疎外する。では、このような前提に準拠するとき、人間はどのようにしてこの疎外情況を打破し、またいかなるうちに解放の契機を見出すのだろうか。この問題について、見田は続けてつぎのように述べている。

7　フーコーはこの殺人事件の双数性について、つぎのように記している。
「一方では、普段なら品位や社会的な重要性を欠くためにそこに登場することのない要素、人物、名前、行為、対話、対象などの要素を、叙述のなかに招き入れなければならない。そして他方においては、そうした取るに足らない事件のすべてが――頻繁に起こり代わり映えのしないものであっても――、「特異」で、「興味深」く、「常軌を逸し」た、ほとんど類例のないものとして、人々の記憶のうちに現れなければならないのだ。」(Foucault 1973 = 2010:360)

8　同書では、現代社会の総体的な理論を、Ⅰ現代社会の存立構造、Ⅱ現代社会の法則構造、Ⅲ現代社会の支配構造、Ⅳ現代社会の実存構造、Ⅴ現代社会の主体構造、という五つより構想している。このうちⅣ現代社会の実存構造では、つぎのような目的が述べられている。「現代社会の法則構造、支配構造に内在する諸個人の、それぞれの一回限りの生が、どのように歴史的に性格づけられているか。実存する諸個人の側に視点を移して、その〈人生の構造〉の把握。すなわち、現代社会の客観的な諸構造の人間的意味の追求。…〈実存社会学〉的な分析」(見田 1971:218-9)。そして、論文「まなざしの地獄」が最初に収録された『現代社会の社会意識』のあとがきでは、この「〈実存社会学〉本来的な方法は、全体化的なモノグラフでしか」なく、本論文は「このような〈全体化的なモノグラフ〉の最初のこころみ」であると記されている(見田 1979:243-4)。

したがって現在的実践の理論のための基準は、たとえどれほど困難でさしあたり非現実的とみえようと、つぎの二点にこそ求めなければならない。すなわち第一に、解放のための実践を、単に手段的行為としてではなく、それが同時に実践における解放でもあるような道として追求すること、そして第二に、したがってまた、普遍的解放への道を、物象化された〈他者〉たちの外からの「変革」ではなく、触発的な自己解放の無限連鎖の道程として構想すること。これらの基準がさしあたり「非現実的」であることを、私は幾百回でも認めよう。そして瞬間瞬間にぼくたちは行為を選ばねばならない以上、当面はこれらの基準をはるかはなれた地点にたって、みじめな思いで自分自身や他者たちを物化し疎外しながら、ぼくたちは今日も生きなければならない。しかしまさしくそれだからこそ、ぼくたちはこれらの基準を、まず解放の実践における原理的要請として、ひたと照準しつづけねばならないだろう。（真木 1971：27-8）

人間は人間の〈外〉より疎外される。この〈外〉の存在から人間を解放するのは、人間自身でしかない。だが、この人間は再び人間より外化された、〈外〉によって疎外される。そして、人間はまた人間みずからの手によって、〈外〉からの解放を試みる。だが、……。これは人間と〈外〉の関係をめぐる、永遠なる往還である。もちろん、それは疎外論的前提に、準拠する限りにおいてではあるが。

「まなざしの地獄」とは、まさに、このような疎外論に準拠した論文であった。N・Nは彼自身の〈外〉にある、「〈都市〉の論理」によって疎外されていた。N・Nはこのような現状からの解放を試みる。だが、それは悪による存在証明という皮肉な結果に終わり、決して真の人間の解放とはなりえなかった。では、人間が〈外〉からの疎外より解放されることは、いかにして可能なのだろうか。それは結局のところ、「解放のための実践」であると同時に「実践における解放」でもあり、またみずからによる解放実践の「無限連鎖の道程」にほかならない。このことは、論文内に記された、「たえずみずからを超出してゆく自由な主体性」と見事に呼応している。そこには極めてヒューマニスティックな人間像と、不条理ながらも、理解しやすい人間と社会の関係が想定されている。

また、見田はこうした枠組みを採用することで、殺人事件の動機を理解している。すなわち、殺人は社会という〈外〉からの、疎外ゆえに生じた出来事であると。もちろん、見田は殺人事件を単純な、解読可能な行為だとみなしているわけではない。だが、結果として「まなざしの地獄」は、「〈都市〉の論理」という疎外要因を鮮やかに析出した論文であるとともに、殺人事件を図式的理解に留め置き、一般化された誰もが該当しうる問題へと還元してしまっているともいえる（小形 2015）。そこでは殺人がひとつの極限値として処理されることで、常に、それは対となる平均値との関係でしか捉ええないことを示唆している。したがって、それは一点の曇りもない澄み切った明晰な論文であるとともに、当事者である永山則夫自身が抱く心情葛藤の固有性や、人間が人間を殺めるという行為の熱量や不気味さは綺麗に脱色されているともいえるのだ。

一方、作田はこのような疎外論的構図をとらない。論文では、酒鬼薔薇少年が強い欲動の持ち主であったがゆえに、社会化を免れた「特別な人間」であったと記されていた。だが、精確には彼自身も「欲動の犠牲者」であり、彼はただ無意識のうちに突き動かされていただけだといえる。すなわち、ここでは人間の無意識なる〈外〉は、人間の内側にこそ宿っている。作田はこの内なる人間の〈外〉を、非常に重視している。たとえば、彼のもっとも理論的著作といえる『生成の社会学をめざして』では、こうした〈外〉の体験について、「風景に見入って鉛筆を動かしている画家」や、「ピアノの鍵盤を流れるように動く指で叩きながら演奏しているピアニスト」などの具体例を挙げながら、つぎのように述べている。

先に体験の特徴として自己境界の不在あるいは喪失を挙げた。……こうした、体験は、外部に向かっては自己境界の不在または喪失、内部に向かっては分割不可能という二つの特徴をもつと言える。体験は生成（devenir）の世界の中で生起する。この経験を知性の言葉で語ろうとすると、人はその経験をとらえそこなう。知性の言葉は分割（division）の論理に従うからである。その論理は内界と外界とを分け、内界の持続を通過点の集合に置き換えてしまう。内外を、そして内部を分割することは、分割された諸部分を実体として定着させることである。だから、分割の論理は定着の論理と言い換えてもよい。こうした人々は生成のリアリティから遠ざかる。体験はその経験を生きる主体の直観の記号でしか表現できない。直観の記号とは、たとえば詩の言葉、メロディやリズム、絵画の中の色彩や輪郭や構図などである。これらの記号表現の根底にある論理を仮に生成の論理と呼んでおこう。生成の論理に従って追体験する、あるいは了解するのに適した生成の世界（リアリティ）があるように、分割ないし定着の論理に従って説明するのに適した定着の世界（リアリティ）がある。この論理と世界の対応関係の存在をまず確認しなければならない。そこからすべてが始まる。（作田 1993 : 29–30）

人間には自己の境界を喪失してしまう体験、すなわち人間の内なる〈外〉の体験がある。なぜ、〈外〉の体験があるといえるのか。いや、〈外〉は必ず存在するのだ。作田の理論は、いわば「欲動をまず認めることが先決である」ことと同じく、この無意識の〈外〉の存在を認めることから全てがはじまる。ここでは作田は内なる〈外〉の体験を、「生成の世界」と呼んでいる。そして、この「生成の世界」に適した説明原理を、「生成の論理」という。もちろん、「生成の世界」が「生成の論理」に、またその対となる「定着の世界」が「定着の論理」にと、必ずしもはっきりと照応しているわけではない。精確には、世界には「生成の世界」と「定着の世界」があり、それはその都度個々によって「生成の論理」か「定着の論理」のいずれかが選択され、記述されることとなる。このように、作田は世界の存在を捉えたうえで、つぎのようにはっきりと宣言している。

所与のリアリティに対して生成の論理と定着の論理の両方が適用できる、ということである。どちらの論理を適用するかは個人の選択にまかされている。しかし、人間の社会においては、さらに限定すれば特に近代の社会では、リアリティを分割する機能をもつ言語・概念を通してリアリティにアプローチする慣習が発達してきた。その結果、近代人は生成の世界をも定着の論理で考える傾向が広がった。もともと生成の世界にアプローチするには生成の論理が適しているのだが、万人のあいだで優勢な定着の論理が近代の主導的な文化となってしまい、生成の世界をも定着の論理で考えるのがごく当たり前のこととなったのである。……この種のアプローチは一般人の常識を超えると社会学者によって自負されているが、もともと定着の論理を広く適用するのが近代人の常識なのだから、社会学的決定論は常識を超越する方向にあるのではなく、常識を綿密にする方向にある、と言わなければならない。……いくら、人間には自発性があると言葉で飾っても無駄である。生成の論理を適用しない限り、自発性なる語はどんな内容をも指示することができない。（作田 1993：32-3）

人間の〈外〉の体験である「生成の世界」を把捉し、それを「定着の論理」ではなく「生成の論理」から論じること。作田はこの〈外〉の思想に立脚し、その存在を明らかにすることを目的としている。では、このような人間みずからの内にある無意識について記述することは、具体的にいかにして可能なのだろうか。しかしながら、作田はこの問題について、積極的には言及してはいない。ただ、それは論文のなかでみられたように、酒鬼薔薇少年の欲動を、そして人間の〈外〉の存在を、説明することとそれ自体にあるように思う。

これはさきの見田とは全く対照的な、ヒューマニズムを越えたヒューマニズムとでもいうべき、人間の無意識への探求である。もちろん、こうした人間の内なる〈外〉を、言葉にすることには限界がある。そもそも「生きる主体の直観の記号でしか表現できない」、〈外〉の体験を言葉で、くわえて論文のような「定着の論理」を要する形式で、説明することははじめから不可能だからだ。この試みにはある種の、根本的な困難が付き纏っている。したがって、この作田の理論の前提に準拠することができなければ、酒鬼薔薇少年を特別な人間とみなすことも、また彼が犯した殺人事件から時代診断を描出することも、そしてあの当事者の内奥にまで至る当事者以上の記述も、何か全くもって恣意的な解釈として映ることとなるだろう。だが、作田自身が述べるように、人間には説明しえない〈外〉があること、それを認めることが先決なのであり、またその説明が完全には不可能であると知りながらも、説明を試み続けることこそが重要なのである。そこに作田のいう「真理の探求」がある。

このように、見田と作田の双方は、人間の〈外〉をめぐって異なる志向をみせている。人間はみずからが創造するにも関わらず、常にその手から離れてゆく社会という〈外〉に拘束され、規定され、そして疎外される存在である。だが、だからこそ、人間は現状からの解放と未来を希求し、構想し、実践する存在なのである。一方、人間は社会から、そして人間自身からも規定しえない内なる〈外〉を有する存在である。だが、だからこそ、人間はこの説明しがたい現象や体験を表現し、記述し、探求する存在なのである。彼らはともに人間の〈外〉を問いながらも、見田は人間を〈外〉より疎外された欠如の存在として、作田は人間を内なる〈外〉をもつ過剰な存在として捉えている。そして、彼らの殺人事件の分析は、ともにこの異なる〈外〉の思想に基づいて描かれている。見田は永山則夫連続射殺事件を、「〈都市〉の論理」という社会構造より構造的に析出し、彼の犯行を理解してゆく。一方、作田は酒鬼薔薇聖斗の事件を、彼自身も捉ええない無意識に準拠し、彼が「欲動の犠牲者」であったことを説明する。そこには人間と〈外〉の関係をめぐって、「発生論的分析か構造的分析か、説明か理解か、「隠れているもの」への依拠か読むことのレベルにおける解読の維持か」という差異がある（Foucault 1966 = 1974:377）。すなわち、殺人事件とは極端な出来事としてだけでなく、まさに分析者自身の視線が端的に現出する対象なのである。

見田と作田の殺人事件の分析をめぐる構造の位相における差異とは、彼らの、人間の〈外〉をめぐる準拠点の相違である。けれども、この違いは決してどちらが正しいかという問題ではない。それは彼らが人間という存在を問う際にあらわれる、根源的な差異だといえる。たしかに、彼らの論文にはともに殺人事件を通じた、自律的な言説を形成する時代診断がみられた。また、そこでは他者のまなざしか自己の欲動かという違いがあった。だが、この同一と差異は彼らの内容上の事柄であり、さほど重要な問題ではない。より重要なことは、彼らがともに人間の存在を問い、そして、彼らが人間の〈外〉をめぐって異なる思想を示していることである。彼らの議論の近さと遠さを深く印象づけるものとは、この人間への問いという構造の同一と差異であり、この論文は彼らの根源的な思想をもっとも具体的なかたちで映し出している。人間への問い。そこにはこの問いをめぐって、人間の〈外〉からの疎外と人間の内なる〈外〉という、異なる二つの〈外〉の思想が布置している。

6　おわりに――〈外〉の現在性

本稿ではこれまでに、見田宗介と作田啓一という二人の社会学者が殺人事件をどのように論じ、また彼らがいかなる思想に準拠しているのか、という内容と構造の双方における差異と同一について析出してきた。では、このような殺人事件を語る社会学者たちは、現在どのような言説を紡いでいるのだろうか。最後にここでは、殺人事件を語る彼らと現在との距離について記しておきたい。

見田と作田は論文の内容の位相において、ともに殺人事件を通じたひとつの時代診断を下していた。もちろん、こうした試みは彼らの影響を受け、現在でも数多くみられる言説である。だが、このような議論は現在、むしろ評論家たちによる、社会批評としての色彩を強く帯びている（佐藤 2008）。社会学者たちによる言説は、彼らの言説が抱える問題を転回するかたちで、つぎのような姿をみせている。

まず、殺人事件からの時代診断を試みることは、自律的な言説を形成するとともに、その背面で殺人事件という出来事や当事者たちの思いから遊離することを意味していた。では、犯罪者本人や被害者、あるいは加害者側や被害者側の家族は、具体的にどのような痛みや苦しみを抱いているのだろうか。このときわれわれは、個々の具体的な人びとの心情やその変化の差分について寄り添い、深く理解することを努める。そして、彼らの声に耳を傾けることで、具体的な法制度や犯罪対策へと取り込むことを試みる。もちろん、こうした政策論の普及のなかで、制度には還元しえない心情の存在を主張することも可能となる。

けれども、この政策論への転回は決して必ずしも人びとの心情理解を要しない。むしろ九〇年代においては「システム論」という名のもと、こうした心情理解を括弧に入れるかたちで議論が進められていたように思える。たとえば、宮台真司は作田と同じ酒鬼薔薇事件を通じて、郊外ニュータウンと学校教育の問題点について指摘していた（宮台 1997）。もちろん、宮台にも事件を通じた時代診断という側面が、全くなかったというわけではない。だが、より重要なことは、たとえば彼が学校内におけるクラス制度の解消や個人カリキュラム化、などといった具体的な政策について積極的に提言していたことである。このような彼の試みは、さきの心情理解を含む政策論へと接続してゆき、後続する社会学者たちに大きな影響を与えたといえる。

このように、九〇年代以降にみられる社会学者による殺人事件の言説は、当事者理解や政策還元の有無を含め、ひとつに政策論への傾斜が挙げられる。ここでは、見田や作田の自律的な分析にみられた暴力性を、直接的に対峙し、あるいは間接的に回避するかたちで、当事者や関係者への傾聴や、より具体的な制度設計や支援が求められてゆく。

一方で、ひとつの殺人事件より時代診断を行うことは、先述したように、自律的な言説を形成するものであった。だが、それはもしかすると時代診断のみならず、殺人事件について語ることそのものが、現実の殺人という出来事から歪みを生じさせるのではないか。このとき問題となるのは、殺人事件をめぐる人びとの語りであり、またその言説からの奥行きである。だからここでは、たとえば「少年犯罪の凶悪化」といった殺人事件をめぐる議論の誤謬は批判の対象とはならない。むしろ、少年犯罪件数は減少傾向にも関わらず、なぜ「少年犯罪の凶悪化」が数多く語られるのかという、言説の存立機制が問われることとなる。

このような殺人事件の言説をめぐる分析のひとつに、内田隆三の論文が挙げられる（内田 2008）。この論文では見田や作田のそれとは大きく異なり、事件への直截の分析ではなく、事件の言説に焦点が当てられている。内田は秋葉原通り魔事件を対象としているが、これは二〇〇八年に当時二五歳の加藤智大が白昼、秋葉原の歩行者天国にトラックにて突入し、その後所持していたナイフで、通行人や警察官ら一七人を立て続けに殺傷した事件であった。[9] ここで内田はこの事件について用いられる、通り魔と無差別殺人という二つの言葉の違いに注目している。たとえば、通り魔には犯人がある場所に棲む魔物に憑かれたという、われわれの習俗の感覚に基づいた了解があるとともに、この言葉にはかえって現代社会における人びととの、場所性の喪失に対する不安があらわれているとされる。一方、無差別殺人は社会のシステムそのものが危機的状況に瀕していることを表象しているが、

9　この事件をめぐっては、彼が派遣労働者であったこと、また女性関係やみずからの容姿にコンプレックスを抱いていたなど、事件の要因や動機に関するさまざまな論点が提出された。だが、このような分析に対して、加害者本人はそのほとんどを否定している（加藤 2013）。

ここではさらに極端現象という概念を通じて、合目的性を失った社会が常態的に無差別殺人などによる、異様な他者を生み出し続けることで、逆に静止状態に至ることを遅延させている可能性があると指摘している。

こうした言説に基づく外延的な分析は、ある意味で先述した、殺人事件から遊離する言説の自律性をより推し進めたものだといえる。すなわち、ここでは事件そのものが問題なのではなく、事件よりさまざまに物語る、われわれ自身が問題なのである。おそらくこうした議論の先に、社会学者が紡ぐ言説を分析するという、社会学（者）を社会学する視点があらわれることは間違いないであろう。もしかすると本稿もまた、その一部をなしているといえるかもしれない。

殺人事件を通じた時代診断の後に姿をみせたのは、他者への傾聴や具体的な政策であり、また言説そのものの分析である。これは社会学者による殺人事件をめぐる、言説の内容上の変容である。とくに、こうした傾向は近年厳密かつ顕著であるように思われる。では、このときわれわれは構造の位相において、一体何を問うているのであろうか。愚直なまでの対象への接近と対象から隔てた醒めた分析は、ともに同じ構造から現出する問題ではないだろうか。であるならば、これらを結ぶ根源とは何だろうか。おそらく、そこには見田や作田が問うた、人間の〈外〉とは異なる構造の相貌が浮かび上がってくるはずである。

もちろん、こうした問いとは異なり、本稿がこれまでに明らかにした見田と作田の構造の位相における、人間の〈外〉という問題構成そのものを問うことも可能であろう。だが、それはある種、彼らの問いや言説を時代情況の産物として還元しているに過ぎない。また一方で、ここで重要なことは、現在の、人間への問いの喪失を嘆き悲しむことや、安易にこの問いの必要性を謳うことでもないだろう。

われわれが要するのは、人間への問いの後にあらわれる問い、すなわち殺人事件をめぐる当事者研究や政策論、そして言説分析を結びつける基底について明らかにすることである。構造の現在性への問い。実はここにこそ、殺人事件という出来事において、われわれがときにかくも熱狂し、またときにかくも興醒めてしまう謎の秘密があるのではないか。そして、このときわれわれは、現在の正しくもどこか閉塞的な議論とは異なるかたちで、殺人事件に対する現在性の、言葉を紡ぎだすことができるのではないか。根源的な問いこそが、われわれを〈外〉へと開いてゆくこと。それは見田宗介と作田啓一の、二人の社会学者が探求し続けたことでもある。

参考文献

Durkheim, E. 1893 *De la division du travail social*, P.U.F.（=1971、田原音和訳『社会分業論』青木書店）
―― 1895 *Les règles de la méthode sociologique*, P.U.F.（=1978、宮島喬訳『社会学的方法の規準』岩波書店）
Foucault, M. 1966 *Les mots et les choses : une archéologie des sciences humaines*, Paris : Gallimard（=1974, 渡辺一民・佐々木明訳『言葉と物――人文科学の考古学』新潮社）
―― éd. 1973 *Moi, Pierre Rivière, ayant égorgé ma mère, ma sœur et mon frère... Un cas de parricide au XIXe siècle*, Paris : Gallimard.（=2010, 慎改康之訳『ピエール・リヴィエール――殺人・狂気・エクリチュール』河出書房新社）
長谷正人 二〇〇二「文化のパースペクティブと日本社会学のポストモダン的変容」『文化と社会』マルジュ社，3 : 56-74
―― 二〇〇五「文化の社会学の窮状／可能性」『年報社会学論集』18 : 16-27
―― 二〇〇六「分野別研究動向（文化）――「ポストモダンの社会学」から「責任と正義の社会学」へ」『社会学評論』57（3）: 615-633
加藤智大 二〇一二『解』批評社
―― 二〇一三『解＋――秋葉原無差別殺傷事件の意味とそこから見えてくる真の事件対策』批評社
厚東洋輔 一九九七「概説日本の社会学――社会学理論」塩原勉・井上俊・厚東洋輔（編）『リーディングス日本の社会学1――社会学理論』東京大学出版会，3-11
――・高坂健次 1998「総論――社会学の理論と方法」高坂健次・厚東洋輔（編）『講座社会学1――理論と方法』東京大学出版会，19-41
真木悠介 一九七一『人間解放の理論のために』筑摩書房
―― 二〇一二-一三『定本真木悠介著作集Ⅰ-Ⅳ』岩波書店
見田宗介 一九七三「まなざしの地獄――都市社会学への試論」『展望』173 : 98-119
―― 一九七九『現代社会の社会意識』弘文堂
―― 一九九五『現代日本の感覚と思想』講談社

―― 二〇〇八a『まなざしの地獄――尽きなく生きることの社会学』河出書房新社
―― 二〇一一－二『定本見田宗介著作集Ⅰ－Ⅹ』岩波書店
―― 二〇一二『現代社会はどこに向かうか――生きるリアリティの崩壊と再生』弦書房
宮台真司 一九九七『透明な存在の不透明な悪意』春秋社
元少年A 二〇一五『絶歌』太田出版
永山則夫 一九七一『無知の涙』合同出版
―― 一九七七『反－寺山修司論』ＪＣＡ
小形道正 二〇一五「まなざしの誘惑――二つの名を結ぶ思考」『現代思想』43(19):180-193
奥村 隆 二〇一五「〈明晰〉なる反転――見田宗介＝真木悠介におけるその拠点と陥穽について」『現代思想』43(19):97-113
大澤真幸 一九九七「バモイドオキ神の顔」『群像』52(10):224-236
―― 二〇〇八a「解説」見田宗介『まなざしの地獄――尽きなく生きることの社会学』河出書房新社、99-122
―― 二〇〇八b「世界の中心で神を呼ぶ――秋葉原事件をめぐって」大澤真幸（編）『アキハバラ発――〈〇〇年代〉への問い』岩波書店、134-155
作田啓一 一九九三『生成の社会学をめざして――価値観と性格』有斐閣
―― 二〇〇三『生の欲動――神経症から倒錯へ』みすず書房
―― 二〇一二『現実界の探偵――文学と犯罪』白水社
佐藤俊樹 二〇〇八「事件を語る現代――解釈と解釈ゲームの交錯から」大澤真幸（編）『アキハバラ発――〈〇〇年代〉への問い』岩波書店、82-92
内田隆三 二〇〇八「極端現象か、場所の不安なのか――秋葉原殺傷事件の社会学的前提を考える」大澤真幸（編）『アキハバラ発――〈〇〇年代〉への問い』岩波書店、100-125

第6章

作田啓一／見田宗介の初期著作における「価値」

――「一九六〇年代の理論社会学」をめぐる知識社会学

鈴木洋仁

① はじめに

1 「価値」を問う共通性／「価値」を問わない共通性

作田啓一と見田宗介が、ともに、そして、一九六〇年代という同時期に、「価値」を問うたのか。その理由を考えてみたい。具体的には、見田宗介『価値意識の理論』(1966)と作田啓一『価値の社会学』(1972)の議論をたどった上で、彼らの議論の特徴と共通点、そして、その共通性の理由を解き明かしてみたい。

ただし、と、ここで立ち止まってしまう。現在、果たして「価値」は論じられているのだろうか。より狭く絞ってみても、作田と見田は、一九六〇年代以降、「価値」を論じたのだろうか。これらの問いへの答えは、いずれも、否、である。

そうである以上、彼ら二人が、同時期に「価値」を論じた、その接点についての疑問は、次のようにも言い換えられる。それは、なぜ、「価値」が論じられなくなったのか、という問いである。なぜ、作田と見田の二人が、「価値」を問うたのか。そして、なぜ、「価値」は、問われなくなったのか。本章は、この問いを解こうと試みる。この点において、本章は「一九六〇年代の理論社会学」をめぐる知識社会学である。「価値」をキーワードに理論社会学を発展させた二人の巨人を「時代拘束性」を軸に再考していく。

本論に入る前に確かめておかなければならないのは、作田と見田が主題とした一九六〇年代から一九七〇年代にかけての、日本における学術語としての「価値」のコンテクストだ。それは、大きく、次の三つの立場に分けられる。

一つめは、戦前、とりわけ、一九二〇年代以降の「価値」は、ドイツ観念論、なかでも新カント派のリッケルトの哲学によって経済哲学を講じた左右田喜一郎の『文化価値と極限概念』(岩波書店1922)を代表的な著作として挙げられる。大正期の人格主義、教養主義、文化主義の流れに棹さすもので、さまざまな「価値」を並列的なものとして論じていた。

次に、二つめには、マルクス主義経済学における「価値」である。労働価値説に基づいた剰余価値という概念をめぐる議論である。ドイツ観念論とは逆に、戦前においては弾圧の対象となっていたが、戦後においては、その封印が解かれ、隆盛を誇ることになる。

最後の三つめは、キリスト教的信仰との関わりを見据えて決断主体を想定する近代啓蒙主義的な論じ方、特に、マックス・ヴェーバーに依拠するものであった。より具体的に言えば、戦後民主主義を担う主体を養成しようとする使命感に基づく「価値」の議論であった。社会学で「価値」と言えば、普通はヴェーバーの「価値自由」を思い浮かべるに違いない。

作田と見田における「価値」は、こうした三つの大きな潮流の、いずれにも含まれないところに、その最大の特徴と共通点がある。

その特徴と共通点、そして、それらの理由を解明する補助線として、雑誌『思想の科学』の存在が挙げられる（本章第④節3参照）のだが、まずは、「価値」の現在地を確かめておきたい。

2 「価値」の現在

本章がこれからたどる、作田と見田、彼ら二人の「価値」をめぐる探求は、一見すると、くどくどしく、まわりくどく、冗長に映るに違いない。書き手を含めて、読み手が、二人の「価値」をめぐる議論そのものを、迂遠だと捉えざるをえない。

ただ、こうしたくどくどしさ、あるいは、まわりくどさそれ自体に、なぜ、二人が「価値」という共通のテーマを掲げていたのか、そして、なぜ、「価値」は問われなくなったのか、を解き明かすヒントが隠されている。

たとえば、一九八五年に出版された『リーディングス　日本の社会学12　文化と社会意識』では、その編集にあたってのアンケートにおいて、『価値意識の理論』と『価値の社会学』は、ともに、戦後日本の、社会意識論・文化の社会学の主要な業績として多くの推薦を集めていた。一九八五年当時の社会学者の多くが、両書を高く評価していた。

しかし、吉川徹は、戦後日本の社会意識論の歩みを振り返った二〇一四年の近著において、『価値意識の理論』についても、『価値の社会学』についても、まったく言及していない。吉川は、古典としてすらも、この両書について触れていない（吉川 2014）。吉川は、現在の統計に基づいた社会意識論研究を牽引する代表的な社会学者である。その吉川にとって両書は、主要な業績でも古典でもない。

一九八五年に出版された『リーディングス』と、二〇一四年に出版された吉川徹の本を隔てる、この三〇年間の間に、両書の位置づけをめぐって、いったい何が起きたのであろうか。加えて先述のように現在では「価値」を正面から掲げた研究が、ほとんど見られない上、作田と見田においてすら、「価値」はテーマとしては掲げられていない。

こうした点から明らかな点は、そして、先述した一九六〇年代日本のアカデミックな世界におけるコンテクストから浮かび上がるのは、「価値」というテーマの時代拘束性の強さである。それゆえに、作田と見田の議論をたどる本章の営みは、現在において読み直そうとすると、読みにくく、つきあいにくいものにならざるをえない。しかしながら、その強い時代拘束性を見つめるためにも、まずは二人の議論をたどらなくてはならない。

②見田宗介『価値意識の理論──欲望と道徳の社会学』

1 「私」の「基盤」としての修士論文

同書は、一九六一年に東京大学社会学研究室において、高橋徹助教授（当時）を指導教官とした修士学位論文を、五年後の一九六六年八月に、ほぼそのまま弘文堂から出版している（見田 1966 : 2）。刊行の一年前に、見田は東京大学教養学部助教授に就いている。こうした時期的な面を考えても、本節で見る内容面に鑑みても、『価値意識の理論』は、見田宗介にとって、「私」の「基盤」となる修士論文にほかならない。

佐藤健二作成の「初期著作論考リスト」によれば、同書にいたるまでに、「価値意識の構造と機能──価値の社会学への序説」（『社会学評論』50号、1962）、および「価値意識論の構想」（『思想』469号、1963）という二回の雑誌原稿での発表を経ている。（佐藤健二 2015 : 208）

また、一九三七年生まれの見田が公表した最初の文章は、一九六〇年四月二三日付『思想の科学　会報』26号の「純粋戦后派の意識構造」という短文であり、また、書籍の形では、自ら「一つの青春の記念碑（見田1965:3）と位置づける一九六五年の『現代日本の精神構造』（弘文堂）があるため、『価値意識の理論』は、デビュー作ではない。

刊行から三〇年後の一九九六年に、「新装版」が同じ弘文堂から出版されているが、加筆や修正は一切加えられていない。他方で、近年、見田自らのイニシアティブによって編んだ『定本　見田宗介著作集』（岩波書店、全10巻）では、第Ⅷ巻「社会学の主題と方法」において、『価値意識の理論』の「骨格」を収めているものの、全巻を再録しているわけではない。

見田にとっての『価値意識の理論』は、三〇年を経ても変更を加える必要はなく、その骨格における主題と方法を、現在もなお引き継ぐものであるが、しかし、その後のキャリアに鑑みれば、「価値意識」ではなく、「社会意識」や「精神構造」「存立構造」といったキーワードへと展開した点に注目しなければならない（本章第⑤節参照）。

実際、同書の「まえがき」に、見田は、次のように書いている。

> 本書はほんらい私自身が、価値意識の解明を中軸とする、近代日本の民衆意識の動態分析の課題ととりくむに先立って、価値意識の問題をめぐる既存のあらゆる研究分野の成果の批判的な総括という確固たる基盤の上に自己の仕事を基礎づけるために、公刊をまったく予期することなしに行なってきた、基礎的な作業の集約であるにすぎない。（見田1966:2、強調は原文）

「公刊をまったく予期することなしに行なってきた」ならば、そのまま未刊にとどめておけばいいとも考えられるが、そうではないところに、同書を刊行する意義がある。その意義とは、「基盤の上に」「基礎づけるために」「基礎的な」という、同語反復をいとわない真摯さや愚直さとも言い換えられる。この長い一文は、後年の見田に見られるような、鮮やかな、文学的な文体とは全く異なるゴツゴツした印象を与えてやまない。その愚直さに明らかなのは、見田にとってベースとなる仕事だとする位置づけだ。

同じような決意表明は、同書の「結語」でも見られる。

本書において私が一貫して試みてきた方法は、地層の異なったレベルにおいて交叉したり、突然合流してまた離れたりするさまざまな理論的鉱脈の中から、当面の問題解決にとって少しでも有効な図式や仮説を貪欲に掘りおこし、〈価値意識論〉の問題連関に従って再構成することであった。

このような方法は、既存の特定の学説や思想体系への忠節を売りものとする権威主義者たちにとって許しがたいものであるのみならず、それぞれの図式や仮説の理論的、思想史的、および社会的背景に充分にゆきとどいた気を配ることができないという、明白な欠陥をまぬがれることができない。しかし私は、このような代価をあえて支払ってもなお、私自身の構想と問題意識の流れとを見失いたくなかったのである。（見田1966:377）

「まえがき」において強調されていたタームが「基盤」と「基礎」であったのに対して、この「結語」では、「私」が前面に出ている。「私が一貫して試みてきた方法」は、「許しがたいもの」であり、また「明白な欠陥をまぬがれることができない」。「しかし私は」、「私自身の構想と問題意識の流れとを見失いたくなかった」。と、あくまでも、「私」の「方法」であり、「構想と問題意識の流れ」であると明白に述べている。

「私」の「基盤」や「基礎」である以上、この『価値意識の理論』における議論は、確かに、「公刊をまったく予期することなしに行なってきた」作業に違いない。見田における同書の扱いは、他のどの本とも異なっている。「私」の強調については、確かに、見田が、その後繰り返す「ほんとうに切実な問いと、根柢をめざす思考と、地についた方法とだけを求める精神に」（見田1996：188）といったメッセージとの共通点を、ある程度は、見出すことができる。その切実さや、「方法」の重視は、『価値意識の理論』における「権威主義者たちにとって許しがたいもの」だと述べる姿勢と共通している。

また、この「私」の強調は、本書でも述べられているように、真木悠介の筆名を用いた著作や論文を、「世に容れられるということを一切期待しないという古風な熱情を以て記された文章群」（真木2012）と位置づけるスタンスとも通底している。「公刊をまったく予期することなしに行なってきた」作業という点では、真木名義の著作にも通じている。あくまでも、「私」の議論が大事なのであって、それは「権威主義者たちにとって許しがたいもの」だとしても、そんなこととは無関係に論を立てるのだ、とする立場は、後年に至っても通底している。あるいは、「基礎」という点についていえば、『現代社会の理論　情報化・消費化社会の現在と未来』の「おわりに」において、「この本は、このような対話的運動のための、最初の小さな底本として考えられる」（見田1996：183）との定義にも通じていると見なせる。自らの本を叩き台として、議論を発展させていこうとするスタイルを打ち出している点では、類似している。

しかしながら、そうした、後々に見田が自らの著作を位置づける口吻と、『価値意識の理論』の位置づけが決定的に異なるのは、「私」というプライベートな側面と、「基礎」というベーシックな側面を、同時に定位している点である。言い換えれば、「公刊をまったく予期することなしに行なってきた」、その理由は、「私」のプライベートな作業であるだけではなく、同時に、「基盤」となるべき理論の土台だからである。

この二つの要素を同時に意味づけているテクストは、その後の見田＝真木の著作においては全く見られない。『価値意識の理論』は、修士論文という体裁以上に、見田自身のベースを形成する重要な著作であり、だからこそ、「二つの青春の記念碑」ではなく、「公刊をまったく予期することなしに行なってきた」作業なのである。

2　先行研究の整理として

では、その『価値意識の理論』は、どのような著作なのだろうか。

率直に言って、同書は、先行研究の整理だ。

見田自らが、のちに『社会学文献事典』の著者要約でも引用しているように、「まえがき」冒頭にそのモチーフを記している。

人間の〈幸福〉とか〈善〉の問題、社会の〈理想像〉の問題、あるいはまた社会の中で諸個人の行為を方向づけるとともに、彼らの人生に「意味」を与える内面的な要因群の問題は、およそ人間と社会を扱う学問および実践にとって根源的な問題である。

これら一連の目のくらむような問題群を、統一的な分析の枠組みのなかに組み入れ、着実な経験科学の方法によってできうるかぎり追求し解明していくための核となる要因として〈価値意識〉の概念はある。それは第一に、個々の行為の「動機」や「目的」に関する微視的なアプローチと、「文化のエトス」や「イデオロギー」に関する巨視的なアプローチとを統合し、第二に、人びとの行為や人生における駆動的な側面（「欲望」その他）の研究と、規制的な側面（「道徳」その他）の研究とを包括し、そして第三に、「真・善・

美」「幸福」等々に関する「哲学的」な考察と、経験諸科学の成果とを媒介するための「橋わたしの概念」(bridging concept) となりうるであろう。(見田 1966:1)

見田は、人間の〈幸福〉や〈善〉、社会の〈理想像〉、さらには、人生に「意味」を与える内面的な要因群といった、さまざまな「根源的な問題」を、統一的な分析枠組みに入れて、しかも、「着実な経験科学の方法」によって解明する「核」として、〈価値意識〉の概念を掲げている。ありとあらゆる「根源的な問題」を、一挙にブレイクスルーするために、キーコンセプト＝「橋わたしの概念」(bridging concept) として、〈価値意識〉の概念を掲げている。

しかしながら、この〈価値意識〉という耳慣れない概念は、この「まえがき」においても明示されないばかりか、明確に定義づけられるまでに、八六ページも待たなければならない。

〈価値意識〉とは、「欲求性向と規範意識を包括する上位概念」(見田 1966:86) であり、それは、「欲求性向のみから成り立つものではなく、彼の欲求から一応独立し、時には欲求ときびしく対立しさえする〈規範意識〉の部分をふくむ」のであり、その唯一の現実的な基盤は「人間の欲求にある」。(見田 1966:86)

同書は、この命題の検証に費やされているといってよく、ために、第2章では行為の理論、第3章ではパーソナリティ論、第4章は文化の理論、第5章は社会の理論における価値研究の総括にあてている。

各章のタイトルは、次のようになっている。

序章　人間科学の根本問題

第1章　価値と価値意識　概念・次元・および類型

第2章　行為の理論における〈価値〉
第3章　パーソナリティ論における〈価値〉
第4章　文化の理論における〈価値〉
第5章　社会の理論における〈価値〉
第6章　価値意識研究の方法

第1章では、〈価値〉を「主体の欲求をみたす、客体の性能」（見田1966:17、強調は原文）と定義したのちに、〈価値判断〉〈価値意識〉〈価値主体〉〈価値客体〉〈社会的価値〉〈価値空間〉といった、諸概念を定義づける。また、見田は、「現代の〈価値〉（value）の定義の若干の例」として、三三個のさまざまな定義をとりあげている。（見田1966:20）

第2章から第5章は、見田自身が、「本書のいわばボディーをなす」というように、同書の中心的な議論を構成している。何よりも見田の議論を特徴づけるのは、その徹底した分類である。各章ごとに参照している先行研究を、いくつもの類型に分けた上で、それぞれの議論のどこに利点があり、どこに欠点があるのかを細かく検討している。

具体的には、第2章では、リントンの地位に関する議論、パーソンズとシルズの欲求性向に関する議論、そして、トールマンの価値に関する議論を検討している。それは、行為の構造の文脈における価値判断の構造、機能、起源の考察である。しかしながら、行為の理論は、「個々の行為という視点」から出発するために、「行為を単に記述的・結果論的に」（見田1966:79）とらえてしまう憾みがある。そこで求められるのは、そういった「個々の行為」の基盤にある「価値意識の構造」であり、そのために、第3章において、パーソナリティ論が検討される。

第3章では、フェアリスとミードにおける価値概念をはじめとして、フロイトやカッツ、キャトン、クラックホーン、クーリーやウェーバー、リースマン、フロム、サーストン、ボーヴォワール、モリスらの議論が検討される。そこに見田は、価値の〈外在性〉と〈多様性〉という二つの難点を見出す。パーソナリティ論は、価値をすでにそこにあるもの＝〈外在性〉を前提にしており、そのために、「諸個人をもっぱらその受動的な「習得者」として取扱う」（見田 1966：183）短所がある。また、パーソナリティ論は、価値の類型を設定できるものの、「それらの類型の社会的・文化的な根拠を本格的に追求すること」（見田 1966：184）はできない。すなわち、価値の〈多様性〉を、パーソナリティ論は扱えない、と見田は批判する。

第4章は、この二つの問題点を克服するために、文化の理論が検証される。リントンやソローキン、パーソンズ、クラックホーン、キャトン、あるいは、オグバーンの「文化のおくれ」（文化遅滞）といった、文化にかかわるさまざまな理論を検討した上で、見田は、レヴィ・ブリュールの「道徳的表象・信仰」と「道徳的感情」を、それぞれ、「タテマエ価値」と「ホンネ価値」と言い換える。そして、「タテマエ価値」が規範意識に、「ホンネ価値」が欲求性向に、それぞれ依存しているとし、それぞれの仮説を「安易な首尾一貫性を早急に求めて安住することをつつしまなければならない」（見田 1966：252）とする。見田は、「仮説を、それぞれ素朴に一般化したさいにみられる矛盾をそのまま問題として提起して、実証的データのつみあげの中でそれぞれの妥当範囲と限界を定めていくことが、より生産的な行き方である」（見田 1966：252、強調は原文）との立場をあらためて強調している。

第5章は、「文化の理論」よりも、さらに広い射程をもつ「社会的基盤」との関連において価値意識や価値体系の解明を試みた「社会の理論」、具体的には、プレハーノフにおける「社会心理」と「イデオロギー」や、マンハイムの「世界観」、グロスによるイデオロギーの体系、といった知識社会学やイデオロギー論を検討してい

章の末尾で次のように述べているからだ。

われわれ自身の意識の底にあるひそやかな価値基準の本体は何であろうか。科学はいまだ、このような隠微な問題に答えるための図式も答えも用意していないように思われる。現在までに科学がなしえた成果によって、一つの自己完結的な体系を構築することは、それゆえに危険であろう。（見田 1966：313、強調は原文）

単に先行研究＝「これまでに科学がなしえた成果」を積み上げるだけではなく、あくまでも、自分自身の手によって価値意識研究＝理論社会学の新しい体系と方法を確立することが、見田の目的である。

3　新たな方法の確立にむけて

では、その見田の掲げる新たな方法とは何なのだろうか。

第6章は、次に挙げる二つの課題の検討に費やされている。

その課題として、見田は、「(1)それぞれの仮説を検証し、法則として確定すること、(2)こうして得られた確実な法則のセットから、統一的な理論体系を構築すること」、具体的には、「諸仮説の検証のための、価値意識の具体的な分析技術の確立」（見田 1966：315、強調は原文）を掲げている。

見田は、この第6章にいたってようやく、価値意識を「主観的な顕在変数」であると定義し直す。

なぜ、このような定義のし直しが必要になるのか。それは、新たな方法の確立のためである。

価値意識は、社会構造や文化形象、行為状況といった客観的な顕在変数によって、推論され規定されるとともに、同じく客観的な顕在変数である行為の原因となるため、行為からも導き出されるからだ。価値意識は、社会構造をはじめとする基盤の結果であるとともに、行為という現象の原因でもあるからだ。

それゆえ、見田は、価値意識を推論するための根拠となるデータを、直接的／間接的、「見出された」／「引出された」、という二つの分類軸に基づいて区別している。

一つめの、直接的／間接的とは、前者が、価値判断の言語的な表明であり、後者が意図的な行為とその結果である。二つめの、「見出された」／「引出された」とは、前者が、現実の記録であり、後者が、調査・研究のために調べられたデータである。

二つの分類軸を掛け合わせて、次の四つのデータ群、すなわち、Ⅰ「見出された」間接的データ（行動や風俗習慣の記録）、Ⅱ「引出された」間接的データ（プロジェクティブ・テストへの反応）、Ⅲ「見出された」直接的データ（成文律や道徳教育のテキスト）、Ⅳ「引出された」直接的データ（世論調査）を、見田は分類している（見田 1966：353）。

そして、こうしたデータを用いた分析は、五つの局面において展開される、と見田は分類する。それは、Ⅰ．分析図式を示し、とりあげるべき要因を限定し、戦略的な問題を提起し、Ⅱ．量的データを用いた統計的関連・相関、および、経験的な共変関係を発見し、Ⅲ．質的データを用いた因果関係や動機連関の内的な説明・理解に基づいて実質的な仮説を形成し、Ⅳ．再び量的データを用いて仮説を検定し、個別的な法則を確定した上で、Ⅴ．統合図式を提示し、他の諸法則との関連を明らかにすることによって、最終的に理論体系の構築に至る、という五つの局面である。

これが、見田が最終的に提示する価値意識研究の過程であり、方法である。見田自身が、この方法をどのように総括しているのかについては、既に本章でも見た（第②節**1**参照）通りだ。

こうした見田の議論を特徴づけるのは、すでに指摘したように、先行研究を徹底して分類するその姿勢にある。

「価値意識」という観点に基づいて、社会学の、時には、社会学という範囲を超えたさまざまな議論を、細かく整理し、そして、腑分けする。この作業に、見田は情熱を傾けている。否、本章でここまで長々と整理してきた議論を見る限り、情熱を傾けているかどうかも定かではない。ひたすら、ただひたすら、先行研究を整理し、分類し、そして、方法を確立する。そして、この見田の議論においては、現実の、あるいは、具体的なテーマがほとんど姿を見せない。あたかも一九六〇年代の日本というコンテクストなどなかったかのように、まったくもって抽象的な議論が、ただただ続いている。

だから率直に言えば、『価値意識の理論』は、見田の著作の中で最も「面白くない」ものだ。流行歌や歴史や、事件、あるいは、世論調査といったさまざまなデータをあざやかに分析する見田宗介の姿は、どこにもない。かといって、マルクス主義の理論を創造的に発展させた『現代社会の存立構造』や、美しい社会構想の希望としての『気流の鳴る音』といった、真木悠介名義の著作のような高度に論理的な発展が見られるわけでもない。別の言い方をすれば、先行研究に学び、理論社会学の新しい方法論を確立する、という、アカデミズムのマナーとしての修士論文の体裁に、愚直なあまり忠実な、その忠実さに向けて、見田は情熱を傾けている。では、なぜ、こうまでして、本章で見てきたように、あまりにも丁寧に、あるいは、抽象的に、「価値意識」をめぐる議論を積み上げる必要があったのだろうか。

その理由は、次に見る作田啓一における「価値」と合わせて考察することによって明らかになる。

③ 作田啓一『価値の社会学』

1 「価値」を軸に編んだ論文集

同書は、古くは、一九五二年に発表された論文(Ⅳ)から、一九七一年に書き下ろされた部分(Ⅰ)に至るまで、二〇年間におよぶ「筆者の価値についての論考を集め、修正のうえ加筆したものである」(作田1972:447)。一九七二年に岩波書店から出版され、二〇〇一年に、同社から「岩波モダンクラシックス」の一冊として、内容には一切の変更がなく、再刊されている。

一九二二年生まれの作田は、一九五九年に京都大学教養部助教授に、一九六六年に教授に就いており、同書刊行時には、既に五〇歳になっていた。また、作田は、同書刊行よりも前、一九六〇年代から雑誌『思想の科学』や『展望』に評論を多く執筆しており、一九六二年から一九六四年にかけて書かれた一〇編をまとめた『恥の文化再考』(筑摩書房1967)が書籍としてのデビュー作であり、この『価値の社会学』は、二冊目の単行本である。論文としては、卒業論文に加筆し、同書Ⅳとして収録している「責任の進化」(初出時のタイトル「客観的責任の心理と社会的諸条件」『西京大学学術報告人文』第1号、1952)が、初めて公刊されたものと推定される。

こうした経緯に明らかなように、同書は、修士論文や博士論文のようなひとつの体系を目指して書かれたものではなく、自らが書いてきた論文を、「価値」というテーマに沿ってまとめ直したものである。同書は、「価値」を軸に編んだ論文集である。その「あとがき」に、作田は、その狙いを、ひとまず次のようにまとめている。

この本は、筆者の価値についての論考を集め、修正のうえ加筆したものである。価値は選択過程から生ずる。選択の原理は〈手段としての有効性〉〈価値の一貫性〉〈欲求充足にとっての適切性〉の三つに尽きる。これらの原理は、それぞれ、現実原則の支配する世界、普遍の理念が貫徹する仮構の世界、現実と理念の拘束から離れた自由あるいは遊びの世界に根ざしている。価値は選択過程において生ずるのであるから、これら三つの世界はすべて価値の発生源である。これらの価値のうち、筆者は第二の理念の世界から生ずる文化的価値を狭義の価値と名づけた。文化的価値が、現実の世界に属する社会体系の中での行為の一選択肢となる時、それは社会的価値と化する。一方、社会的価値は理念として高昇すると文化的価値となる。このような抽象的な議論に続いて、本書では、いくつかの事例に即して、文化的価値の現実とのかかわり合いを考察してみた。（作田 1972: 447、傍線は引用者）

有効性＝現実原則、一貫性＝理念、適切性＝遊びの世界、という、選択過程についての三つの分類のうち、とりわけ、二つ目の、一貫性＝理念の世界を発生源とする「文化的価値」を狭義の「価値」と名づけた、と作田は、整理する。もちろん、作田が、同書で明言しているように、この三分類は、ヴェーバーによる社会学的行為の三類型＝「目的合理的」「価値合理的」「感情的」にそれぞれ対応している（作田 1972: 5–13）。

とはいえ、のちに見るように、同書においては、上述の三つの分類がわかりやすく示されているわけではない。確かに、単行本化に際してまとめたⅠにおいては、この三分類を提示しているものの、続くⅡ（一九六八年発表）に移ると、パーソンズのＡＧＩＬ図式に基づいて、価値を四つに分けており、一貫してはいない。

一貫性のなさ。この要因として考えられるのは、多分に、「いくつかの事例に即し」た社会学的・理論的考察を展開した論文を、「価値」というキーワードをもって、まとめ直した、その成立事情だろう。執筆時点で、「価値」という統一のテーマを掲げていたわけではないからだ。

加えて、各章のテーマもまた、「価値」という単語をもってひとくくりにするには、あまりに多彩であるし、とりわけ後半部については、「事例に即し」た側面が強い。

この点で、『価値の社会学』は、一冊の本としてのまとまりを保てているとは言い難い。執筆時点で体系を目指していなかった以上、論述の一貫性を保てていないのはもちろんのこと、論じきれなかった部分も多くならざるをえない。上の引用箇所に続いて、作田は、次のように今後の課題について明記している。

第三の自由あるいは遊びの世界から、価値がどのように形成されるかという問題は、本書では全く考慮の外におかれている。この問題を正面から取り扱うためには、社会体系とパーソナリティ体系の体系としての類似性を強調する概念枠組から離脱しなければならない。類似にもかかわらず相異があると見る立場を築く必要がある。しかし、社会と個人の対立は「虚偽問題」にすぎないと見るG・ギュルヴィッチのような立場をも含めて、両体系の類似を強調するのが、今日の社会学の風土（クリマ）である。このクリマの中にいる筆者は、〈欲求充足にとっての適切性〉の原理もまた価値を生むことの論理的可能性を認めながら、この種の価値を定義し記述することができなかった。しかし、価値を自由や実存の相のもとでとらえようとすると、経験科学の領域をいくらか離れることにもなるだろう。（作田 1972：447–448、傍線は引用者）

ヴェーバーの言う「感情的行為」、作田の述べるところの〈欲求充足にとっての適切性〉については、「本書では全く考慮の外におかれ」「この種の価値を定義し記述することができなかった」と、作田は振り返っている。

しかしながら、大村英昭が詳しく検証しているように、実は、この〈欲求充足にとっての適切性〉は、「本書全体がその周囲を回転する、中心問題ですらある」（大村 2009：38）と思われるほどの力点を置かれている。ただ、本稿は、大村のように紙幅を割いて、〈欲求充足にとっての適切性〉のウェートを検証するのではなく、『価値の社会学』が、どのような構成をとり、何を論じているのかを概観しなければならない。

2　「価値」を指標とした戦後日本社会論

作田は、見田による価値の定義「主体の欲求をみたす、客体の性能」（見田 1966:17、強調は原文）を参照しつつ、『価値の社会学』の冒頭部分で、次のように定義している。

> 価値とは、何らかの犠牲（または排除）を伴う選択の上で、到達あるいは入手に値する、とみなされている客体のことである。行為者にそのように「みなされ」なければ、同一の客体でも価値はないから、価値は、そのようにみなす志向とともに成立する。（作田 1972:4）

上述のように、この冒頭部分は、同書の出版に際して一九七一年の夏に書き下ろされたものであり、見田の『価値意識の理論』が刊行された後であるため、作田は、議論を見田へのリファーから始めている。

ただ、先述したように、『価値の社会学』は論文集であり、「価値」をめぐって体系的に書かれてはいない。同書は、「価値」を指標とした戦後日本社会論なのである。

その構成は以下のようになっている（カッコ内は初出時のタイトルと刊行年）。

第一編　社会的価値の理論

Ⅰ　行為の概念（「社会行動の動機と原因」1959、「価値と行動」1963、「ジンメルの価値の概念」1968を元に

1971に書き下ろし）
Ⅱ　社会体系のモデル（「構造と機能」1968、「行為理論と体系理論」1965）
Ⅲ　価値の制度化と内面化（「価値と行動」1963）
Ⅳ　責任の進化（「客観的責任の心理と社会的諸条件」1952）
Ⅴ　アノミーの概念（「アノミーの概念」1954）
Ⅵ　市民社会と大衆社会（「市民社会と大衆社会」1966）
第二編　日本社会の価値体系
Ⅶ　価値体系の戦前と戦後（「価値と行動」1963）
Ⅷ　恥と羞恥（「恥の文化再考」1964、「羞恥と芸術」1967）
Ⅸ　同調の諸形態（「社会的適応」1960）
Ⅹ　戦犯受刑者の死生観（「戦犯受刑者の死生観」1960）
Ⅺ　戦後日本におけるアメリカニゼイション（「戦後日本におけるアメリカニゼイション」1962）
Ⅻ　日本人の連続観（「日本人は自律的になれるか」1966）

作田は、自ら、「第一編は一般理論に関する論考を集めており、第二編はその理論を日本社会に適用した論考から成る」（作田1998：172）と整理している。この点において、確かに同書は「理論社会学」を標傍している。「Ⅰ　行為の概念」では、価値を、「欲求を充足させるもの」か「ふだんの欲求の充足を押さえることで到達したもの」か、その二種類の概念を示したり、あるいは、「文化的価値」と「行為的価値」に分類したり、といった形で、一見すると、行儀よく、価値の定義付けを行っているように見える。しかしながら、章タイトル「行為の概念」に明らかなように、この章の眼目は、行為（行動）が、セルフ・インタレスト（動機志向）か価値志向か、という、その行為の性質の違いを定義するところにある。

続く「Ⅱ　社会体系のモデル」では、一　関係体系と集団体系、二　社会関係のモデル、三　社会集団のモデル、という三つの節に分けて、構造、機能、体系、適合といった概念を説明する。

その上で、「Ⅲ　価値の制度化と内面化」では、パーソンズのＡＧＩＬ図式に基づいて、価値を四つに分類している。つまり、Ａ（adaptation）次元に「業績」を、Ｇ（goal-attainment）次元に「貢献」を、Ｉ（integration）次元に「和合」を、Ｌ（latency）次元に「充足」を類型化している。

作田は、これを左のように図式化している。（作田 1972:89）

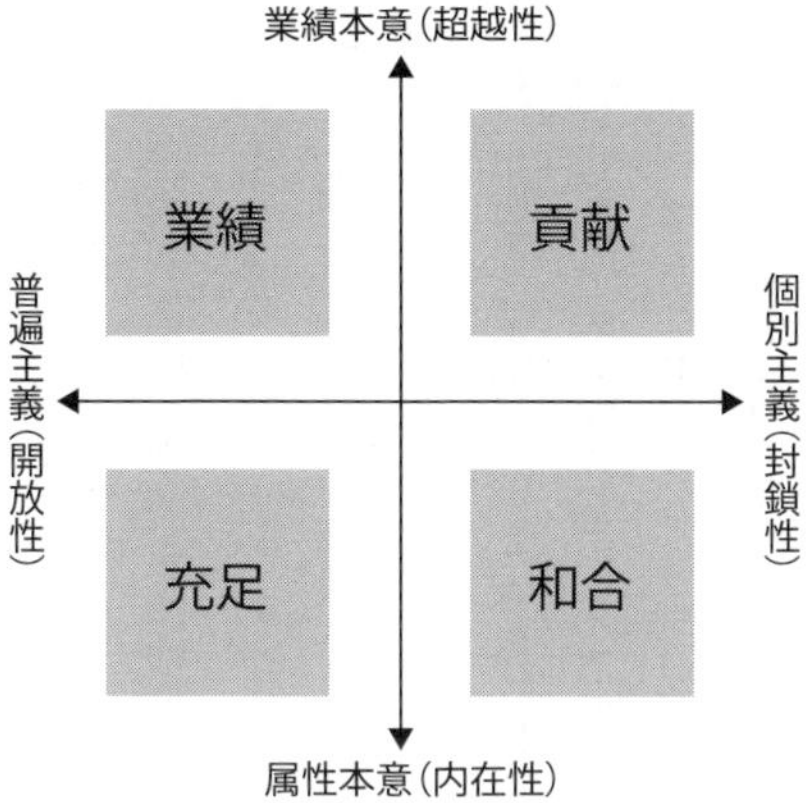

先述のように、ヴェーバーによる社会学的行為の三類型＝「目的合理的」「価値合理的」「感情的」を用いれば、上の図で言う右下の「和合」の部分は、該当する行為がなくなってしまう。

さらに、この図に先立つ説明では、「業績」は「経験的知識（科学）」に、「貢献」は「世界観（宗教）」に、「充足」は「表現形式（芸術）」に、そして、「和合」は「秩序（道徳）」に、それぞれ対応するのだとも、作田は述べている。（作田 1972:70-71）

さらに続く「Ⅳ　責任の進化」において、作田は、前近代社会から近代社会への、責任帰属をめぐる移行についても上の図を適応し、具体的には、個別主義から普遍主義へ、属性本位から業績本位へ、という二つの流れが、それにあたると分析する。加えて、次の

「Ⅴ　アノミーの概念」および「Ⅵ　市民社会と大衆社会」では、近代社会における「業績」価値の優位により、「和合」価値、すなわち、latencyの困難が生じるプロセスを説いている。そして、市民社会において個別主義と普遍主義の関係は、中間集団の自立性によってかろうじてバランスを保っていたのに対して、中間集団が弱まる大衆社会においては、二つのバランスが崩れ、集団への過剰同調が起きている、と整理する。

「第二編　日本社会の価値体系」に集められているのは、そのタイトル通り、日本社会、それも、第二次世界大戦をはさんだ価値の変化について考察した論文である。

「Ⅶ　価値体系の戦前と戦後」は、R・ベネディクトとR・N・ベラーという二人の社会学者、とりわけ前者が注目した「タテマエとホンネの使い分け」（作田1972:250）を再考している。そして、作田は、「一方においては、タテマエとホンネの論理的な使い分けがあり、他方においては、両者の前論理的な相互浸透がある」（作田1972:261）ところに、日本社会の特徴を見出している。

次の「Ⅷ　恥と羞恥」は、前述の作田の処女作『恥の文化再考』（筑摩書房1967）の中核をなす論文であり、既に公刊されていたこともあり、ここでは、より理論的な性格を強く打ち出した上で、ベネディクトによる西欧＝「罪の文化」、日本＝「恥の文化」という図式への反論として、次のように述べている。

もし日本文化を「罪の文化」と規定するなら、公恥への恐れよりも、一般にあらゆる注視にたいして警戒的であるという〈志向のくい違い〉への不安のほうに、日本人の特徴づけを求めるのが、むしろ適切であるように思われる。（作田1972:301-302）

この〈志向のくい違い〉が、すなわち、単純な「恥」ではなく、「羞恥」というズレに基づく感情であることが説明されている。

こうした「恥」と「羞恥」の関係は、社会的関係においては、国＝「統制機構」や、地域＝「共同態」への同調へとつながる仕組みを解説しているのが、続く「Ⅸ　同調の諸形態」である。太平洋戦争後においては、「自我→職業集団の同調形式が最も典型的となってくる」（作田 1972:356）と述べており、ここでも、戦後の価値体系の変化が主題となっている。

この価値体系の変化を具体的に見るために、「Ⅹ　戦犯受刑者の死生観」では、戦争犯罪者七〇一名が残した遺文を分析し、その死を、「自然死」型、「いけにえ」型、「いしずえ」型、「贖罪」型の四つに分類している。それぞれ、前述の図式で言えば、順に、「充足」、「和合」、「貢献」、「業績」の四つの価値類型にあてはめている。「Ⅺ　戦後日本におけるアメリカニゼイション」は、こうした戦犯受刑者の死と同時並行して起きていた日本社会のアメリカニゼイションが、どのように価値体系を変えたのかについて考察している。そこでは、この論考が初めて発表された一九六二年時点で、アメリカニゼイションを「『日本的な』仕方で取り入れてしまった現実への批判的関心の方が強くなる」（作田 1972:410）現状が分析されている。

なぜなら、最後の「Ⅻ　日本人の連続観」で論じているように、日本人は、「さまざまの対象と自己とのあいだや、対象と対象とのあいだが連続的につながっているという感じ」（作田 1972:415）＝連続観をもちやすいからである。具体的には、「個人を中心とし、家族、中間集団、国家と広がってゆく同心円的構造が、日本人に一般的な社会構造の表象となる」（作田 1972:439）。しかしながら、戦後日本における家族の転換、すなわち、親子中心の家族から夫婦中心の家族への転換が、連続観から非連続観への転換をもたらす可能性を論じている。

こうした議論に明らかなように、「価値」について首尾一貫して論じているのではないばかりか、章が進めば進むほど理論社会学よりも、日本人論、とりわけ、戦後日本社会論としての性格を強めている。

3　「文化」としての「価値」

戦後日本社会論としての「価値」を問うにあたって、作田が追い求めていたのは、「文化」としての「価値」の側面である。

既に見たように、作田は、同書の「あとがき」で、「価値は選択過程から生ずる」ものであり、その原理として、〈手段としての有効性〉〈価値の一貫性〉〈欲求充足にとっての適切性〉の三つを挙げている（作田 1972：447）。けれども、上述の整理に見られる通り、作田は、同書において、この三つの原理を軸に解説しているわけでもなければ、また、自らの作成した四象限図式に基づいて、事例を考察しているわけでもない。

戦後日本社会論が中心となった体裁について強いて言えば、同じく「あとがき」で振り返っているように、上の二つめ、〈価値の一貫性〉から生ずる「文化的価値」と現実とのかかわり合いを考察しているのだと、捉えられよう。その「文化的価値」という表現における「文化」について、同書の冒頭近くで、作田は、次のような長い定義を与えている。

> 道具や言語の使用法、技術や科学的知識、人とのあいだの交渉のあり方を規制する各種の慣習、それらが体系化され強い拘束力をもつに至った法律、善悪を分かつ内面的な規準としての道徳、人間の感情を生命体のリズムに即して表現する芸術、人生の究極の意味に従ってものごとを位置づける宗教など。これらやその他の項目を含む文化は、もともとは人間の生物学的素質から発生してきたとしても、社会生活を通じて伝承されているうちに、反射的な、あるいは本能的な行動様式からしだいに遠く離れていった。（作田 1972：14）

ここでは、「文化とは何か」という存在論的な問いには立ち入らない。作田が「文化的価値」と総括する、同書の課題は、上の引用部に続く、次のようなところにあるからである。

文化にはさまざまの領域があるので、文化の中から何らかの共通部分を取り出さないと、現在の課題の周辺をさまようだけでスペースを埋めてしまう恐れがある。現在の課題というのは、文化によって規制された欲求を出発点において、文化と行動、更には文化と社会（行動の相互交換としての）との関連を一貫的に追求することである。このような課題に答えるために、文化の共通部分としての価値（value）に焦点を合わせることにしよう。（作田 1972：14、傍線は引用者）

文化の共通部分であるところの価値をインデックスとして、戦後日本社会における戦前からの変化を追求すること。これこそ、作田が同書を『価値の社会学』としてまとめた真意だと言える。言い換えれば、自らの二〇年近い研究生活を振り返ったときに、「文化的価値」、さらには、「価値」をキーワードとしてまとめ直してみれば、「文化と社会との関連を一貫的に追求すること」として体系づけられるように見えたからこそ、作田は『価値の社会学』と題してまとめたのである。

同書のもとになった論文は、たとえば、「行為」や「責任」「機能」「アノミー」といった、理論社会学の基礎的なコンセプトを問い直していた。このため、同書の前半・第一編は、ジンメルやヴェーバー、そして、パーソンズといった大家の議論を敷衍する点で、共通しているように見える。

けれども、「価値」をベースにした議論を展開しているのではなく、さまざまなコンセプトを、あらためて、「文化的価値」の名の下に強引に統一していると言った方がよい。

さらに、後半の第二編においては、「価値」というよりも、「恥」や「死生観」あるいは「連続観」といった、より現実的な、そして、戦後日本社会に特徴的なテーマへと収斂していく。戦後日本社会論という観点では、確かに収斂なのだが、しかし、「価値」という観点では、収斂というよりも、拡散と言った方がよい。

本章では、先に、『価値の社会学』を、「価値」を指標とした戦後日本社会論だと定義したものの、こうした議論の展開に明らかなように、その定義からイメージされるようなまとまりをもっているわけではない。まとまっていないどころか、「価値」をめぐるアンソロジーとしての側面が強い。同書は、アンソロジーという体裁に至るまで、強引に、「価値」というキーワードによって、まとめ直した論文集なのである。

加えて、作田の関心は、経験科学としての社会学において「価値」を追求するところよりも、もっと実存的に、現実の戦後日本社会を捉えようとするところにある。事実、すでに引用したように、作田は、「しかし、価値を自由や実存の相のもとでとらえようとすると、経験科学の領域をいくらか離れることにもなるだろう」（傍線は引用者）と、「あとがき」で述べているからだ。

作田は、「価値」というキーワードによって、自らの二〇年間の議論をまとめようとしてみたものの、そして、それは、ある程度までは成功しているものの、しかし同時に、彼の関心は、戦後日本社会における「価値」の変容という、より具体的かつ現実的なテーマへと移っている。この点では、作田自身がいみじくも述べているように、「価値を自由や実存の相のもとでとらえようとする」姿勢は、すでに作田の中で抑えがたいモチーフとなっていたのである。

では、なぜ、「価値」という一見すると理論的かつ抽象的な探求から始めながらも、より具象の、戦後日本社会という現実へとフォーカスを移していったのだろうか。この理由は、前節でたどった見田宗介における「価値意識」の議論と合わせて考察することによって、より明確になる。

④「価値」をめぐる時代拘束性

1　「価値」についての三つの立場

②節でたどった見田宗介の「価値意識」をめぐる議論は、先行研究を整理した上で、新しい方法論を確立する、という修士論文の体裁に、あまりにも忠実であった。そして、その丁寧さと抽象度には理由があり、それは、作田啓一との比較によって明らかになると述べた。その作田における「価値」の議論は、一見すると抽象度が高いところから出発しているにもかかわらず、はるかに具体的な戦後日本社会へと関心を移していた。

見田宗介は、「価値意識」の議論にあたって、徹底して抽象的であり、作田啓一は、「価値」の議論において、現実的な方へとウェートを移していた。こうした、「価値」をめぐる両極端とも思える理論社会学の展開が、一九六〇年代という同時期に行われていた理由は、どこにあるのだろうか。

なぜ、彼らは、一九六〇年代において、「価値」を論じたのだろうか。

それは、「価値」をめぐる議論が、極めて時代拘束性の強いものだったからだ。「価値」をめぐる時代拘束性ゆえに彼らは、「価値」を問うた。彼らは、その時代拘束性を解除しようと試みたからこそ、「価値」を問うたのである。

では、その時代拘束性とは、いかなるものだろうか。

本章冒頭でも整理したように、それは、ドイツ観念論、マルクス主義、そして、戦後啓蒙、といった三つの立場である。

事実、二〇一〇年の論文において経済思想史家の橋本努が整理しているように、この時代に隆盛を誇った論壇雑誌『展望』においては、マルクス、あるいは、ヴェーバーに基づいた議論（橋本 2010）が展開されていた。

残るドイツ観念論に関しては、戦後日本においては、多分にタブー視されていた。その根拠として、次の二点を挙げておけば十分だろう。ひとつには、本国ドイツにおいて、リッケルトがナチスドイツの思想的根拠として利用されたからであり、またもうひとつは、日本においては、リッケルトの受容者であった左右田喜一郎をはじめとした大正教養主義もまた、太平洋戦争の正当化のイデオロギーとして使われたから（鈴木貞美 2016）である。「価値」をめぐる議論を展開しようとするや否や、こうした三つのいずれかの立場に回収されてしまう、そのベクトルと磁場は、現在からは想像がつかないほど強いものがあった。

それゆえに、見田宗介と作田啓一は、本章で整理してきた、「価値」をめぐっての極端な議論のスタイルをとったのである。彼ら二人は、「価値」をめぐる三つの立場の、どれでもない視点から分析することで、当時の時代拘束性を解除しようと試みたのである。

また一九六八年に見田が執筆した「社会意識論」では、「社会意識の理論的研究文献」として、一、史的唯物論、二、ドイツの文化社会学・ヴェーバーおよびマンハイムらの知識社会学、三、デュルケーム以下のフランス道徳社会学、アメリカを中心とする現代の社会心理学、の四つの立場を上げている（見田 1968：201-202）。これらの四つが当時の社会学の大きな潮流であった。

そうした中で見田のように、主としてアメリカの社会学や社会心理学を、先行研究として体系的に把握している姿を示すのか、あるいは、作田のように、理論から出発して現実の戦後日本社会を捉えようとする姿を見せるのか。「価値」をめぐる考察は、その両極端のどちらかに議論をふりきらない限り、三つの立場のいずれかに足をからみとられてしまう状況だったのである。

すなわち、見田のように極端なまでに抽象度を高めるのか、あるいは逆に、作田のように極端なまでに具体性を高めるのか。そのいずれかの極へとスタンスを決めない限り、レッテルを貼られ、そして、派閥争いへと巻き込まれてしまいかねなかったのである。

作田が『価値の社会学』の半分を、戦前と戦後の日本社会における価値体系の変化の具体的な記述に充当していたように、戦後日本社会においては、自分たちの「価値」の源泉がどこにあり、そして、どこに向かおうとしているのかを問う営みは、極めて切実であった。その切実さの中で、作田は、それと正面から向かいあい、逆に、見田は、あえて、現実的・具体的な話題を扱わなかった。（見田 1966 : 378）

そうした状況が、一九六〇年代から一九七〇年代にかけての「価値」をめぐる時代拘束性にほかならない。では、なぜ、こうした時代拘束性が生じていたのだろうか。そして、そうした時代拘束性の中で、なぜ、わざわざ、見田宗介と作田啓一は、「価値」を問うたのだろうか。

2　時代拘束性の理由

一九六〇年代とは、日本の近代化、そして、戦後をめぐる議論が、ひとつの頂点を迎えていた時期である（佐藤 1998）。事実、先に参照した、経済思想史家の橋本努の研究は、同時代の雑誌『展望』において、近代化論が問われていたのだと位置づけている。

『展望』一九六七年四月号に掲載された、経済学者・伊東光晴と社会学者・富永健一の対談「社会変動と未来像の構築」は、そうした近代化と戦後をめぐる象徴的な議論である。その対談において中心的な話題のひとつとして取り上げられているのは、一九六五年に出版され、ベストセラーとなった『日本近代の新しい見方』という一冊の新書本である。この本は、当時の駐日アメリカ大使であり、もともとは、東洋史研究者であったエドウィン・O・ライシャワーによって書かれた。ライシャワーは、同書において、日本を、非西洋国家において唯一、近代化＝工業化に成功した国として肯定している。

また、現実面においても、ライシャワーの著作出版の前年には、東京オリンピックが開催され、そして、新幹線の開通や高速道路網の整備といったインフラの面での近代化が、急速に目に見える形で、成し遂げられていた。加えて、一八六八年の明治維新から一〇〇年目を迎える、「明治百年祭」に関する議論も、政府を挙げて進められていた。（鈴木洋仁2014）

日本近代を肯定的に捉える風潮が蔓延するからこそ、「価値」をめぐる前述の三つの立場の議論が展開されたのである。

ひとつは、疎外論的に、つまり、弱者の立場に寄り添う形からの日本近代への批判は、マルクス主義的な「価値」論によってなされた。それは、これまでの日本近代の道のりが、労働者からの搾取によるものだとする、労働価値説に基づく批判である。この立場は、たとえば、いわゆる「六〇年安保」、一九六〇年に、日本とアメリカ合衆国とのあいだで締結された日米安全保障条約をめぐる大学生による抗議活動＝安保闘争からつづく学生運動の基盤となった。

もうひとつの日本近代への批判は、ヴェーバー的な、つまり、啓蒙主義的な主体の想定に基づいている。真の意味での近代化を成し遂げるためには、ひとりの個人としての「価値」を持たなければならない、とする立場は、主として丸山眞男や大塚久雄といった、良心的知識人によって担われた。彼らによる日本近代への批判は、現在までの近代化が西洋とは異なっており、未だに、日本における個人は、それぞれの「価値」を持つことができず、民主主義を担う段階に至っていない、とする批判であった。一九六八年に「個人析出のさまざまなパターン」と題した、日本の近代化における個人の形成を問うた丸山眞男。彼は、全共闘からの糾弾等により東京大学を早期退職した翌年一九七二年に「歴史意識の古層」を発表している。このプロセスもまた、当時の議論を象徴している。

また、すでに述べたように、三つめのドイツ観念論については、戦後日本においてタブー視されていたこともあり、表立った議論としては見えてこなかった。

とはいえ、マルクス主義的な抑圧説でもなく、ヴェーバー的な近代啓蒙主義でもない形で、「価値」を論じようとすれば、大正教養主義的な、人格主義的な議論だとのレッテルを貼られかねない状況にあったことは、想像に難くない。

すなわち、日本の近代化が成功したのだとする肯定的な評価を、世界的にも、また、国内的にも得ていたからこそ、それらを批判する知識人の側は、「価値」をベースにした議論を展開していた。これが、一九六〇年代の時代拘束性の理由と言えよう。

それほどまでに、「価値」をテーマとした議論は、喫緊の、そして、日本近代という一〇〇年のスパンを持つ重要なものとして、同時代的に問われていた。だからこそ、見田と作田が「価値」を問うたのは、当然だと言える。そして、こうした中で、上記の三つのレッテルを避けるために、見田宗介は、周到に理論的な体系を打ち立てようとしたのであり、作田啓一は、理論的なベースの上の現実的な議論を展開したのである。ここに二つの対称的な理論社会学が生まれたのである。

ただし、彼ら二人が、「価値」をめぐる議論を同時代的に展開した理由としての時代拘束性は、これだけではなく、共通の基盤としていた雑誌『思想の科学』においても見られるのである。

3　共通の基盤としての『思想の科学』

雑誌『思想の科学』は、思想家・鶴見俊輔や、物理学者の渡辺慧、武谷三男、経済学者の都留重人、政治思想家の丸山眞男、武田清子、文化人類学者の鶴見和子の七人の同人によって、一九四六年に創刊された（横尾

2014)。

この雑誌は、見田宗介と作田啓一における「価値」を考える上で、必要不可欠な存在だ。なぜなら、前述の通り、見田がはじめて公刊した文章は、「思想の科学　会報」であったからであり、作田の処女作『恥の文化再考』に収められた論文は、ほとんど『思想の科学』に発表されたものだからだ。彼らのアカデミックキャリアの初期において、『思想の科学』は、そのメインステージとして、大きな役割を持っているからである。

もちろん、先に参照した雑誌『展望』もまた、見田宗介と作田啓一が、主な活躍の舞台としていた。しかしながら、橋本努が指摘するように、『展望』は、主としてマルクスかヴェーバーをもとにした議論を展開していたのであり、その点では、『思想の科学』とは性格を異にしている。そして、作田と見田が、『展望』と『思想の科学』において展開した議論もまた、マルクスでもヴェーバーでもない議論だった。

その『思想の科学』のベースにあった思想とは何か。

それは、なぜ、戦前の日本が戦争へと向かったのか、その「価値」を問うものである。そして、その問いかけは、プロフェッショナルなやり方ではない。たとえば、「哲学は、シロオトと共に歩むべきものだ」という鶴見俊輔の宣言にもとづくものであり、あるいは、人類学者・梅棹忠夫による次のような「アマチュア思想家宣言」によるものである。

> わたしたちは西洋人ではない。日本の土民である。日本の国土の上に、日本の文化の中に、日本の生活をいとなんできたところの、日本の土民である。土民には土民の生活があります。これは文句なしに守られなければならない。思想も何も、すべてのものはこの上に築かれなければならない。(梅棹 1954:59)

こうした、「シロオト」や「土民」として、日本人を捉える視点は、先に挙げた「価値」をめぐる三つの立場のいずれとも異なっている。

抑圧された被害者の側面を強調するマルクス主義でもなければ、西洋的な民主主義を担う主体をめざすヴェーバー的な啓蒙主義でもない。もちろん、崇高なる「価値」への一体化の危険があるドイツ観念論でもない。いわば、第四の立場として、「シロオト」や「土民」としての日本人の「価値」を追い求めるところに『思想の科学』の本領があった。それゆえに、近代啓蒙主義のスタンスを明確にとっていた丸山眞男は、創刊同人であり、生涯にわたって関係を保ちながらも、同誌には、一度も論考や文章を寄せていない。

「シロオト」や「土民」としての日本の文化や生活、思想を考察すること。この梅棹忠夫の宣言に象徴されるように、『思想の科学』は、土着的な対象へとフォーカスしていた。それは、具体的には、戦前における共産主義者たちが天皇制礼賛へと向かった過程を分析する「共同研究：転向」であり、新聞や雑誌における「身の上相談研究」、映画や漫画などの「大衆芸術研究」、さらには、一般的には無名の人間の伝記をつくる「庶民列伝づくり」である。

『思想の科学』は、このように、近代日本、ならびに、戦後日本における土着的な「価値」をめぐって、従来のアカデミズムが取り上げなかった対象をこそ積極的に扱っていた。そして、見田宗介と作田啓一は、こうした風土の中で自らの議論を鍛えていった。

その意義について、二〇〇六年に、作田啓一は、次のように振り返っている。

外と内を分けてしまう、両者は無縁だという考え方が、普通我々が生きている世界の普通の考え方なんですけど、それと違った考え方、世界の外は世界の内部に通じている何か窓のようなものがあると。したがって世界の外と内とは両方が同時に問題になるんだというふうな考え方。『思想の科学』の執筆者の人全部がそういう立場で書いているとはもちろん思えないですけど、まぁそういうふうなものが『思想の科学』の本来の姿ではないかというふうに思いまして。（鶴見・作田・飯沼・山田 2006：179、傍線は引用者）

マルクス主義における「価値」の議論のように、外＝抑圧者と、内＝被害者を分けるのでもなく、あるいは、近代啓蒙主義のように、外＝啓蒙する人、内＝啓蒙される人、という分け方をするのでもない。『思想の科学』から、作田は、世界の外と内は通じており、それゆえに同時に問題となりうる、とする視点を学んだと振り返る。また、見田宗介も、作田と同じ二〇〇六年に「楽しい思想の科学と私」と題した文章の中で、『思想の科学』における自らのあだ名が「幸福の王子」だったと振り返っている。それは、同誌から学んだ大切なことが、一つには「いい仕事ができない時は断る」姿勢であり、二つには「つき合いの大切さ」だったからだという。（見田 2006：229）

すなわち、作田と見田にとって『思想の科学』は、思想のベースを形成する場所であり、そして、「幸福の王子」と呼ばれる「楽しい」時間にほかならなかった。またそこでの営為は「社会心理学」とも呼ばれるものであった（宮台 二〇一五）。

鶴見たち『思想の科学』の仕事は、ドイツ観念論でも、あるいは、啓蒙主義でも、そして、マルクス主義でもない、プラグマティズムに基づいて、映画や漫画や歌謡曲といったさまざまな文化現象を素材に、戦後や戦前の日本の「価値」を問い直そうとするところを目的としていた。そうした土壌で育まれた見田と作田の関心が、「価値」の根本的な探求へと向かったのは、極めて自然な流れであった。

見田と作田は、彼らの流儀によって、「価値」を論じた。そして、その論じ方は、同時代的に形成されつつあった戦後アメリカ合衆国における経験科学としての社会学に先駆けるものだった。見田は、「質的」データと「量的」データの組み合わせを模索していたし、また、作田は、パーソンズの理論の応用に腐心していた。それらは、いずれも、ドイツでもフランスでもない形で、いわば、アメリカ流のプラグマティズムに基づいた新しい戦後の社会学の潮流であった。それればかりか、彼ら二人が、いずれも、日本の固有性に定位して議論を展開している点においては、アメリカ合衆国ともまた違う独自性と先見性を持った独創的なものだった。このように、第四の立場として、「シロオト」や「土民」としての日本人の「価値」を追い求める『思想の科学』において、見田宗介と作田啓一は、その学問的な背景を作っていったのである。そして、まさにこの立場こそ、「一九六〇年代の理論社会学」の発展に大きく貢献したのである。

ここに、一九六〇年代という同じ年代にとどまらない、共通の基盤としての雑誌『思想の科学』における時代拘束性がある。

5 「価値」のその後と現在

1 見田と作田における「価値」

本章冒頭で指摘したように、見田宗介と作田啓一は、その後、一九七〇年代以後、「価値」を主題として取り扱ってはいない。その点で、「価値」は、彼ら二人にとっても時代拘束性の強いテーマだった。そして、その時代拘束性を解除しようと試みたからこそ、「価値」を問うたのである。「戦前」における「価値」がいかなるものであり、そして、「戦後」においてどのように「価値」は変容しているのか、あるいは、していないのか。そういった「価値」をめぐる時代拘束性の中で、あえて「価値」を問うこと。見田宗介と作田啓一の思索は、当時の時代拘束性から、「価値」を解き放とうとする試みであった。かかる結論を導き出す本章はそれゆえに、「一九六〇年代の理論社会学」をめぐる知識社会学である。

しかしながら、時代拘束性が強いからといって、「価値」は、彼らの中で、忘れ去られ、打ち捨てられたわけではない。

あらためて、「価値」をめぐる二人の議論の対称性を確かめた上で、彼らのその後と照らし合わせてみたい。まずもって、「価値意識」と「価値」という術語の使い方に、二人の差異が顕著である。

見田は、「価値意識」という概念を用いた分析を目指しているのに対して、作田は、「価値」という概念それ自体の分析を展開している。両者の相違を、図式的に示せば、「遠心的な見田宗介」と「求心的な作田啓一」と言える。

見田の議論は、その後の展開を予測させるような、人間や集団が持っている何か（価値意識）を外へと押し広げていく遠心的なものだ。「価値」を、「価値意識」へと敷衍した上で、「橋わたしの概念」（bridging concept）として、他人や社会とのつながりを求めようとする姿勢は、遠心的なものだ。いっぽう、作田の議論は、人間や集団の根本にある何か（価値）を、さらに掘り下げていく求心的なものである。「価値」のプライベートな側面、つまり、自我や自己、人間そのものにおける位置づけについて内向的に考察する姿勢は、求心的なものだ。

作田が『価値の社会学』において、戦犯受刑者や戦争といったテーマに執拗なまでにこだわるのは、一九二二年生まれという世代を考えれば、当然だ。逆に、一九三六年生まれの見田宗介にとって、戦前と戦後の価値体系の転換は自明である。この世代差もまた、求心的と遠心的、という二人のコントラストに大きく影響を及ぼしている。

そして、こうした二人のコントラストは、見田は理論的な体系構築を目指すのに対して、作田は文学作品への傾斜を強めた散文を書き綴っていく、という、その後の道のりへと直結している。

見田は、その後、「価値意識」よりも「社会意識」や「存立構造」というテーゼを積極的に展開した上で、流行や消費といった、時事的な、そして、他者の欲望をめぐる、さまざまな「現象」を取り上げる。これに対して、作田は、「価値」よりも「人間」や「生成」をキーワードに、文学作品や精神分析に傾倒し、理念的な、そして、自我の根源をめぐる「概念」の理念的な掘り下げへと進んだ。

具体的な著作に即せば、見田の『自我の起原』(1993)は、確かに、「自我」という概念を掘り下げている点で、一見すると、作田のような求心的な要素を持っている。けれども、そこでは、「自分」とはなにか、という問いが、「他者やあらゆるものたちと歓びを共振して生きることができるか」(真木 1993:197)という問いとして解かれている。この点で、「自我」や「個我」を問う、その実際の方法は、関係性へと開かれる遠心的な様相を呈している。また、作田においては、『個人主義の運命』(1981)は、確かに、「主体と客体とのあいだに介在する媒介者のパラダイム」(作田 1981:188)をめぐって議論されている。けれども、同書での作田の考察は、「理性や個性の個人主義に代わり、欲望の個人主義が登場する」(作田 1981:199)その過程であり、あくまでも、「個人」へと向けられている。また、『生成の社会学を目指して』(1993)は、副題に「価値観と性格」と付されているように、「価値」を引き継いだ上で、「人間の学」へと「社会学」を展開している。

このように、見田と作田は、ともに、「価値意識」と「価値」というテーマを掲げたスタート地点から、それぞれの展開を遂げている。

2 「価値」をめぐる議論の現在

見田と作田という一九六〇年代に「価値」をめぐる議論を展開した二人においてすら、一九七〇年代以降は、別の術語を用いている。それほどまでに、「価値」をめぐる議論における時代拘束性は、強い。その様子は、これまでに確かめてきた通りだ。そして、その時代拘束性の強さを解除しようとするところに、彼らが「価値」を問うた理由があった。そして、その時代拘束性の強さは、二人が「価値」をめぐる議論の基盤とした雑誌『思想の科学』的な方法にも同じ影を及ぼしている。

端的に言えば、もはや『思想の科学』的な方法で、すなわち、第四の立場として「シロオト」や「土民」としての日本人の「価値」を追い求める手法は、通用しない。たとえば、先に例示した「身の上相談」の分析を考えてみよう。すでに、一九八〇年代において作家の中島らもが「明るい悩み相談」を始めた時点で、身の上相談という場において、その相談自体をパロディーとして茶化したり、腰砕けにしたりするような作法が見られていた。新聞や雑誌の「身の上相談」を分析することによって、戦後や近代の日本における「価値」の変遷をたどろうとする試みは、そうしたパロディー化の進行に伴ってますます困難になった。

見田と作田が、「価値」を論じた一九五〇年代から一九七〇年代初頭にかけての戦後日本においては、国という共通の「価値」を共有し、そして、地域や世代や集団ごとに、共有している「価値」があるとする「価値」が共有されていた。「価値」は、哲学ではドイツ観念論、経済学ではマルクス主義経済学、そして、社会学ではヴェーバーといったように、人文・社会科学共通の、そして、中心的なテーマであった。

しかし、「価値」それ自体を共有しているという前提はなくなり、「価値」を共有する基盤は成立しなくなり、「価値」は、学問にとっての共通のテーマではなくなったのである。

その証左として本章冒頭に挙げたように、『価値意識の理論』と『価値の社会学』は、一九八五年に出版された『リーディングス　日本の社会学12　文化と社会意識』においては、古典でありながら、二〇一四年における吉川徹の著作では、まったく言及されなくなったのである。

また、こうした「価値」をめぐる変化を、別の面から捉え直すこともできる。現在では、「価値」を問うにあたって、議論のスタンスが、マルクス主義に基づくものなのか、あるいは、ヴェーバーに基づくものか、といった踏み絵の選択を迫られる機会は、皆無だ。「価値」を直接的に問う切実さは、縁遠いものとなっている。

見田と作田が試みたように、経験科学として「価値」を問うスタンスは、一九六〇年代当時としては、極めて先進的なものであったが、その後は、もはや「価値」そのものを問う営みが見られなくなってしまった。この点において、つまり、「価値」をダイレクトに問わなくなった縁遠さにこそ、私（たち）自身の時代拘束性がある。「価値」をめぐる問いを発さなくても、あるいは、見田や作田のような切実な問いを掲げなくても済んでしまう。こういった時代拘束性を帯びている。つまり、「価値」が問われなくなった現代における時代拘束性の中で、見田や作田を読み直す試みが、本章であった。それゆえに彼らが「価値」を問うた理由としての時代拘束性を問う本章の試みもまた、時代拘束性を帯びている。

いつの時代においても、時代拘束性から完全に自由になることはできない。しかしながら、社会学とは、いや、少なくとも、作田啓一と見田宗介が展開してきた思索とは、そうした時代拘束性をカッコにいれたり、あるいは、認識論的な切断をしたりする営みであった。別の言葉で言い換えれば、それぞれの時代における「価値」を問い直し、作田は、その深淵に向き合おうと試みてきたのだし、見田は、それをベースにした現象を分析しようと試みてきた。この点で、彼らが、アカデミックキャリアの初期において「価値」を共通のテーマとしたのは、必然的であった。

そして、もはや「価値」を正面から問わなくなった現代における時代拘束性の中にいる私たちは、どのように、彼らの学知を受け継ぐことができるのか、あるいは、できないのか。別言すれば、彼ら二人の「価値」をめぐる考察が、すでに古典としてすら扱われなくなったという時代拘束性を、どのように解除することができるのか、それとも、できないのか。

もとより、社会学における理論とは、すなわち、理論社会学とは、そうした時代拘束性と不可分な営みにほかならない。「価値」というテーマに限らず、常に時代と切り結ぶ社会学が、理論を打ち立てようとする限り、背景となる時代からの影響を受けざるをえないし、裏を返せば、時代と無関係な理論は、リアリティーを持ちえない。「価値」と同時代的に理論社会学の大きな柱となっていた構造‐機能主義(富永1965)、あるいは、その後の言説分析(内田1980)、さらには、近年のカルチュラル・スタディーズや構築主義に至るさまざまな潮流は、いずれも時代の子であった。

加えて、北田暁大が整理しているように、理論社会学とは、「諸領域のメディエイター」(北田2007)として、さまざまな具体的な対象をもつ連字符社会学をつなぐ役割を果たしてきたし、現在も、そして今後もまた、そうでなければなるまい。

この「メディエイター」という点に鑑みれば、作田啓一と見田宗介もまた、「価値」をキーワードにした理論社会学を媒介として、さまざまな領域を縦横無尽に論じてきた。彼らが、そのスタート地点から、それぞれの展開を遂げた理由を、「価値」を主題とした理論社会学をメディエイターとしたからだと捉えれば、十二分に首肯できよう。

時代拘束性を帯びたメディエイターたる理論社会学の、ひとつの模範を、作田と見田は、ともに「価値」をテーマとすることによって示したのである。

であればこそ、彼ら二人とはまた別の仕方で、すなわち、「現在の」時代の子であり媒介である理論社会学を使って、彼らを受け継ぐことの可否を検証し、そして、時代拘束性の解除を試みなければならない。

本章における考察は、こうした問いへと向かっていかなければならない。

参考文献

橋本　努　二〇一〇「革命的状況からの再出発　70年転換期の思想を継承する」大澤真幸・斎藤美奈子・原武史・橋本努編『一九七〇年転換期における『展望』を読む　思想が現実だった頃』筑摩書房
吉川　徹　二〇一四『現代日本の「社会の心」』有斐閣
北田暁大　二〇〇七「分野別研究動向理論領域の媒介」『社会学評論』五八（一）
真木悠介　二〇一二『時間の比較社会学　定本真木悠介著作集2』岩波書店
見田宗介　一九六五『現代日本の精神構造』弘文堂
――――　一九六六『価値意識の理論　欲望と道徳の社会学』弘文堂
――――　一九六八「社会意識論」綿貫譲治・松原治郎編『社会学研究入門』東京大学出版会
――――　一九九六『現代社会の理論　情報化・消費化社会の現在と未来』岩波新書
――――　一九九八「価値意識の理論」『社会学文献事典』弘文堂
――――　二〇〇六「楽しい思想の科学と私」思想の科学研究会編『「思想の科学」五〇年の回想　地域と経験をつなぐ』出版ニュース社
見田宗介・山本泰・佐藤健二編　一九八五『リーディングス　日本の社会学12　文化と社会意識』東京大学出版会
宮台真司　二〇一五「戦後日本を代表する思想家・鶴見俊輔氏が残したものとは何か」『社会という荒野を生きる。』KKベストセラーズ
大村英昭　二〇〇九「文化と価値　作田啓一『価値の社会学』」井上俊・伊藤公雄編『文化の社会学　社会学ベーシックス3』世界思想社
作田啓一　一九七二『価値の社会学』岩波書店
――――　一九七四「『価値の社会学』の構成」『現代社会学』2、アカデミア出版会
――――　一九九八「価値の社会学」『社会学文献事典』弘文堂
佐藤健二　二〇一五「見田宗介と柳田國男　初期著作論考にあらわれた歴史社会学の諸問題」『現代思想　二〇一六年一月臨時増刊号　総特集　見田宗介＝真木悠介』青土社
佐藤　勉　一九七四「行為と価値　作田啓一著『価値の社会学』書評」『現代社会学』1、アカデミア出版会
佐藤俊樹　一九九八「近代を語る視線と文体比較のなかの日本の近代化」高坂建次・厚東洋輔編『講座社会学1　理論と方法』東京大学出版会
鈴木洋仁　二〇一四「「明治百年」に見る歴史意識　桑原武夫と竹内好を題材に」『人文學報』一〇五
鈴木貞美　二〇一六『『文藝春秋』の戦争　戦前期リベラリズムの帰趨』筑摩選書

富永健一　一九六五『社会変動の理論』岩波書店
鶴見俊輔・作田啓一・飯沼二郎・山田　稔　二〇〇六「話の広がり」思想の科学研究会編『「思想の科学」五〇年の回想　地域と経験をつなぐ』出版ニュース社
梅棹忠夫　一九五四「アマチュア思想家宣言」『思想の科学』一九五四年四月号
内田隆三　一九八〇「〈構造主義〉以後の社会学的課題」『思想』No.676　一九八〇年一〇月号
横尾夏織　二〇一四「「思想の科学」の思想およびその方法」早稲田大学審査学位論文（博士）早稲田大学大学院社会科学研究科地域社会論専攻日本文化論研究

IV

岡崎宏樹

第 7 章▶　〈リアル〉の探求

作田啓一の生成の思想

VS.

浅野智彦

第 8 章▶　見田社会学におけるリアリティ

第7章

〈リアル〉の探求
——作田啓一の生成の思想

岡崎宏樹

1 文学の感動と〈リアル〉

作田啓一は〈リアル〉の探求者であった。

二〇一六年、九四歳で世を去るまで続けられた探求によって、日本文化論、比較社会論、現代社会論、自我論、他者論、犯罪研究、ルソー研究、ドストエフスキー研究、文学社会学、現代思想研究など多岐にわたる作品が残された。その総体を把握できないほどの仕事の広がりと領域横断的な思考の大胆さに圧倒されるが、驚くべきは、この探求が一つの根源的な関心に導かれていることである。一言でいうならば、それは〈リアル〉への関心である。あるいは、こういってもよいだろう。作田の学問的営為は、〈リアル〉の探求という視点からとらえ返すことではじめて一貫的なものとして把握できるようになる、と。[1]

二〇〇五年、みずからの読書体験を振り返って作田は次のように記している。

体系理論として私に最も役立ったのはパーソンズのそれであった（体系家ではないがウェーバーとマートンの仕事には知的感動を覚えた）。しかし社会学の体系理論は実生活の内部の諸要素を相互連関的にとらえるだけの枠組なので、不満が残った。この枠組では実生活の底にあるリアルなものは処理し切れない残余として片づけられているからである。しかしそれにもかかわらず、この種の体系理論はあるレベルでは「すべてを尽くしている（exhaustive）」という意味で、ある種の知的関心にそれなりに応えてくれた。（作田 2005b）

『恥の文化再考』や『価値の社会学』所収の諸論考に取り組んでいた一九六〇年代の頃、欧米の社会学理論を参照し議論を展開したが、とりわけパーソンズの理論が役立った。だが、その枠組では「実生活の底にあるリアルなもの」が「残余として片づけられている」ことに「不満が残った」と作田はいう。「不満」という語は、作田の本来的な関心が、既存の社会学理論が「残余」としてしか扱わない「リアルなもの」に向けられていたことを示しているだろう。

作田が自分の関心を「リアルなもの」という語で語るとき、この言葉はJ・ラカンの「現実界／象徴界／想像界」という枠組を前提としている。「実生活の底にあるリアルなもの」は、ラカンでいえば、「現実界」に相当する。ただし、後で確認するように、作田は「現実界」の語をラカン的な意味で使用するだけでなく、みずからの〈生成の思想〉に接続した独自の概念として用いている。生命力という側面を強調した作田の解釈は独特であり、

1　本稿は、筆者が主宰した「作田啓一研究会」（京都：二〇〇九年三月〜二〇一三年六月）の成果をふまえたものである。また、「S／M研」（作田啓一・見田宗介研究会：二〇一五年四月一九日、立教大学）、日本社会学会シンポジウム「戦後日本社会学の（再）発見――境界へのまなざし／境界からのまなざし」（二〇一五年九月二〇日、早稲田大学）では、作田を主題とした報告の機会をいただいた。また新堂粧子氏、小丸超氏からは貴重な助言をいただいた。関係者の皆様に深く感謝申し上げたい。

作田の「現実界」とラカンの「現実界」は完全には一致しない。よって、本稿では、作田のいう「現実界、リアルなもの」を〈リアル〉と表記することにしよう。あるいは、作田が「現実界」の語を使っている場合は、そこに込められた独自の意味合いをふまえて解釈することにしよう。

では、作田のいう〈リアル〉とは何か。それは非合理的な生の現れのことである。人間の認知的秩序は、言語やシンボルで構成されるが、こうして構成された象徴的秩序の隙間に現れた生が〈リアル〉とよばれる。あるいは、社会の規範的秩序は、実利的な目的や価値にしたがって合理的に構成されるが、この合理的秩序から洩れ落ちた残余の生が〈リアル〉であるといってもよい。この残余は、合理的な秩序をすり抜け、生成変化の過程にある。それゆえ、非合理的な印象を与えると同時に、不気味なまでに強烈な生と死の感覚をもたらすのである。

留意したいのは、二〇〇〇年代に入る頃から作田はラカン理論を積極的に援用するようになるが、それ以前から、彼のまなざしは秩序から洩れ落ちる〈リアル〉に向けられていたということである。〈リアル〉への関心は一貫的であり、最初期の作品に現れ、理論体系の変化を超えて最後期の仕事まで持続している。

このように作田が〈リアル〉の探求に強く動機づけられているのはなぜだろうか。その理由を知る手がかりの一つは思春期の読書体験にある。

作田は、一七歳に近づく頃、ドストエフスキーの『白痴』を読んで、「天地がひっくり返り、世界が逆立ちしているように見えた」と述べている。「この小説に書かれていることが現実であり、日常の世界が仮構であるかのように思えたのである」（作田1988:61）。「ドストエフスキーの世界の現実感は強烈であったので、その後もずっと、この感動に比して社会の拘束は人間の深部にまでは及ばないと見る視点が私の中に残った」（作田2004a）。

生活者の視点からみれば、小説の描く世界は仮構の夢物語で、実生活こそが現実的であるということになる。ところが、ドストエフスキーがもたらした「現実感」ないし「生命感」は、こうした常識的な見方をくつがえすほどに強烈なものであった。文学による「仮構の感動」が強烈であるのは、それが実生活のリアリティではなく、生の〈リアル〉に由来するからである。日常の言語が〈リアル〉を蔽い隠したり、取りこぼしたりするのに対し、優れた文学作品は、日常の言語的象徴的世界の隙間に〈リアル〉が現れるさまを仮構の言語によって描きだし、リアルな生命感を伝える。文学的感動の「現実感」は、社会生活のリアリティとは異なる次元、〈リアル〉から生まれるのである。

ドストエフスキーは〈リアル〉の現れ方を象徴的世界のなかに見つけることにかんして抜群の才能を発揮した作家であった、と作田はいう。ドストエフスキーは、ラスコーリニコフの「パノラマ幻想」に示されるように、幻想的なシーンをしばしば小説のなかで描いたが、自分自身は「幻想を描く作家」ではなく、「リアリズム作家」であると考えていた。ただし、「このリアリズムなるものは普通のそれとは全く異なっている」。ドストエフスキーが探求したのは、社会的現実（リアリティ）ではなく、「現実界」なのである（作田 2012a : 10–11）。「彼のリアリズムとは内部を通して外部を見る方法であった」（作田 1988 : 7）。

作田は、社会学に向かう以前に、ドストエフスキーをはじめとした強烈な読書体験を通じて、社会的現実とは別次元の生に対する特別な感受性を育んだ。文学に喚起された〈リアル〉への関心はその後の学問的営為に決定的な影響を与えたのである。

② 〈第1期〉：学術論文／エッセイの二重戦略

作田の学問全体を見渡したとき、私たちは〈リアル〉への関心が一貫して持続しているのを確認できるが、一方で、その理論体系が大きく変化していることにも気づくだろう。本稿では、その変化を、〈リアル〉へのアプローチの変化として位置づけることにしよう。この視点からみた場合、作田の学問は、〈第1期〉「学術論文／エッセイの二重戦略」期、〈第2期〉「三次元の自我論」期、〈第3期〉「力の思想」期の三期にわけることができる。むろん実際には時期をまたいで研究が発展している場合もあるので、この区分は理解を深めるための便宜的な分け方にすぎない。その点に留意したうえで、まずは〈第1期〉からみてゆくことにしよう。

1　学術論文とエッセイの二重戦略

作田啓一は一九二二年一月三一日、山口県に生まれた。三九年、関西学院大学予科に入学。同大学商経学部経済学科を卒業し、短期間会社に勤務するが、再び学問の道を志し、四四年、京都帝国大学文学部哲学科選科に入学する。まもなく学徒動員で山口の連隊に入営するが、戦地に配属される直前、終戦をむかえた。「病死か戦死」を覚悟する日々であったという。戦時中に感じた絶望と文学の力について、作田は次のように記している。

私が若かった頃は軍隊という制度があって、二十歳に達すると大概の若者は入隊を義務づけられていた。私はひょろ長い体形で不器用であり、苛酷《かこく》な訓練や新兵への暴力にとても耐えられそうにない、と思っていた。訓練が終わると戦場に駆り出され、そこで間もなく病死するか戦死するに違いないと確信していた。こういうわけで、未来への生活設計を思い描く気にはなれなかったのである。［中略］私の場合は、苦しい集団生活のあとで死ぬだけだと思っていたので、好きなことをして余生を送るしかない、というのが当面の目標であった。好きなことをするとは文学作品を読むことであった。何に役立つか、などという考えはなく、主としてドストエフスキーやチェーホフなどの翻訳文学を読むのが、私の選択であった。［改行］それらの作品を読むことで、現実の惨めさにもかかわらず、生には本来的に希望が含まれていることを学んだ。私は「目的もない僕ながら、希望は胸に高鳴つてゐた」という中原中也の詩句を理解しえたと思った。（作田 2004b）

作田は戦争で命を落とした者が最も多い世代に属していた。彼の感じた絶望は想像的なものではなく、現実的なものであった。しかし、そのような絶望のなかでも文学が生きる力を与えてくれた。以来、文学は作田の生と学問を駆動する原動力となる。

京都大学では社会学を専攻した。卒業論文「客観的責任の心理と社会的諸条件」は、助手として赴任した西京大学（現・京都府立大学）の紀要（『西京大学学術報告．人文』第一号、一九五二年）に掲載されたが、その後、「責任の進化」と改題され、『価値の社会学』に収められた。私たちは、この卒業論文の発表から『価値の社会学』刊行までの期間を、〈第1期〉とよぶことにしよう。主要な作品は、『恥の文化再考』（一九六七年）、『価値の社会学』（一九七二年）、『深層社会の点描』（一九七三年）などの著作に収められている。その他、雑誌や新聞にも多数の評論や対談が発表されている。

では、〈第1期〉の作田はどのような方法で〈リアル〉にアプローチしたのか。簡潔にいうならば、「学術論文とエッセイによる二重戦略」であった。学術論文では、社会学理論を活用した〈リアル〉への接近がはかられた。この場合、〈リアル〉の次元は、直接言及されるのではなく、制度やシステムに回収されない「残余」として暗示される傾向にあった。一方、文芸評論を中心としたエッセイの分野では、社会学以外の学知もはば広く活用しつつ、想像力と洞察力を存分に働かせ、ときには経験科学の領域を越えて、〈リアル〉の次元――この時期の言葉では「深さの次元」――を描きだす試みがなされた。「深さの次元」は、生の哲学にならって「生命」という語でも表現された。

〈第1期〉に「学術論文とエッセイの二重戦略」がとられたのはなぜか。『思想』五〇〇号記念に寄せた文章に興味深い一節がある。

私は戦後の新制大学に設けられた一般教育科目の中の社会学を教えることで、俸給をもらっていたので、社会学の可能性をいろいろと模索した。制定された秩序の中での職業によって研究関心を律してゆくのは、保守的で肛門性格的な身の処し方である。それは直接的な社会的期待に同調するにとどまり、潜在的な、もっと深い社会の要求にたいして目をつぶる生き方であるともいえる。しかし私は不確定な要求に応じうるだけの力を自分の中にみいだすことができなかったので、まず直接的な期待に同調することから始めるほかはないと考えた。そして、もし二目《にもく》の生きた目を残すことができれば、それを基礎として自分の内発的な要求や広い社会の要求を取入れてゆこうと思っていた。私はこのように自分を狭い空間に閉ざそうとしたので、それだけ『思想』の公園が必要であった。（作田 1966: 66–67）。

この一文を参考に、私たちは二重戦略の理由を以下のように推測しうる。作田は、思春期の文学体験で出合った〈リアル〉の次元に根源的な関心をいだいていたが、社会学者という職業に対する「直接的な社会的期待」に応えるため、まずは「社会学の可能性」を模索した。しかし、包括的なパーソンズの理論でさえ、「実生活の底にあるリアルなもの」が「残余」として片づけられている点に不満を感じていた。「自分の内発的な要求や広い社会の要求」に応えたいと願っていたが、この「不確定な要求」に応えうる理論を手にしていなかったので、自由度の高いエッセイの形式で思考を深めることに意義を見出していた。結果として、〈第1期〉は、「学術論文とエッセイによる二重戦略」のアプローチが展開されることになった、と。

とはいえ、社会学の論文といえる作品が雑誌やエッセイ集に掲載されているケースもあるので、作田自身は二つをそれほど意識的に切り分けていたわけではなかったようである。二重戦略は、便宜的な手法にすぎず、いずれは乗り越え、解消されるべきものであった。そして、これが解消されるのは、二つを統一する理論枠組が提示されたとき、すなわち、「三次元の自我論」が登場する〈第2期〉においてであった。

2　責任の進化

〈第1期〉に発表された『価値の社会学』は、人間の社会的行動は実利の次元だけでなく、価値の次元においてもとらえうると論じ、その後の社会学の方向を決定づけた著作である。ここには、羞恥論、アノミー論、大衆社会論など、価値をめぐる多様な論文一二編が収められている。〈第1期〉の作田の仕事では、羞恥論がきわめて重要であるが、これについては別稿（岡崎 2016）で詳しく論じたので、ここでは簡単にふれるにとどめ、「責任」に関係する作品を中心にみてゆくことにしたい。これらは「学術論文／エッセイの二重戦略」の適例と思われるからである。

論文「責任の進化」は、『価値の社会学』に収められてはいるが、「大学の卒業論文として提出したペイパーに若干手を加えたもの」とされる（作田 1974: 176）。けっして読みやすいとはいえない処女作を解読するには、このテーマが選ばれた理由を確認するところからはじめるのがよいだろう。

二〇一〇年の京都新聞社によるインタビューを参照しよう。ここでも、「学問の端緒は、ドストエフスキーだった」と作田は語る。ただし言及されているのは、『白痴』ではなく、『罪と罰』である。作田はこの小説を読んで強い「衝撃」を受け、「人間の罪や罰とは何なのか」という問題を追究したいと考えた。しかし、「罪」は社会学のテーマにするのが難しいので、卒業論文では「罰」を選び、「社会統制や刑事責任の歴史に絞って書いた」

という。その後、デュルケーム学派を起点に、T・パーソンズの仕事を通して機能主義研究を深めたが、「満足できなかった」。社会秩序の維持のために行使される「罰」と「深さの次元」に関わる「罪」とは別次元にあるが、既存の社会学では「深さの次元」を解明できないと思われた。作田はいう、罪を問うとき、自由意志で行なった行為のみ責任があるとされるが、ひとは本当に意志しうる存在なのか。私たちは意志することを意志できない。だとすれば、意志以前のものが人間を動かしているのではないか。こうした関心に導かれて精神分析や現代思想の領域に入り、人間を深層から動かす「力」を探る方向に進んだ（作田 2010a）。

このインタビューで注目すべき点が三つある。①作田は文学を出発点として社会学的思考の発見をめざす〈文学からの社会学〉（作田・富永 1984）を提唱することになるが、最初の論文がすでに「文学の発見的価値」に支えられた作品であったこと。②罪と罰のテーマは、人間を深層から動かす〈力〉や〈リアル〉の次元に関連しており、これを精神分析や現代思想を参照して理論的に追究する仕事が〈第3期〉に現れること。[2] ③卒業論文のテーマ選択にかんして明示的に言及されたのは、ドストエフスキーの影響であるが、このテーマは日本人の戦争犯罪や戦争責任の主題とも響き合っていること。

厳密な学説研究のスタイルで書かれたこの論文の目的は、初出タイトル「客観的責任の心理と社会的諸条件」が示すように、客観的責任を社会学的に考察することにある。前近代社会から近代社会への移行において、責任の制度は、客観的責任から主観的責任へ、集団責任から個人責任へという二つの「進化」の流れにしたがってきた。論文は、この「進化」にかんして対立的な見解を示す、E・ウェスターマークの責任主観説とP・フォコンネの責任客観説を比較し、近代西洋の責任観念（主観的責任・個人責任）とは異なる、もう一つの責任（客観的責任・集団責任）のあり方を検討してゆく。

人は犯した行為によって罰せられるのか、それとも犯そうとした意志のゆえに罰せられるのか。ウェスターマークは、刑罰は与えられた苦痛に対する「報復」であり、問われるのは行為者の意志であると考えた。一方、デュルケーム学派のフォコンネによれば、刑罰は社会を傷つけた犯罪（行為）に対する「集団の報復的反作用」である。責任主観説の難点は、実害が量刑に影響することや、可罰の必要性から「熟慮」によって責任者が探されることを説明できない点にある。これに対し、責任客観説は、故意の行為者に重い責任が課されるのが一般的であることを説明できない。そこで、作田は、個人の「意志」にもとづく「個人の論理」でも、「行為」に重点を置いた「社会の論理」でもない第三の論理を求めて、H・ベルクソンの「仮構」の概念を参照する。

苦痛に満ちた不幸や災難に直面したとき、「原始人」は、その出来事を呪術師の呪いや精霊の意志といった「神秘的原因」によって説明する。ベルクソンによれば、こうした「仮構」の機能は、不幸や災難に人間的意味合いを与えることで、不安を鎮め、生活の活力を回復することにある。出来事が重大であれば重大であるほど、「不安の鎮静」という「生の必要」から、ひとは加害行為の背後に人間的意志を仮定せざるをえない。ベルクソンの観点から考えるならば、責任の帰属とは、「先験的な説明」の一形態である。それは人間的意味において納得しうる原因を創造することなのである。

緻密な学説研究が「むすび」の部分でドストエフスキーを引用しているのは、この論文が文学から着想を得ていることの、見落としがちだが、確かな証拠である。[3]

2　ここで作田は、ラカンが「言語でとらえられない実在」を「現実界」の概念で説明したことに言及し、その特徴の一つが深層から人間を突き動かす「力」（〈力〉と表記する）であると語っている。「罪」は社会規範の内面化の側面から説明されうるが、根源的には意志以前の〈力〉や〈リアル〉に関わる（作田 2010a）。

3　ドストエフスキーの引用は初出論文の最後の部分に登場する。この論文が『価値の社会学』に収められるにあたって、書籍全体の概念枠組のなかに位置づけるために、最初と最後の段落が加筆された。

「民衆は犯罪を否定しない。そして犯人には罪があることを知つてゐる。ただ民衆は自分たち一人一人も犯人と共に、罪があるといふ事を知つてゐるのである。しかし、彼等は自分で自分を罰する事に依つて、環境説を信じてゐない事を実証してゐるのである」（ドストエフスキー『作家の日記』米川正夫訳、三笠書房版全集、第一四巻、二八頁）、とドストエフスキーは言う。人間が自由意志を実感している限り、報復的責任は滅亡しない。ただもはやそれのみによっては、社会秩序を保証しうるに足る刑罰を科しえなくなったのである。（作田 1972=2001: 190）

ドストエフスキーは、「民衆」は犯人の有罪性だけでなく、自分たちの有罪性を知っているという。〈私たちの有罪性〉の気づきは、犯人に対する存在レベルの共感や所属集団の砦を越えた連帯意識につながっていると思われるが、この「深さの次元」の手前に至ったところで、論文は閉じられる。[4]

3　戦犯受刑者の死生観——「世紀の遺書」の分析

「責任の進化」は、「人間にとっての罪と罰」という普遍的な問題関心を背景に書かれた学術論文であった。しかし、一方で、この作品は日本人の戦争責任というこの国の個別的問題にも深く関わっている。

第二次大戦後、戦犯受刑者が置かれた状況はきわめて過酷なものだった。刑死という究極的な価値剝奪を目前にした場合、ひとはこの苦痛をなぜ受けなければならないのかという死の意味づけの問題に直面する。刑罰が個人の犯した「罪」（原因）に対する「罰」（結果）であると理解されるとき、刑死は一種の「償い」として受容される。通常の死刑においては、この「贖罪」型の論理が、苦難の意味づけにとって一般的な「解決」となりうる。ところが、日本の戦犯受刑者の場合（とりわけＢＣ級戦犯の場合）、彼らが問われた戦争犯罪は、軍隊の作戦行動や占領支配と結びついた集団行動に起因しており、また、裁く側が旧敵国であったせいで、刑死を「贖罪型」の論理で意味づけることがきわめて難しかった。

ひとは無意味な苦しみに耐えることができない。日本の戦犯受刑者たちは、みずからの死を固有の論理で意味づけることとなった。作田の「戦犯受刑者の死生観――『世紀の遺書』の分析」（一九六〇年［作田 1972=2001:363-394］）は、巣鴨遺書編纂会編『世紀の遺書』（一九五三年）に収められた戦犯受刑者の遺文を分析し、これらの遺文を通じて、日本人の死生観を読みとることを試みた社会学的論文である。

図1

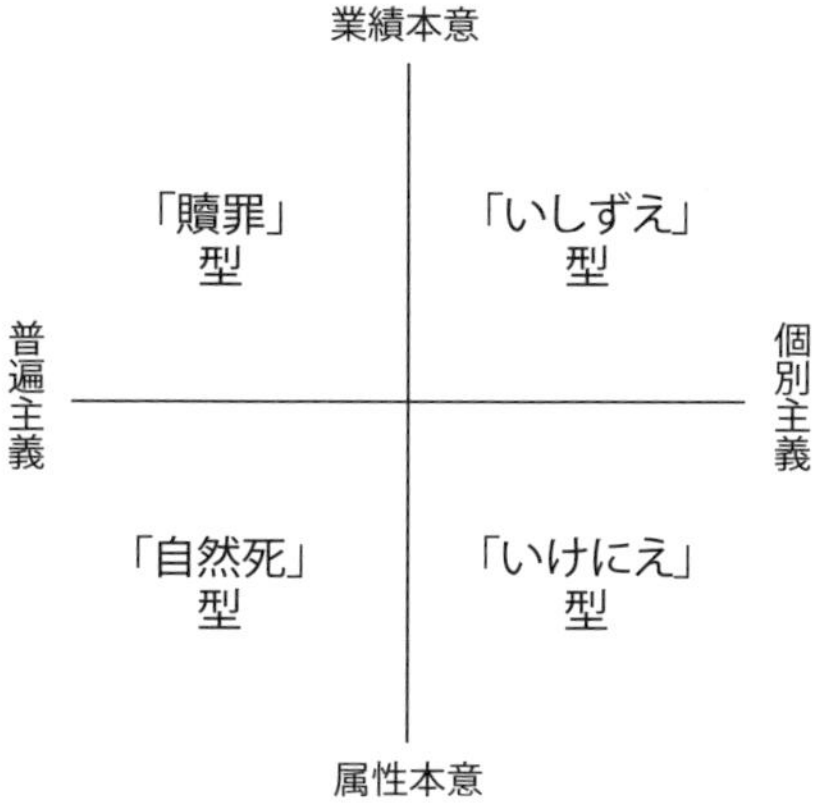

ここで作田は、六七四名の遺文のうち集計可能であった三三九を、パーソンズの「型の変数」（普遍主義－個別主義／業績本位－属性本位）を使って分類・集計した。その結果は、「自然死」型（九九）、「いけにえ」型（一八一）、「いしずえ」型（三〇）、「贖罪」型（二九）の四類型で示された（図1）。

「自然死」型とは、人為的な刑死を、あたかも自然死であるかのようにみなすことで、苦悩を軽減し死を受容しようと努力するタイプである。「いけにえ」型は、偶然選ばれた日本人の代表として死を受け入れるタイプである。「いしずえ」型は、みずからの刑死を、日本の未来に能動的に寄与するものとして受容するタイプである。「贖

4　この論文はベルクソンの『道徳と宗教の二源泉』の「仮構」の概念を参照しているが、同書の主要な論点である「開いた社会」やエラン・ヴィタールの〈力〉の問題圏には踏み込んでいない。作田がこれらの問題に正面から取り組むのは〈第2期〉以降のことである。

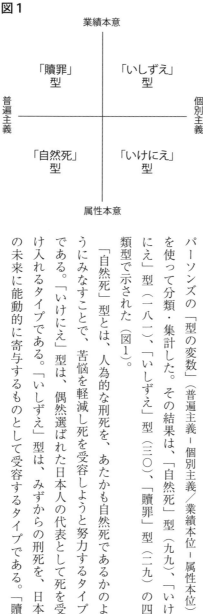

罪」型は、みずからの罪を認め、この罪の正当な結果として罰を受けるタイプである。

注目すべきは、分析を終えての所感である。作田は「どの型に訴えても解決をみいだしえない多くの人びと」、「無意味に殺されるという懊悩からついに免れることができなかった人たち」に言及し、「裁判の諸条件からみて、なんらかの解決をみいだしたと書いている人びとのなかでも、その解決を本当に受け容れた人びとは極めてまれではなかろうか」との疑問を呈している。「いいかえれば、彼らの多くは、真の解決ではなく、その欠如を補う『防衛のメカニズム』のとりこになったにすぎないのではなかろうか」というのだ。

作田が「防衛のメカニズム」というとき、私たちはベルクソンの「仮構」概念を思い出すべきだろう。「死の意味づけ」の論理は、不条理な刑死に人間的意味合いを与え、不安を鎮める機能を果たしうるが、それは「真の解決」ではない。だから、「ある意味では、重要な問題は、彼らが語ったことよりも、語ろうとして語り切れなかったことに潜んでいる」のである。遺文に記された短歌表現が定型的であることにふれて、「最期の詠嘆までが型にはまらざるをえない悲しさは、われわれの国民的性格にどこまでもつきまとう」と述べる作田のまなざしは、型をはみだすもの、分類から〈洩れ落ちるもの〉へと向けられている（作田 1972=2001 : 364–365, 391–392）。

4　死との和解——戦犯刑歿者の遺文に現われた日本人の責任の論理

「語ろうとして語り切れなかったこと」を読みとるためには、対象を外側から観察するだけではなく、内側から共感的に理解しなければならない。それが可能になったのは、作田が戦犯受刑者の遺文を戦犯受刑者の内面に入り込んで、いわば、これを文学として読んだからだろう。データとして分析する前に、文学として内側から読んでいるからこそ、分類から〈洩れ落ちるもの〉を発見できるのである。

エッセイ「死との和解——戦犯刑歿者の遺文に現われた日本人の責任の論理」（一九六四年［作田 1967 : 155–

183）は、先にみた学術論文「戦犯受刑者の死生観」と同じく、『世紀の遺書』にもとづく論考であるが、対象を文学として読み、内側から共感的に理解する志向がより色濃く表れた作品である。このエッセイのねらいは、副題が示すように、戦犯刑歿者の遺文に現れた「日本人の責任の論理」を探求することにある。

作田は、まず、責任の概念に注釈を加えることからはじめる。西欧市民社会が前提とするのは、「個人責任プラス主観責任」によって構成された「倫理的責任」である。ところが、BC級戦犯たちはこの種の責任をほとんど感じておらず、多くの者が無罪と無責任を訴えた。では、彼らは罪の意識も責任感もない人たちだったのか。作田は、まさにこのような見方こそ、戦争裁判で旧敵国側がとった立場であったと指摘する。欧米の「倫理的責任」は責任の一形態にすぎないのだから、集団責任や客観責任も広義の責任の概念に含めて考えなければならない。

作田は『世紀の遺書』の分析をもとに「死と和解する論理」に四つのタイプがあることを指摘する。先の論文では、パーソンズ理論に拠って、「自然死」型、「いけにえ」型、「いしずえ」型、「贖罪」型の四類型が示されていたが、この論考では、「いしずえ」型の代わりに「とむらい」型が設定される。

日本の戦犯受刑者たちは、少数の「贖罪死」型を除いて、「近代的な罪の意識なしに責任を認めて死んだ」が、彼らなりの責任を感じていた。ただ、「その責任が、西欧市民社会の倫理的責任とは異なっていただけである」。

自分を「いけにえ」とみなした受刑者たちは、自分たちの行為は戦争と軍隊という状況の産物であり（状況倫理）、そこに私心はなかったと主張した。しかし、「報復裁判」である以上、自分たちに責任（個人責任・主観責任）がないとしても、誰かが責任を負わなければならない（集団責任）。それゆえ、自分たちは「いけにえ」として責任（客観責任）を負うのだと考えたのである。

「ただ自然に生き、自然に死す」と記した人たちにとって、責任（客観責任）は私たちが「宿命」とか「業」とよんでいるものから発生する。人間として、なすべきことをなし、務めを果たしたがゆえに、その責を負って土くれに帰らなければならない。彼らにとって刑死は自然という超越的秩序による罰であると同時に自然への救済を意味していた。

「とむらい死」型の人たちは、死者たちと強いつながりを感じているので、生き残っていること自体が死に値すると考え、刑死によって先に逝った死者たちをとむらおうとした。遺文のなかには、とむらう対象が、異邦人を含めた死者にまで広がっている場合もあった。仲間との一体化に傾く個別主義的心情が死者一般にまで広がるとき、そこに個別主義を超える通路が開かれる、と作田は論じる。

状況倫理と個別主義を極限まで深めてゆく時、状況倫理は人間存在そのものに根ざす宿命もしくは業の観念を導き、個別主義は共同体的感情の拡散を媒介として、異邦人をも含めた人間の連帯にともなう責任の問題を暗示する。（作田 1967 : 181）

このように、作田は「日本人の責任の観念」を分類するだけではなく、分類から〈洩れ落ちるもの〉に光をあて、それを通じて、「日本的」な価値意識の極限から普遍的な価値意識が生成する可能性を探ろうとしていた。

5　非合理的な生の探求と内側からの理解

作田は、非合理的な生を把握するために、対象を客観的に分析するだけではなく、内側から共感的に理解しようと試みた。「ＢＣ級戦犯はほかならぬ私たちであるから、裁くより前にまず理解しなければならない」（作田 1967 : 157）と作田はいうが、この言葉は、倫理的主張ではなく、〈方法としての共感〉を反映したものといえるだろう。

「われらの内なる戦争犯罪者――石垣島ケース」(高橋三郎と協同、一九六五年［作田1967 : 75-107］) は、日本の兵士たちが責任の自覚なく残虐行為をおこなった原因を追究し、集団行動の罪を問う作品であるが、ここでも、著者たちは、戦争犯罪を自分たちの「内側から」とらえるアプローチを採用している。それは、戦争犯罪が「まさに私自身の中に内在する性質によって生じたとみなす立場」である。「その性質は戦後二十年経ってもあまり変わらず、私自身の中に生き残っているから、もし私が戦争犯罪をかつて犯さなかったように、今も犯していないのは、ただその機会に恵まれなかったためにすぎない」(作田1967 : 77)。著者たちは、石垣島の海軍警備隊が米兵を「誰も責任の自覚がなく」集団で処刑した事件を詳細に分析し、その根本原因が「外的な状況」ではなく、日本の軍隊組織一般にみられた「集団的な不統一」にあったこと、それゆえ、この残虐な事件は「私たち日本人」の「原罪」かもしれないことを指摘する。

> 私たち日本人は、一人一人の人間としては、決して愚かでも残酷でもない。しかし、ある種の集団に巻き込まれると、私たちはほとんど狂人のように行動する。集団への同調はある場合には私たちの長所となるが、しかしそこから救いがたく愚かな行動も起こってくるのである。集団的愚昧こそ日本人の原罪なのかもしれない。(ibid. : 106)

このように裁判資料という客観的データにもとづきながらも、「日本人の原罪」にまで踏み込んで論じることができたのは、対象を内側から理解するアプローチを採用したからにほかならない。

人間を内側から理解する場合、質的データを文学として読むほかに、文学が描く〈リアル〉から学ぶという手法がある。この手法は、〈第2期〉に〈文学からの社会学〉とよばれることになるが、すでに〈第1期〉の作品にもこれが活用されていたことがわかる。このことは羞恥論においても確認できる。

『菊と刀』において、R・ベネディクトは、西欧は内面的な〈罪の文化〉で、日本は外面的な〈恥の文化〉であると類型化したのに対し、作田は、日本文化を論じるには、まなざしの交錯から生じる「羞恥」も考慮すべきであると反論した（作田1967：9–26）。また、M・シェーラーの理論を所属集団－準拠集団の理論に接続して社会学的考察を展開するとともに、太宰治の文学作品を読み解くことで、羞恥には、集団の砦を越えた「広汎な連帯」（羞恥の共同態）を形成する機能があることを指摘した。すなわち、羞恥は「自己の内部の劣等な部分が八方から透視されている人間、集団という甲羅の一切が剝奪され、有としての自己を主張しうる根拠を失った人間、そういう人間同士の連帯」を可能にするのである（作田1972=2001：295–331）。

このように、作田は、文学を発想の源泉とし、データを内側から読み込みながら、多様な社会学理論を活用して、非合理的な生、「深さの次元」、〈リアル〉にアプローチした。〈第1期〉の理論的視点の多様性は、エッセイ集『深層社会の点描』のタイトルの「点描」の語が示すとおりである。[5] ただし観点が多様であるということは、統一的な理論枠組がまだ確立していないということでもある。

『価値の社会学』の「あとがき」には、残された課題は自由や遊びの世界から価値がどのように形成されるかという点にあるとしたうえで、「価値を自由や実存の相のもとでとらえようとすると、経験科学の領域をいくらか離れることにもなるだろう」と記されている（作田1972=2001：447–448）。「実存の相」や非合理的な生を視野に収めた統一的な理論をどのように構築するか。

その答えは〈第2期〉に「三次元の自我論」として提示されることになる。

3 〈第2期〉：三次元の自我論

私たちは、〈リアル〉へのアプローチによって、作田の仕事を三つに区分し、最初の論文から『価値の社会学』刊行までの期間を、〈第1期〉と位置づけた。ついで、ルソー研究を経て、独自の「三次元の自我論」を確立し、この枠組によって議論を展開した時期（〜一九九七年頃）を〈第2期〉と位置づける。

〈第2期〉の著書としては、『ジャン＝ジャック・ルソー――市民と個人』（一九八〇年）、『個人主義の運命――近代小説と社会学』（一九八一年）、『ドストエフスキーの世界』（一九八八年）、『生成の社会学をめざして――価値観と性格』（一九九三年）、『三次元の人間――生成の思想を語る』（一九九五年）、『一語の辞典　個人』（一九九六年）などがある。このうち、〈第2期〉の理論的達成である「三次元の自我論」に深く関連するのは、『ルソー』『生成の社会学をめざして』『三次元の人間』である。よって、以下ではこの三作品を中心に検討しよう。

1　三次元のパースペクティヴ

作田がルソーへの関心を深めたのは、京大人文科学研究所の第二次ルソー研究会（一九六六年四月〜一九六九年三月）に参加したときからである。彼の興味は、自己の内面の探求に明け暮れていたルソーが、フランス革命と

5　この本の改訂増補版が『仮構の感動――人間学の探求』（一九九〇年）である。この本の書評に応えた文章のなかで、作田は、小説や映画を論じるエッセイをまとめたのは自分が「ダブル・スタンダードではやってゆけない愚者であるからだ」と述べている（作田 1992b：151）。文学・芸術の領域は「記号一般の喚起機能」を使って展開するが、社会学は「言語の類別機能」を使って研究するので、論じるのが難しい。だから、文学・芸術を個人的な趣味として楽しんでも、社会学者としては扱わないのが「賢者」であり、あえて文学・芸術の領域に踏み込むのは「愚者」のおこないなのだ。しかし、そのような模索や挑戦なしに社会学理論の深化はありえないと作田は考えていたと思われる。

いう社会変動の知的源泉の一つとなった点にあった。「実存の相」をとらえるためには、社会学の風土ともいうべき「社会体系とパーソナリティ体系の体系としての類似性を強調する概念枠組」（作田1972=2001:447）から離れなければならないと考えていた作田にとって、ルソーのテキストは新たな理論構築の源泉となった。作田は、ルソーのパーソナリティと思想の連関を体系的に考察することを試みた。その成果は一九八〇年、単著『ジャン－ジャック・ルソー』として結実する。

　作田のルソー論の特徴は、自伝的・文学的著作と政治的著作を分離することなく、ルソーの全体を統一的に把握する理論的パースペクティヴを提示した点にある。ルソーの著作はすべて相互に関連しているが、従来の研究のように、個人主義－集団主義といった単純な二分法で把握すると、洩れ落ちや矛盾が生じてしまう。作田は、独自の三次元のパースペクティヴを定立することで、ルソーの思想の全体をじつに統合的に読み解いた。

　三次元のパースペクティヴを構成するにあたって、作田が取り組んでいたのは、M・ウェーバーの行為理論を再構築する作業であった。すでに〈第1期〉のエッセイのなかで、R・カイヨワの聖－俗－遊理論にヒントを得て、「まじめ」「実利」「自由」という三つの価値をもとに一九六〇年代後半の学生運動を論じていた[6]。また、行為の選択基準を三つに設定するという発想自体は『価値の社会学』のなかで示されていた。そして、『価値の社会学』刊行後の講演では、たとえ合理主義の枠から離れることになるとしても、「目的合理的でも、価値合理的でもない、非合理的な選択過程によって望まれた未来の状態」を「目標」概念のなかに含めた理論を考えたいと述べていた（作田1974:178）。このように、三次元のアイデア自体は突然現れたものではないが、「遊」「自由」「非合理的感情」の次元を含んだ理論が体系として提示されたのは、〈第2期〉のルソー論においてであった。

　ルソー論で作田は、行為の選択基準を原理的水準で検討し、これを〈手段としての有効性〉〈価値の一貫性〉〈感情的直接性〉の三つに設定している。三基準はウェーバーの「目的合理的行為」「価値合理的行為」「感情的行為」に対応するが、[7]ウェーバーが「感情的行為」に選択過程の先行性を認めず、単なる衝動的行動とみなしたのに対し、作田は感情による「非合理的な選択過程」を「目標」に含め、三次元の視点で行為論を再構成している。

第一の基準〈手段としての有効性〉に導かれた主体は、対象を自己の利害関心を充足させる手段ととらえ、道具としての他者との結合によって自己の防衛範囲を拡大し、物理的安全・心理的安全を獲得しようとする。その行為の目標への志向性は有用志向（防衛志向）である。

第二の基準〈価値の一貫性〉に導かれた主体は、理念や理想など、原則との適合性に照らして、対象を位置づけ、完全性を求めて現在の自己を越えてゆこうとする。その行為の目標への志向性は原則志向（超越志向、向上志向）である。

第三の基準〈感情的直接性〉に導かれた行為主体は、深い美的感動や共感の感情にとらえられ、対象への純粋な関心によってそれに同化・没入してゆく。このとき、自己防衛の構えが解除されるので、自我境界は溶解し、自己と外界の相互浸透が生じる。その行為の目標への志向性は共感志向（浸透志向）である。

6　「自由」をシンボルの世界に翻訳すると「想像力」になるが、作田によれば、高揚期の学生運動は、「まじめ」を「実利」から切り離し、「自由」と「想像力」に結びつけて、政治と文化を変えていこうとする思想運動であった（作田1973:82）。「実利」「まじめ」「自由」は、〈第2期〉の用語でいえば、A有用志向・B原則志向・C共感志向にあたる。学生運動の目標は、「まじめ志向を実益志向から切り離して、それを共感志向、離脱志向に結びつけること」、すなわち「AB間に楔を打ち込み、BをAから切り離してCに結びつけること」にあった（作田1993:154-158）。これらの言明は、作田が高揚期の学生運動のなかに「超近代の志向」（後述）の可能性をみていたことを示しているだろう。新聞記事によると、作田は六九年の京大紛争でエスカレートする暴力に抗議し、「無力な私は、私自身を苦しめるほかはない」と、二月の厳冬期にハンストを決行したという（『朝日新聞』東京版夕刊、一九六九年二月一五日）。学生運動の原則志向が共感志向から分離し、自己否定的な暴力へと傾斜するなか、作田は、失われてゆく「BC」を救い出すべく、わが身を投じて「弱さによる連帯」を訴えようとしたのかもしれない。

7　ウェーバーはその他に「伝統的行為」を設定しているが、作田によれば、これは「価値合理的行為」と「目的合理的行為」に還元できるもので、「類型としての純粋性をもたない」（作田1993:129-130）。

三次元のパースペクティヴは『生成の社会学をめざして』で「三次元の自我論」に展開する。有用志向を担う自我が「社会我」、原則志向を担う自我が「独立我」、共感志向を担う自我が「超個体我」である。それゆえ、人間は相互に還元不可能な三次元を生きる存在、「三次元の人間」なのである（作田 1995=1998：iii－iv）。

行為の選択基準を価値観とよぶとすれば、価値観が選ぶ最も基本的な価値は、有用価値、原則価値、共感価値の三つである。これら三価値への志向性を作田は、A有用志向・B原則志向・C共感志向とよぶ。そしてABCを「性格の構成要素」とみる視点から、三つの組み合わせによって性格を類型化する独自の性格類型論を展開し、これを権威主義的パーソナリティの分析に適用した（作田 1993：123-214）。

このように、独創的で明解な「三次元の自我論」（行為論・自我論・価値論・性格類型論）が確立したことは、理論的にみて大きな飛躍であった。〈第1期〉にも、さまざまな社会学理論や文学を活用して、非合理的な生が探求されたが、〈第2期〉には、これを独自の理論枠組で説明することが可能になった。注目すべきは、「三次元の自我論」が、分析の道具であるだけでなく、超近代の可能性を探りあてる探索の道具でもあったということだ。

〈独立我〉が〈社会我〉とではなく〈超個体我〉と協働する方向に、私は近代が超えられてゆく可能性を見る。それゆえ、私は本書を通してポスト・モダンとは何かという問に対する1つの答えを用意したつもりである。超近代への志向は、本書を支える価値観であると言ってよい。（ibid.：iii）

三次元のパースペクティヴに立つことで、作田は、ルソーの思想が「近代の思想の先がけ」であると同時に「超近代の思想の先がけ」であることを明らかにした。自然から人為へと向かう超越志向を強調し、近代化の理論的支柱となった点に着目すれば、ルソーは「近代の思想の先がけ」である。けれども、エゴイスティックな利益追求（＝防衛志向）のための結合を批判し、浸透志向による「超個体的結合」を理想化した点に着目すれば、ルソーは「超近代の思想の先がけ」なのである（作田1992a：246）。[8]

2　生成の論理と定着の論理

作田にとって、ルソーは単なる研究対象ではなく、「そこから学び取らなければならない一社会理論の開拓者」であった。「それはH・ベルクソンへと継承されてゆく社会理論、生成の社会学（sociologie de devenir）とでも名づけてよい社会理論である」（作田1992a：244-245）。『生成の社会学をめざして』は、作田が二〇歳代に「心酔した」というベルクソン哲学の「生成」の視点を社会学に導入する試みであった。すでにみたように、作田は最初の論文「責任の進化」で、ベルクソンの「仮構」概念を参照していた。〈第1期〉には、ベルクソニスムを武器に集団社会学を展開した日高六郎の仕事を論じる「日高六郎論」（一九六五年［作田1967：233-254］）も発表している。しかし生成する生命の運動を主題化するベルクソンの視点を、社会学の一般理論の水準で展開するという試みが現れたのは〈第2期〉のことである。[9]

だが、直観による認識を至上の知とするベルクソンの哲学を、実証データを重視する社会学の領域へ導入することがそれほど簡単であったはずがない。ベルクソニスムの導入とは、社会学にベルクソンの諸概念を付け加えることではなく、既存のパースペクティヴそのものを問い直し、生命感にもとづく社会哲学から学んで、社会学

8　〈第1期〉の作田は、日本人の責任や羞恥を検討することで、普遍的な連帯の可能性を探求しようとしていた。それは、「日本的なもの」の根源に近代の限界を超える可能性を探る試みであった。日本の責任観念が暗示する「異邦人をも含めた人間の連帯」や弱さの自覚にもとづく「羞恥の共同態」は、〈第2期〉の理論にもとづくならば、「超個体的結合」の日本的表象であるということができよう。

9　日本社会学会会長としての講演（一九八六年）が「ベルクソンの社会哲学」であったことは、当時の学会の多数派の関心を考えるときわめて興味深い（作田1995＝1998：52-70）。

的思考を「生成」という新たな方向に差し向けることを意味していた。その大胆な冒険が『生成の社会学をめざして』である。

生成の社会学を語るにあたって、作田は、ベルクソンの『時間と自由』を参照し、「生成の論理／定着の論理」、「生成の世界／定着の世界」という二項図式を導入している。「この論理と世界の対応関係の存在」を確認すること、「そこからすべてが始まる」。

「生成の世界」は分割されない全体（持続）として体験される。その体験は、詩、音楽、絵画など、その経験を生きる主体の「直観の記号」によってしか表現できない。これらの記号表現の根底にある論理が「生成の論理」とよばれる。これに対し、知性の言葉によって対象や経験を諸部分に分割して説明するのが「定着の論理」である。「定着の論理」で説明しやすいリアリティが「定着の世界」である。「生成の論理」は持続する感情や運動をとらえるのに適しているのに対し、「定着の論理」は物質界をとらえるのに適している（作田 1993：28–33）。

世界（リアリティ）は「生成の論理」と「定着の論理」の双方からとらえることが可能である。ただし、「生命の高揚状態にある『開いた社会（société ouverte）』を定着の論理で語ることはむつかしいが、生命の停滞状態にある『閉じた社会（société close）』を定着の論理で語るのはやさしい」。そこで、「生成の世界、定着の世界、生成の論理、定着の論理を基本的な軸として設け、人間の社会化の過程を素描したい」と作田は考える（ibid.：35–45）。

「生成／定着」の二項図式を社会の概念に展開すると、「開いた社会／閉じた社会」となる。これはベルクソンの『道徳と宗教の二源泉』で提示された社会類型である。「開いた社会」は、人類愛によって全人類を包み込む、無限の開放的な社会をさす。これに対し、「閉じた社会」は有限で、排他性を潜在させた閉鎖的な社会である。その範囲は、家族、コミュニティ、民族まで拡大しうるが、人類まで拡がることはない。二つはあくまで

「純粋型」であって、実在の社会は二つのあいだに位置する。

　作田の「溶解体験／拡大体験」という対概念が、ベルクソンの「開いた社会／閉じた社会」に対応することは明らかである。[10] 赤ん坊の笑顔に引き込まれるとき、音楽のリズムに身をまかせるとき、芸術やスポーツに深く感動するとき、または、性的恍惚ないし宗教的脱我を経験するとき、自我境界が溶解し、自己と外界は相互浸透する。この体験を作田は「溶解体験」とよぶ。一方、集団に参加し、自我と集団が一体化するとき、自我境界は集団の範囲まで拡大する。これが「拡大体験」である。愛国的熱狂が例示するように、「拡大体験」は、「われわれは彼らとは違う」という内集団と外集団の識別を前提とし、外集団への敵意を含む。

「開いたもの」と「閉じたもの」の区別を論じたベルクソンの議論をふまえて、作田は「溶解」と「拡大」を理論的に区別することの重要性を強調する。なぜなら、「二つの経験のあいだの差異を知らないと、人は境界のない〈開かれたもの〉を境界のある〈閉ざされたもの〉へと還元することで終わるからだ。このような還元主義の誤謬は、人間の可能性の探求に歯止めをかけてしまう」（作田1995=1998: iii）。

　では、ベルクソンの二項図式を基軸に取り入れた生成の社会学が「三次元の自我論」として成立するのはなぜだろうか。それは、超個体我と社会我の二つが「生成の世界」と「定着の世界」にそれぞれ位置づけられる一方、双方を媒介するものとして独立我が設定されているからである。原理的にいえば、「三つの次元は相互に他へと還元されえない」のであるが、「独立我」は「一方では超個体我と結びついて〈生成〉を促進させ、他方では社会我と結びついて〈定着〉を促進させる」（作田1993: 87, 1995=1998: iii）。このように、生成の社会学は二項図式

10　正確にいうならば、作田は「溶解」と「拡大」の区別を、G・プーレのルソー論から示唆を得て構成し、心理学者シャハテルの「対象中心性／自分中心性」やベルクソンの「開いたもの／閉じたもの」の概念に接続して独自の概念へと発展させた。

の立体化（三次元化）という独特の構造を有する。

ただし、三次元の性格類型論ではＡＢＣのそれぞれが組み合わせ可能であり、相反する志向を備えたＣＡ型（共感志向＋防衛志向）も成り立つ。このように、二項図式と三次元の概念が複雑に体系化されている点に、『生成の社会学をめざして』という著書の難しさがある。

3　人間の学と制度の学

これに関連して、「人間の学」と「制度の学」という二分法についても検討しておく必要があるだろう。生成の社会学を既存の社会学と対比する際、作田はしばしば「人間の学／制度の学」という二分法のレトリックを用いた。生命／物質、全体／部分、生成の世界／定着の世界、生のサイド／死のサイド。これらベルクソニスムの二項図式にもとづき、〈人間が制度をつくる〉という視点からアプローチするのが「人間の学」であり、〈制度が人間をつくる〉という視点からアプローチするのが「制度の学」であるとされた。これまで社会学は「制度の学」として大いに発展し、人間が制度にいかに拘束された存在であるかを明らかにしてきた。これに比べて、〈人間が制度をつくる〉派は少数だが、その代表者にＳ・フロイトがいる。作田は、Ｎ・Ｏ・ブラウンのフロイト解釈を参照し、「欲動」を出発点に人間と制度の関係を再考する作業に取り組んだ（作田 1995=1998：29–51）。さらに、「エロス／タナトス」概念の再検討をおこない、Ｅ・Ｇ・シャハテルの心理学を援用して前自我の段階からはじめて、独立我、超個体我、社会我を発達論図式のうちに位置づけた（作田 1993：57–89）。

「人間の学」と「制度の学」という二分法は、「生命の世界」に目を向けようとしない社会学の多数派に対するアンチテーゼとしては有効である。しかし、この一見わかりやすい二分法は、「生成の世界」と「定着の世界」が原理的に異なる水準にあること、また、二つの水準を「形」や「仮構」すなわち象徴化作用が媒介しうることを見逃す方向へと読者を導く恐れがある。かつて筆者は『ソシオロジ』誌に『三次元の人間』の書評を書いたが、そこで「人間の学／制度の学」という二分法のレトリックがはらむ問題点について以下のように指摘している。

生命は仮構などの「形」を通してこそ垣間見られるものであり、「形」から切り離してとらえようとすると、戯れであるはずの生命を実体化し、硬直させてしまう。もちろん、「形」そのものが生命であるわけではないが、直観を言語化しえない以上、「形」を通してしか、生命や開かれた存在について語ることはできない。一方、生命を感じさせた「形」も、固定化、硬直化して、生命を疎外する制度に変わる可能性がある。その意味で、「形」こそが生命と制度の交差する場なのではないか。そう考えるならば、「人間の学」と「制度の学」を単純に対立させる二分法にはたして意味があるのだろうか。超個体我の経験が社会我の経験へと横滑りするのを見据えた「人間の学」と、「形」の向こうに生命を透視する「制度の学」は、むしろ互いに重なり、相補うのではないか（岡崎 1997：149）[11]。

『ソシオロジ』誌の書評には、著者のリプライ「書評に応えて」が掲載される。筆者の問いかけに対して、作田は、「生と形式」の関係は、究極においては、このジンメルを思わせる評者の規定に尽きるとしたうえで、次のように論じている。

ただこの規定を実際に運用するとなると、制度の学が人間の学に対して、定着の論理が生成の論理に対して、存在者＝主体が存在＝他者に対してそれぞれ優位を占めている今日のイデオロギー状況においては、人は知らず知らずのうちに、形式に取り込まれてくる生命においてしか生命を見ようとしなくなる。しかし権利上

11　ベルクソンの社会哲学にかんして作田は次のように述べている。「実在は直観その他の能力によって直接とらえられるものなのか、それとも言語＝概念によって構成されるものか。おそらく真理はその中間［中略］にあるのでしょう」（作田 1995＝1998：53）。

生命は形式に先行しており、また事実、形式から溢れ出る生命もあるのだ。［中略］さしあたってはこの図式は著者にとって必要であるように思われた。人間の学の提案によって初めて権利上形式に先立つ生命の実在性が視野に入ってくるからである。（作田 1997 : 153）

「問題はパースペクティヴを確立することだ」と作田はいう。『仮構の感動』で象徴形式を通した生命感について鋭利な分析を提示した著者が、生命（人間）と仮構（制度）を単純な二分法で対立させたというわけではなかった。「人間の学／制度の学」という図式は、学問のイデオロギー状況を打開し、「権利上形式に先立つ生命の実在性」に光をあてるための戦略であった。

その事情を理解したうえで、あえて言いたいのだが、それでも「人間の学」という名称は作田の意図を歪めて伝えるものではなかったかと思う。〈人間が制度をつくる〉という表現は、個人が主体的・能動的に社会を形成するというヒューマニズム的イメージを招き寄せるからである。このような視点は作田がめざすものとは正反対であったはずだ。実際、作田が〈人間が制度をつくる〉派の代表として取りあげているのはフロイトであった。作田は、「人間を動かす根底的力」である欲動を出発点に、制度形成や社会化を再検討していた。それゆえ、正確にいうならば、「制度の学」と対になるのは「人間の学」ではなく、「欲動の学」であった。作田の立場はヒューマニズムではなく、〈超ヒューマニズム〉である。そのねらいに沿うには、〈人間が制度をつくる〉ではなく、〈非人称の力が制度をつくる〉あるいは〈エスが社会をつくる〉と表現すべきであったのだ。

「エス」を「人間」が代理してしまったのは、〈第２期〉の理論が自我論として展開したことと無関係ではなかったと思われる。三次元の自我はまだ自我として人間の輪郭を保っていた。しかし、欲動の力に押し流されると、人間は形をなくし、やがて夜の闇へと溶け込んでゆく。それをみつめる生成の思想は「夜の思想」[12]としての横顔をみせはじめるだろう。

4　エロスとタナトス——あるいはマゾッホとサド

『生成の社会学をめざして』は、「定着の論理」にとらわれた社会学的思考を「生成の論理」へと開き、有用価値に拘束された近代社会を超えてゆく「超近代への道」を指し示す画期的な著作であった。けれども、ベルクソニスムの導入によって生成の社会学はその困難も同時に抱え込むことになった。

一つが言語の問題である。ベルクソンの哲学は「直観による認識」を至上の知とし、言語にきわめて限られた役割しか与えていないので、「直観による認識」を言語化する際には、音楽を例に比喩で語るほかなかった。作田が用いたのは映像フィルムの比喩である。生成の社会学も、生命を科学的に研究しようとすれば、「フィルムの1こま1こま」という「リアリティの固定された断面」を「映写機で回転」させて「リアリティに近い像」を浮かびあがらせるように、「生命の影としての概念」から「生成のリアリティを構成し直すほかはない」(作田1993:34-35)。比喩は理解の助けにはなるが、理論ではない。生命と言語・象徴・概念の関係については、より厳密に検討する必要があるだろう。

もう一つが他者と悪の問題である。作田も指摘するように、ベルクソンの社会哲学においては「自我と対立する他者」は登場せず、「すべての対象」は「なにほどかの持続を含む」ため、「全宇宙を包む自我の感情の中に溶け込んで」しまう。「このようなパースペクティヴのもとでは、悪の問題もまた遠景に霞んでしまう」(作田1995=1998:70)[13]。

12　人間の非合理性に目を向け、「死への親近性」を表す思想を作田は「夜の思想」とよんだ(作田2014, 2015)。

とはいえ、悪、破壊、攻撃性などの主題が避けられていたわけではない。そのことは、『生成の社会学をめざして』の第Ⅳ章で「権威主義的性格またはヒトラー主義者たち」が取りあげられていることをみれば明らかである。問題はその位置づけである。作田は「〈独立我〉が〈社会我〉と協働して近代の文明を築き上げたが、その文明の1つの産物として権威主義的な破壊性がもたらされた」と考え、独立我が超個体我と協働する方向に超近代の可能性があると考えた。また、独立我には「生のサイド」と「死のサイド」の両面があり、「バイオフィリアは超個体我の属性であり、ネクロフィリアは社会我の偏曲した属性である」と論じた（作田1993：206）。

では、超個体我＝生成＝「生のサイド」＝超近代＝善であり、社会我＝定着＝「死のサイド」＝破壊＝悪ということになるのだろうか。当然ながら、作田はこのような単純な善悪二分法に立つはずがない。けれども、超個体我（共感志向）の働きを肯定的に評価する記述が多いため、読者がそのように誤解する可能性は否定できない。生成の社会学を善悪二分法のイデオロギーに横滑りさせないために必要なことは何か。それは超個体我が破壊や攻撃性と関わる可能性について考察することである。そして、まさしくこれが次に書かれる作品の主題となった。

『生成の社会学をめざして』刊行後に書かれた「エロスとタナトス――あるいはマゾッホとサド」（一九九四年［作田1995＝1998：106‒150］）と「文学・芸術におけるエロスとタナトス」（一九九六年）をみてみよう。これらの論考で作田は、G・ドゥルーズの『マゾッホとサド』の読解を通じて欲動概念の検討に立ち返り、それによって「三次元の自我論」を新たな枠組に展開し、破壊と攻撃性にかんするきわめて独創的な見解を提示している。

ここで、独立我は、欲望の充足を肯定する「理想我」と、欲望の充足を否定する「超自我」というプラス－マイナスの二側面をもつと新たに規定される。エロス（生の欲動）は「プラス独立我」（理想我）と超個体我の複合によって構成される領域（第Ⅱ象限）に位置づけられ、タナトス（死の欲動）は「マイナス独立我」（超自我）と超個体我の複合によって構成される領域（第Ⅲ象限）に位置づけられる（図2）。この視点からみれば、マゾッホはエロス型の芸術であるのに対し、サドはタナトス型の芸術であるということになる。マゾッホの小説では、主人公は、女性に依頼して、彼の中の父親（超自我）を鞭打って痛めつけるが、この場合、勝利の快感を味わうのは「ナルシシスト的自我」である。一方、サドの小説の主人公は超自我（父親）の化身であり、母親と一体化している「ナルシシスト的自我」を攻撃することで、超自我が勝利の喜びを味わう。

図2

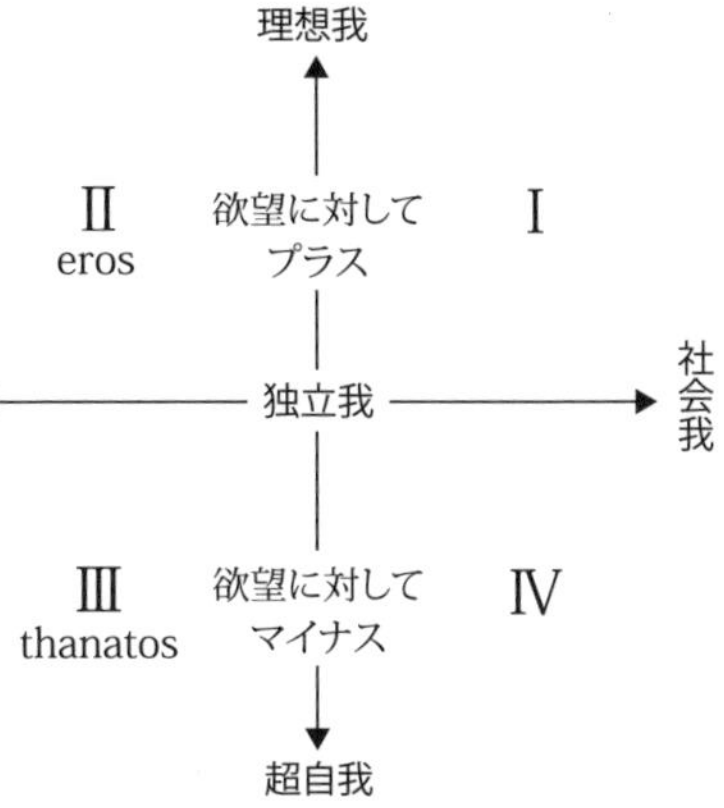

作田はさらに独立我に新たな規定を加える。独立我は「対象に向かう志向」と「根拠に向かう志向」をもつ。「プラス独立我」（理想我）は「生きた自然」に根拠を求め、性的な欲望対象の洗練化をめざす。「マイナス独立我」（超自我）は「死んだ自然」に根拠を求め、性的な欲望対象の脱性化をめざす。前者がマゾッホの世界であり、後者がサドの世界である。

すでに述べたように、超個体我とは個体が自己の境界を失い、外界へと溶解してゆく自我の相であるが、これが「プラス独立我」と結びついた場合、個体は解体しながらも有機体としての特性を保持したまま「生きた自然（宇宙）」へと融合する。このタイプの経験や世界観を表現するのがエロス型の文学と芸術である。これに対

13 「深さの次元」の自己意識を論じた論考で、作田はベルクソンの他者概念の不十分さを的確に指摘している。「深い自我に関しては、ベルクソンの初期のテキストの中には他者がまったく出てこない。［中略］晩年の『道徳と宗教の二源泉』（一九三二年）においては、深い自我間の相互作用に関していくらか述べられています。これは彼の言葉では開いた魂と開いた魂とのあいだの関係です。［中略］ただ『道徳と宗教の二源泉』で出てくる深い自我相互の関係は、神秘家とそれに従うフォロワー、信従者とのあいだの関係にとどまり、平等のあいだがらの相互作用ではない」（作田 1995=1998: 93–94）。

し、超個体我が「マイナス独立我」に結びついた場合、解体した個体はあたかも無機的な分子であるかのように「死んだ自然（宇宙）」へと拡散する。このタイプの経験や世界観を表現するのがタナトス型の文学と芸術である（作田1996）。最後に、作田は、エロス（生命のある反復）とタナトス（生命のない反復）に通底する「反復そのもの」を「根源的な欲動」と位置づける。

ここに至って、超個体我と破壊や攻撃性の関係性が理論の視野に入ってきた。ところが、「三次元の自我論」が四象限の図式に拡張し、欲動に駆動された人間が「生きた自然／死んだ自然」に溶け込む瞬間まで進んだところで、驚くべきことに、作田理論は決定的な転換をみせるのである。

その転換の検討に入るまえに、〈第2期〉を〈リアル〉の探求という視点から確認しておこう。〈第2期〉において〈リアル〉は「生成のリアリティ」として把握された。それを語るための論理が「生成の論理」であり、「生成の論理」にもとづく社会学が「生成の社会学」であった。

私たちは〈第1期〉の特徴の一つが〈洩れ落ちるもの〉の探求であることを確認した。〈第2期〉においてその探求は、「定着の世界」から〈洩れ落ちるもの〉すなわち「生成の世界」へと向けられた。作田は「生成の世界」の経験として、自己と外界が相互浸透する溶解体験を論じ、自然に溶け込む幸福を語るルソーの「存在の感情」をこの概念で分析した。「生成の世界」を探求することで、三次元のパースペクティヴにもとづく独自の行為論、自我論、価値論、性格類型論が展開することとなった。

その意味で、〈リアル〉の探求は確実に深化した。しかし、新たな枠組からも〈洩れ落ちるもの〉がある。それが言語（象徴化作用）、悪、他者といった問題であった。さらに、言語化された「生成の論理」と「生成のリアリティ」の隙間から〈洩れ落ちるもの〉にも目を向ける必要がある。

むろん作田がこうした課題に自覚的でなかったはずがない。ラカンやE・レヴィナスを参照した〈第3期〉の新たな展開によって、他者、悪、破壊の問題が主題化され、言語・仮構・象徴の働きを見据えて、〈リアル〉の探求はさらに深化してゆくのである。

④〈第3期〉：力の思想

一九九八年は〈第2期〉から〈第3期〉への転換点であった。そのことは、以降、「三次元の自我論」が使われなくなったことに示される。代わって理論枠組の基礎となったのがラカンの「三範域の理論」である。ラカン理論を独自の解釈で積極的に活用することで、犯罪論や文学社会学などの領域にめざましい進展がみられた。またニーチェ、デリダ、レヴィナスなど哲学や現代思想の成果を取り入れた作品、ドストエフスキーやベルクソンを新たな視点から解釈した作品も発表されるようになった。

九八年を転換点とするもう一つの理由は、この年から作田が同人誌『Becoming』を発行しはじめたことである（発行は年二回）。これにより作田は思考を自由に展開し発表する場を得た。以来一七年間に発表された作品は三五本にのぼる。質、量とも驚異的というほかない。これらの作品の一部は『生の欲動――神経症から倒錯へ』（二〇〇三年）、『現実界の探偵――文学と犯罪』（二〇一二年）などに収められている。

1 酒鬼薔薇少年の欲動

〈第3期〉の多様な作品を、あえて一言でくくるとすれば、「力の思想」ということになるだろう。この時期には、〈人間が制度をつくる〉というよりも、〈力が人間を動かす〉という視点が明確になってくるからである。この視点は『Becoming』の創刊の言葉によく表れている。

「人間は想像のうえではまとまった実体のように見えるけれども、現実には人間を超えた力によって分解され、押し流されている。その力は社会からくるのではなく、社会は逆に人間を実体化することでみずからも実体化しているのだ。人間を実体と見るのは定着の立場であり、人間をそのようには見ない立場は広い意味での生成（becoming）の立場である。我々が立つ立場はこれにほかならない」（「創刊にあたって」）

人間は「人間を超えた力」によって分解され、押し流されていると作田はいう。そのような〈力〉の一つの現れが欲動（エロスとタナトス）である。

『Becoming』創刊号巻頭に掲載された「酒鬼薔薇少年の欲動」[14]（一九九八年［作田2003:5-31］）は、一九九七年に世間を震撼させた神戸の殺傷事件を論じ、犯罪と欲動の関係を考察したエッセイである。酒鬼薔薇少年は、二月一〇日に女児二名を殴打し、三月一〇日、女児二名を殺傷した。殺傷後のメモに、これは人間が「壊れやすいのか壊れにくいのか」を確かめるための「聖なる実験」であると少年は記していた。続いて、五月二四日、少年は小学生男児を殺害し、切断した頭部を中学校の正門に置いた。これには「聖なる儀式」という名が与えられていた。

当時、事件を、学校の管理教育や家庭のしつけの問題、メディアの影響など、社会的環境の側から説明する論評が数多くみられた。行為を社会の反映とみる点で、〈社会が人間をつくる〉視点からのアプローチといってよい。一方、作田は〈力が人間を動かす〉という視点から事件にアプローチしている。そのポイントは二点ある。第一に、この事件の主要因は少年の並外れて強力な欲動にあったという解釈である。第二に、「聖なる儀式」と名づけられた破壊行動は一種の「供犠」であったという解釈である。

作田によれば、酒鬼薔薇少年は「欲動の犠牲者」であった。その欲動は社会化の力が及ばないほどに強力であった。祖母の死に衝撃を受けた後、彼はもはやふつうの刺激には心を動かされなくなって、動物を殺すようになった。次に少年少女の殺傷へと向かったのは、破壊（殺害）による興奮をエスカレートさせてゆくためと考えられる。校門前に男児の首を置いた日、少年はカウンセリングを受けるために神戸の児童相談所を訪れている。彼が心理テストで描いた絵は、稲妻が空間を切り裂き、落雷を受けた大木が真ん中で折れていた。この絵は、男児を殺害したとき、突き抜ける欲動によって少年自身が引き裂かれたことを表している、と作田はみる。

欲動は、〈世界〉の外からやってきて、人間を突き動かし、行動化や象徴化を通じて表現されることを求める。少年の欲動は殺人という行動化だけでは解消されなかった。それゆえ、首を切断し校門前に置くという「供犠」（「聖なる儀式」）によって、欲動の象徴化がおこなわれたと考えられる。少年は神戸新聞社に声明文を送ったが、最後の箇所で、自分には「一人の人間を二度殺す能力が備わっている」と謎めいた言葉を記していた。作田によれば、一度目が現実の殺人であり、二度目が欲動の象徴化としての殺人（「エクリチュールとしての儀礼的殺人」）である。

「供犠」は主体にどのような体験をもたらすのだろうか。「供犠」の執行者にとって生贄は自己の分身である。それゆえ、同一化の対象である生贄を殺害することで、主体は自己の〈世界〉を破壊し、自己喪失に至る。それは象徴的な「死」の体験といってよい。このとき内部に荒れ狂う欲動は外部へ解放される。

自己喪失に至る直前に主体は何をみるのだろうか。それは「甦った新しい自己がそこへ融即してゆく調和体」

14　原題は「酒鬼薔薇君の欲動」。

〈エロス的表象〉だろうか。それとも「自己の分解した断片がそこへ拡散してゆく無機物の流動」〈タナトス的表象〉だろうか。少年の無意識は、その答えをあの特異な破壊行動（「聖なる実験」から「聖なる儀式」に至るまで）によって確かめようとしたのではないか、と作田は考える。

「酒鬼薔薇少年の欲動」は〈力が人間を動かす〉という視点が明確に打ち出されている点で〈第3期〉「力の思想」期の幕開けを飾るにふさわしい作品である。そしてこれは作田の仕事のなかでも最も強烈な作品でもある。犯罪の内容がセンセーショナルだからではない。謎めいた犯罪の内側に入り込んで、恐ろしい破壊行動の最深部に達する論理の強度が凄まじいからである。[15]

では、〈第3期〉の〈リアル〉の探求が以後どう展開するかをみてゆこう。ただし、三五本にのぼる作品すべてを紹介する余裕はないので、以下では三点に絞って考察することにしたい。まず、作田がラカンの「三範域の理論」をどう解釈することで、〈第3期〉の理論枠組を構成したのかを確認する。次に、「三範域の理論」にもとづいて論じられた作品の中から、「力の思想」の視点がよく表れている二つを取りあげる。[16] 一つが「不特定多数を狙う犯罪」を論じた作品、もう一つがルソーの「憐憫」を論じた作品である。前者は人間の解体に向かうタナトスの〈力〉を感じさせる作品であり、後者は諸単位の融合的調和に向かうエロスの〈力〉を感じさせる作品である。

2　現実界・象徴界・想像界

現実界 le réel－象徴界 le symbolic－想像界 l'imaginaireという「三範域の理論」が作田の議論に導入されたのは、『Becoming』第二号掲載の「フロイト－ラカンによる昇華概念の検討」（一九九八年）からである。以降、作田はしばしばラカン理論を援用して議論を展開するようになる。[17] なぜラカンなのか。それはこの理論が、「非合理的な動機の探求に役立つと思えたからである」。ただし、作田は西欧の思想家がつくった物差しを持ち替えて自分の問いに接近し、自分の問いに適当なものへと物差しをつくり直すという奥村隆の指摘は、この場合にもあてはまる（奥村 2015）。作田は非合理的なものを探求するために、ラカン理論を独自のかたちで導入し活用したのである。[18]

ラカンの「三範域の理論」にかんする作田の解釈をみてゆこう。

想像界（I）は「自己と他者とが互いに相手に映ったイメージにもとづいて相互作用する範域」である。この相互作用は、象徴界（S）すなわち「言語の指示する意味の連鎖のネットワーク」の枠組のなかで生じる。言語は、原初の混沌を蔽って事物を整序し、認知的および規範的な相互連関のうちに組み入れ、「現実」を構成する。私たちがふつう「現実」とよんでいるのは、この「象徴的秩序に蔽われた想像界」のことである。これが〈世

15 「酒鬼薔薇少年の欲動」を執筆しているときの作田について、『Becoming』編集者の新堂粧子氏は、「向こうからやってくるっていう感じで」「乗り移ってるかのよう」であったと語っている（作田・鶴見 2006：36）。

16 その他「力の思想」に深く関連する作品としてニーチェ論がある（作田 2005a, 2011）。

17 日本社会学会大会において、筆者は作田啓一とともに「ラカンと社会学」（一九九九年）、「ラカンと社会学2」（二〇〇〇年）というテーマ部会を設け、樫村愛子、竹中均、中野昌宏ほかの研究者と、ラカン理論の社会学的可能性を共同で検討した。

18 〈リアル〉への関心は「生命の非合理的な側面」に向けられている。鶴見俊輔らとの対話のなかで、作田は次のように語る。「非合理性には二つあって、一つは、人間のもっている欲望が、本来の目的に到達できずに屈折する。つまりゆがんだ形で欲望を追求するようになる。するとそれが、たとえば嫉妬とか羨望といった感情として現れる。そういった屈折した感情をさすような非合理性は、わかりやすいんです。［改行］もう一つ、生命それ自体がもっている非合理性がある。しかし、この非合理性のほうは、まだ誰もよくつかんでいない。僕は、そういう意味の非合理性が、単に非合理的でばからしいから論じる余地はないとは思えないんです。だって、人間に限らないけれども、生命は合理的なものではないですね。何かの目的をもって生まれたわけではなく、勝手に、自然に生まれてきて、そして自分の理性に反していろんな状況に放り込まれて生きていく。生命というのはそういうものなんだから。ラカンの言う『リアル』、現実界というのは、そういうものを理論体系のなかに持ち込んだものですね。もう一つの非合理性（嫉妬、羨望）のほうは、ラカンの用語では、想像界、イマジネールな世界の中のできごとです」（作田・鶴見 2006：13）。

界〉と表記される。

現実界（R）はこのような「現実」（＝〈世界〉）とは別の範域をさす。それは「象徴的秩序の網の目から洩れ落ちた残余」である。私たちはこれを〈洩れ落ちるもの〉ともよんでいる。象徴化を免れた〈リアル〉そのものについて言語で語ることは不可能であるが、強いて語るとすれば、次のようになるだろう。象徴化以前の生《なま》の自然（「原初の混沌」）の律動が生命体に反映することで、「活動と休息」のリズムが生まれる。この「拡張と収縮」のリズム、「生」（エロス）と「死」（タナトス）のリズムが〈生の欲動〉である。現実界はこの「生命の根源的衝動」の範域である（作田 2003 : 224, 2012a : 7–9）。

作田の「三範域の理論」の理解にかんして、注目すべきは現実界の実在論的解釈である。ラカンが「穴」とか「空虚」という語で表現することから、現実界は実在概念ではなく、構成概念であると主張する論者もいる。これに対し、作田は、これらの表現は「言語によってはとらえられないという不可能性」を示すものととらえ、現実界を実在概念として解釈する立場に立つ。「現実界は実在するけれども、象徴化されえないもの、象徴化の作用から洩れ落ちるもの」である（作田 2003 : 220–221）。

ただし、〈リアル〉（現実界）が象徴的世界（〈世界〉）に襲来することもある。このとき〈リアル〉は「不気味なもの」あるいは「空虚」として感知される。また、〈リアル〉が象徴のネットワークを通過して特別の象徴をまとった場合は、「調和や美」として現れる（作田 2012a : 7–9）。

まさしく独創というほかないが、このように現実界を実在概念として解釈することで、ラカンとベルクソンが接続することになる。作田はベルクソンの「生成の世界」を現実界として解釈するのである。ラカン自身がベルクソンに批判的であったから、これはラカンの正統な解釈とはいえないだろう。しかし、それはラカン理論の潜在的可能性を引き出す解釈、ラカン理論をより以上のものにする解釈である。さらに作田は、現代哲学における存在／存在者の区別を〈リアル〉／〈世界〉の区別と把握することで、現代思想の成果も「三範域の理論」に取り込んでゆく。たとえば、ベルクソンの「エラン」、ドゥルーズの「本源的自然」、ニーチェの「意志としての力」、バタイユの「消尽する力」といった〈力〉や存在をめぐる概念が〈リアル〉の概念で把握されるのである（作田 2006：50）。こうした独自の生成論的解釈をふまえ、私たちは作田のいう現実界を〈リアル〉と表記してきたのであった。

ところで、私たちは、〈第2期〉の理論にかんし、ベルクソニスムの二項図式と「三次元の自我論」の接合の難点を指摘したが、存在論とラカンを接続することで、同様の問題が生じていないだろうか。これについては、存在論の二項図式とラカンの「三範域の理論」が複雑ではあるがきわめて整合的に接続していることを確認できる。ベルクソニスムの「生成の世界」と「定着の世界」の区別、現代哲学における存在と存在者の区別を[19]、〈第3期〉の作田は〈世界〉の外と〈世界〉の区別として理解する。〈世界〉は「象徴的秩序に蔽われた想像界」〈象徴界＋想像界〉であり、〈世界〉の外は〈リアル〉〈現実界〉を意味する。〈世界〉と〈世界〉の外は二項図式で区別しうるが、重要なのは、両者が同じ水準に存立するものではないということである。その意味で、これは二元論ではない。基本となるのは、あくまで「三範域の理論」である。現実界－象徴界－想像界の三範域は、いずれも単独で存立するのではなく、他との関わりにおいて現象する。〈世界〉の外＝〈リアル〉は〈世界〉の「穴」とも表象されるし、〈世界〉内に一時的に滞留するものとも把握されるのである。

19　先に引用した九七年の「書評に応えて」のなかで、作田は「超個体我」と「社会我」の区別は、「現在の時点から見ると、いわゆる現代哲学において広がっている存在者からの存在の区別に対応していることがわかった」と記し、存在者から区別された存在の概念が、現代哲学の先駆者ニーチェ、フロイト、ベルクソンを経て、ハイデッガー、レヴィナス、ドゥルーズ、バタイユ、ラカンなどに受け継がれている、と述べている（作田 1997：151）。この視点に立つならば、ラカンにおける〈世界〉の外と〈世界〉の区別は、存在と存在者の区別に対応すると考えてよいだろう。

では、〈第2期〉の「三次元の自我論」と〈第3期〉の「三範域の理論」はどのような関係にあるのか。二つは重なる部分もあるが、異なる部分もあるうえ、作田自身が両者の関係を明確に論じていないので、位置づけるのが難しいが、おおまかな対応関係を次のように理解してよいのではないか。〈第3期〉の「三範域の理論」は包括的な理論である。この理論からみれば、自我は三範域の一つである想像界の現象である。つまり「現実界（R）−象徴界（S）−想像界（I）」の三範域が自我という想像的なものの水準に反映されたのが、超個体我−独立我−社会我という三次元の自我なのである。

〈第3期〉の理論が包括的であることは、〈第2期〉の「三次元の自我論」では十分に論じることのできなかった他者の問題が主題化された点にもよく示されている。「三範囲の理論」の観点に立つと、他者を二つの水準に区別できる。すなわち「小文字の他者autre」と「大文字の他者Autre」である。〈世界〉内において、ひとは自己を投影することで他者を理解し、他者という鏡に映った自己を自己と認めている。この場合、自他は表裏一体で、互いに分身関係ないし双数関係にある。このような〈世界〉内に位置する他者が「小文字の他者」である。一方、〈世界〉の秩序を司る「一者」と仮定されるのが、ラカンの用語でいえば、「象徴的父」であり、現実界の化身として〈世界〉に一時的に滞留するのが「現実的他者」である。「象徴的父」と「現実的他者」は〈世界〉の外に位置し、〈世界〉に同化しえない他者性を示すので、「大文字の他者Autre」とよばれる。

作田は論文「真の自己と二人の大他者──ラカンとレヴィナスが交わる点」（二〇〇〇年［作田2003:85-121］）で、ラカンとレヴィナスの他者論を比較し、異なる体系を有する両理論が、ともに二つの他者の水準を区別していることを指摘している。「象徴的父」（ラカン）は「彼Lui」（レヴィナス）に、「現実的他者」（ラカン）は「他者autrui」（レヴィナス）にあたる（作田2003:99）。さらに、作田は「現実界に根をもつ」他者を「究極の他者」とよび、「三範域の理論」にもとづいて、これを「脆弱な他者」「神秘家」「逸脱者」の三つに類型化した（作田

2006）。このように自我の三次元で不十分だった他者論が〈第３期〉に「究極」の水準まで深化したことは特筆に値する。

「三次元の自我論」と「三範域の理論」の違いでもう一点、決定的に重要なことがある。それは、前者が三次元（ＡＢＣ）の組み合わせの論理で説明されたのに対し、後者が関係性の論理で説明されていることである。現実界・象徴界・想像界が相互にどのような関係にあり、切れ目や結び目がどのような存在形態を導くのかということを、ラカンは「ボロメオの結び目」の図形を使って説明した。作田はこの難解な議論をふまえて、神経症、倒錯、精神病などの病理現象から昇華までを射程に収めた、きわめて包括的で体系的な理論を展開した。

こうしてラカン理論を活用することで、社会病理や文化を新たな角度から論じることが可能になった。作田は戦後日本社会における病理が「神経症」から「倒錯」へ変化したと論じ、「倒錯」の病理が現代のいじめに現れていること、「倒錯」に関連したナルシシズムの傾向がオタク文化にみられることを指摘した（「倒錯としてのいじめ」二〇〇一年［作田2003:122-157］、「ナルシシズムという倒錯」二〇〇二年［作田2003:186-218］）。フロイトはかつて、文明のなかに神経症を読みとったのだが、作田は現代を「倒錯の時代」とみた。ただし自我心理学のように、これを「未成熟な段階」に位置づけることはしなかった。「跳ぶために退け」という格言がある。倒錯は神経症以前の段階への「退行」であるが、「退行は間違った方向への進化の歩みを止め、その進化の始まる地点に戻る、というポジティヴな面をもつ」と願いを込めて語ってもいた（作田2003:218）。

3　社会の圧力と暴力――不特定多数を狙う犯罪

では、「三範域の理論」にもとづいて作田はどのように〈リアル〉を探求したのか。

〈リアル〉が「象徴的世界の中で現れる仕方」を作品のなかで描いた作家を、作田は「現実界の探偵」とよぶが、その代表がドストエフスキーである。日本の作家では、夏目漱石、夢野久作、島尾敏雄、武田泰淳などがあげられる。作田は彼らの作品に描かれた「不気味なもの」「空虚」「調和・美」「隙間」「力」を分析し、人間存在の非合理性をめぐって鋭い考察を展開した（作田 2012a, 2014, 2015）。

文学作品と並んで、「現実界とのかかわりが異質的に深い」のが犯罪であると作田は考える。犯罪者はしばしば犯行後に「どうしてあんなことをしたのか分からない」と語るが、これは犯罪行為の起こる瞬間がその前後の時間の流れから切断されていることを示す。「異常と思えるような出来事の中にこそ、根本的な問題が含まれている」（作田 2007a）。だから、作田はみずからも「現実界の探偵」となって、切断された日常の隙間に浮きあがる〈リアル〉をとらえようと試みるのだ。

たとえば、七人が死亡、一〇人が負傷を負った秋葉原の無差別殺傷事件（二〇〇八年六月八日）が起きたとき、そこに一瞬〈リアル〉が現れたのを作田は見逃さなかった。

誰が撮ったか分からないが、秋葉原事件の加藤が逮捕された時の映像がテレビで流された。そこには弱々しげな青年の、眼鏡がずれ落ちそうな、血まみれの憔悴した顔があった。この憔悴は単に大量殺人のための疲労以上のものを感じさせた。それはエクスタシーを体験したあとの憔悴であるように見えた。［中略］多数の人々が集まっている街での加藤の血に染まった破壊行動は、その演劇化を伴うことで、どこか原初的な供犠を思わせる。（作田 2012a: 225–226）

供犠としての殺人という議論に私たちはすでに出合っている。そう、酒鬼薔薇少年の事件である。では秋葉原事件はあの事件と同じ論理で説明できるのだろうか。どちらの犯罪も通常の動機では説明のつかない「動機なき殺人」であり、無意識的な〈リアル〉の追求が破壊行動につながった点は共通する。だが決定的な違いがある。酒鬼薔薇事件では、破壊行動の主たる要因は強力な欲動であり、社会的要因は背景化していたが、秋葉原事件において加害者を破滅的な犯罪へと押しやったのは、人を幸福にしない社会の圧力と社会に対する怨恨であった。また酒鬼薔薇少年の「供犠」は欲動の象徴化という側面が特徴的であったのに対し、秋葉原事件の「供犠」は他者の抹殺と自己無化という側面が特徴的であった。よって、同じ「動機なき殺人」でも、酒鬼薔薇事件は欲動の行き着く果てを確かめようとする「実験型」、秋葉原事件は行き場を失った欲望が乱反射する「アノミー型」と位置づけられる（ibid.: 188）。さらに、「原初の供犠」との関連からいえば、酒鬼薔薇少年が「供犠」の執行者であったのに対し、秋葉原事件の犯人は執行者であると同時に犠牲獣であったとの指摘は瞠目に値する。

> 彼は犠牲獣がそうされたように、我が身自身を社会的価値の蔽いを剝奪された生《なま》の裸身として衆人の前に曝すのだ。その意味で彼を「供犠執行者にして犠牲獣」と呼ぶことができるだろう。我々が秋葉原事件の加藤の憔悴した表情に、凶暴な殺人者以外のものを感じ取るのはそのためである。（ibid.: 227）

事件の核心を突き、それゆえ不気味さで読者を不安にするこの一文は、作田がいかに対象の内部に深く入り込んで理解したかをよく示している。

さて、いま私たちがみてきた分析は、論文「不特定多数を狙う犯罪」（二〇〇九年［作田 2012a: 197–228］）の後半部分に登場する。前半部では、当時頻発していた無差別殺傷事件（秋葉原事件を含む）の共通動機とその社会的原因（背景）が考察されている。論文とは順序が逆になるが、前半部の内容も確認しておこう。

ここで作田は当時の五つの事件を取りあげ、これらに共通する動機は「拡散した怨恨」「自殺願望」「自己顕示」「演劇化」であると指摘したうえで、四つの動機の社会的原因（背景）を考察している。加害者たちは非正規雇用など概して低い職業的地位にあった。怨恨が不特定者に向けられたのは、加害者たちが生の享受を特定者によってではなく社会によって阻害されていると感じていたからである。この被阻害感は「二つの匿名の権威の視線」の支配から生まれたものと考えられる。一つが「成層化システムの差異化する視線」である。職業によって人の優劣を評価し、社会的尊敬を配分する成層化システムが社会の全体に広がったせいで、加害者たちは安全の欲求や承認欲求が満たされない状況にあった。もう一つが「官僚制的組織の人をモノと化す視線」である。高度に発展した官僚制的組織は、人間らしく働くことのできる環境から労働者を疎外し、彼らをモノのように扱う。二つの視線に追い詰められて、被阻害感を募らせた加害者たちは、社会に向けて対象の「拡散した怨恨」をいだく一方、「自殺願望」を募らせる。その願望をはね返そうとすると、他殺によって「自己誇示」したいという考えが生まれる。「自己誇示」は「演劇化」によって効果を高めるので、衆前で犯罪が敢行される（ibid.:211-222）。

探偵作田はこのように動機の社会的原因を考察したうえで、しかし、それでもこの種の犯罪の「極端なおぞましさ」は説明しきれないとして、破壊直前の動機の考察へと進んだ。それが先ほどみた「破壊のための破壊」の分析である。つまり加害者を追い詰めた「社会の圧力」と暴力として表出された〈力〉の両面から事件が考察されているのである。

では、「社会の圧力」と破壊の〈力〉との関係はどうなっているのか。この点については、二〇〇七年の雑誌インタビューが参考になる。作田によれば、人間は本来、「自由と力を表現したいという思い」をもっているが、現代は「自由の欲望を抑えつけるような有形無形の、物的心的な圧力」が異常なほど強くなり、それらが本人も意識しない方向からやってくる状態にある。ただし、さまざまな圧力が一丸となってはいないので、圧力と圧力とのあいだに隙間ができる。小さな隙間を見つけた人は「そこから自由を表現し力を噴出させる」が、それが「暴力の形を取ってしまう」こともある。本人も理由を説明できない「動機なき殺人」はこうして起こるのだ、と作田は説明する（作田 2007a）。

つまり「殺したい」という凶悪な欲望が最初からあって、それが暴力として表出されるのではない。自由を求める〈力〉、より良く生きようとする〈力〉が「社会の圧力」にぶつかって屈折し、それが圧力と圧力の隙間から暴力のかたちで噴出するのである。隙間を〈穴〉といってもよい。不特定多数を狙う犯罪は「象徴化作用が高度に進んだ有の社会の中にぽっかりと空いた穴」である。「それは象徴に蔽われた有の世界の底に流れている無＝リアルなものに人々を直面させる」のである（作田 2012a : 227-228）。

興味深いのは、「アノミー型」の殺人に現れる社会病理に対処する方法として、作田が〈リアル〉への直観と感性の回復を強調していることである。殺人禁止の掟がまだしも効力を保っている場合、この掟の存否を験そうとする「ヒステリー型」の主体が産出される。この場合、ヒステリー者とは、みずからの身体の〈リアル〉（「殺せない」という感覚）を抑圧しつつ、欲望を追求（〈リアル〉へ接近）しようとする主体である。この主体は「大文字の他者」に向かい、「自分は殺すことができるかどうか」という問いを発し続ける。「実験型」殺人を起こすのはこのタイプの主体である。

一方、禁止の掟が効力を失うと、不十分な象徴化のせいで、全能感に満たされた「ナルシシスト型」の主体が産出される。「ナルシシスト型」の主体において、「殺すな」という禁止は無視され、「殺せない」という感覚は「殺せる」という感覚に移行する。この主体にとって「大文字の他者」はもはや存在しない。ここに「アノミー型」殺人が起こる。

近代の社会病理の変化を巨視的にみれば、「ヒステリー型」から「ナルシシスト型」への変容がみられる。このナルシシズムの時代に必要なのは家父長的権威の復活ではない。「殺すな」という殺人禁止の掟は「殺せない」

という〈リアル〉の感覚の表象代理である。殺人を抑止するためには、禁止の掟を強化するのではなく（それはかえって掟を超えたいという欲望を喚起する）、掟の根底にある「殺せない」という〈リアル〉の感覚を強化することこそが必要なのである（ibid.: 165-183, 196注(5)）。

ところで、この「殺せない」という感覚は「ルソーの憐憫とほとんど同じである」と作田はいう。だとすれば、「殺したい」欲望を刺激し、〈力〉の暴発を生みだす現代社会の困難を越える契機は、憐憫のうちに見出されるかもしれない。作田の探求は、ラカンからニーチェ、レヴィナス、デリダ、アガンベンを経て、もう一度ルソーに戻ることになる（作田 2010b, 2011, 2012b）。

4 弱者の〈力〉から〈憐憫による連帯〉へ

ルソーは、自己愛と憐憫は自然状態における人間の基本的性向であると考えた。憐憫は人間の心に生まれつき備わる。あらゆる反省に先立つこの自然な働きによって、人間は自己の外に出て、苦しんでいる者と一体化しようとする（『言語起源論』）。頑強な未開人も憐憫によって、弱い子どもや病弱の老人が苦労して手に入れた食料を奪わないようにする。最も堕落した習俗においてでさえ、憐憫は破壊されない（『人間不平等起源論』）。

自己愛と憐憫の関係を理解するには「存在の感情」の位置づけを確認する必要がある。自己愛は自己保存の性向である一方、対他意識にとらわれることなく、自己の内面に沈潜するとき、状況にかかわりなく持続する幸福感や深い生命感をもたらす。ルソーはこれを「存在の感情」とよぶ。「存在の感情」は内奥で感受されるが、深層の生において自己は外に開かれているので、自己と外界は相互浸透し合う。ゆえにルソーの「存在の感情」には溶解体験が含まれている、と作田は指摘する。

「存在の感情」の位置づけは自我の概念を使うと明確になる。作田によれば、自我には「防衛機能を担う消極的自我」と「より以上に生きようとする積極的自我」の二側面がある。自己愛が「存在の感情」の水準まで深まると、自我境界が失われて「消極的自我」が消失するが、「積極的自我」は外界へと溶け去るので、放心状態のなかで「より以上」の生が実感される（作田 2012b: 11–16）。

溶解体験にかんするルソーのテキストを読むと、相互浸透の対象がつねに他者ではなく物、人ではなく自然であることがわかる。一方、ルソーは憐憫を論じながらも、これを「存在の感情」に結びつけることはなかった。しかし憐憫を「自己と他者との境界が失われる体験」と位置づけるならば、憐憫は「存在の感情」の一側面と把握できる、と作田は考える。

そのことは、憐憫の感情が「集団の庇護を失った弱者」に向けられることから説明できる。この場合の「弱者」は「究極の他者」の三類型では「脆弱な他者」に相当する（作田 2006）。「脆弱な他者」は自分を保護してくれる「集団の蔽い」と「自我の蔽い」を剝ぎ取られ、無防備な状態でただそこに在る。このような「他者」に直面するとき、主体は「他者」の独特の〈力〉に惹きつけられる。この〈力〉は〈リアル〉の次元から発するものといえる。それは主体の「自我の蔽い」を突き抜け、主体を深層の生へと引き込む。この牽引力に感応し、「脆弱な他者」の声、まなざし、しぐさに応答するとき、主体は自我の壁を越え、深層の生で他者と溶け合う。こうした自他の溶解における「存在の感情」が憐憫なのである。

「存在の感情」は語りえない次元として議論の俎上に載せるのが難しいが、ラカンの現実界は「この次元について論じる道を拓くのに実り多い有効な概念であった」と作田はいう（作田 2012b: 16）。ラカンの用語を使うと、憐憫は次のように説明される。

憐憫とは象徴的蔽いを剝奪され象徴的世界から洩れ落ちそうになっている他者（「現実的他者」）との同化の

感情である。この時主体はみずからも象徴的世界の外＝現実界に身を置き、深層の生を体験するのである。(ibid.)

ところで、ルソーは『エミール』において憐憫が人類社会形成の基礎になると示唆していたが、そのヴィジョンは『社会契約論』で示された市民国家の形成のプランほど具体性を帯びたものではなかった。ルソーの示唆した〈憐憫による連帯〉を現代的に展開した議論として、作田はR・ローティの政治哲学理論に言及している。ローティは、憐憫が社会統合にとって基礎的な役割をもつと論じ、福祉国家の諸政策の実践に理論的根拠を与えた。彼のユートピア論は「憐憫にもとづいた人類社会の統合」の可能性を射程に収めている点で、本人にその意図があったかは定かではないが、「ルソーの思想の継承と発展」であった。従来、成員の情緒的一体感は共同体を閉ざすとされ、普遍的な社会形成に必要なのは倫理的思考や普遍的な理性の働きであると説かれることが多かった。そのなかで理性よりも感情が公的領域の統合に貢献するとしたローティの主張は「極めて斬新である」と作田は評価する（ibid.: 16–25）。

だが、慧眼の読者は気づかれたように、〈憐憫による連帯〉と響き合う発想は、すでに作田の作品に書き込まれていた。〈第1期〉の論文「責任の進化」は最後にドストエフスキーを引いて、犯人に対する存在レベルの共感や所属集団の砦を越えた連帯意識を示唆していた。戦犯受刑者の遺文研究では、日本人の責任の論理のなかに、「人間存在そのものに根ざす宿命」への共感や「異邦人をも含めた人間の連帯」といった普遍志向の観念を読みとっていた。また羞恥論では、「集団という甲羅の一切が剥奪され、有としての自己を主張しうる根拠を失った人間、そういう人間同士の連帯」の可能性を示唆していた。どの作品も剥奪された他者に対する共感的な理解が示されていた。

さらに、〈第2期〉のルソー論は、この「超近代の思想家」が「社会の中で外観と存在のずれに苦しみ、存在の深い次元での超個体的結合を追求した」ことを明らかにしていた（作田1992a:245）。作田のいう「超個体的結合」とは自他の溶解から描きだされた「開いた社会」（ベルクソン）とみてよい。また、本稿では詳しく取りあげることができなかったが、『ドストエフスキーの世界』では、この作家の作品に描かれた「溶解体験を通じて予感される自己と他者との究極の和解（隣人愛）」や「罪と赦しの共同体のヴィジョン」が論じられた（作田1988:198, 390）。

「究極の和解」という主題は、〈第3期〉に、J・デリダを参照して「純粋な赦し」を考察した作品のなかで深められた（作田2007b）。そして、いまみたように、さらなるルソー研究を通じて憐憫にもとづく普遍的連帯の可能性が追求されたのであった。「カントの普遍主義は象徴界に根ざしているのに対し、ルソーのそれは現実界に根ざしている」（作田2012b:24）[20]。カントから導かれるのが理性による普遍的連帯であるとすれば、ルソーとローティが論じる〈憐憫による連帯〉は、〈リアル〉への直観と感性にもとづく普遍的連帯といえるだろう。このように、作田が〈リアル〉を探求するなかで、〈洩れ落ちるもの〉から生成する普遍的連帯の可能性を探し続けたということは十分強調されてよい（奥村2016）。

5 〈リアル〉の探求の特徴と課題

私たちはようやく〈リアル〉の探求者、作田啓一の学問全体の特徴と課題について語ることができるところまでたどり着いた。筆者は別のところで作田の文学社会学に三つの特徴があると述べたが、それらは彼の学問全体

20 カントは憐憫や仁愛が人を動かすことを認めていたが、彼が重視したのは感情ではなく、理性によって支えられた普遍的な道徳的義務であった。一方、ルソーの憐憫は普遍主義的に拡散する可能性をもつが、道徳的義務に規定されたものではなく、感情的に直接与えられたものであった。

についてもあてはまるだろう（岡崎2016：190-191）。

第一の特徴は、〈隙間の思考〉である。図式、分類、合理性、象徴的秩序の隙間から〈洩れ落ちるもの〉をとらえる〈洩れ落ちるもの〉を作田は追究し続けた。〈第1期〉の戦犯受刑者の遺文研究では、刑死の意味づけを四つに分類したが、この分類から洩れ落ちる受刑者の心を見据え、さらに、欧米の責任の論理から洩れ落ちる「日本人の責任の論理」を明らかにした。また、ベネディクトの恥の文化／罪の文化という図式から洩れ落ちる羞恥の感情に着目することで、日本文化に新たな光をあてた。〈第2期〉には、ベルクソニスムを導入した生成の社会学によって、「定着の論理」から洩れ落ちる「生成の世界」を考察した。〈第3期〉にはラカンの「三範域の理論」にもとづき、言語や象徴的世界の隙間から〈洩れ落ちるもの〉を探求した。

第二の特徴は、理論と方法における〈共感〉である。作田のいう〈共感〉とは自己と外界の相互浸透を意味する。〈共感〉の経験を作田は溶解体験とよび、三次元の理論のなかで論じた。すなわち有用志向－原則志向－共感志向である。共感志向は原則志向と結びつくことで「超近代」の地平を切り拓くが、極点に達すると、主体の無化や人間の解体に至る。

作田の作品が、対象を外側から観察するだけではなく、対象の内側に深く入り込んで共感的に理解する方法によって書かれたことは、私たちが何度も確認してきたとおりである。ただし、この「対象中心的アプローチ」は、意識化された方法というより、天性の資質による実践の結果であったかもしれない[21]。

第三の特徴は、社会学と他の領域との間で展開する〈境界的思考〉である。「真理は隙間にある」ということを示すかのように、作田は社会学と文学の境界、社会学と精神分析の境界、社会学と哲学思想の境界で思考を展開した。ベルクソンやラカンを援用したので誤解されることがあるが、作田は新しい関心に導かれて社会学の外へ出ていったのではない。〈リアル〉への関心を徹底的に追求することで、社会学の「底」を突き抜けてしまったのである。ただし、社会学の「底」と思われてきたものは、個人‐社会の二項図式というきわめて素朴で常識的な観念であった。作田は非人称の〈力〉すなわち〈リアル〉を視野に入れた三次元(三範域)のパースペクティヴから社会学を考え直そうとした。彼が文学、精神分析、哲学思想との対話を必要としたのは、人間と社会を根源から再考し、新しい社会学の基礎を築こうとしたからだろう。

以上の特徴をふまえると、残された課題が何かも明確になる。仕事の全貌を明らかにできていない段階ではあるが、三点を指摘しておきたい。

第一に、言語の問題。作田の膨大な業績のなかに、言語論をテーマにした作品がなく、言語学や構造主義にかんする考察がきわめて少ないのは、ベルクソニスムに傾斜した思考の特徴かもしれない。けれども、言語や構造にかんする考察が深まれば、〈リアル〉の探求もさらに深化するだろう。二〇一六年三月、作田が息を引き取った病院の部屋にはルソーの『言語起源論』が置かれていた。次に書かれるはずの作品のテーマはまさしく言語の起源であった。

第二に、社会の生成の問題。憐憫論で確認したように、作田は〈洩れ落ちるもの〉から生成する社会をつねに追求していた。ただし、そこに描かれたのは人類社会という幻想的なヴィジョン、和解と共生のユートピアであった。それは「現実の社会」ではなく、「理想の社会」であった。では、「理想の社会」や〈洩れ落ちるもの〉の〈力〉がどのように「現実の社会」を動かし、新たな社会を生成するのか。この問いを解く鍵は「昇華」の概念にあると思われるが、〈生成する社会〉の理論はまだ素描にとどまる。

第三に、方法論の問題。〈共感〉という方法はかならずしも意識化されたものではなかったと先に述べた。む

21 BC級戦犯の遺書を読んで論文を書いているときのことを、作田は次のように語る。「乗り移ってしまって、自分がチャンギーかどこかの刑務所にいるような気分になりました。もうじき死刑になるんだとか」(作田・鶴見2006:36)。

ろん作田の作品は作田啓一だからこそ書きえたものである。強靭な論理力、迫真の想像力、〈リアル〉の現れを的確に描く筆力、対象に同化する天性の資質などは誰も継承しようがない。確かに作田は「孤高の社会学者」であった。しかし、だからといって作田をむやみに別格扱いするならば、その業績を孤立させることになる。彼の仕事を継いでさらに発展させるには、作田の実践した方法を抽出し、〈生成の社会学〉の方法論を構築する作業が必要である。

5 おわりに

私たちは、作田の学問的営為を〈リアル〉の探求という視点からとらえ返すことで、これを一貫的に把握しようと試みてきた。その目的はある程度果たせたように思われる。しかし本稿がたどってきた道は潜在的可能性から選ばれた一つのルートにすぎない。奥深い森にも譬えうる作田の思考全体を理解するためには、思想の地図を描くことが必要である。本稿は作図に向けた一本の線を引く試みであった。本書の他の論考が描く線と重ねることで、また、読者が新たな線を加えることで、この森の奥ゆきと広がりはしだいに明らかになってゆくことだろう。

それにしても深い森である。人間は形をなくし闇に溶け込んでゆくようだ。社会から洩れ落ちた人たちの嘆きや叫び声が森の闇に響いている。だが、どれだけ絶望的な闇を論じても、作田の作品が私たちに希望の光を届けるのはなぜだろうか。

一〇代の頃、作田はドストエフスキーやチェーホフを読むことで、「現実の惨めさにもかかわらず、生には本来的に希望が含まれていることを学んだ」と語っていた。晩年の作品で、作田はチェーホフが描く「底の知れない絶望」と「実現しそうにない希望」の関係を論じている。チェーホフは、対立と敵対がうずまく状況を、空間的に遠くから見ることで、諸要素が相互浸透する懐かしい調和の様相として描きだしたが、同じく、時間的に遠い未来から現在をみることで、絶望に満ちた現在の明るい側面を浮きあがらせている。チェーホフの描く希望は、現在から未来に託された希望ではない。「それは遠い未来から現在にさし込む光に照らされた現在なのだ」（作田 2013:56）。

作田の思想も、〈世界〉の絶望を直視すると同時に、〈世界〉の外にみずからの身を置くことで、現在のなかにある希望を描きだしていたのである。

参考文献

岡崎宏樹　一九九七「書評 作田啓一著『三次元の人間――生成の思想を語る』」『ソシオロジ』第一二九号、社会学研究会
―――　二〇一六「文学からの社会学――作田啓一の理論と方法」亀山佳明編『記憶とリアルのゆくえ――文学社会学の試み』新曜社
奥村　隆　二〇一五「共同体の外に立つ――『日本の社会学を英語で伝える』ことをめぐる試論」『社会学史研究』37、日本社会学史学会
―――　二〇一六「亀山佳明編『記憶とリアルのゆくえ』（新曜社）を読む」『図書新聞』二〇一六年七月一六日
作田啓一　一九六六「案内図としての『思想』」『思想』第500号、岩波書店
―――　一九六七『恥の文化再考』筑摩書房
―――　一九七二（＝二〇〇一）『価値の社会学』岩波書店
―――　一九七三『深層社会の点描』筑摩書房
―――　一九七四「『価値の社会学』の構成」現代社会学会議編『現代社会学』２、講談社
―――　一九八〇『ジャン-ジャック・ルソー――市民と個人』人文書院
―――　一九八八『ドストエフスキーの世界』筑摩書房
―――　一九九二a『増補 ルソー――市民と個人』筑摩書房⇒二〇一〇『ルソー――市民と個人』白水社
―――　一九九二b「書評に応えて：書評 作田啓一著『仮構の感動――人間学の探求』」『ソシオロジ』第一一五号、社会学研究会

――一九九三『生成の社会学をめざして――価値観と性格』有斐閣
――一九九五（＝一九九八）『三次元の人間――生成の思想を語る』行路社
――一九九六「文学・芸術におけるエロスとタナトス」井上俊他編『岩波講座 現代社会学8 文学と芸術の社会学』岩波書店
――一九九七「書評に応えて：書評 作田啓一著『三次元の人間――生成の思想を語る』」『ソシオロジ』第一二九号、社会学研究会
――二〇〇三『生の欲動――神経症から倒錯へ』みすず書房
――二〇〇四a「文学の社会学 人間の謎の探求をめざす」アエラムック『新版 社会学がわかる。』朝日新聞社
――二〇〇四b「未来を生きる君へ 作田啓一さんの伝言 今を生きる」『朝日新聞』東京版朝刊、二〇〇四年七月二五日
――二〇〇五a「生の横溢と鬱屈――ニーチェ－シェーラーのルサンティマン論をめぐって」『Becoming』15、BC出版
――二〇〇五b「実人生の底にあるリアルなもの――私の読書体験」『季刊・本とコンピュータ』二〇〇五年 夏号 第二期16、「本とコンピュータ」編集室
――二〇〇六「究極の他者について」『Becoming』18、BC出版
――二〇〇七a「『未来へのメッセージ』85歳の『8賢人』」『サンデー毎日』二〇〇七年四月一五日増大号
――二〇〇七b「純粋な赦しを巡って」『Becoming』20、BC出版
――二〇一〇a「探究千歳」『京都新聞』二〇一〇年三月八日
――二〇一〇b「自己愛と憐憫――ルソー、ドストエフスキー、ニーチェ」『Becoming』26、BC出版
――二〇一一「自己愛と憐憫――ルソー、ドストエフスキー、ニーチェ（続）」『Becoming』27、BC出版
――二〇一二a『現実界の探偵――文学と犯罪』白水社
――二〇一二b「『存在の感情』と憐憫」『Becoming』29、BC出版
――二〇一三「チェーホフ――絶望と希望の文学」『Becoming』32、BC出版
――二〇一四「漱石における夜の思想――『夢十夜』と『坑夫』を巡ってⅠ」『Becoming』33、BC出版
――二〇一五「漱石における夜の思想――『夢十夜』と『坑夫』を巡ってⅡ」『Becoming』34、BC出版
作田啓一・鶴見俊輔 二〇〇六『セミナーシリーズ 鶴見俊輔と囲んで2 作田啓一 欲動を考える』編集グループ〈SURE〉
作田啓一・富永茂樹編 一九八四『自尊と懐疑――文芸社会学をめざして』筑摩書房

第8章

見田社会学におけるリアリティ

浅野智彦

① リアリティという問題設定——見田社会学の三つの時期

本章の目的は、見田宗介／真木悠介の社会学において「リアリティ」がどのようなものとしてつかまれてきたのかをたどってみることにある。

リアリティという言葉は見田自身が特別な意味を込めて用いている用語ではないので、はじめにこの問題の立て方について説明しておくのがよいだろう。見田の仕事はそのどれもが、より豊かな生、より充実した生へと向けられている。それは現在の生のあり方を始点として違った生のあり方へと伸びていくベクトルのようなものであるといってもよい。本章がリアリティの言葉を当てたいのは、このベクトルの終点として見通されている何ものかである。他方、始点にあたるものについてここでは「現実」の語をあてておくことにしよう。

ここで注意しなければならないのは、たいせつなのは終点の内容それ自体ではなく、それが可能にするベクトルの全体であるということだ。リアリティを特定の内容と結びつけ固定してしまうなら、それがコミューンであれ、ボランティアであれ、あるいは土の匂いや汗の匂いであれ、それは通俗的な道徳のようなものとなってしまうであろう。見田の一連の仕事はいずれも、このようなベクトルの様々な系列を描き出すものとして読むことができる。本章がリアリティに焦点を合わせるのは、このような諸系列をたどりなおしたいと考えるからだ。

以下の議論の準備作業として見田の仕事を三つの時期に分けておくことにする。

第一の時期は、見田が社会学者として出発した一九六〇年代からおおむね一九七〇年代の後半まで（著作でいうと『現代社会の存立構造』まで）。この時期の見田の仕事は、一方ではマルクスの理論を土台とする現代社会の原理論の構築を進めるものであり、他方ではそれを肉付けする形で計量データの分析や様々な事例研究を行うものであった。前者を原理論的な仕事、後者を社会意識論的な仕事と呼んでおこう。

第二の時期は、一九七〇年代後半から一九九〇年代前半まで（著作でいうと『気流の鳴る音』から『自我の起原』まで）。この時期の仕事は、近代社会のあり方を非近代社会との比較によって明らかにすることに向けられていた。これらを比較社会学的な仕事と呼んでおく。

第三の時期は、一九九〇年代中頃から現在まで（著作でいうと『現代社会の理論』以降）。この時期の仕事は、比較社会学的な仕事をふまえつつ再び原理論的および社会意識論的な仕事に取り組むものである。これらを第一の時期と対応させて再開された原理論・社会意識論と呼んでおく。

現実からリアリティへと伸びるベクトルは、三つの時期のいずれにおいても見田の仕事の主要なモチーフとなっている。しかしそのベクトルが示す豊饒な生への道筋は三つの時期のそれぞれにおいて異なったものになってもいる。その違い、あるいはその違いの持つ社会学的な意味を以下の節で見ていくことにしよう。

② 原理論・社会意識論におけるリアリティ――未来と主体の理論

1　実感主義の止揚

社会学者として第一歩を踏み出した第一の時期から、見田の仕事は生の豊饒を目指すものであった。この時期の仕事において語られるリアリティは、三つの点によって特徴付けられる。第一に、それは未来志向の主体を要請するということ。第二に、対極にある現実はその主体性を巧妙に侵食するものであること。第三に、主体が現実との間でもつ葛藤や対立は単に否定されるのではなく、肯定的な契機によって包摂すべきとされることである。

第一の点から具体的に見ていこう。

見田が公表した論考としては最も早い時期に属する「〝純粋戦後派〟の意識構造」においてすでにその構図は明瞭に見てとれる（見田 1960）[1]。これは一九六〇年一月一三日の思想の科学研究会で行った報告の抄約と補遺である。

「純粋戦後派」とは、戦後の六三制教育を受け、安定期に青年期を迎えた世代、見田自身よりもやや年下の当時

1　この文章の存在を御教示くださるとともに、見田社会学における「リアリティ」論の一貫性についてご指摘くださったのは、作田・見田研究会のメンバーであった鈴木洋仁氏である。記して感謝したい。

の若者たちを指す。彼らの社会意識の基調を見田は「実感主義」のうちに見出す。

「純粋戦後派の中心的なムードとしての実感主義は、いうまでもなく〝いま、ここにある自分〟の感覚や欲望を大切にする生活態度で、α現在主義とβ主体的真実の両側面を持つ。」(見田 1960:50)

このような意識の大衆的な成立を肯定的に評価しつつも見田は次のような二つの問題を指摘してもいる。第一に、そのような意識にともなう「一抹のうらさびしさ」。第二に、欲望の肯定による「〝率直なる俗物〟への傾斜」。これらは彼らが偏見・伝統・権威から自由であると同時に、「社会的連帯感や未来への理論的展望からも解放(?)」されてしまっていることを示していると若き見田は論じる。このような「二重の自由」の弱さを見田は次のように指摘する。

「未来につながらない〈現在〉と社会につながらない〈自我〉との構成する〝今、ここにある自分〟の実感には大いなる絶望もないかわりに大いなるよろこびもない。実感信仰が実感そのものを貧困化している。」(見田 1960:51)

ここで貧困化してしまう実感として把握されているものが「現実」だとすると、その対極に想定されたもの(豊穣化する実感とでもいうべきもの)が「リアリティ」に相応する概念である。そして後者から前者への転換点におかれているのは未来への展望と社会への働きかけとであった。

だが注意しておくべきは、現実とリアリティの間にある緊張関係・対立関係は単純な相互否定や相互背反ではないということだ。すなわちリアリティは、現実の単なる否定ではない。それは内側から転換された現実なのである。だからこそ実感主義は「清算」されるのではなく「止揚」されるべきであるとして、次のように見田は論じた。

「実感主義の〝止揚〟とは、実感をあくまで尊重する立場をつらぬきながら、この実感を構成する〈自我〉に〈社会〉とのつながりを与え、〈現在〉に〈未来〉とのつながりを与えつつ〈実感〉そのものを豊富化していくことだと思う。」（見田 1960：52）[2]

2 「賢明な男」の逆説

この構図は『人間解放の理論のために』においてさらに硬質で緻密な論理によって再構成された。例えば、この著作に収められた「未来構想の理論」という論文において語られる「賢明な男」の寓話は、現実への埋没のより具体的な姿である（真木 1971：45）。彼は自分が置かれた現実を冷静に眺め、成功確率の高そうな選択肢を慎重に見極める。彼は恋をあきらめ、やりたいことではなく需要があることを仕事に選び、社会の抑圧と不正について見て見ぬ振りをする。「彼はいつもスマートで破綻を知らず、恥をさらすということをしない」（真木 1971：46）。しかし彼の人生はどうしようもなく貧しい。その理由を見田はこう説明する。

2　なお見田自身が自らの「デビュー作」としている「死者との対話」（のちに「シツォイド文化とチクロイド文化」に改題）においても主体性の内在的な確立が主題となっている。すなわち日本の無神論的な伝統を媒介にしつつ「ヒューマニズムと内面的主体性の確立という普遍的価値に到達するための、オリジナルな歴史を開拓」（見田 1963a→2012：82）することが求められている。

「情況の論理にたいして、主体があらかじめ自己の価値視点を明確に屹立せしめることがないとき、そのような没・主体的な仕方で意識が明晰であればあるほど、彼はますます情況の論理にからめとられるだろう。そのような仕方で意識が明晰であればあるほど、彼はますます自由を失い、彼はますます無力であり、彼の人生はますます無意味な、内容空疎な、物化され疎外された生となるだろう。」（真木 1971：47）

このような「内容空疎な、物化され疎外された生」のあり方は、見田の社会意識論的な一連の仕事の中でも繰り返し指摘されてきたものだ。ここでは「貧困の中の繁栄」（見田 1963b→2012）で取り上げられているある証券会社の創立者についての分析を紹介しておく。

彼は貧しい家庭に生まれ、経済的成功のために、あらゆるものを犠牲にしてきた。結果として彼は名の通った証券会社を立ち上げるまでにいたった。その意味で彼はまちがいなく成功者のひとりである。だが見田が注目するのは、彼が成功とひきかえに失ったものの方である。実際、自伝の中で彼は「個人的には、自分という人間は憐れな男だと思うことがある」と述懐する（見田 1963b→2012：102）。というのも、

「青春時代の楽しみというものは何一つ経験していない。親友に恵まれず、恋人を持たず、喫茶店も知らなければ、映画を観たこともない。ただ会社と下宿の間を往復して、がむしゃらに勉強するばかりの青春を送った。」（見田 1963b→2012：101）

あとで述べるように、二〇〇〇年代に入ってから「リアリティ」の具体的なあり方を問われて見田は「アート、

愛、友情」と答えている。この言葉もまた「現実」への埋没によって失われた「リアリティ」を示す例として引用されており、第一の時期から第三の時期にかけて見田がリアリティにある一貫したイメージを持ち続けていたことを示唆しているだろう。

だがここで注目したいのは別のことだ。

人並み外れた成功者であるはずの彼もまたリアリティという点から見れば貧困の下にある。すなわち「巨万の富を積んだ今日もなお、彼の〈生き甲斐〉、したがってまた、彼の人生の基本構造が、貧困によって条件づけられた欲望に支配されているという意味で、彼は貧困の支配下にある」（見田 1963b→2012:102）。賢明な男の逆説は、「エリートになるというそのことが、まさに物質性による精神の完全な浸食であり、想像力を根こそぎ売り渡すことであり、人と人とのつながりからの根底的な疎外として実現される」という形で貫徹する（見田 1969→2012:179）。

このような逆説をともないながら貧困化していく「現実」を「リアリティ」に向けて内的に転換していくための可能性を探求すること、それがこの時期の見田の仕事の大きな主題であったように思われる。そしてその転換の要となるのは、「情況の論理」に対して屹立せしめられた「主体」の「価値視点」から発揮される「明晰さ」であり「未来を見とおす知性」であった。

3　相剋性と相乗性

ここまでみてきた第一の時期の現実／リアリティの捉え方は、「コミューンと最適社会」および「まなざしの地獄」という二つの論文（あるいはその理論編としての『現代社会の存立構造』）において最も洗練された形をとっている。

あらためて確認しておけば、現実への埋没からリアリティへの内的な転回は次の二つを要として進展する。第一に未来への志向性。第二に、現実に対峙する主体。現在の諸条件を所与のものとせず、それらを自らの価値観に立って変えていこうとする能動性がリアリティへの転回の原動力となる。

「まなざしの地獄」は、その諸条件が具体的にどのような形をとっているのかについて、ある少年（N・N）による連続殺人事件という極限的な事例に即して論じたものだ（見田 1973→2011）。この論文の詳細については本書第5章に委ねるとして、ここで確認しておきたいのは次の点だ。人々が生きる現実の諸条件は、彼らが「尽きなく存在しようとする」ことと社会構造（さらにいえば階級構造）との間で生じる葛藤によってまずは特徴付けられる。主体を否応なく拘束し、その怒りと攻撃をさえも自らの再生産の糧として消化しつくしてしまう構造。N・Nによって犯された殺人は、極限的であるがゆえに、この主体と構造との葛藤を否応なく浮かび上がらせる。奥村隆が精密に読み解いたように、主体と構造との葛藤を克服する方途についてこの論文は直接的には何も語っていない。強いて言えば、「尽きなく生きる『主体性』と明晰なる『知』、これが解放の契機なのである」ということになろう（奥村 2015:102）。

他方、「コミューンと最適社会」は、主体の働きかけがどのような形をとって行われるのかという点についてより踏み込んだ形で論じている。主体と構造との葛藤は、ここでは「相剋性」というより理論的に洗練された概念に位置づけ直される。見田は、歴史の推進力が相剋性にあるという前提を確認した上で、「問題は、相剋の契機が推進力であるそのあり方を変えることである」と論じる（見田 1971→2012:154）。相剋性が一般に人々を互いに物化し、非人間化するものであることはいうまでもないが、しかし同時にそれは「相互に深化し、人間化し、充実化し、豊饒化し、解放する契機でも」あり得る。対立をはらんだ様々な諸関係は、個の水準においても集団の水準においても、より豊かな生を実現する機会でもあり得るのである。[3] 重要なことは、相剋性をなくすことではなく、それを相乗性の契機へとたえず再定位していくことである。

このような構図は第二時期の比較社会学において大きな変容を遂げる。次節でそれをみていこう。

3 比較社会学におけるリアリティ――「世界」と〈世界〉の理論

1 「世界」と〈世界〉

インドとメキシコへの旅を終えた後に始まる見田の第二期の仕事は、比較社会学という方法によって特徴づけられる。この一連の仕事の始点をなす『気流の鳴る音』の序において見田は、今後数年間に取り組みたい仕事を「人間の生き方」「その生き方を充たしている感覚」の発掘と表現している（真木 1977→2012：29-30）。現実からリアリティへのベクトルもまたこのような「生き方」「生き方を充たしている感覚」において見出されるものとなる。

この時期の仕事において語られるリアリティは、三つの点によって特徴付けられる。第一に、それが「世界」／〈世界〉との関係性において位置付けられていること。第二に、「地」の輝きということが理論の基底となること。第三に、主体性の溶解がリアリティへの重要な通路になっていることである。

3 『現代社会の存立構造』は、構造と主体との葛藤についての論理的な記述であると同時に、相乗性・相剋性について社会の成り立ちの諸水準・諸次元を区別しながら明断に論じた著作としても読むことができる。

図1　主題の空間（真木 1977→2012：33）

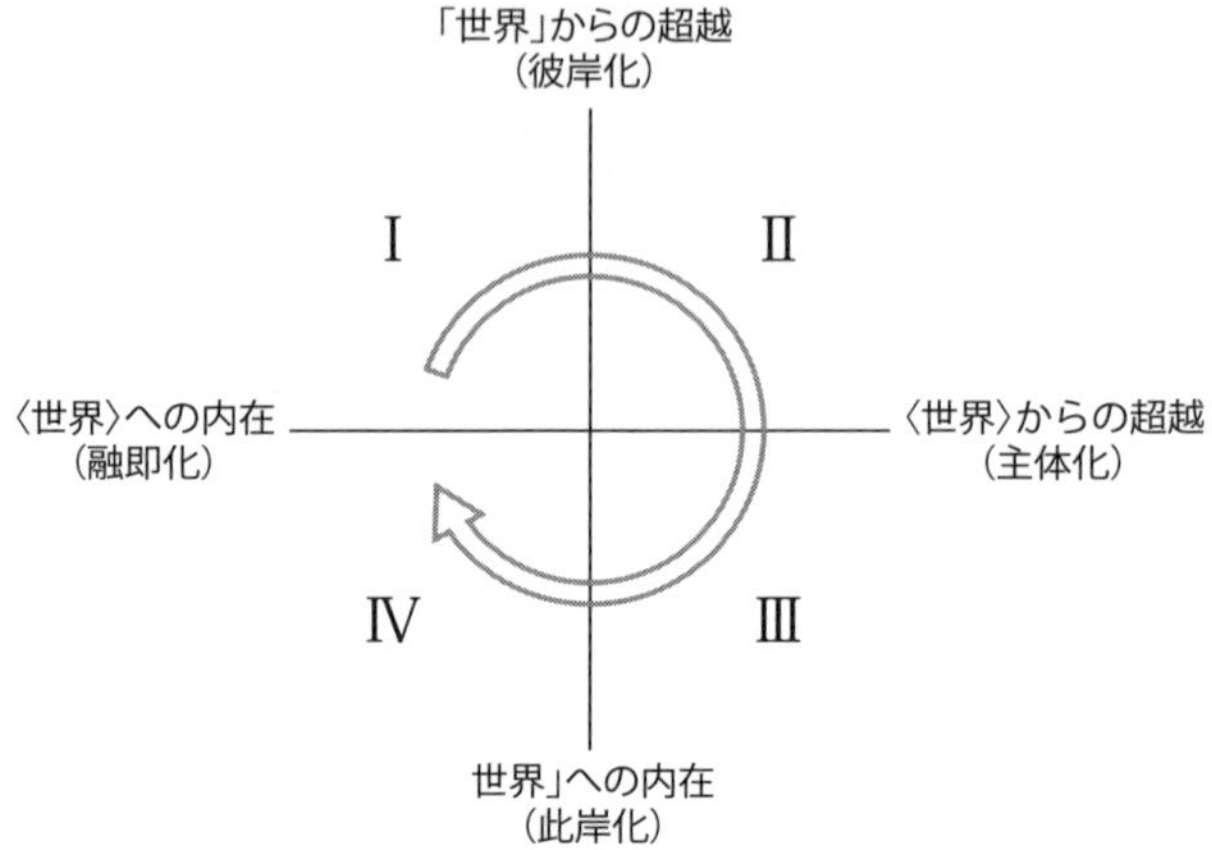

まず「世界」と〈世界〉という二つの概念の区別からみていこう（図1）[4]。

「世界」とは、人々が日々の社会的な営みによって作り上げ、維持し続けている様々な秩序である。社会学者たちが通常、研究の対象としているのもこの意味での「世界」である。では〈世界〉とは何か。『気流の鳴る音』において見田は要約的に次のように説明している。

「われわれは『世界』の中に生きている。けれども『世界』は一つではなく、無数の『世界』が存在している。『世界』はいわば〈世界〉そのものの中にうかぶ島のようなものだ。けれどもこの島の中には、〈世界〉の中のあらゆる項目を取り込むことができる。夜露が満天の星を宿すように、『世界』は〈世界〉のすべてを映す。球面のどこまでいっても涯がなく、しかもとじられているように、『世界』も涯がない。それは『世界』が唯一の〈世界〉だからではなく、『世界』が日常生活の中で、自己完結しているからである。」（真木 1977→2012：34）

人生のすべてがそこで展開する唯一の場と人々が信じている「現実」は、その実〈世界〉に浮かぶ無数の「世界」の一つに過ぎない。見田のいう比較社会学が発掘しようとしているのは、このような〈世界〉への感受性である。そのような感受性を準拠点として近代社会の自明性を相対化し、「自己自身の生を根柢から解放し豊饒化すること」が目指されている（真木 1977→2012:79）。図1に矢印で示されているのはその旅の道筋である。

「心のある道」と表現されたそのような豊饒な生への道のりを駆け足でたどってみよう。まず、自分自身が内在する「世界」から超越すること。そのためには人々が日々意識することなく維持している自明性をいったん停止しなければならない。人はその時、海のように広大な〈世界〉へと連れ出されることになる。

だが単に〈世界〉に連れ出されるままでは、自己は解体し雲散霧消してしまいかねない。〈世界〉は人を自由にする力であると同時に、彼岸へと連れ去ってしまう危険な力でもある。この力に対抗して自らの自己を防御するためには、自分なりの盾を持たなければならない。人は日々の生活の中で、さまざまなルーティンによってそれと意識することなく自分自身を守っているのであるが、〈世界〉へと超出しルーティンの自明性を手放してしまったあとにはそれらの手順はもはや使えない。今や「世界」の中から自分なりの項目を選び、それを自らの係留点としなければならない。それは対自化された執着、あえてする執着、自由な愛着とでもいうべきものだ。かくして個体を飲み込み尽くそうとする〈世界〉を超越することで人は新たな主体性を獲得する。

こうして「世界」へと再度着地したあと、人は〈世界〉のうちにありながら「世界」を生きる。このときに重要なことは、生きることが「意味」へと疎外されていないということだ。

4　以下の説明は『気流の鳴る音』に基本的には依拠する。同書は人類学者カルロス・カスタネダの報告を土台としているのだが、その報告自体が学術的には信頼に値しないともいわれる（経緯については今福 二〇一五）。例えば青井和夫は、禅の作法との比較において「いかにも『作為』くさく、『操作』くさい」「かれの本には大きな嘘があるように思われる」とカスタネダの著作を評していた（青井 1980:321）。しかしここではカスタネダ自身の著作への評価とは別に、そこから見田が引き出した論理を対象としてみていく。

「ドン・ファンが知者の生活を『あふれんばかりに充実している』というとき、それは生活に『意味がある』からではない。生活が意味へと疎外されていないからだ。つまり生活が、外的な『意味』による支えを必要としないだけの、内的な密度をもっているからだ。」（真木 1977→2012:139）

「心のある道」とはこのような生をさして用いられた表現であった。

2　図と地の反転

「心のある道」が「あふれんばかりに充実」した生であるのはなぜだろう。これについてもう少し考えてみよう。

『気流の鳴る音』で引用されているいくつかの詩の一つに宮沢賢治の「岩手山」がある。

「そらの散乱反射のなかに
古ぼけて黒くゑぐるもの
ひかりの微塵系列の底に
きたなくしろく澱むもの」（真木 1977→2012:96）

ふつうひとは空を背景としてそびえる山に焦点をあわせる。だがこの詩は空の明るさに焦点をあわせて山はそこにあいた穴のようなものとして捉えられている。地と図との関係をみごとに反転させてしまうこの詩は、のちに見田に『宮沢賢治』（見田 1984→2012）の執筆を決意させるきっかけとなるものでもあった（奥村 2015:98）。

その『宮沢賢治』において図と地との関係は前節でみておいた「世界」と〈世界〉との関係に重ね合わせられ、次のように説明されている。

「ここで〈世界〉とは、わたしたちが現実の『世界』とかんがえているものを数かぎりなくその内に含む、存在の地の部分のごときものである。」（見田 1984→2012:56）

「世界」と〈世界〉という枠組みが、図地反転の最も洗練された様式の一つであることは間違いない。だがここでは図と地との関係についてもう少し別の含意を読み取ってみたい。

例えば、「岩手山」に言及したすぐあとで見田は次のように書いている。

「ここでの問題はこのような反転を通して、地を地として輝きにあふれたものとする感覚だ」（真木 1977→2012:127）

アクセントは反転という操作それ自体ではなく、それによってもたらされる「地」の輝きの方にこそある（「それらの散乱反射」）。この感覚は一九六〇年代の仕事にもすでにみられるものである。例えば一九六八年に刊行された『現代の青年像』のある一節で、日本の芸術が「間」をだいじにするということを指摘しながら、見田はこのように論じている。

「日本人にとって、人生の絵の部分よりもまず、人生の地の部分がそれじたいとして価値のかがやきをもつからである。」（見田 1968:68）

「日本人にとって」どうであるのかはともかく、少なくとも見田にとってそれはなじみ深い感覚であったように思われる。

あるいはまた鶴見俊輔の次のような言葉に対する見田の強い反応も彼のそのような感覚を示唆している。鶴見が編集に携わっていた雑誌『思想の科学』は流行語や流行歌などを好んで取り上げていたため、教養主義的な人々から「思想の科学」は「皮層の科学」だと揶揄されていたという。それを知った鶴見俊輔は、ニコニコしながら「『皮層の科学』っていうのはいいですね」と語る。「そして、僕は鮮明に比喩を覚えているんだけど」と言いながら見田は次のような鶴見の言葉を紹介するのである。

「地衣類みたいに、ベッタリと地表を、表面を覆う。そういう仕事をやっていったらいいじゃないか」（見田・栗原・吉見 2015:19）

見田が地衣類という比喩を「鮮明に」覚えているのは、それが彼の好みによくあっていたということではないか。ここにも、ふつう人が重要だと思うことの底をなしていることにこそほんとうに価値のあるものがあるはずだという見田の感覚が顔を覗かせている。[5]

ともあれ、図と地との反転という比喩を用いるとき、そこには「地」の豊かさへの感受性や信頼のようなものがつねに潜在しているという点に注目しておきたい。これは理論の構えとしてというよりも、見田の一貫した、体質的といってもよい志向性のゆえであるように思われる。

「心のある道」もまたこのような感覚を前提にしている。その前提の仕方を正確に理解する上で、内田隆三の議論が助けになる。内田は、見田のいう「世界」と〈世界〉について、それが単純な二元論ではないと指摘した上で、次のように説明している。

「〈世界〉は『世界』の下地であるというが、同時に、両者は地／図の関係あるとされるからである。地と図の場合は抜きがたく相補的であり、反転しあうこともある。そしてこの反転を実際に経験するのは、多少の眩暈を伴うかもしれないが、二つの位相を同時に生きている人間自身である。地と図をつないでいるのは一個の人間であり、二つの次元はそのひとりの人間によって同時に生きられている。」（内田 2015:77）

図と地とが相補的である、というときふつうそれは例えば円の内と外のようにある平面をすきまなく分割するというイメージで捉えられる。この場合、反転は内側から外側への（あるいはその逆の）焦点の（あるいは位置の）移動として思い描かれるだろう。反転後、それまで内側にいた人は今や外側にいる人になる。

内田のいう相補性はそのようなものではない。図と地とはひとりの人間によって同時に生きられるものである。したがって反転は、図であったものが地に（地であったものが図に）なるということではなく、図であり地である

5　他方、反転がそれ自体としてもつ衝迫力のようなものもまた見田の仕事の基底をなしている。例えばここで引用したのと同じ対談で、敗戦の衝撃について見田は次のように語っている。「いわば〈自明性の罠〉というか、今いる社会の状況は当たり前だって、それ以外の社会が信じられないというふうに人々が思いこんでしまう、ということの恐ろしさですね」（見田・栗原・吉見 2015:12）。

人間がその二つの位相の関係の変容を経験するということだ。

内田のこの議論を踏まえると、地の豊かさはつねに人間のうちにある。図地の反転は、それがまさに「地として」輝くようになるための方法としてある。「心のある道」が「あふれんばかりに充実」するのは、つねにある地がそれとして輝くからこそである。

3 にんげんの壊れるとき

第一の時期においてリアリティの充実は、現実に対する主体の未来志向的な働きかけによって実現されるものと考えられていた。前節までみてきたのは現実を捉える視点が、「世界」と〈世界〉の関係へと再構成されるということであった。ではその再構成の中で「主体」の捉え方はどのようにかわっていくのだろうか。

『気流の鳴る音』の中で紹介される〈トナール〉と〈ナワール〉とは、この問いについて考える際の原型的イメージを提供している。呪術師ドン・ファンは、人間を構成するいくつかの要素のうち、人がふだん気づいてはいないがきわめて重要な働きをしているものとして〈トナール〉と〈ナワール〉とをあげる。〈トナール〉とは、「人間における、間主体的（言語的・社会的）な『世界』の存立の機制そのもの」である（真木 1977→2012:57）。また「〈ナワール〉とは、この〈トナール〉という島をとりかこむ大海であり、他者や自然や宇宙と直接に通底し『まじり合う』われわれ自身の本源性である」と説明される（真木 1977→2012:59）。両者の関係をドン・ファンは次のように説明する。

> 「われわれは生まれた時は、それにそれからしばらくの間も、完全に〈ナワール〉なのだ。けれども自分が機能するには、その補完物が必要だと感じられる。〈トナール〉が欠けているのだ。」（真木 1977→2012:58）

こうして〈トナール〉が発達し始め、それは人の機能にとってきわめて重要なものとなっていく。しかし、それはあまりにも重要な働きをするのでやがて〈ナワール〉の輝きをくもらせてしまい、それを圧倒してしまう（真木 1977→2012:58）。〈トナール〉は人の存在を言語の働きによって守る守護者であるが、しばしばその働きによって看守のようになってしまうのである。このような説明が「世界」／〈世界〉に対応していることはあきらかであろう。「主体」の図と地もまた反転される。[6]

第一の時期において、主体は自らの価値視点によって現実と対峙し、現実への明断な認識を持ってそれに働きかけるものとされていた。第二の時期においては、明断さや埋没からの離脱はむしろ主体の溶解を含意する。例えば、「『明断』は『世界』に内没し、〈明断〉は『世界』を超える」のだといわれる（真木 1977→2012:85）。ここでいう〈明断〉は、「世界」を超越し、さしあたりは〈世界〉に内在することであり、その限りにおいて主体の輪郭を危うくするものである。

『宮沢賢治』において見田は賢治の詩の次の一節を引用している。

「《幻想が向ふから迫つてくるときは
もうにんげんの壊れるときだ》」（見田 1984→2012:185）

6　自己を守るものとしての世俗的な営み、という発想は、例えば存在論的安定のルーティンによる防護というギデンズの発想とならべてみることができるように思われる（Giddens 1991=2005）。見田とギデンズというほぼ同世代の、しかし背景を異にする二人の社会学者が時間論においてよく似た議論を展開していることについては第４章を参照されたい。時間論にとどまらず両者の比較検討は興味深い課題であるように思われる。

「にんげんの壊れるとき」というこの一節について見田は次のように述べる。

「トナールの『明晰』をつきくずすもの、真の〈明晰〉への出口となるものは、さしあたり自我にとっては『幻想』のかたちをとって、つまり『説明のつかないもの』というかたちをとって、わたしたちの中に闖入してくるほかないものである。」（見田 1984→2012:198）

しかし主体が消失してしまうわけではない。〈世界〉に飲み込まれてしまわないように自分なりの項目を選び出すこと。自己を防御する盾をそなえながら、再度「世界」に着地すること。あるいは「世界」と〈世界〉との行き来を統御すること。ここに主体の新しい位置が設定される（図1における「主体化」の位置を参照）。

ただし、位置が変わることそのこと自体が重要なのではない。位置が変わることによって「地を地として輝きにあふれたものとする」ということがここでもまた重要である（真木 1977→2012:127）。この点をもっとも鮮明に論じているのは『時間の比較社会学』である。[7]

その著作において、近代的な自我のあり方が必然的に抱え込んでしまうニヒリズムに対して、局所的な例外として挙げられているのがジャン＝ジャック・ルソーである。ルソーがビエンヌ湖のほとりですごす〈至福の状態〉は、「ひとつの文明の窓外にひろがる〈自然〉の、すなわち存在の地の部分のうちに、よろこびと自己の存在の根拠とを見出し得たからである」（真木 1980→2012:255）。

近代的な自我が過去から未来へと直線的に進む時間の上に自らの〈生の意味感覚〉を確保しようとしているのに対して、ルソーは時間について「端的に無関心だ」。なぜなら「現在は、はじめに端的に充実している」からだ（真木 1980→2012:254）。「心のある道」がそうであったようにルソーの〈至福の状態〉もまた「近代の病、あるいは文明の病としての、『意味』への問いからの解放の時である」（真木 1980→2012:254）。近代的な自我が主体としてある場所とは別のところで、別のやり方でルソーの主体性はある。そしてその主体性はその地において端的に充実しているのである。[8]

このような仕事を踏まえて、第三の時期に見田はふたたび原理論や社会意識論に取り組み始める。そこではどのようなリアリティへのベクトルが描かれることになるだろうか。

7　『時間の比較社会学』の議論の全体像については第4章を参照。

8　本書のもうひとつの主題である作田啓一の仕事との関係でいうと、この時期の見田の仕事は、一九九〇年代末以降の作田の仕事に最も接近するものであった（作田の仕事の全体像については第7章を参照）。作田はジャック・ラカンの仕事を踏まえながら「象徴的秩序の網の目から洩れ落ちた残余」を「リアル」と呼び、それが「象徴界を襲来することがある」という。そのときリアルは「不気味なもの」「空虚」として感知される。作田の考えではそれは「根源的なエネルギー、そしてそれが生物に入り込んだ場合の生の生命（力）のようなもの」ではないかという（作田 2012:8）。

象徴界とリアルとのこの対比は、見田の仕事における「世界」と〈世界〉あるいは〈トナール〉と〈ナワール〉との対比と重ね合わせてみることができるだろう。今後の作業のために一点だけ両者の違いを指摘しておけば、見田は〈世界〉あるいは〈ナワール〉に個体を解体する力をみていたのみならず、地それ自体の輝きをもみていた。作田はリアルが象徴界に襲来する時には「それは必ず危険で怖ろしい何か（『不気味なもの』）としてしか、あるいは『空虚』として現れるほかはないだろう」と論じている（作田 2012:8）。この違いは両者のどのような人間観、世界観の違い、あるいは理論構成の違いにつながっているのだろうか。

④ 再開された原理論・社会意識論におけるリアリティ——ロジスティック曲線の理論

1 バーチャルの時代

第三の時期に先立つ一九九〇年に発表されたある文章の中で見田は、日本の戦後史を一五年ごとに区切る見方を提起した（見田 1995→2011）。そして「現実」という言葉の反対語として何がそれぞれの時代をもっともよく特徴づけるかという観点から、一九四五年から六〇年を理想の時代、一九六〇年から七五年を夢の時代、一九七五年から一九九〇年を虚構の時代と名づけた。虚構の時代の後に来るのはどんな時代かという問いに答えて見田は「バーチャルの時代」であると答えている。「虚構」という言葉の持つ批判的な意識が抜け落ちたものが「バーチャル」であり、その意味では「虚構の時代は、終わらなかったということもできる」（見田 1995→2011：179）。このバーチャルの時代の中で第三の時期の仕事は展開された。

この時期のリアリティは、三つの点によって特徴付けられる。第一に、それが現実の虚構化／バーチャル化との関係において位置づけられていること。第二に、主体の志向するリアリティの質が成長志向のものから定常志向のものへと変化していくこと。第三に、リアリティ構想の軸が否定的なものから肯定的なものへ変化していることである。

まずバーチャルの時代におけるリアリティの飢えがどのようなものなのか、ということからみていこう。

一九九〇年代の後半以降、見田は社会意識論的な仕事を再び発表し始める。その中の一つにいわゆるネットアイドルであった南条あやの自死についてのものがある（見田 2001→2011）。「愛の散開／自我の散開」というタイトルを持つこの論考の趣旨は次のようなものだ。高度成長期に家郷を喪失した人々は、都市部に築いた親密な共同性（典型的には家族）にあふれるほどの愛を注いだ。だがバーチャルの時代にあって、その愛は注がれるための中心を失い、例えばネット上の不特定他者にむけて散開していくことになる。この論考の最後に、二〇〇〇年に渋谷で起こった無差別殴打傷害事件に触れて見田はこのようにいう。

「少年の憎悪と熱情の濃縮と散開のダイナミズムを、『愛』の熱情に反転するなら、さみしがりやのリストカッターになるのではないか（少年は一度、孤独な自傷者でもあったかもしれないと思う）。」（見田 2001→2011: 143）

このいくぶん不吉な言葉をなぞるようにして二〇〇八年秋葉原で無差別殺傷事件が起こる。リアリティの飢えというのはこの事件について語りながら見田が用いた表現だ。見田はこの犯罪が「若者にリストカットと似ている」「腕を切ること自体の痛みや血が流れることで、生のリアリティーを得ようとしている」と指摘した後でこう述べる。

「そういう意味では、『薄くなりすぎ』、また、仮想世界に居直った『バーチャルな時代』の中で、リアリティーというか、古典的な現実への飢えが、この国に充満し始めたこと明らかになり、『バーチャルな時代』が臨界点に達したということをKの事件は象徴しています。」（見田 2008）

では、臨界点に達したこの状況に出口はあるか。見田は「人を殺したり、自分を傷つけたりするのとは別な仕方で、生きるリアリティーを充実する仕方を青年たちが見つけることができれば、もう一つ新しい時代が開かれる」という。その「仕方」の具体的な中身については、この論考の中では明示的には語られておらず、ボランティア活動を組み込んだ旅行に若者が惹きつけられているという事実に言及するにとどまっている。

「生のリアリティー」あるいは「古典的な現実」が無限に遠ざけられていくのがポスト高度成長期にあたる虚構の時代（そしてバーチャルの時代）であった。「虚構に生きようとする精神は、もうリアリティを愛さない」（見田 1995→2011:99）。愛されなかったリアリティは、虚構の時代の中で異物として浮かび上がる。例えば見田が次のような挿話によって紹介する山尾三省の場合のように。

「詩人山尾三省は、七〇年代に日本の南の端の島々の一つ、屋久島に移り住んで百姓をしている。年に一度位東京にも来るが、すり切れたジーパンと長靴というスタイルを変えない。七〇年代後半にはすでにこのスタイルは異端であったが、未だ異端であることに胸をはっていることができた。けれども八〇年代末以降の東京、とりわけ『渋谷』周辺の視線の中では、『居場所の無いこと』を感じるという。すりきれたジーパンと長靴の中にこの遊園地的空間が感受して排除しようとするものは、土のにおいや、汗のにおいといったものだろう。」（見田 1995→2011:118–119）

だが今や逆にそのようなリアリティ、「古典的な現実」への飢えが充満し始めていると見田はいう。

ここにみられるのは第一の時期に想定されていたのとは別な形での現実への関わり方である。一九六〇年の安保改定に反対する運動のような理想を掲げての現実との対峙。あるいは六〇年末の学生運動のような熱い夢を抱いての現実との対峙。それらに対して、リアリティを愛さず、それを思考や視界の外にどこまでも追いやろうとする時代への対峙はおのずと異なった形をとらざるをえない。

2　三代目の社会

リアリティの飢えはどこに出口を持つのか。人も自分も傷つけないどのようなやり方でリアリティは充実させられるのか。

見田は、あるインタビューの中でこの問いにこう答えている。

「結論だけ言えば、アート、愛、友情だと思います。非常に贅沢な欲望でありながら資源を大量消費しないし環境も破壊しない。」（見田 2012：39）

一見、楽天的あるいは無邪気にすぎるようにもみえるこの解答の射程と深度とを正確に見極めるためには、それがおかれている枠組の全体を確認しておく必要がある。

見田は、人間の歴史全体をS字曲線（ロジスティック曲線）によって説明する（見田 2015）。森のような閉じられた生態系に放たれた昆虫が環境に適応して繁殖していく過程と同様、人間もまた最初は少しずつ、やがて急激に増殖し、それが一定の水準にまで達したときに（滅びるのでなければ）安定状態に達する（図2）。

人間はいまや安定状態への巨大な曲がり角を曲がりつつある、というのが見田の見通しである。徐々に鈍化していく成長を押しとどめようとして情報を用いて消費を喚起してきたのが虚構の時代だとすると、それさえも終わりに達しつつある兆候が二〇〇八年の三つの事件（GMの破綻、金融危機、秋葉原無差別殺傷事件）であったと先

図2　人間の歴史の3つの局面
（見田2015：33）

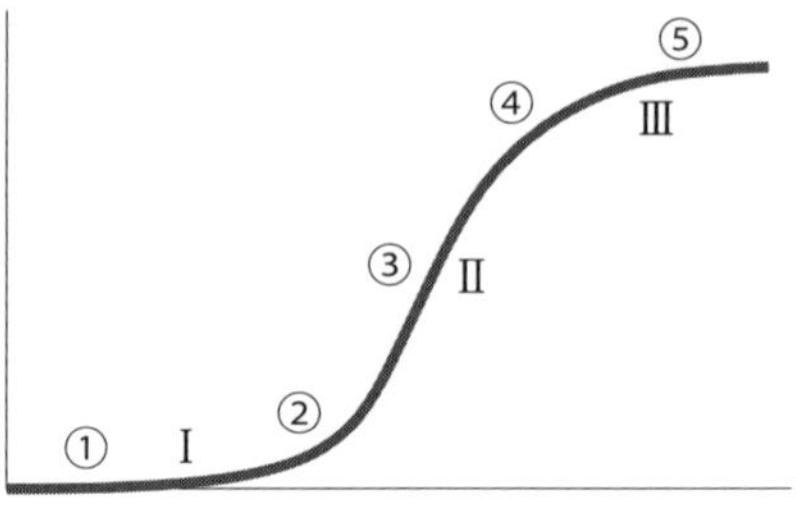

Ⅰ	（定常期）	①原始社会
Ⅰ→Ⅱ	（過渡期）	②「軸の時代」
Ⅱ	（爆発期）	③文明／近代社会
Ⅱ→Ⅲ	（過渡期）	④現代社会
Ⅲ	（定常期）	⑤未来社会

のインタビューで見田は語る（見田 2012）。

曲がり角を曲がりつつあるこのような社会を見田は別のところで「三代目の社会」と表現している（見田・大澤 2012）。「売家と唐様で書く三代目」というよく知られた川柳がある。これは一代目が創業し、二代目がそれを引き継ぎ大きくしたお店を、その苦労を知らない三代目が文化や趣味に生きて散財し、結局家屋敷を売りに出すことになってしまう、というものだ。唐様とは教養のある人の書き方なので、そこが皮肉としてきいているとふつうは考えられている。これを踏まえて、現代社会はいわば創業・成長を経た三代目の社会である、と見田はいう。

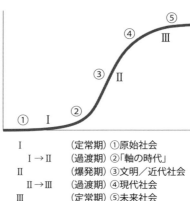

もちろんこの川柳自体は一代目の視点から三代目を揶揄するために作られたものだが、別の角度からみれば豊かさを達成したあとに人が求めるものを示すものでもあると見田はいう。すなわち、ここで揶揄されている三代目の生き方は「アートや文学、愛情や友情に生きる」ということであるのだが、どうしてそうなってしまうのかというと、「人間にとって究極の幸福が、金を稼いだり権力をもったりすることではなく、文化や自然を楽しみ、友情や愛情を深める、それこそが本来求めている価値だから」だと見田はいう（見田・大澤 2012:11）。しかも「三代目の生き方は、資源浪費も環境破壊もしない、共存する安定平衡的な生き方」である（見田・大澤 2012:12）。人類が目指すべきなのはこのような三代目の社会ではないかと見田は論じる。

たしかに三代目の社会は成長が鈍化した社会であると否定的に見ることもできる。だが一定の豊かさを達成した高原状態に立ってみれば、次のような光景が見えて来る。

「経済競争の脅迫から解放された人類は、アートと文学と思想と科学の限りなく自由な創造と、友情と愛と子どもたちとの交歓と自然との交感の限りなく豊饒な感動とを、追求し、展開し、享受し続けるだろう。」（見田 2015：37）

3　ルール圏と公共圏

「再開された」と形容したように、第三の時期の見田の仕事は、第一の時期の仕事とよく対応している。例えば、第一の時期に見田が取り組んでいた社会意識論的な仕事は、第二の時期においては中断される。だが第三の時期に発表されたいくつかの論考は、第一の時期になされた仕事と共通する主題を扱っている。ＮＨＫ放送文化研究所の日本人の意識調査のデータを用いた「近代の矛盾の『解凍』」はその典型である（見田 2007→2011）。また先に引用した「愛の散開／自我の散開」は、「新しい望郷の歌」への返歌のようなものと読むことができる。

このような対応の一つとして、ここでは「交響圏とルール圏」という論文に注目したい（見田 1996→2012）。これは2節で取り上げた「コミューンと最適社会」と同じ主題を取り扱ったものである。定本でもこれら二つの論文は同じ巻（Ⅶ巻・未来展望の社会学）に収められ、解題では「コミューンと最適社会」は「『交響圏とルール圏』への『先行する補論』あるいは助走のようなもの」であるとされている。

二つの論文はいずれも、他者との間に生じ得る否定的な関係と肯定的な関係をどちらも同じように本源的なものとみなすことを議論の出発点としている。「コミューンと最適社会」ではそれらは相剋性／相乗性という形で概念化され、「交響圏とルール圏」ではルール圏／交響圏という形で概念化されている。またそれらの関係を排他的なものと捉えるのではなく、否定性／肯定性の重層的な関係として社会を構想しようとしている点でも両者は共通の土台の上に立つ。例えば、前者では相乗性が相剋性を包摂するように両者が関係付けられていることが重要だとされ、後者では複数の交響圏同士の関係をルール圏として規定することが重要だとされる（「交響するコミューン・の・自由な連合」）。

他方、二つの論文の間には違い（あるいはアクセントの置き方の違い）もある。

第一に、「コミューン」論文と比較して、「交響圏」論文においては「個の自由」をいっそう明確に重視している。交響圏とは「『コミューン』という経験のエッセンスを確保しながら、個の自由という原理を明確に優先するということを基軸に、批判的な転回を行おうとするコンセプトである」（見田 1996→2012: 180）[9]。

第二に、否定性と肯定性との間で軸の置き方が逆になっているように思われる。すなわち、「コミューン」論文においては相剋性の様態を相乗性が基軸として包摂して、意味づけていくことが目指されている（見田 1971→2012: 156–158）。他方、「交響圏」論文においては、交響圏をルール圏が包摂し、複数の交響圏同士のかかわりあいをルール圏が制御することが目指される。

第三に、（この点は定本の解題で詳しく触れられている点だが）「コミューン」論文では相剋性を相乗性がたえず意味づけ直すというダイナミズムが想定されているが、「交響圏」論文では交響関係とルール関係とはあらゆる関係のうちに共存し得る成分のようなものとして静的に把握されている。

ここでは違いの方に注目しよう。単純化をおそれずにいえば、第一の時期と第三の時期との違いあるいは論理の力点の変化は、交響的な関係あるいは〈交歓〉への信頼から生じているように思われる。それは一方においては第二の時期に理論的にも確かなものとしてつかまれた地の輝きの感覚によるものであり、他方においてはロジスティック曲線の見通しの上に立ったものでもある。曲がり角の向こうに見田が見ているのは「友情と愛と子どもたちとの交歓と自然との交感の限りなく豊饒な感動」なのであるから（見田 2015：37）。このような肯定的な契機をまずは前提に置いた上で、それが他者に対して抑圧として機能しないように（肯定的なものが最初に置かれていることは抑圧の不在を意味しないことに注意）ルール圏による制御がかけられる。そういう順序である。

5 おわりに

こうして見田のリアリティ論をたどってみると、比較社会学の時期を転回点として、相剋性に焦点を合わせたものから地の輝きに足をつけたものへと変化していったとみることができる。この変化を、現状肯定的・現状追認的であり、理論の批判的機能の喪失であると受け止める人もいるかもしれない。最後にこの点について、今後の課題を確認する意味も込めて、触れておきたい。

第一に、見田が何事にせよまずは肯定するという態度を土台として取り組むという点は必ずしも第三の時期に特有の事態ではない。思想の科学研究会で「幸福の王子」とあだ名され（見田 2006：226）、全共闘のリーダーから「恐怖の全肯定男」（見田 2004→2012：14）と批判された見田の、いわば一貫した思想の資質のようなものではないかと思われる。第三の時期にそれが特段に強まったように見えるとしたら、ひとつには第二の時期の比較社会学的な仕事がその資質と共鳴し、より自覚的に理論の核心部分に反映されたということではないだろうか。も

9　政治思想家・森政稔が指摘するように、この点で見田の議論と政治思想におけるリベラリズムとの接近が論点として浮上してくる余地がある（森 2015）。

う一つには、その資質が時代背景（ロジスティック曲線の曲がり角）に共鳴して、「沸騰する」思想から「熱い」思想へという変化をもたらしたということでもあるかもしれない。

第二に、比較社会学的な仕事と並走するように展開されていた身体論的なワークショップ（いわゆるエチュード合宿）を視野に入れておく必要がある。大学の内外で開かれた「演劇のレッスンやヨガ、感情表現を自由にするプログラム等を取り入れた祝祭的な合宿」（見田 2016）は、「相乗性」、「世界」と〈世界〉、「心のある道」、「交響圏」等々といった概念を下支えする実質的で分厚い経験となっている。必ずしも活字として残りにくいこれらの活動を視野に入れることで、肯定性は、上滑りな言葉の羅列ではない、説得的な力を持つように思える。[10]

第三に、肯定性から出発することは必ずしも批判の機能を失うことを意味してはいない。「地を地として輝きにあふれたものとする感覚」から出発するということは、それを損なおうとするものに対して批判的であることをむしろ含意しているだろう。実際、批判理論の代表的思想家であり、一見すると見田とは対極にあるユルゲン・ハバーマスの「生活世界の植民地化」というよく知られた定式は、「世界」と〈世界〉の区別によってこそより根底的な批判であり得るかもしれない（生活〈世界〉の植民地化あるいは生活の地の植民地化）。

以上の点も含め、見田の諸作品は今後も様々に読まれていくだろう。見田の作品はいずれもそれを対話や討論のきっかけとなるべく書かれているように思われる。本章が、そのような対話の一端をなすことを希望しながら稿を閉じたいと思う。

10　見田は第二の時期に（インドとメキシコへの「細胞がすみずみまで入れかわるような旅」の後で）竹内敏晴の著作と出合っている。これは彼に「具体的な方法」を与えるものであった（見田 1988→2012:33）。そして竹内のレッスンはのちにエチュード合宿の柱の一つとなる。

参考文献

青井和男　一九八〇　『小集団の社会学』東京大学出版会

Giddens, A.　1991　*Moderity and Self-Identity* Stanford UP.＝二〇〇五 秋吉・安藤・筒井『モダニティと自己アイデンティティ』ハーベスト社

今福龍太　二〇一五　「非情のユートピアニズム」『現代思想』二〇一六年一月臨時増刊号、青土社

真木悠介　一九七一『人間解放の理論のために』筑摩書房

――　一九七七→二〇一二『気流の鳴る音』『定本　真木悠介著作集Ⅰ』岩波書店

――　一九八〇→二〇一二『時間の比較社会学』『定本　真木悠介著作集Ⅱ』岩波書店

見田宗介　一九六〇「〝純粋戦後派〟の意識構造」『思想の科学会会報』二六号（一九六〇年四月二三日）

――　一九六三a→二〇一二「シツォイド文化とチクロイド文化」『定本　見田宗介著作集Ⅹ』岩波書店

――　一九六三b→二〇一二「貧困の中の繁栄」『定本　見田宗介著作集Ⅴ』岩波書店

――　一九六八　『現代の青年像』講談社

――　一九六九→二〇一二「現代欲望論」『定本　見田宗介著作集Ⅴ』岩波書店

――　一九七一→二〇一二「コミューンと最適社会」『定本　見田宗介著作集Ⅶ』岩波書店

――　一九七三→二〇一一「まなざしの地獄」『定本　見田宗介著作集Ⅵ』岩波書店

――　一九八四→二〇一二『宮沢賢治』『定本　見田宗介著作集Ⅸ』岩波書店

――　一九八八→二〇一二「人間は変わることができるか」『定本　見田宗介著作集Ⅹ』岩波書店

――　一九九五→二〇一一「夢の時代と虚構の時代」『定本　見田宗介著作集Ⅵ』岩波書店

――　一九九六→二〇一二「交響圏とルール圏」『定本　見田宗介著作集Ⅶ』岩波書店

――　二〇〇一→二〇一一「愛の散開／自我の散開」『定本　見田宗介著作集Ⅵ』岩波書店

――　二〇〇四→二〇一二「晴風万里」『定本　見田宗介著作集Ⅹ』岩波書店

――　二〇〇六「楽しい思想の科学と私」思想の科学研究会編『「思想の科学」50年の回想』出版ニュース社

――　二〇〇七→二〇一一「近代の矛盾の『解凍』」『定本　見田宗介著作集Ⅵ』岩波書店

――　二〇〇八「リアリティに飢えるひとびと」『朝日新聞』二〇〇八年一二月三一日朝刊

――　二〇一二「インタビュー」『週刊プレイボーイ』二〇一二年三月一九日号

――　二〇一五「現代社会はどこに向かうのか（二〇一五版）」『現代思想』二〇一六年一月臨時増刊号、青土社

――　二〇一六「人生の贈りもの　私の半生　8」朝日新聞二〇一六年一月二八日夕刊

見田宗介・大澤真幸　二〇一二『二千年紀の社会と思想』太田出版

見田宗介・栗原彬・吉見俊哉　二〇一五「追悼　鶴見俊輔」『思想』二〇一五年一二月号、岩波書店
森　政稔　二〇一五「見田宗介と70年代解放論のゆくえ」『現代思想』二〇一六年臨時増刊号、青土社
奥村　隆　二〇一五「〈明晰〉なる反転」『現代思想』二〇一六年臨時増刊号、青土社
作田啓一　二〇一二『現実界の探偵』白水社
内田隆三　二〇一五「宮沢賢治のりんご」『現代思想』二〇一六年臨時増刊号、青土社

V

奥村　隆

第 9 章▶　反転と残余

ふたつの「自我の社会学」におけるふたつのラディカリズム

第9章

反転と残余

——ふたつの「自我の社会学」におけるふたつのラディカリズム

奥村　隆

① はじめに——ふたつの「自我の社会学」

一九九三年、作田啓一と見田宗介はともに「自我」を中心的なテーマとする著書を上梓した。作田は前年の一〇月に脱稿したという『生成の社会学をめざして——価値観と性格』を三月に刊行し、見田は前年九月以降に『思想』と『文学』に発表した論考をもとにして『自我の起原——愛とエゴイズムの動物社会学』を九月に真木悠介の名義で刊行した。

この二著は、いずれも社会学という学問の境界を踏み越えようとする点で共通している。見田＝真木は、副題にあるようにこの作品を「動物社会学」と名づけるが、「自我の比較社会学」の予備作業（真木 1993:5）と位置づけられる本書は、生物の発生から論じ始めて人間の自己意識に至るところで終わるものであり、彼はこれを「分類の仕様のない書物」(ibid.:197)と呼ぶ。その「あとがき」には、この本で問おうとしたことはとても単純なことであるとして、こう記されている。「ぼくたちの「自分」とは何か。人間というかたちをとって生きている年月の間、どのように生きたらほんとうに歓びに充ちた現在を生きることができるか。他者やあらゆるものたちと歓びを共振して生きることができるか。そういう単純な直接的な問いだけにこの仕事は照準している」(ibid.:197)。

作田はこの作品を、「「生きていること」自体の経験を大事にしている人々に捧げられる」本であり、「「生きていること」自体の経験から出発する体系」に向けての「一つの序論」だとする(作田 1993:ii, iv)。彼はここで「生成の社会学」を標榜するが、制度が人間を作る側面を強調する「制度の学としての社会学」「〈制度学〉」ではなく、人間が制度を作るアプローチである「人間の学としての社会学」「〈人間学〉」を唱え、その代表者としてフロイトの名をあげる(ibid.:2-3, 11)。この本にとって読者が社会学の予備知識をもっているかどうか、さらに学問にかかわっているかどうかさえ問題でなく、この本にある命題は「「生きていること」自体の経験」によって正しいかどうかをチェックできればよい(ibid.:iv)。

互いに呼応するような問題提起から出発するこのふたつの書物は、その問いの切実さと深さによってときに読み手を当惑させる。おそらくある学問の境界を踏み越えることなどこのふたりの社会学者にとってはどうでもいいことだったのだろうが、この二著は社会学を踏み越えるだけではない数々の共通点をもち、同時にこのふたりの相違点を映し出す。

このふたつの書物はなにを明らかにしたのだろうか。本稿はこの二著を対比することを中心作業とするが、その準備作業としてそこにいたるステップともいえる二組の対になる仕事を検討したい。一組は、「まなざし」と「羞恥」という「自我」を形成する機序を論じた初期の論考であり、作田の「恥と羞恥」(『価値の社会学』収録)

と見田の「まなざしの地獄」である。もう一組は、作田の『ルソー』、見田の『宮沢賢治』というひとりの思想家に照準した作品であり、これらは一九九三年への経由点として重要な著作である。この二対の仕事も偶然とは思えない共通点と、決定的な相違点をもつ。これを踏まえることで、一九九三年のふたつの「自我の社会学」が、そしてこのふたりの社会学者が、なにを切り開き、切り開きえなかったかを理解することを試みたい。[1]

② まなざしのオブセッション――「恥と羞恥」と「まなざしの地獄」

1 所属集団のまなざし／準拠集団のまなざし――「恥と羞恥」

作田啓一が『価値の社会学』（一九七二年）に収録した論考「恥と羞恥」は、一九六四年に『思想の科学』に発表された「恥の文化再考」と一九六七年の「羞恥と芸術」（桑原武夫編『文学理論の研究』所収）をひとつにまとめたものである。ここで作田は、ルース・ベネディクトによる西欧文化圏を内面的な「罪の文化」、日本社会を外面的な「恥の文化」とする対照図式に反論を試みる。そもそも「罪」が内面的、「恥」が外面的とする区別に同意できない（罪は外からの罰によって知られるし、「恥を知る人」は自分を自分でコントロールする）としながら（作田 1972:295）、彼はまず「罪」と「恥」についての物差しを作り替えていく。

行動の統制規準には、それに同調しているか逸脱しているかをはかる「規律機能」、それに関与する仲間に比べて優れているか劣っているかをはかる「比較機能」があり、前者について行為主体は「規準設定者（準拠集団）」と向かい合い、後者については「同じ規準を遵守する仲間（所属集団）」と向かい合う。規準設定者は「親、教師、上司、憧れの人物、理想の集団、神」などであり、行為主体と権威の点で著しい隔たりがある「権威者

（authority figure）」である。「所属集団」とは主体がそのメンバーである集団であって、彼のなんらかの生活要求がメンバーとの相互作用で満たされる。そして、「罪」は「規準設定者」に対して「逸脱者」が、「恥」は「所属集団」に対して「劣位者」が感じるものとされる（ibid.: 296）。「規準設定者（権威者）」に対して「逸脱」ではなく「劣位」を感じる場合があるが、作田はフロイトの用語を参照して、逸脱者の衝動を禁圧する権威者を「超自我（super-ego）」、劣位者の向上を動機づける権威者を「自我理想（ego-ideal）」と区別する。「近代主義」はこうした「罪」と「理想」を重視するものであって、「所属集団の意見が何であっても、超越的な権威を内面化した自律的主体が、自己の正しいと信ずる方向に向かっていく姿勢」によって「自由と独立」を確保してきた（ibid.: 297-8）。

しかし作田は罪とも恥とも異なる意識に注目する。「羞恥」あるいは「恥じらい」である。作田は富裕な学生が貧しい学生のなかで感じる羞恥を例にあげるが、地域社会という所属集団で富裕さは優位を意味するが、学生集団という所属したい集団＝準拠集団の規準では豊かさは劣位を意味する。人が所属集団の視点と一体化していると「羞恥」は生じないが、所属集団と準拠集団の両方の立場から自分を見るとき「羞恥」が生じる。マックス・シェーラーがいうように、普遍的な存在として扱われるべき状況で（モデルや患者として）、個別的な存在として注視されるとき（恋愛の対象として）、逆に個体として取り扱われるべき状況で普遍者として注視を受けるとき、人は羞恥を感じるだろう（ibid.: 299）。「両立しない視点の交錯によって、自己の同一性が見失われる危険――その危険に対する反応が羞恥なのである」。そのとき、「人は自分が何であるかがわからなくなってしまう」

1　本稿は、第八八回日本社会学会大会シンポジウム「戦後日本社会学の（再）発見――境界へのまなざし／境界からのまなざし」（二〇一五年九月二〇日、於早稲田大学）での報告「自我の社会学理論の越境――『自我の起原』と『生成の社会学をめざして』を中心に」を改稿したものである。本シンポジウムの関係者に深く感謝する。

（ibid.：300）。

これを「逸脱者―劣位者」の軸に位置づけると、羞恥は逸脱と劣位が未分化にある状態の経験だと作田は考える。この未分化の「存在」（営為の担い手とも属性の担い手とも定義されるまえの）としての自己が所属集団と準拠集団からの視線の両方を受け止めるとき羞恥が生じる。これは、営為にかかわる「罪」と属性にかかわる「恥」と対比するならば、その無限定性（「自己全体」！）から羞恥は「恥」と近いとされる（ibid.：302-3）。

作田は「恥」に対して「羞恥」はふたつの機能をもつという。ひとつは恥に沈んでいる人を「救済する機能」である。人が所属集団しかもたず、そこでの劣位を自覚しているとき恥の苦悶に終始するが、そうした恥にこだわる自分を恥じる視点が生じたとき（これはなんらかの準拠集団から出てくる）、一方で恥は二重になり、苦しみは倍加する。だが他方、所属集団への埋没的つながりからいくらか解放され、救済される。たとえば嘉村礒多にとって、自己を裸にして小説に書く「羞恥」の経験が恥からの「救済」となった（ibid.：303）。

もうひとつは、羞恥が媒介となって恥の意識が罪の意識に接近する、という機能である。羞恥は劣位の認識をともない、恥と接続するが、恥には欠けている「所属集団を越えた視点」を含んでいる。「現実の所属集団」を越えた「理想の準拠集団」によって自己がそれに違反していないかを検討するという「羞恥」の経験には「罪の感じが漂っている」。たとえば太宰治には、劣位の意識よりも超越的権威をまえにした罪悪感がめだっており、「羞恥から罪への移行」が現れている。こうして、所属集団を越えた視点を獲得するとき「羞恥」が生まれ、所属集団の仲間への劣位の意識が薄れていくと「羞恥」は「罪」に近づく。「羞恥は恥と罪の中間にあり、両者を媒介する機能を果たす」と作田はいう（ibid.：304）。

2 都市の他者たちのまなざし──「まなざしの地獄」

一九七三年に『展望』に掲載された「まなざしの地獄」は、一九六五年三月に集団就職で青森から上京し、一九六八年一〇月から四件の射殺事件を起こして翌年四月に逮捕されたN・N（永山則夫）を論じたものである。この論考で見田宗介は、ひとりの犯罪者の生活史を彼が生きた「社会構造の実存的な意味」（見田1973→2011:10）へと描き直す。そこでは階級や都市といった「社会構造」が、一般的な考察（量的データを駆使した）からN・Nという「極限値」（「平均値」ではなく）の「人間にとっての意味」に描き直される（ibid.:1, 10）。その焦点は表題にある「まなざし」、つまりN・Nに注がれる他者からの視線にあった。

第一のパート「風と影跡──空白のアイデンティティ」では、家郷に対するN・Nの嫌悪と上京への憧れが描かれる。北海道から青森・板柳町に移住してきた当初、N・Nは住んでいた部屋と隣の一杯飲み屋のあいだのベニヤ板に穴をあけ、毎夜「覗き見」をしたという。彼は自分の生活とは異なる「〈別の世界〉」を覗き穴を通してまなざし、夢見る（ibid. 6-7）。

しかし、「自己解放の夢」を抱えて都市に出て行ったN・Nは「一個の自由としての飛翔をとりもちのようにからめとり限界づける他者たちのまなざしの罠」に出会う（ibid.:14）。大阪の米屋で働いたとき、戸籍謄本によって出生地が網走番外地であることがわかり、それをからかわれたとして（店側はそのことを憶えていない）、店を「ぷいっと」やめてしまう。出生地のことを口にした「都市の他者」はN・Nが「そこから自由になろうとしている「過去性」によって」彼を規定し、「彼の存在の総体をあらかじめピンどめにしてしまう」のだ（ibid.:23）。彼にとって「準拠集団」である都市に家郷を否定的に規定され、彼は家郷からも都市からも「二重にしめ出された人間」となり、その裂け目に生きることを強いられる。彼は「準拠集団の移行」における「空白」のなかで「根こそぎ」にされる（ibid.:23）。

第二のパート「精神の鯨——階級の実存構造」で、見田は「まなざしの地獄——他者としての自我」と小見出しをつけて、N・Nが「都市の他者たちのまなざしの囚人《とらわれびと》」(ibid.:30) となった理路を論じている。「戸籍」や「顔面のキズ」といった「過去」は、それに差し向ける他者たちのまなざしによって本人の「現在」と「未来」を呪縛し、立ちふさがる (ibid.:20)。都市のまなざしとは、服装や容姿や持ち物などの「具象的な表相性」、出生、学歴、肩書などの「抽象的な表相性」において、「ひとりの人間の総体を規定し、予料するまなざし」であって、これらの表相性への視線が都市の人間の存在を深部から限定し、彼の運命を成形してしまう。「N・Nが、たえずみずからを超出してゆく自由な主体性として、〈尽きなく存在し〉ようとするかぎり、この他者たちのまなざしこそ地獄であった」(ibid.:30)。

見田は、「蒸発と変身への衝動」はこの地獄からの脱出の願望に他ならないが、より日常的には自己の表相を演技することで他者のまなざしを操作して、ある限界のうちでの超越を得ようとする、という。N・Nは、進学への意欲と高級品好みによって「自己存在の離脱への投企」を試みる。新しいシャツと中学教科書、ヘヤードライヤーと高校教科書、洋モクと大学生の名刺が彼が勝負する「表相」だった (ibid.:32-4)。しかし、無造作におしゃれな格好をする金持ちの息子に対して、パリッとした背広にネクタイをしめるN・Nのほうが「貧乏くさい」(ibid.:44)。N・Nは「存在の飢え」を感じつづける (ibid.:39)。

第三のパート「原罪の鎖——現代社会と人間」は、この「まなざしの地獄」が少年たちの自由意思を侵食するふたつの機制を指摘する。ひとつは「〈演技〉の陥穽」、他者の視線を操作しようと表相性の演技をすることを通して、都市が要求する役割へと自己を同化させていくメカニズムである。見田はこれを「第一の疎外」と呼び、「N・Nの話ではない。われわれのことだ」と記す (ibid.:46-8)。第二は「〈怒り〉の陥穽」、まなざしの地獄のなかで対他と対自の「巨大な空隙」に対自は「いらだたしい無念」を蓄積させ、これを突破・反抗しようとするが、その分岐点となるのが「〈怒り〉」である（ibid.:48-9）。「〈他者たち〉への一般化された憎悪・怨恨・怒り」はまず対象を見失うまでに一般化された「憂鬱」となるが、これが制御しえなくなるとき、〈怒り〉によって社会的存在を獲得しようとする「悪による存在証明」を求める。N・Nは獄中で書いた小説『無知の涙』に「事件が在るが故に私がある」と記している（ibid.:49-52）。

この「第二の疎外」は彼の「自由意思」により彼を犯行に及ばせる。だが彼が殺害したのはガードマンと運転手と夜警員であり、彼と同じ体制の弱者だった。〈怒り〉は情況から超越する意志を緊縛し、情況の否定性・内在性に閉じ込める落とし穴だった（ibid.:53-4）。見田はこうも述べる。われわれは誰もN・Nを嗤《わら》うことはできない。「およそ〈怒りの陥穽〉は、〈怒らないことの陥穽〉の裏に他ならず、当の怒らない人びとの無関心こそがたくさんのN・Nたちを、絶望的な孤独のうちにそこに追い込んでしまうものだから」（ibid.:56）。

3　まなざしの交錯／平均人のまなざし

このふたつの論考は、一方は「恥」「罪」「羞恥」を理解する枠組みをつくろうとする「理論的」なものであり、他方はN・Nという事例を通して都市や階級の実存的意味を問おうとする「モノグラフ」である。しかしこの相違を越えて、どちらにも「まなざし」「視線」への繊細な感受性を発見することができるだろう。いずれにおいても「自我」が他者のまなざしによって形成され、閉じ込められ、苦しめられるありさまが描かれる。だがここでは、両者の感受性が同じ「まなざし」から切り取るものの相違を拡大して見てみよう。

第一に、「まなざし」によって「自我」に引き起こされる意識の相違を指摘することができる。作田は「規準設定者（準拠集団）」に対する「逸脱」を感じるとき「罪」が、「所属集団」への「劣位」を感じるとき「恥」が、そしてこのふたつの規準が両立せず、ふたつの視線が交錯して「自己の同一性が見失われる危険」が感じられるとき「羞恥」が発生することを指摘した。羞恥において、人は未分化の「存在」（営為と属性の分化以前の）とされてしまい、「自分が何であるかがわからなくなってしまう」。

見田が描くN・Nも「社会的アイデンティティの不安定」「社会的存在感の稀薄」を感じる（ibid.:19）。だが見田はこの論考で、彼の意識から「恥」「罪」そして「羞恥」を抽出しはしない（彼の「犯罪」と社会構造がもつ「原罪性」は触れられるが、それ以外に「罪」という言葉は用いられず、「恥」「羞恥」という言葉は一回も登場しない）。彼に見出されるのは、まず「家郷嫌悪」「自己嫌悪」「存在嫌悪」（ibid.:10）などの「嫌悪」である。次いでまなざしの地獄のなかで「いらだたしい無念さ」を蓄積し、対象を見失うまでに一般化された「憂鬱」である。そして他者たちへの「憎悪・怨恨・怒り」、とくに「制禦しえない怒り」（ibid.:51）である。嫌悪―無念・憂鬱―怨恨・怒り。この意識の系列と作田が注目する「羞恥」は、「他者のまなざし」が自我に形成する意識として大きく異なるものだろう。

第二に、いうまでもなくこれは、自我にまなざしを差し向ける「他者（たち）」をどうとらえるかに密接に関連する。作田は「羞恥」を主題とし、これが規準設定者・準拠集団と所属集団の規準が異なり、まなざしが交錯するとき発生する、と考えた。つまりここには異なるふたつの他者が存在し、このふたつの他者は明確に区別されている。ひとつは規準設定者であり「権威者」とも表現される他者、もうひとつは生活要求を満たす集団のメンバーである「所属集団」である。この二者をいったん区別したうえで、その交錯を論じるという道具立てと手順が、作田の「羞恥」論を可能にしたといえるだろう。

対して見田は「準拠集団」という概念を用いるが、「所属集団」と「準拠集団」の明確な区別をするわけではなく、その交錯を重要な主題とはしない。「まなざしの地獄」を生む「都市の他者たち」はどちらかというと一様なものとして想定されている。戸籍や顔面のキズによりN・Nの「現在」と「未来」を呪縛するのは、いわば都市の「他者たち一般」であり、das Man（?:）ともいえる。N・Nという個別で単独な自我を取り囲む、一般的で平均的な「他者たち」のまなざしがいわば一様に彼を疎外する。だから彼の憂鬱や怒りも「一般化された」(ibid.:49)ものとなるだろう。作田が「所属集団」と「権威者」をくっきりと分けるのに対して、見田は「都市の他者たち」によるひとつのまなざしを想定しているように見える（「所属集団」≒「権威者」）。その他者たちは「怒らない無関心な人々」であり（das Man!）、彼らがN・Nを孤独に追い込み、「〈怒り〉の陥穽」へと走らせるのだ。

そして第三に、「まなざし」から自由になる契機、あるいは「救い」として発見されるものが異なる。見田の「まなざしの地獄」はどこまでも「地獄」であって、その「陥穽」から解放される契機はこの論考では積極的には描かれていない。ひとつの契機は、まさにその地獄で疎外されている「みずからを超出してゆく自由な主体性」、「〈尽きなく存在し〉ようとする」こと自体にあるだろう（ibid.:30）。疎外論の構図といっていい。そしてもうひとつは、N・Nが怒りに呪縛されて獲得できなかったもの、「情況に対していったん距離をおき、これを明晰に総体的に把握すること」だろう（ibid.:54）。怒りの直接性は人を孤独にするのであり、「この蟻地獄の総体をのりこえさせる力は、怒りそのものの内部にはない」（ibid.:55）。N・Nが獄中で自分の「無知」を痛恨し、「教養」を渇望したように、「自己自身の存在と方向性とを、一つの総体的な展望のうちに獲得せしめるような、精神の力」が必要だとされるのだ（ibid.:55）。「主体性」と「知」が解放の契機である。

これに対して作田は、「羞恥」を生み出す機制そのもののなかに「救済」の契機を発見しているように見える。「罪」に関連して「超自我」と「自我理想」を説明するさい、彼は、所属集団のまなざしに囚われた自我が超越的権威を内面化することにより「自由と独立」を獲得した自律的主体となることを指摘した（これはおそらく「〈尽きなく存在し〉ようとする主体」ではなく、超越者という「他者」のまなざしに貫かれた主体である）。そして、

「羞恥」を生み出す準拠集団のまなざしは、所属集団への一元的埋没から人を解放し、人を「救済」する。たとえば嘉村磯多は、真宗の強い影響のもと所属集団における自己の劣位を「普遍的な準拠枠である仏の視点から眺める」ことを基盤に、それを呵責なく描いて読者に露呈することで救いを得た（作田 1972：318-9）。太宰治はすべての所属集団を剝ぎ取られた「自我の徹底的な孤立性」のなかで、「秘密が外部から見すかされているかもしれないという羞恥」を感じ（ibid.：321）、「集団的な「有」をひきずっていない人間、拠点をもたない人間」として「自虐の底から他者への愛が祈りとして出てくる」にいたった（ibid.：327）。これは、競争が生む「集団的エゴイズム」に対決する拠点となり、「羞恥の共同態」を可能にすると作田はいう（ibid.：329）。「自分の内部の劣等な部分が八方から透視されている人間、集団という甲羅の一切が剝奪され、有としての自己を主張しうる根拠を失った人間、そういう人間同志の連帯は、集団の砦を越えた連帯だからである」（ibid.：330）。

ここには「他者のまなざし」からの解放を（その外に）求める態度と、「他者のまなざし」そのもののなかに解放の契機を探す態度が見出される。都市の一様のまなざしに対して「怒り」をスプリングボードに知と主体性によって解放をめざす自我と、所属集団と準拠集団（権威者）のまなざしのずれに「羞恥」を感じ、そこに救済、連帯の可能性を見出す自我。この態度の相違は、その後の自我についての議論にどう引き継がれるのだろうか。

次節では作田と見田がそれぞれある思想家を扱った作品を見る。そこで彼らは、遠く離れるように見えてある意味できわめて類似した人物を、一書をかけて検討することになる。

3 自己革命のモノグラフ——『ルソー』と『宮沢賢治』

1　まなざしに貫かれて羞恥する人

作田啓一は一九七〇年代にいくつかのルソー論を発表し、これを一九八〇年に人文書院から『ジャン・ジャック・ルソー——市民と個人』として刊行した。二〇一〇年に『ルソー——市民と個人』として刊行された白水社版には、桑原武夫編『ルソー論集』（一九七〇年）所収の「ルソーの集団観」、『思想』一九七四年一〇・一一月号に発表された「ルソーの自己革命」、一九七五年一一・一二月号に発表された「ルソーのユートピア」、一九七九年一一月号に発表された「ルソーの直接性信仰」が収められている。見田宗介は一九八三年度の東京大学教養学部での「自我論／関係論」、「比較社会論」演習と朝日カルチャーセンターでの「宮沢賢治を読む」シリーズでの講義をもとに、一九八四年に『宮沢賢治——存在の祭りの中へ』を岩波書店の「20世紀思想家文庫」の一冊として刊行した。のちに『文学』一九九三年冬号にも宮沢賢治論を掲載しているが、これは次節で触れる『自我の起原』に「補論2」として収められている。

一七一二年にジュネーブで生まれ、一七七八年に没した思想家ルソーと、一八九六年に岩手県で生まれ、一九三三年に没した文学者宮沢賢治。この背景を大きく異にするふたりは、しかし「他者のまなざし」に貫かれて羞恥する人間の形象を示すという点で共通している。

作田の「ルソーの集団観」によれば、ルソーは「自己の特異性の痛切な自覚をもつ思想家」だった。「わたしは自分の見た人々の誰ともおなじようには作られていない」（『告白』第一巻冒頭）（作田 1980→2010:257）。この特異な自己は他者のまなざしにつねに貫かれている。「わたしの水晶のように透明な心は、そこにひそむ些細な感情をものの一分もかくしてはおけなかった」（『告白』）。この水晶のような心は外部から見透かされ、「外からの視線に対して、裸の心を隠すヴェールはない」（ibid.:258）。この心は「自他のあいだを隔てる壁を越え、つねに外に向かってあふれ出ようと」し、それを除いては誇りうるものはない（ibid.:258-9）。

そして「そこに困難がある」。この特異性を誇りとして温存するには聖域として外界からの侵害に対して防衛しなければならないが、ルソーはこの聖域の一切のヴェールを取り外そうとする（ibid.: 259）。この聖域は「他者の視線」にさらされる。「他者はルソーではないから、そして不透明な心をもっているから、ルソーの行動にルソーのあずかり知らない動機を見いだす」。彼は透明でありたいと望んでいるのに、「ルソーはルソーではない者として」他者に映り、「マスクをつけた存在」と誤解される。マスクをかけることができない人間であるということ自体が、彼を「異様な存在」にする（ibid.: 260）。

こうした他者の視線のひとつは「比較」である。『人間不平等起源論』でルソーは、自然と闘うようになったとき人間には能力差が生まれ、自他を比較するようになった、この比較こそ「理性のめざめ」だとする。異なる能力の人々が比較し合い、人間関係は「間接的道具的」になり、人間間に「存在と見せかけ、善と悪、権力と服従」が生じる（ibid.: 272）。自他を「比較」し、自己を「反省」する理性は「自尊心」を生み、これはいつも「苛立っている」。「障害にぶつかって屈折し、そのために生じた自尊心に動かされて、自分のことではなく他人のことを気にする悪人が、反省の能力を身につけている」（ibid.: 276）。これに対して「比較もしなければ計量もせず」「直接的な衝動に従って行動」する「善人」（＝ルソー）は「完全な異邦人」になる。彼は「彼に敵意をもつ人々（on）」（≒das Man !?）から孤立し、迫害されたと感じる（≒「まなざしの地獄」！）。彼は「異質者の群れ合う依存関係の中で、誰にも依存することなく孤独の中に引きこもる」（ibid.: 276–7）。

宮沢賢治もまた「他者のまなざし」に貫かれていた。『宮沢賢治』の第一章「自我という罪」で、見田は天沢退二郎がいう賢治の「二つのオブセッション」を指摘する。ひとつは「雨のオブセッション」であり、雨が自我を彼方に連れて行き、雨に浸潤されるという〈雨〉への恐怖と驚異を賢治は『小岩井農場』などで繰り返し描いている。見田によればこれは「風景に浸潤されやすい自我、解体されやすい自我の不安と恍惚」（見田 1984: 65）

を表しており、「死」「自然」「物」の影である（ibid.:70）。もうひとつは「黒い男のオブセッション」であり、ひとりで歩いていたいのにつきまとってくる「けげんそうな視線」である（ibid.:66）。彼は「くろい外套の男」が自分に視線を向けるのをつねに感じ、「視線に侵犯される自我の恐怖」を感じる（ibid.:69）。このオブセッションは、「主体の透明な絶対性を一挙に破砕する力を秘めた「銃口」としての他者のまなざしの表徴」だと見田はいう（ibid.:70）。

「賢治にとって世界ははじめから眼にみちた空間であった。……〈みられている自我〉の感覚は、賢治が諸々の思想や理論にふれる以前の、ほとんど体質的に固有なものであった」（ibid.:76）。ただしこの「他者」には異なる種類がある。ひとつめの他者は、けがをした友人のことを同情して痛がったり、妹とし子を深く悼み続けたりする「生きられる間身体性」、「〈自己であるような他者〉」である。そしてもうひとつの他者はこうしたかかわりを批判する「〈遠いひとびと〉」、「直接的な関係性の〈外からの声〉」であり、これが「ある種の〈倫理性〉とでもいうべき奥行きのある空間」を自我の内部に存立させる（ibid.:77）。こうして、「自我はひとつの複合体である」（ibid.:78）。「〈わたくしという現象〉」は直接性の他者と遠くの他者を含めた「あらゆる透明な声やまなざしの複合体」とされる（ibid.:78）。

そしてその交錯は、賢治に「存在の羞恥の自意識」（ibid.:89）を生み出している。賢治は親密な他者である父が「舎監という〈外からのまなざし〉によって容赦なく客観化され、「俗物」として対象化されてしまった瞬間の、激しい羞恥の体験」を記している。父は賢治の自我の一部を構成しているが、その「金持ち趣味」が舎監によってまなざされるとき、「賢治の自我の内部にひとつの矛盾を棲まわせて、それが羞恥の自意識を構成している」。交錯するまなざしは「賢治の自我をひとつの〈はずかしさ〉として形成」する（ibid.:89）。

賢治の生家である宮沢商店は質屋＝古着商として発展をとげ、その結果小作地を所有することになって、貧しい小作人たちは宮沢商店の顧客となった。賢治は衣類を質入れに来る農民や子女たちに店で出会い、彼らと一緒に泣き、同時に彼らからの「うしろよりにらむ」「はらだたしげににらむ」視線を感じつづける。いわば経済社会の矛盾に根をもつ「相剋」が、賢治自身の自我にとって「その存在の基底を構成する相剋」となる（ibid.:92）。この相剋・矛盾によって、賢治は「〈自我の羞恥〉」（ibid.:56）を生きることになる。

この記述は、作田が「恥と羞恥」で典型例としてあげた、富裕な学生が貧しい学生のなかで感じる「羞恥」をそのまま引き写したようにさえ思える。家族という親密な他者（所属集団？）からの視線と、小作人たちという他者（貧しい準拠集団？）からの視線。これが賢治に「〈見られている自我〉の意識」を作り出す（ibid.:92）。N・Nの「怒り」や「怨恨」とは違って、賢治の自我は複数のまなざしにさらされて「羞恥」を感じる自我となる。

以上、ジャン＝ジャック・ルソーと宮沢賢治がまなざしに貫かれた羞恥する自我であったことを確認してみた。それを描写する作田と見田の態度は、前節で見たよりも接近しているように見える。では、彼らはこの地点からそれぞれどんな議論を展開するのだろうか。

2 防衛／超越／浸透――ルソーの「自己革命」

一九七四年の作田「ルソーの自己革命」は、ルソーの価値観の変遷を「自己革命」という彼自身の言葉をもとに三つの段階に分けている。第一段階は一七五〇年代はじめ、四〇歳になったころの「自己革命」であり、第二期は一七五六年にレルミタージュに隠棲するときから、第三の段階はドゥドト夫人との恋愛がスキャンダルになり、ディドロなど古い友人と決別しサンピエール島で「孤独な散歩者」として過ごす時期である（作田1980→2010:13-4）。『ルソー』の三つの論考は、各段階に照準しながら、この羞恥の人がどう変化したかを論じている。

「ルソーの自己革命」で描かれる第一段階は、一七五〇年に『学問芸術論』がディジョンのアカデミーの懸賞論文に当選し、持病の尿毒症が悪化して余命六カ月の命と診断されたルソーが、「他人の判断をいささかも気にかけずに、ただ自分のよしと思われることだけを敢然と」行おうとし、それまでの「善良」だった「臆病人」から「有徳」な「裏も表もない人間」となろうとした「自己革命」である。彼は服装も変え時計も売って、社交界の「礼儀作法など踏みにじって、もっと大胆に振る舞おうと決心」し、「別人（un autre）」、「ルソーの本性とは正反対の属性」を備えた他者になろうとする（ibid.:31-4）。

ルソーがなろうとした「別人」を、作田は「言うまでもなくシンボルとしての〈父〉である」と断言する（ibid.:36）。時計職人だった父イザックは攻撃性と反逆性を備えた男であり、少年期のルソーは父とローマやアテナイの偉人物語を読んで「パトリオティズム（祖国愛）とヒロイズム」という価値観を内面化した（ibid.:50-1）。この価値志向に回帰して、生活のあらゆる領域に一貫させる「自律性の原理」、マックス・ヴェーバーのいう「価値合理的行為」に対応する「価値の一貫性」を特徴とする生活様式にルソーは移行し、「外と内の分裂」に悩むのではなく、「外観どおりの人間」になろうとする（ibid.:55-7）。

これはなにからの「自己革命」だったのか。「ルソーの集団観」で「比較・反省・自尊心」と呼んだものを作田は本論で「〈依存関係〉」ととらえ直し、利益を追求して他を利用し合うこの関係を基調とするのが「市民社会」だという（ibid.:65-7）。ここでは目的合理性ないし「手段としての有効性」が行為基準となり、他者より卓越したいと比較する「自尊心」（ibid.:68）、他者が自分をどう評価しているか想像して他者に依存する「世論の支配」が生まれる（ibid.:72）。「他人のことにかまけすぎて、自分にかまけることを知らない」〈依存関係〉から、「内面化した〈父〉に依拠する自律性」に回帰する。これはフロイトの言葉でいえば「理想我」への献身であり、「〈父〉を殺した〈兄弟〉群の結合」から、「崇拝されるべき神としての〈父〉」に回帰したともいえるだろう（ibid.：77-9）。こうしてルソーは「感情性の水平的な両極を、理想我と自我という垂直的な構造に組みかえる」（ibid.：58）。

第二期の「自己革命」を扱う一九七五年の論考「ルソーのユートピア」で、作田は「市民社会」を支配する〈依存関係〉を、「〈防衛〉の次元」という概念に置き換える。目的合理性・〈手段としての有効性〉という基準は「自己愛」の充足を導き、「自己保存」という目標を効果的に達成できるようにするものであり、自己・家族・コミュニティ・党派・国家と範囲が拡大したとしても、外集団との境界線をもち、その範囲内で自己を「防衛」しようとする。自己の利益の防衛をめざすこの社会は外集団に対して潜在的にせよ攻撃性をもつものであり、作田はアンリ・ベルクソンにならってこれを「閉じた社会」と呼ぶ（ibid.：114-5）。

第一段階の「闘うルソー」は、この「市民社会」に対して「内面化された〈父〉」を軸とする「〈スパルタ〉ユートピア」を対置した（ibid.：88）。これは〈手段としての有効性〉という「現実原則」よりも〈価値の一貫性〉に主導的な位置を与えるものであり、自己愛を起点としつつ「超自我（自我理想）」に拡大する。作田はこれを「〈超越〉の次元」と呼ぶ（ibid.：116-7）。「市民社会」が「強い〈防衛〉志向×弱い〈超越〉志向」を特徴とするならば、このユートピアは「強い〈超越〉志向×弱い〈防衛〉志向」を特徴とする（ibid. 129-33）。

レルミタージュに隠棲した第二期のルソーは、多くの女性を「愛するルソー」に移行し、「内面化された〈母〉への退行」を経験する（ibid.：88）。そこで描かれるのが『新エロイーズ』第四・五部の「クララン農園の共同体」というユートピアである。このユートピアでは女主人ジュリのカリスマ的影響のもとで召使や農業労働者は生活を楽しみ、心を開き合う。〈超越〉志向は微弱であり、共同体が外に対してもつ〈防衛〉志向は「市民社会」と異ならない。そしてこの二志向よりも強くなるのが、〈感情的直接性〉の基準に支配された「〈浸透〉という次元」であり、これにより人々の自他の境界は溶解されていく（ibid.: 133-4）。

作田はこの第三の次元を次のように説明する。〈感情的直接性〉の基準は（たとえば嬰児のほほえみ、微風にそよぐ木の葉、生命の流れに適合する音楽に接したとき）防衛的態度を放棄させ、直接的快感を与えて自己意識を弛緩させる（ibid.: 119-20）。外界への〈防衛〉は自他の区別をはっきりさせ「閉じたもの」としての境界をもつが、外界への〈浸透〉は「閉じたもの」の境界が〈溶解〉してゆく尺度であり、その終点には完全に「開いたもの」がある（ibid.: 121）。〈浸透〉によるクララン共同体は「抽象的原理にもとづいた〈父〉の峻厳な裁きであるよりも、むしろ愛と許しを武器とする〈母〉の同化作用なのである」（ibid.: 136）。スタロバンスキーはここに「男性的ユートピアと女性的ユートピアの差異」を見出すが（ibid.: 134）、前者の「攻撃性」が後者では抜き取られ、人は「他者を裁くこと」を知らず、「自尊心にもとづく自己主張を放棄することで他者と調和する」（ibid.: 140-1）。

一七五七年にデピネ夫人と決裂してレルミタージュの寓居から出、百科全書派と絶縁したルソーは、一七六二年に『社会契約論』と『エミール』の筆禍事件で追放の身となる。この第三期を扱った論考「ルソーの直接性信仰」で作田は、この時期のルソーが「孤独な散歩者」として人間や社会への積極的関心を失い、自然にのみ心を開くようになるとし、これを「直接性信仰」と呼ぶ。自然と自分のあいだに第三者が介入することを避けて、「万物の体系のなかに溶け込み、自然全体と同化する」（ibid.: 170）とき、彼は陶酔を感じ恍惚とする。「自己と外界のあいだを区切る壁が、あたかも溶け去ってしまったかのように感じられるこの溶解体験」（ibid.: 170）は「存在の感情」を生み出す。つまり、第三の「自己革命」は〈浸透〉志向が徹底した世界を導く。ルソーの自己は「〈防衛〉能力としての自己」ではなく、「かつても感じ、感じ続け、そして今も感じている自己」「受動的に感じる自己」となる（ibid.: 181-2）。

内的リズムと外的リズムが合致して浸透し合うように感じる体験の典型は、「祭り」である。幼年時代のある祭りで、軍服を着た何百人かの男たちのリズミカルなダンスにルソーは溶解経験の感動を覚えている（ibid.:174）。「ひとり閉じこもることの好きな人間」は、クラランの共同体のブドウ収穫祭で歌を歌い笑いさざめく「遍き歓喜の愛すべき感動的な絵巻」によって心を揺り動かされる（ibid.:261）。「ここでは誰もが「透明な心」でいることが許される」（ibid.:262）のであり、この「公共の喜びほど純粋な喜びはない」（ibid.:263）。

こうして、〈手段としての有効性〉—〈依存関係〉—〈防衛〉の次元が支配する「市民社会」で「比較」のまなざしを受け、他者（on）から迫害されたと感じていたルソーは、第一の「自己革命」で〈価値の一貫性〉—〈父〉—超自我を得て、〈超越〉の次元によって他者のまなざしから自由になる。第二の「自己革命」で〈感情的直接性〉—〈母〉—溶解体験によって〈浸透〉の次元を獲得し、第三の「自己革命」ではその次元に閉じこもる。ここには、自己を貫くまなざしから「垂直」と「水平」の二方向への解放が見られるだろう。

ただし、「ルソーの直接性信仰」で作田は次のようなルソーへの違和感を表明している。〈超越〉志向も〈浸透〉志向も、相互依存関係に巻き込まれ〈防衛〉のなかで自分を見失っている人々に対する批判の道具となるだろう。ルソーは〈超越〉志向による「一般意志」への「個別意志」の譲渡を雄弁に構想する。ところが、彼は「市民相互の同胞としての愛着について、ほとんど何も語らない」（ibid.:202）。クラランのユートピアで、女主人ジュリとの一体化については語られるが、民衆＝召使同士の関係はほとんど描かれず、市民間の相互同一化について「ルソーの想像力は思いのほか貧困である」（ibid.:203）。作田は、「ルソーの思考体系において垂直の関係が水平の関係よりも重要な位置を占めている」と述べる（ibid.:206）。祖国との同一化は雄弁に語られるが、市民との同一化は語られない。「自我と理想我（あるいは超自我）の関係」は語られるが、「所有や支配をめぐって競うはずの同質のライヴァルまたは協力者」については有効な思考ができない（ibid.:205–6）。ルソーは〈父〉との関係については思考できたが、〈兄弟〉との関係は思考できないのだ。

作田の『ルソー』の検討が長くなり過ぎた。では、見田が描く宮沢賢治はどうなのか。

3　修羅／自己犠牲／存在の祭り——宮沢賢治の「自己革命」

他者のまなざしに貫かれ、存在の羞恥の意識を感じる宮沢賢治は、そこからどのような境地に移動したのか。作田が描くルソーと同じようにとらえるならば、何段階の「自己革命」を経験したのか。見田がとらえるいくつかの段階を抽出してみよう。

第一の段階は、「修羅」という言葉で代表される明晰で冷徹な自己認識である。賢治は先に見た自己を構成する関係性、外部からのまなざしに開かれていたが、「世界との関係において自分が何であるか」「自分を規定してしまっているものが何であるか」について「明敏すぎる自意識」をもつ（見田 1984：104）。たとえば家族について、その恩愛が彼自身を作り上げるが、この恩愛は「古着屋のむすこ」（ibid.：107）であることで可能になっている。父母の「純粋な恩愛」は人を拘束し、他者を拘束する抑圧でもある（ibid.：108）。身近な関係圏が外囲の関係圏と矛盾し、身近な圏内でもすでに矛盾を孕む「恩愛の両義性」を彼は明晰に認識し、それにより成立する自己を矛盾＝痛みとして客観化する（ibid.：109–10）。N・Nが情況を「明晰に総体的に把握」できず〈怒り〉の陥穽に囚われたのとは反対に、賢治は「自己自身の存在にまで透徹された明晰さ」（ibid.：117）を獲得し、だから「苦悩する」（ibid.：114）。

第二の段階は、「ZYPRESSENつきぬけるもの——世界にたいして垂直に立つ」（ibid.：125）という表題とゴッホの糸杉の挿絵で象徴される、地平を突き抜け地上と天上を結ぶ「解放のメディア」を獲得する段階である（ibid.：129–31）。ただしこの「垂直」方向への解放は、作田が描いたルソーのように「超越」に向かうのではなく、『よだかの星』や『さそりの火』で見られる「自己の消去」「自己犠牲」「焼身幻想」を志向する。これまで見た

「羞恥」の延長にある「出現罪」や「存在の罪」を感じるとき、「わたしたちは消滅することによってしか正しく存在することができない」(ibid.: 139, 141)。「自己自身の存在の罪にたいする仮借なき認識」をもっていた賢治は、「〈自己〉の消去」によって垂直軸を獲得しようとする (ibid.: 144)。しかしそれはいかにしてニヒリズムに陥らずにすむのだろうか。

　私たちは存在の原罪を負っている。「生命が他の生命の死を前提にはじめて生存しうるという食物連鎖」、賢治が質屋＝古着屋の〈家の業〉によって生きていたり、よだかやさそりがたくさんの命をとって生きていたりする、という罪を彼は過剰なまでに意識する (ibid.: 147-8)。生命世界が〈殺し合い〉の連鎖である〈私は「殺す」側である〉という意識である。ところが賢治は「たくさんのいのちの為に、どうしても一つのいのちが入用なときは、仕方ないから泣きながらでも食べてい丶、そのかはりその一人が自分になった場合でも敢て避けない」(『ビヂテリアン大祭』)とする発想により、「生命連鎖の世界の全景の意味の転回」を導く (ibid.: 149, 153)。「「わたし」という個体の生命を絶対視する視点に立つかぎり」、存在の原罪は解決不可能であり生命連鎖は「殺し合い」だが、「「わたし」の生命を絶対化する立場をはなれること」、「エゴイズムの絶対化をはなれること」ができれば、生命連鎖は「生命たちの〈生かし合い〉」と見ることもでき、人間社会の相互依存の連鎖も「相互収奪の連鎖」でなく「人間たち相互の生の〈支え合い〉」と見ることができる (ibid.: 149-50)。そしてこの認識が真実であることは、「じっさいに他者の生命のために自分をすてるという行為によってしか、立証の仕様がない」(ibid.: 150-1)。ただし、「自己犠牲」という観念は、そもそも「犠牲」であることで抑圧を必ず内包してしまう息苦しさや、誰かの幸福のためになされるという効用の図式による狭苦しさをまとう、と見田はいう (ibid.: 159-60)。

　では、この息苦しさから「解き放たれた世界」を獲得するにはどうすればよいか (ibid.: 161)。第三の段階は「存在の祭り」と表現される (「祭り」、ルソーと同じく！)。たとえばカルヴァンのように、自我を光 (⇒図)、それ以外の世界を闇（非地）ととらえると、世界を意味づける神を失ったとき虚無としての世界のみが残ることになるが、賢治は「存在の地の部分のごときものの、まばゆいばかりの明るさ」を表現しており、カルヴァン的な「遍在する闇の中をゆく孤独な光としての自我」とは対照的に「遍在する光の中をゆく孤独な闇としての自我」であった（ibid.:168–9）。見田がこの作品によって本書を書こうと決めたという詩『岩手山』には「そらの散乱反射のなかに／古ぼけて黒くえぐるもの／ひかりの微塵系列の底に／きたなくしろく澱むもの」とあるが、「存在の地の部分にこそみちあふれているいちめんのかがやきと光に向けられた感度のようなもの」を見田は賢治に感じている（ibid.:169–70）。[2] そこでは通常の図と地を反転させ、存在を「新鮮な奇蹟として感覚する力」、「あたらしく不思議なものとして感受しつづける力」が働いている（ibid.:166）。

それは「向うの祭り」とも表現される。川の向こう岸から太鼓の音が響いてくるが、その川を渡ることはできない（『あけがた』）。賢治の夢にほとんど近いとされる『花椰菜』という断片では、「私」は衣服も役目もすべてを脱いで「花椰菜の中ですっぱだかになって」、両手をあげて「ホッホッホッホッ」と踊り出す（ibid.:177）。『鹿踊りのはじまり』の終わりで嘉十は鹿たちの祭りに入り込んでしまい、鹿たちが逃げ出したのを苦笑いするが、裸になって祭りに参加することは解放と融合の表象であり、同時に羞恥の表象でもあった（ibid.:180–1）。「〈私〉はほんとうは「役目」を脱ぎすてて――〈茶色のポケットの沢山ついた上着〉や長靴を全部ぬぎすてて、紫苑のまんなかで飛びあがりたい」（ibid.:183）。

これは「自我の解体という危険な場所」に立つことと近いだろう（ibid.:186）。自我は「〈向うから〉迫ってくる」（ibid.:186）存在の世界に解体されてしまうかもしれない。しかし宮沢賢治にとって、この〈危険な場所〉は

2　注1のシンポジウムの前日、二〇一五年九月一九日に開催された若手フォーラム「社会学を創造する――見田社会学との対話」での見田の発言による。これについては奥村（2015:97–8）参照。なお、同論考と本稿は見田についての部分で多くの重複がある。

次の回路により〈出口〉でもあったと見田はいう。賢治は「人間が他の生き物とわかれる以前の合流点、〈万象回帰〉のその場所」、「〈遠いともだち〉と出会う場所」を求める。彼は中学生のころ生物学者ヘッケルの『生命の不思議』を読んで衝撃を受けたというが、ヘッケルはすべての生命は最初の生物〈モネラ〉から分化したと主張し、「生物の「個体」と呼ぶもの、わたしたちが〈自我〉とよぶものの本体として絶対化しているものは、じつはきわめて境界のあいまいなもの、かりそめの形態〈ルーパ〉にすぎない」ことを「自然科学の方法によって証明した」(ibid.:189)。これは個我を絶対視する立場からは恐ろしい主張だが、「人と人、人間と他の生命たちとの間の障壁が、くずれぬことのないものではありえぬ」ということであり、「個体発生が系統発生をくりかえすならば、わたしたちひとりひとりの生の起源にも〈モネラ〉は存在するはずである」ことを意味する。賢治は進化の漸移を遡って「人間が他の生命たちとふたたび合流する地点」に出会い、この地点が「ほんとうはたのしくあかるい根源への出口でもあるのだという予感」をもって、「あたらしくまっすぐに起つ」ことができた、と見田はいう(ibid.:192-3)。

このように、まなざしに貫かれたふたりの人が経験した旅を、作田と見田は追走した。透明な存在として外からの視線に貫かれていたルソーは、〈防衛〉の次元が支配する比較・依存・自尊心の世界を脱して、価値の一貫性による〈超越〉の次元へと移行し、次いで感情的直接性のなかで「存在の感情」を歓ぶ〈浸透〉の次元に開かれる。交錯するまなざしのまえで「存在の羞恥の自意識」を育んでいた宮沢賢治は、それを明晰に自己認識する「修羅」の段階を経て、「自己犠牲」と「焼身幻想」による垂直軸を獲得し、存在の図と地を逆転した「存在の祭り」、個我から脱して他の生命と合流する出口へと達する。第二段階の「超越」と「自己犠牲」の踊り場はおそらく異なる境地だけれど、それぞれの出発点だった「まなざしの地獄」から、ルソーと賢治は自我から外に出て自然や生命と溶解するような、ともに「祭り」と呼ばれる境地に到達した。あるいは作田と見田は、この遠く離れたふたりのテクストから、それぞれの鑿によってこのように似通った肖像を彫り出すことになった。

七〇年代から八〇年代前半のこの二作から一九九三年の「自我の社会学」へと作田と見田はどのように進むのか。以上の準備作業を経て、いよいよ本稿の主題に取り組むことにしよう。

④〈明晰〉なる反転──『自我の起原』

1 「動物社会学」という迂回路

真木悠介『自我の起原──愛とエゴイズムの動物社会学』は、『思想』一九九二年九月〜一二月号に本論、『文学』一九九三年冬号に「補論2 性現象と宗教現象──自我の地平線」（宮沢賢治を題材とする）が掲載されたあと、一九九三年九月に単行本として刊行された。本稿冒頭に記した「あとがき」での「問い」、「どのように生きたらほんとうに歓びに充ちた現在を生きることができるか」に答えようとする本書は、しかし人間に直接照準するのではなく「動物社会学」を迂回する。人間の「自我」が登場するのは八章からなる本論の第六章からで、それまでは動物や遺伝子をめぐる生物学的な知見が展開されるのだ。

これをどう理解すればいいのか。二〇〇三年の『時間の比較社会学』岩波現代文庫版への「後記」で真木は、一九八一年刊の同書で扱った「時間論」に次いで取り上げられるべき主題は「自我論」と「関係論」だった、と述べる。そして一九八四年に「自我論／関係論の助走」としてモノグラフ『宮沢賢治』を記し、一九九三年になって「〈自我の社会学〉の序論的な部分（『自我の起原』）を完成」できたという（真木 1981→2003:329）。またこうも述べる。自分にとって一〇代からの「二つの単純な原初の問い」として、「ニヒリズムからの解放」と「エゴイズムからの解放」があった。『時間の比較社会学』と『自我の起原』はこの原問題に照準するものである。前者は「〈永遠の生〉に対する焜むことのない願望をどう処理したらいいのか」という問題であり、後者は「〈自分〉という存在が世界の内で、唯一かけがえのないものとして現象してしまうことの理不尽をどう処理したらいいのか」という問題である（ibid.: 330）。

「エゴイズムからの解放」。――『宮沢賢治』において、見田は「人間が他の生き物とわかれる以前の合流点」、「わたしたちひとりひとりの生の起源にも〈モネラ〉は存在する」という認識に導かれていた。〈モネラ〉を主張した生物学者ヘッケルは、「生物の「個体」と呼ぶもの、わたしたちが〈自我〉とよぶものの本体として絶対化しているもの」を図とする見方を反転することを、「自然科学の方法によって」行おうとした。これと同じことを、見田＝真木は『自我の起原』において試みたのではないだろうか。では、そこで彼はどのような「図と地の反転」を行ったのか。まず、第六章までを急いで辿ってみよう。

第一章「動物の「利己／利他」行動」では、動物は「利己的」であるという思い込みに対して、動物が「利他行動」をしばしば行うことが指摘される。利他行動をとる動物は遺伝子を残しにくいように思われ、進化論にとってアポリアとされてきた。だがアリやミツバチの「血縁性」の検討などから、動物たちの「利己／利他」行動は「動物の個体自体の「幸福」や「生存」や「繁殖」」からは理解できず、「遺伝子の自己複製という水準」からとらえ返してはじめて統一的に理解できるとされる。「動物たちの行動や資質や関係を究極に支配している動因は遺伝子たちであり、個体は遺伝子が生存し増殖するための〈生存機械〉にすぎない」（ibid.: 20）。第二章は「ドーキンスの〈利己的な遺伝子〉理論」を検討し、個体にとっての「利己／利他」を発現させる原的動因は「遺伝子の自己複製」という「個体というシステムの水準の外部に存在するもの」（ibid.: 30–1）であり、「個体の身体がその存在の芯の部分に、その個体自体の利害を越え出てしまう力を装置されている」とする（ibid.: 37）。「個体」

は、「沈黙の鉛塊の如き不可分の（individual!）単体」から、「無数の力のせめぎ合う場のシステム」へと置き直される（ibid.: 37）。

「個体」から「遺伝子」への図と地の反転は術語そのものも反転させる。第三章「生成子の旅」で真木は、「個体中心的なドグマ」ではgeneは「遺伝子」と訳されるが、gene自体が目的で多細胞個体がその「のりもの」だとすれば、「生成子」と直訳すべきだと主張する（ibid.: 44-5）。第四章「共生系としての個体」では、多細胞個体の発生が生成子からの細胞システムの創発、細胞から多細胞個体の創発の二段階の創発を必要とし、とくに「原核細胞」から核や染色体をもつ「幾種類の原核細胞の共生体」である「真核細胞」への第一の創発が「創発のふしぎの深さからいえば」決定的な飛躍であるとされる（ibid.: 54, 57）。これに比べて真核細胞が異種共生することで多細胞「個体」をつくる第二の創発ははるかに容易だが、単細胞生物は死なないが多細胞生物は死すべきものという決定的な差異がある。多細胞生物は単細胞の生殖子という「細い糸」を通して次世代へとつながるのであり（ライフ・サイクルの「ボトルネック化」）、他の多細胞個体との性的連接によってのみ生成子を次世代に残すことができる（「死の起原」／「性の起原」）（ibid.: 66-70）。

こうして「私」という現象は、「不可視の生成子たちの相乗しまた相剋する力の複合体」へと置き直される（ibid.: 72）。「われわれの「自我」の絶対性という傲慢な不幸な美しい幻想」を折り返す対象となってきた「身体的個」は、この「重層し連環する共生系の一つの中間的な有期の集住相」であるにすぎない（ibid.: 73）。

では、生成子の利己性（selfishness）とは異なる個体レベルの利個性（egoism）はどうして生まれるのか。第五章「〈創造主に反逆する者〉」は「利個性の起原」を問題にする。ここでは、生成子の「エージェント」としての主体性と個体の「テレオノミー的な主体性」が区別され、後者は脳神経系の高度化、個体の寿命と生殖可能年齢の差分などにより可能になる、と論じられるのに触れるにとどめよう。この延長上に個体は「自己中心化」

も「脱自己中心化」も選択することが可能になる（ibid.: 97）。そして、ドーキンスのいう「自乗化されたシミュレーションの能力」（脳が自分の機能をモニターできる）によって「意識」が発生し、他の個体との協力やライバルなどの「対他関係という回路」を通して「自己意識」が生まれ（「他者だけが自己を形成することができる」！（ibid.: 120））、他の個体との関係が「個体識別的」であるとき「〈かけがえのない個〉という感覚」（第六章のタイトル）、「アイデンティティの個有性という感覚」が生まれる（ibid.: 125–6）。

2　誘惑と自己裂開性

ヘッケルのいう〈モネラ〉のように、「個体」には「生成子」が装置されている。というより、「個体」は「生成子」ののりものであり、本書冒頭の短文「CARAVANSARAI：自我という都市」が示唆するように、「生成子」という数多くのキャラバン（隊商）が行き会い共住する「第二次的な集住系」であって、それが「主体化」したものである（ibid.: 1–3）。この図と地の反転から「自我」あるいは「エゴイズム」についてなにがいえるのか。最後の二章、第七章「誘惑の磁場――〈他者〉の内部化」と短い終章「テレオノミーの開放系――個の自己裂開的構造」で、真木はふたつの結論を導出しているように思う。

第一の結論。第七章で彼はドーキンスの『延長された表現型』を引きながら、生物個体間、個体内細胞間、細胞内生成子間の調和・協同・相補性について論じるが（ibid.: 132）、次の事例の引照によってドーキンスから離陸する。ガンやエイズのレトロウィルスは人間の細胞の遺伝子を組み換えて住み着くが、宿主を殺してしまい、コレラやペストは宿主の対抗戦略を誘発してジェノサイドの危機に立つ。むしろ宿主にとって無害ないしポジティブな共生のほうがすぐれた戦略であり、「生成子の「利己的な」戦略として考えてみても、他者に苦痛や死をもたらすという仕方でその身体を操作することよりも、他者自身が歓びをもって、あるいは生存と繁殖の機会を増大させるような仕方で協力を引き出す「戦略」がすぐれた「戦略」であるはずである」。それは他者の「「対抗戦略」を誘発しない」し、その他者の「存続と再生産の機会を増加する」（ibid.: 134-5）。

こうした戦略の例として真木は、「昆虫と顕花植物の「共進化」」（クローバーの芳香に引き寄せられるハナバチ）、ローレンツの「幼児図式」（幼児の「かわいさ」に「利己的」な人も「愛他的」感情を覚えてしまう）をあげる（ibid.: 136-7）。「かんたんにいえば「愛される」個体をつくりあげる力をもった生成子こそが勝ち残る」（ibid.: 138）。他者が「働きかけられてあること」に対して「歓びを感じるような仕方で誘惑すること」。これを真木は「わたしたちの身体が、〈他者〉のためにもまたつくられてある」と表現し、その一般的で安定的に成功している現象が「性という現象」だという（ibid.: 139）。個体間作用のメカニズムを物質的に作用させるのはフェロモン（同種個体間）、アロモン（異種間で、発信者にとって適応的なもの）、カイロモン（異種間で、受信者にとって適応的なもの）である（ibid.: 143）。これが昆虫と顕花植物のあいだには流れており、これによって互いが生存、成長、生殖できる。そして、視覚的・聴覚的な諸刺激が個体間の「誘惑」を可能にする（ibid.: 144）。

真木は「Ecstacy：外に立つこと」と題した節で、こう述べる。「個体が個体にはたらきかける仕方の究極は誘惑である。他者に歓びを与えることである。われわれの経験することのできる生の歓喜は、性であれ、子供の「かわいさ」であれ、花の彩色、森の喧噪に包囲されていることであれ、いつも他者から〈作用されてあること〉の歓びである。つまり何ほどかは主体でなくなり、何ほどかは自己でなくなることである」（ibid.: 145）。

第二の結論。終章「テレオノミーの開放系」の冒頭で本書の行論全体をまとめたあと、真木はこう述べる。「〈個体〉がそれ自体派生的なものの自立化、自己＝目的化であるということは、個体というユニットもまたみずからを超えたものに向かって、テレオノミー的に開かれた存在であるということである」（ibid.: 148-9）。個体には「生成子たちの自己増殖の機構として形成された起原に由来する衝動の力」が生きつづけており、「同種異性のフェロモンの力のもとに身体が全体として再組織されてしまう」ことに代表される「他者たちの作用し誘惑する力の磁場にさらされている」(ibid.:149)。「個体にとって、性はなくてもいいはずのものだ」が、「個体はその〈起原〉のゆえに、自己の欲望の核心部分に自己を裂開してしまう力を装置されている」(ibid.:150)。

この自己裂開的構造、あるいは「生成子と個の目的論の二重化」により、個体のテレオノミー的な主体化は「自己＝目的化、エゴイズムという貧相な凝固に固着」するのではなく、「個体は個体自身ではない何かのためにあるように作られている」(ibid.:151)。個体は「非決定＝脱根拠性」あるいは「重層・交錯根拠性」によって、「自由」をもつことができる。「創造主に反逆した者はどんな目的ももつことができる。またどんな目的ももたないことができる」(ibid.:150)。「この無根拠と非決定とテレオノミーの開放性とが、われわれが個として自由であることの形式と内容を共に決定している」(ibid.:152)。

喩えるならば、私のなかには〈モネラ〉がいる。私は〈モネラ〉のためにも、「私」のためにも、どちらでもないなにかのためにも生きる「自由」をもつのであって、「エゴイズム」に囚われないことができる(第二の結論)。そして、〈モネラ〉は他の個体を誘惑し、愛されることが生き残るための戦略なのだから、「私」のなかにも他者を誘惑する「自己裂開的」な力が仕掛けられている(第一の結論)。『宮沢賢治』という「自我論／関係論の助走」を経由して、「動物社会学」に依拠して展開されたこの「〈自我の社会学〉の序論的な部分」は、このふたつの結論によって私たちを「エゴイズム」への囚われから鮮やかに解放してくれるだろう。宮沢賢治が透視していた「存在の祭り」への入り口が、このように「明晰な認識」となって私たちに提示される。真木がこの本で問おうとした、「どのように生きたらほんとうに歓びに充ちた現在を生きることができるか」という「単純な問い」へのヒント、「エゴイズムからの解放」へのヒントをも私たちは手に入れることができるだろう。

だがこれでよいのだろうか。この鮮やかな反転になにか違和感を覚えはしないだろうか。

3 〈明晰〉なる反転とその陥穽

見田宗介は、図と地が反転するような認識を繰り返し創造してきた。たとえば一九七七年の『現代社会の存立構造』（真木名義）でこう述べる。「理論の力というものがもしもあるとすれば、その力はまず何よりも、日常の意識における自明性の世界を解体し、そこにかくされた問題を発見すること、そのことによってわれわれを、その感性と悟性さながらに包みこんでいる現存の世界というものを、批判的に対自化し、実践的に止揚するための突破口をきりひらくことにあるだろう」（真木 1977a:10-1）。「理論」によって日常の自明性における図と地を反転して、問題を発見し、批判的に対自化し、実践的に止揚する。一九七三〜七四年に『思想』に発表した論考を編んだこの本は、マルクスの『資本論』を一点の論理の緩みもなく再構成することで、自明性の世界を反転する拠点を確保したものといえるだろう。

あるいは、メキシコ・ブラジル滞在を経て一九七六年に『展望』に発表し、一九七七年に刊行した『気流の鳴る音』（真木名義）では、「比較」という方法で図と地の反転を果たそうとする。「われわれが、空気のように自明のものとして呼吸しているこの近代文明を、根柢から超える未来を呼びもとめるとき、われわれの想像力を、手ごたえのある具体性をもって解き放ってくれる素材が、この文明の外の諸世界にはじめて求めうることは明らかである。……これら異世界の素材から、われわれの未来のための構想力の翼を獲得することができる」（真木 1977b:11）。本書が依拠するのはカルロス・カスタネダの諸著作だが、そこに引かれたインディオの知者ドン・ファン・マテオスが語る〈トナール〉と〈ナワール〉という概念の対比はその一例であり、『宮沢賢治』でもこの対比は詳細に反復されている。

〈トナール〉は「話すという仕方でだけ」、つまり言語・概念化によって世界を作る。それは世界を理解・説明することを可能にし、自我の安定を取り戻す作用をする。これによる「ことばのカプセル」は「自我のとりで」であると同時に「牢獄」でもある。「社会的人間」であり、世界の混沌に秩序を定める「世界の組織者」である〈トナール〉に対して、〈ナワール〉はこのカプセルをとりかこむ「大海」であり、「存在の地の部分」、「他者や自然や宇宙と直接に「まじり合う」わたし自身の根源」である（ibid.: 52-5; 見田 1984: 195-7）。

〈トナール〉は「統合された意味づけ、位置づけの体系への要求」に答える説明体系への盲信であり、これはドン・ファンがいう「「明晰」の罠」である。〈ナワール〉はこれを突き崩し、相対化することで「明晰さ」の限界を知り、対自化された明晰さである「真の〈明晰〉」に到達することを可能にする（真木 1977b: 78-80）。『宮沢賢治』での表現だが、「ナワールの力」は「生きているものと死んでいるものと、人間とあらゆる生命、人間とあらゆる非生命とをわけへだてている障壁をつきやぶる武器」であり、「今ある〈わたくし〉のかたち（ループ）に執着して自衛する力としてのトナール」から〈外に出る〉のを可能にし、「恍惚と不安がひとつのものであるような戦慄」を生む（見田 1984: 201）。これによって「どんなに小さな図柄であっても図柄がいったん現われた以上、それは図柄の方を地として、地の方を図柄として視覚を反転する道を開く」のであり、「自足する「明晰」の世界をつきくずし、真の〈明晰〉に向って知覚を解き放つ」窓がうがたれる（真木 1977b: 98-9）。

「理論」による図と地の反転、「比較」による図と地の反転。それらは「明晰」を突き崩し、真の〈明晰〉を開く。『宮沢賢治』を経由して人間とあらゆる生命の境界を突破する認識を獲得した見田＝真木は、『自我の起原』において「動物社会学」による図と地の反転を敢行したといってよいだろう。その試みは、「個我」から人を解き放つことに成功した。

1で見た『時間の比較社会学』岩波現代文庫版「後記」に、見田は「ニヒリズムからの解放」と「エゴイズムからの解放」という一〇代からの原問題について、「『時間の比較社会学』と、『自我の起原』という二つの仕事をとおして、透明に見晴しのきくような仕方で、わたし自身にとっての展望を手に入れることができた」（真木1981→2003：330）と記している。本稿冒頭に引いた『自我の起原』の「あとがき」の問いは、「ニヒリズムからの解放と、エゴイズムからの解放という双対の問題の、ここにはもう疑念はないな、明晰のくもりはないなといえる応答を踏み石として、問いをポジティブなかたちの方向に転回して表現したものである」（ibid.：331）。彼は自らの原問題への、透明に見晴らしのきく、明晰の曇りのない解決を得た、と述懐する。そして、『自我の起原』以降、「真木悠介」は消える。

この図と地の反転は、読み手の私たちをもじつに見晴らしのいい地平へ連れて行ってくれるだろう。反転の拠点が私たちの生きる自明性の「外部」に見出され（〈外に出る〉＝Ecstacy！）、それが遠く・深く・根源的であればあるほど、反転が生む認識は〈明晰〉なものとなる。個我のエゴイズムに囚われ、自己と他者の「相剋性」に苦しむ人々に、「動物社会学」が開く「自己裂開性」の認識は、他者や他の生命とのあいだに「相乗性」が存在することを教えてくれる。――だがこれでよかったのだろうか。

一九九四年に『自我の起原』に対する若い社会学者三名の質問に見田が答えた記録である「竈の中の火――『自我の起原』補注」で、彼はこう述べている。『現代社会の存立構造』は「集列的な相剋」の理念型的論理モデルを構築したものだった。だが、『自我の起原』の課題はこれとは異なる。「われわれがこの社会の科学の彼方に、真に望ましい世界のあり方を構想しようとする課題の局面においては、逆に現実には仮にどんなに希少なものでも、重層する集列性のモデルがその方法として捨象してきた位相、あの原的な相乗性という契機――他者や他種との交響する歓喜の能力――を、それに〈生命をあたえるもの〉として、火種とし拠点とする他はない」（ibid.：206-7）。望ましい社会の構想において、拠点となるのは「原的な相乗性」である。

では「エゴイズムの相剋」は？　それは「なくなるということもないし、なくなることが好ましくもない」。

そして見田はこういう。「相剋のない世界など、クリープのないコーヒーのようなものだ」（ibid.：208）!!　見田はこうつづける。「相乗性を磁場の原理とすることによって、相剋性を包摂し、味わい（sens）を変え、意味を変換してゆくことが可能だ」、「楽しい相剋、すてきなエゴイズムというものがある。それは必ず、ある原的に肯定的なものに吹きぬかれている時である」（ibid.：208-9）。見田はこの「肯定的なもの」を動物たちの「愛という名の利己性」に発見し、人間の共同体はその「文化的な複製」だと述べて、「原的な相乗性、「純粋な」愛の契機」は「到るところに存在している」という（ibid.：209-10）。

たとえば「まなざしの地獄」のなかで「〈怒り〉の陥穽」に囚われたN・Nのような人が、これを読んだらどう感じるだろう。この人は〈怒り〉によって自分が置かれた情況を「明晰に総体的に把握」することができず、情況を乗り越えることができないでいる。そこにこの認識が伝えられるとき、一方でこの人は「外部」の拠点を見出して自分の囚われそのものをとらえ返し、解放に向けての指針を獲得できるかもしれない。他者とまなざしは相乗的なものでありうるのだ！　しかし他方、この人はいま目の前にある「他者の地獄」の相剋性に悩んでおり、嫌悪と憂鬱と怒りのなかにいる。この「相剋的な他者」にどのように向き合えばいいのか？　この「明晰のくもり」なく「ポジティブなかたちの方向に転回」された回答からは「相剋的な他者」が蒸発しているかのようにさえ見え、この回答はこの人になにも与えず、むしろ批判の力を鈍らせるのではないだろうか。

この回答はまた、「社会学」を置き去りにしているようにも見える。一九七七年の『現代社会の存立構造』は、資本制をとらえたマルクスの「理論」によって図と地を反転しようとし、『気流の鳴る音』は「文明の外の諸世界」との「比較」によってそうしようとした。そして、『自我の起原』は「動物社会学」に拠点を見出す。見田は二〇〇六年の『社会学入門』の「人間と社会の未来」という章で「現代人間の五層構造」を図示し、現代の人間が次の重層性をもつという。上から、④現代性、③近代性、②文明性、①人間性、⓪生命性である（見田

2006:161）。おそらく一九七七年の二著は「理論」による反転が④〜③の層に、「比較」による反転が②の層に照準したものだったのだろう。そして一九九三年の「動物社会学」による反転は①〜⓪の層にまで拠点を深める。このとき確かに「相乗性」を「到るところ」に発見しうる、透徹した〈明晰さ〉に到達することができるだろう。しかし、おそらく④〜③、せいぜい②の層までの水準で他者との「相剋性」と「相乗性」の両義性に問題を発見しつづけようとする「社会学」は、ここで置き去りにされてしまう。より根源的な層に立脚する「反転」は限りなく〈明晰〉だが、他者との「相剋性」に悩みつづける社会学を置き去りにして彼方へと飛翔していってしまう。

これをここでは「〈明晰〉の陥穽」と呼んでおこう。〈明晰〉なる反転が、〈明晰〉であるがゆえに生み出す陥穽。反転のための拠点が遠く・深く・ラディカルであればあるほど、自明性の世界を止揚するユートピアを構想する力を備えるが、現実を批判する機能を失ってしまうかもしれないという落とし穴。見田＝真木は「外部」にアルキメデスの支点のような拠点を発見し、自明性の世界の図と地を一挙に反転する。だがこの「反転のラディカリズム」は、他者との相剋性に悩みつづける私たちをときに通り越してしまう。とくに、一九八一年（四四歳！）の『時間の比較社会学』で「ニヒリズム」、一九九三年（五六歳！）の『自我の起原』で「エゴイズム」という自らの「原問題」への〈明晰〉な解決に到達して以降は。

この「〈明晰〉なる反転」のラディカリズムに対して、同じ一九九三年（七一歳！）の作田が切り開いた地平はどのようなものだったのだろうか。最終節ではこれを検討していきたい。

⑤ 残余のラディカリズム——『生成の社会学をめざして』

1 「定着の世界」と「生成の世界」

作田啓一が一九九三年に刊行した『生成の社会学をめざして——価値観と性格』は、「生成の社会学(sociologie de devenir)に向けての一つの序論」であり、すでに述べたように「「生きていること」自体の経験を大事にしている人々に捧げられ」た本である(作田 1993：ii, iv)。作田は、本書を「完成した理論体系の提示ではない」と断りながら、第Ⅰ章で「生成の社会学」の方法論の論述を、第Ⅱ章で自我の発達の類型化を、第Ⅲ章で価値観と性格の理論を、第Ⅳ章では「権威主義的性格」という性格類型の解明を試みた、とする。彼は、「本書を通してポスト・モダンとは何かという問に対する一つの答えを用意したつもり」だと述べ、「超近代への志向は本書を支える価値観であると言ってよい」と記している(ibid.：ii-iii)。

見田＝真木が『自我の起原』で問うた原問題と疑いなく響き合うこの本を、著者自身は「議論の筋道をできるだけはっきり浮かび上がらせようと努めたから、一般の読者にも読みやすい本になっているのではないかと思う」(ibid.：iii)というが(!)、本書は疑いなく難解である。たとえば『自我の起原』が獲得した「透明に見晴らしのきく明晰の曇りのない回答」をここに見出すことはできず、読者の理解をわざと拒んでいるとさえ感じられる。

本書をどう読めばいいのか。『自我の起原』は宮沢賢治の到達した地点を継承し、「動物社会学」を拠点として「個我」のエゴイズムに対する反転を試みた。本書で「個我」にもっとも近い概念は「独立我」(2で見る)であり、ルソーの議論を引き継いでいる論点も多い。たとえば宮沢賢治と同じ位置にルソーを置いて、作田がルソーからなにを継承し、どのような拠点に立って「独立我」をいかなる像へと反転させるかをとらえ返してはどうか。――しかし、答えを先取りするならば、本書で作田は「反転」しない。見田＝真木が示した「〈明晰〉なる反転」とは異なる態度で、同じ深度の問いに対峙しつづけるのだ。

「生成の世界・定着の世界」と題された第Ⅰ章を見てみよう。作田はまず、本稿冒頭でも記したように、「制度の学」と「人間の学」を対比する。前者は「制度が人間を作る」という考え方であり、「人間の行動の大部分は制度的に拘束されている、と見る〈定着の論理〉」により人間の行動を巧みに説明する。このアプローチはデュルケームやマルクスに代表されるが、社会学者はこれを微に入り細を穿って限界に達するまで探索してきた(ibid.:3)。

作田は「人間が制度を作る」とする〈人間の学としての社会学〉が、〈制度の学としての社会学〉に「とって代わることができるとは考えていない」と明言する（つまり本書は「人間学」に反転しようとはしない！）。ただ制度の学で「これまで見逃されてきた側面」に光を当て、「社会学の新しい可能性を探ってみたい、と考えているにとどまる」と控えめに述べる。そして、「無意識が制度によって作られる」と考えたマルクスに対して、「無意識は人間の理性によってはとらえられない欲動（Trieb）に根ざしている」とするフロイトをこのアプローチの代表者とし、N・O・ブラウンの考察も参照しながらその探求を追っていく(ibid.:3)。

フロイトからまず引き出されるのは「生の欲動」である。これは刺激物も対象も固定していない「いろいろの要素を結びつけて統一体を作る欲動」で、「エロス」とも呼ばれる。「たとえば、微小な生命要素が集まって細胞を作り、細胞が集まって器官やさらには有機体を作る。個人が相互に牽引し合うのもこのエロスの働きである」(ibid.:4)。真木がいう「〈性〉の自己裂開性」ないし「相乗性」と近似したものを論じているといってよいだろう。

しかし作田はすぐに、フロイトはこれに対抗する「死の欲動」（タナトス）をも仮定した、という方向に論を転ずる。生の欲動が諸要素を結びつけるのに対し、「死の欲動は諸要素を相互に引き離す働きをする」。これは、個体を全体から引き離し、子どもを母親から（あるいは究極の生命から）引き離す「別離の欲動」である（ibid.:5）。作田は、フロイトは「人間は他の動物と異なり、本性上矛盾を内蔵する生物である」と確信しつづけたため、二元論に固執して「生の欲動・対・死の欲動」の図式に到達したという（ibid.:5-6）。動物では種の存続（一体化の欲動）と個体としての自己保存（別離の欲動）が調和しているが、人間では生の欲動が肥大化しており、そのままでは自己保存の力が失われるため、個体が巨大なエロスに飲み込まれて独立性を失わないように死の欲動も肥大化する。だから、人間は種の一員としての限界を超えて「個体」として情熱的に生きようとし、愛を求め、かつ独立を求める（ibid.:6-8）。こうして、エロスは肥大化し、タナトスも肥大化する。

だが作田はさらに、このフロイト＝ブラウンの図式を修正し、作り替える（まるで「罪・対・恥」の物差しをそうしたように！）。作田は「別離・独立の欲望」（タナトスとされたもの）のなかに「〈原則規準〉と超越志向の根拠」を見出し、「結合」（エロス）が水平面での広がりなのに対してこれを垂直線上の上昇ととらえる（ルソーの「第一の自己革命」での〈超越〉志向！）。これは「死の欲動」から独立しうるもので、生とも死とも中立的なものであり、どちらにも加担しうる。作田はフロイト＝ブラウンの二元論とは異なって、「生への傾向、別離・独立の傾向、死への傾向」の三極構造を仮定する（ibid.:11-3）。

「別離・独立の傾向」は一方で「死のサイド」に属する。作田は、ミンコフスキーがいう緊張のつづいた目標達成のあとの休息としての「内在する死」と個人に外部から襲いかかる死を知性によって予測する「通過点の死」の区別を踏まえながら、「通過点の死」を恐れ個体の不滅を願う傾向を〈死からの逃走〉と呼び、全体単位のエロスから見ればタナトスととらえられるとする。しかし「別離・独立の傾向」は、個体単位から見れば「個体が独りで自己の現状を超え、自己の完全化に向かう傾向」であり、「自己超越のファウスト的傾向」である。作田はこれを「生のサイドに属する別離・独立の傾向」として、「〈自己完全化〉の傾向」と名づける（ibid.:19–23）。こうして、「別離・独立」は生とも死とも結びつく。

「別離・独立の傾向」は〈超越〉志向へと垂直に上昇するものであり、かつ生（エロス）とも死（タナトス）とも結びつく。きわめて粗雑にいうならば、二元論的にAからBへと反転するのではなく、AとBとCのあいだで引き裂かれたり揺れ動いたり、それらの力が重なったりする三極構造が発見される。この態度は、本章後半でフロイト＝ブラウンの「精神分析的自我理論」をベルクソン＝ミンコフスキーの「現象学的観点」によってさらに修正しようとするときも同様といっていいだろう。そこで議論の跳躍点となるのは「溶解体験」（ルソーの「第二の自己革命」における〈浸透〉志向！）である（ibid.:24）。

フロイトは『文化への不満』でロマン・ローランの「太洋感情」を引いて、自我と外界との境界が溶け去り、自己が無限へと拡散し自己のなかに無限を感じる体験を論じている。フロイトは自我と外界の「境界の不在あるいは喪失」ではなく「境界の移動」を語ってしまうが、『文化への不満』の引用は個々の身体を超えた無意識の所在としての「超身体」を語っており、超身体のリアリティを認めるなら自我境界は最初から存在しない（ibid.:24–7）。

風景に見入って絵筆を動かす画家、馬を疾走させる騎手、ピアノを演奏するピアニストなどの体験は、自分と対象が一体不可分であり「経験される全体が持続していて、分割が不可能」という特徴をもつだろう。体験は「生成（devenir）の世界」で生起する。しかし、これを「知性の言葉」で語ろうとすると「分割（division）の論理」によって全体を部分の集合に置き換えてしまい、経験をとらえそこなう。「分割の論理は定着の論理と言い換えてもいい」（ibid.:27–30）。ベルクソンは定着・分割の論理が最もあてはまるのは物質界だと考え、科学が対象とするのにふさわしい世界であると考えた（ibid.：30）。これに対して感情の世界は定着の論理でとらえることは難しく、「生きているということはそういう感情の流れの中を漂うことにほかならない」（ibid.：31）。

では、「生成の世界」をいかにしてとらえればよいのか。ある所与のリアリティについて生成の論理・定着の論理の両方を適用できるということ、近代世界では後者が支配的になったことを確認しながら、作田は次の比喩を用いる（ibid.：32-3）。生命は絶えず動くものだが、これを「概念というフィルムの一こま一こまに投影」すると「生命の影としての概念を通して生命を間接的にせよ研究することができる」、そして「これしか科学的研究はありえない」（ibid.：34-5）。これに対して、「生成の論理である直観的思考方法は概念を構成しないから、動く生命について共通の言語で語ることはできない」のであり、ベルクソンは「音楽のメタファーに頼るほかはなかった」。科学は、「生成の世界を定着の概念により影としてとらえたうえで、その影から生成のリアリティを構成し直すほかはない」。ただし、そのリアリティは「影」にすぎないものであることを銘記すべきである（ibid.：35）。

このあと作田は「溶解体験」をイヨネスコの長大な引用によって再現する（ibid.：37-41）が、そうしたテクストはルソーや宮沢賢治のそれによって本稿ではすでに馴染みのものだろう。本章最後に作田はこう記す。「制度は動かないものである。経験は動くものである。動くものとは正体不明のものであり、これを動かないものに還元して説明する時、人は安心できるのであり、そしてこの安心が科学の名において正当化される」（ibid.：45）。

ここまでを振り返ったとき、多くの人は見田宗介＝真木悠介のテクストとの共通の論点を見出すだろう。自我と他者とを結びつける誘惑と自己裂開性、個我から脱して自然と結びつく「存在の祭り」、他の生命たちと合流する明るく楽しい根源への出口。「定着の論理」と「生成の論理」の対照を、概念で世界を理解し自我の安定を取り戻す〈トナール〉と、それを取り囲む存在の地の部分に到達する〈ナワール〉のそれに類比する人もいるだろう。

見田＝真木はこれらによって図と地を反転させ、「明断」（≒定着の論理）を〈明断〉（≒生成の論理）に描きかえた。そして『自我の起原』では個我の「エゴイズムからの解放」を達成した。では作田は？　繰り返すが作田は反転しない。「定着の論理」があらゆるリアリティに適応可能で記述性能が高く、「生成の論理」による把握がメタファーにとどまることを認め、前者によって見逃された後者のリアリティを探ってみたい、と示すにとどまる。エロスによって個我のエゴイズムから一挙に解放されるのではなく、それと矛盾する死のサイドがあり、別離・独立の傾向という第三極があって、これが生とも死とも結びつきうることを強調する。「明断」から〈明断〉へ／〈トナール〉から〈ナワール〉へ、ではなく、私たちは〈トナール〉も〈ナワール〉も生きることができるし、その両方を生きざるをえないこと、そのあいだには「矛盾」があること、さらにいえば「明断」から〈明断〉に移行することがいかに困難かを、丹念に何度も上塗りして描き直しているように見える。

この方法論的立場（？）をもとに、作田は「人間の社会化の過程を素描したい」として（ibid.：45）、第Ⅱ章「前自我・独立我・超個体我・社会我」に移る。これを急いで見よう。

2　独立我／超個体我／社会我

第Ⅱ章は「自己意識」と「自己認知」の区別から始まる。いまここにいる自己はほかの誰でもない自己であると感じる意識である「自己意識」を作田は〈内在する自己〉と呼び換え、八歳頃に確立するそれは意識の外側から研究できない、とする。これに対して、「鏡に映る自己」に代表される「自己認知」は一歳半から二歳の子どもでも可能であり、両者を混同することはできない。なぜなら、自己意識は「生成の世界」の出来事であり、自己認知は「定着の世界」の出来事であるからである（ibid.：47-9）。

この議論は、G・H・ミードの「I／Me」論に次の解釈を導くと作田はいう。「Me」は制度のなかでの役割を他者に期待された自我の側面だが、「I」はこの「定着の世界」とは位相を異にする「生成の世界」の自我を概念化するものである。「I」は川の流れに似て連続しており分割できない。その喜びや悲しみ、希望や絶望は外からどうカテゴリー化されようとも〈私〉の喜びや悲しみ、希望や絶望であり、〈私〉ひとりの一回限りのものである。「内在する自己」である「I」が「通過点の自己」となるのが「Me」と理解すればよい（ibid.:50-2）。

さらに作田は、これに対応して「他者」を類型化する。第一類型は「定着の意味をもつ他者」であり〈監視する他者〉と呼ばれ、第二類型は「生成の意味をもつ他者」であり〈育成する他者〉と呼ばれる。〈監視する他者〉は期待する役割に私を縛りつけようとすると感じられるが、〈育成する他者〉は自己の成長のルールを発見し、それに則して自己を成長させようとする。「Me」の概念だけを想定するとき、他者は〈監視する他者〉ととらえられ、社会学はそう考えがちだった（ibid.:51）。しかし〈育成する他者〉と出会うとき、「人は自分という存在が許容されていると感じ、それまでの自分自身の定義以上のものであるとも感じ」て、自分の可能性や未来を感じることができ「I」を確認できる（ibid.:56-7）。

以上のいわば「ふたつの自己／ふたつの他者」論は、前章の「定着の世界／生成の世界」の議論を引き継いでじつに明晰に（!?）展開されたものといえるだろう。ただしここでも作田は、「Me」から「I」へ／〈監視する他者〉から〈育成する他者〉へ、と反転する論じ方はしない。私には「Me」と「I」があり、この両方を生きている。それを見る他者には〈監視する他者〉と〈育成する他者〉の二種類があり、まるで「羞恥する私」が矛盾する他者のまなざしに晒されていたように、ふたつの他者の視線が交錯する地点に私はいる。

以上を踏まえて、自我の発達段階、社会化過程はどう論じられるだろうか。作田は四つの「自我」の段階を素描する。その第二・第三・第四の段階が、自我の三極構造を形作る。

第一は主客未分の胎児・新生児・幼児の段階であり、作田はこれを「前自我」と呼ぶ。シャハテルのいう「第一次自分中心性」に従って、あらゆる客体は自分の欲求を満たすか、快感を与えるかという観点から位置づけられ、母子一体性の世界に安住する快感に代表される「埋没性情動」をかき乱す刺激は不快感とともに拒否される。そして、知覚にかんしては自己と外界との境界は存在しない（ibid.:58-60）。

第二は「独立我」と呼ばれる。人間は生後六か月以降自他未分の状態から離脱していくが、母子一体化のエロスの世界に安住した個体は弱くなり過ぎるので、個体をその世界から別離・独立させる力が働く。この自我は外界の客体に働きかけ、そこからの刺激によって「活動性情動」が満たされる。この情動はシャハテルのいう「対象中心性」の段階に対応し、生後六か月以後に始まり思春期において頂点に達するが、作田は八歳ごろから「独立我」が始まるとする。「独立我」は、〈私〉はここにあり、あれはあそこにあるという自己意識、あるいは「I」が存在するという意識とも対応する（ibid.:61-4）。

「独立我」が、ルソーの「第一の自己革命」で抽出された〈超越〉の次元と対応するのは明らかだろう。そしてこの自我は、「定着の世界」と「生成の世界」のいずれともかかわる「二重所属」の性質をもつ（ibid.:74）。これは一方で「定着の世界」にかかわり、〈規範の受容〉と〈死からの逃走〉という二特性をもつ。〈規範の受容〉はとくに親の権威に対する従属によるが、普遍的に妥当する規範によって子どもは親に抵抗できるようになり、親からの独立をもたらす（ibid.:71）。また、〈死からの逃走〉は、自分が生き物であるかぎり死ぬということを知った子どもが、個体としての不滅を求めるものであり、「独立我」がもつ「別離・独立の傾向」の「死のサイド」に属する（第I章で既述）とされる（ibid.:72）。

他方で「独立我」は「生成の世界」にもかかわる。そのひとつは独立の個体としてより以上の生を追求しようとする「自己完全化」「自己超越」の傾向であり、「I」として生きていること自体から生まれる（ibid.:74-5）。もうひとつは重要な他者（とくに母親だが、母親だけではない）との同一化の欲望による〈発達同一化〉である。

〈規範の受容〉がモデル＝〈監視する他者〉への恐れからモデルの特徴を取り入れようとする〈防衛同一化〉なのに対し、〈発達同一化〉は愛する他者＝〈育成する他者〉と一体化しようとする（ibid.：78-80）。

第三の自我は「超個体我」である。これは「対象中心性」を特徴としており、対象の一部しか知覚できない「自分中心的関心」をもつのではなく、対象の全体に関心をもちそれを知覚しようとする。その経験が「溶解体験」だが、作田はとくに「他者の一つの言葉、一つの表現を通じて他者の全体に知覚し、その他者の全体に自己の全体が溶け込むかのような共感」という溶解体験を「愛の体験」と呼ぶ（ibid.：91）。さらにこの自我は対象から、それに浸透し振動する生命、存在を直接的に知覚するようになる。この「個体の限界を超える」自我を、作田は「超個体我」と名づける（ibid.：93）。これは、ルソーの「第二の自己革命」での〈浸透〉の次元と対応する。そして完全に「生のサイド」、「生成の世界」に属する。

第四の自我は「社会我」と呼ばれる。一般に思春期が終わるころから「第二次自分中心性」が優位を占めるようになる。「第一次自分中心性」は自他未分の快感を守ろうとし、対象を脅威と認知するが、「第二次自分中心性」は主客を明確に分化し、利用・操作可能な仕方で対象の一部分・一側面に志向する態度で、客体を利用・操作することにより積極的な自己防衛を試みる。そして「もはや客体それ自体に対して純粋な関心をもたない」（ibid.：96）。

第二次自分中心性は人間の社会が親、教師、同輩集団、マス・メディアを通して子どもに押しつけるものであり、第二次自分中心的な自我は「文化」の保護作用のもとで安全を保ち、周囲の人から支持・保護される。シャハテルはこれを「第二次埋没」と呼ぶ。自分中心性が人々に分有されて、文化への同調圧力の源泉となり、これへの第二次埋没に安住する自我が「社会我」である（ibid.：98-9）。ルソーが「自己革命」以前に、他者と比較・同調し、〈手段としての有効性〉を基準に自己保存のため〈防衛〉の次元を生きていた姿と同様といっていいだろう。この自我はいうまでもなく「定着の世界」、「死のサイド」に所属する。

「独立我」、「超個体我」、「社会我」。仮に「エゴイズムからの解放」という原問題を〈明晰〉に解決しようとする見田＝真木がこれらの自我類型を手にしたとしたら、いかなる「図と地の反転」を敢行すると想像されるだろうか。——作田啓一は、これらの類型を以下のような議論へと展開していく。第Ⅲ章の内容も含め、大幅に省略しながら紹介しよう。

第一。自他未分の「前自我」に貯蔵されていた生命エネルギーは、生後六か月くらいから、「独立我」「超個体我」「社会我」の自我の三相に配分される。「独立我」が確立するのは八歳くらいであり、その後生涯にわたり恒常的な流出量でエネルギーの配分がつづく。「超個体我」へのエネルギー配分も八歳くらいから顕著になり、思春期まで高い水位を維持するが、その後は著しく制限されてゆく。「超個体我」にかわり、思春期以降「社会我」へのエネルギー配分が顕著となり、以後水位を高めていく（ibid.: 101–2）。

また、「独立我」は〈自己完全化〉〈発達同一化〉という生成あるいは生のサイドと、〈死からの逃走〉〈規範の受容〉という定着あるいは死のサイドの両面をもつが、そのどちらが強くなるかは「独立我」がどの自我と結びつくかによる。「独立我」が「超個体我」と結びつくと「独立我」の生成のサイドが強化され、「社会我」と結びつくと定着のサイドが強化される（ibid.: 103）。このように、「独立我」「超個体我」「社会我」は、どれかからどれかに反転するというよりも、ひとりの人のなかで同時に存在し、比重を変え、結びつく。

第二。本章末で作田は「超個体我のその後の運命」を論じる。彼はアンリ・ベルクソンの『道徳と宗教の二源泉』に依拠しながら、共同体の保存のために知性によって規範が作られ、必ず外部に潜在的な敵をもつ「閉じた社会」と、個体を超えた生命の根源に発した「愛の躍動」によって結びつき、人類にまで広がる「開いた社会」を対比する（ibid.: 103–7）。前者では非人格的であるほど効力を発揮する「閉じた道徳」の規範と、死の予見がもたらす不安を鎮める虚構（〈死からの逃走〉）としての「静的な閉じた宗教」が機能する。後者では神秘家の「招き」のような人格によって体現された「開いた道徳」と、生命の根源に達し自己と大きな存在の浸透を感じる「動的な開いた宗教」が機能する（ibid.: 108-12）。

ベルクソンがいう「閉じた社会」は「第二次自分中心的社会」と重なり、「開いた社会」は「対象中心的社会」と重なる（ibid.: 111）。いいかえれば、「閉じた魂」は「社会我」と重なり、「開いた魂」は「超個体我」と重なるといえるだろう。ベルクソンが挙げる「超個体我」をもった神秘家たちは子どもではなく大人であり、「独立我」が現状を超えようと上昇するのと結びついて「超個体我」もまた成長していく。こうして、対象中心的な知覚をときたま経験する「超個体我Ⅰ」から、「社会我」より後に来て、対象中心的な態度を形成し終え、対象中心的な知覚を不断に経験する自我へと成長したものを作田は「超個体我Ⅱ」と呼ぶ（ibid.: 115-7）。

第三。「独立我」「超個体我」「社会我」は、第Ⅲ章「価値観と性格」で三つの価値観に置き直される。独立我＝別離・独立の傾向＝原則価値観、超個体我＝対象中心性＝共感価値観、社会我＝第二次自分中心性＝有用価値観（ibid.: 136）。この三つの価値観は、作田が『ルソー』で製錬した類型とそのまま重なる。「有用規準」は、〈手段としての有効性〉の見地から特定のものを選ぶ行為選択であり（ibid.: 124）、〈防衛〉志向と重なる。「原則規準」は、行為者がコミットする原則に適合しているかどうかによる選択であり（ibid.: 124）、〈価値の一貫性〉、〈超越〉志向と重なる。「共感規準」は、行為者が他の生命体との共感を求める「対象中心性」に固有の欲求であり（ibid.: 126）、〈感情的直接性〉、〈浸透〉志向と重なる。

そして作田は、A有用志向、B原則志向、C共感志向を性格の構成要素として組み合わせ、性格の類型論（！）を展開する。三つの志向≒社会我・独立我・超個体我は「別々の自我ではなく全体として自我の三側面」であるから、これを組み合わせることに理論的根拠はある、というのだ（「反転」ではなく「組み合わせ」！）

(ibid.:140)。たとえばA∨B∨C(A'B型と略記)、A∨C∨B(CA'型)はどの社会でも多数派を構成し、前者は「エリート」、後者は「庶民」という言葉でイメージしやすい。AB'型は理想と現実の葛藤で苦しみ、少数派のBC型は芸術家に多い(うちBC'型はゲーテとトルストイに代表される「自然の貴族」(自己充足を特徴とする)、B'C型はシラーとドストエフスキーに代表される「精神の貴族」(自己否定を特徴とする)である)。学生運動はB'C型に担われたが、やがてAB'型さらにはA'B型になっていくのが大人がたどる普遍的コースである、などなど(ibid.:141-57)。

これを見て奇妙な印象を抱く人も多いだろう。ここで作田は三つの基準を組み合わせて分類をしている、つまり「分割(division)の論理」「定着の論理」の側にいるようにも見えるのだから。少なくとも作田は「生成の論理」を拠点として反転することはしない。反転しないで、自分で作った物差しを組み合わせることによって人間の可能性をひとつひとつ吟味し、類型の隙間を見つけ、埋めていく。さいしょのシンプルな物差しを、類似する概念に何度も鋳直し、矛盾するものを組み合わせて複雑化させていく。作田はつねに「残余」を掬い上げようとする。そのために何度も何度も概念の物差しを作り直していく。

3 「こぼれ落ちるもの」の探求

作田啓一は『深層社会の点描』(のちに『仮構の感動』)に収録した一九六七年の「ノンフィクションの精神」で、マックス・ヴェーバーの理念型を例に概念と現実の関係について次のように論じている。「コンセプションと現実との合致の信念」はヘーゲルが大胆に表明して以来人文・社会諸学に共通の前提となってきたが、ヴェーバーの理念型もこの前提の上に立つ。彼は理念としての合理性をモデルとして「現実の社会や人間がどれほど隔たっていても、偏倚は偏倚としてそれなりに明確に位置づけを与えることができる」と考えた。どんな合理主義者も合理性の枠組みによる認識が現実すべてを覆いうるとは考えなかったが、偏倚は「認識者の理解をまっこうから拒絶する謎」を意味するわけではなかった。「認識の網から多くのものがこぼれ落ちる。しかしそれらは、どうしても解かなければならない謎としてみなされていなかった」。合理主義者は「未知のもの、常ならぬものを理解すること」で自分の同一性が根本に覆るとは考えなかったからだ（作田1967→1990:144-5)。

これに対して、作田は「今日では、多くの人びとが自分の同一性を見失っている」と述べる。同一性とは自分の本質への定義であるが、「違った定義をすれば、別の人間なのだ」。だが、ほんとうの自分とはなにか、自分は「クラター家を襲った殺人者」（ここで紹介しているノンフィクションの事例）にもなりえていたのではないか。「フィクションを設定し、それを道具として世界を認識するためには、そのフィクションの中での自己の位置を確実に知っている必要がある。自己の同一性に関する自信がなければ、人はフィクションに頼ることはできない。その信念を失う時、人はフィクションを棄てる」（ibid.:145)。

おそらく現実を理解するための理念・概念・フィクションを設定するとき、一方にはそれによって全体を認識し、位置づけ直す態度が存在する。たとえば「殺人者」という非合理な存在をまえに、それをなんらかの合理的な枠組みによって「明晰の曇りなく」理解する態度があるだろう。それまでの図式ではとらえ切れなかった非合理性までも包括しうる合理的図式を構築し（「理論の力」！）、それを拠点に現実の「図」と「地」を一挙に反転させる。こうした「反転のラディカリズム」が一方にある。

他方、そうした理念・概念・フィクションによる認識の網から「こぼれ落ちるもの」があり、それをいつも発見・探求しようとする態度がある。この態度は世界を認識する物差しとしてのフィクションからこぼれ落ちる「謎の深淵」「謎の空白」（ibid.:143）を「どうしても解かなければならない謎」として発見しつづける。たとえば「殺人者」を理解するための合理的枠組みを作り出すが、それではとらえられない「謎」を見つけ出してしまう

（私も殺人者になりえたのではないか!?）。合理的な図式からこぼれ落ちる非合理的隙間を探求しつづける「残余のラディカリズム」とでも呼べる態度が、もう一方にある。

『生成の社会学をめざして』の作田は、後者の態度をつきつめているように思う。さまざまな二元論的構図を手にしながら、それとは別の第三極を見出す。それによって元の構図を反転させるのではなく、その第三極が元の二極と結びついたり矛盾したりする理路を追跡する。たとえば「独立我」は〈超越〉志向をとりながら、「超個体我」の〈浸透〉志向、「社会我」の〈防衛〉志向と結びつく。あるいは、「エロス」や「溶解体験」を拠点にしてこの全体像が反転することはない。これは、「罪・対・恥」の図式をふたつの視線の交錯で生まれる「羞恥」によって書き換えた「恥と羞恥」でも、ルソーのテクストから〈防衛〉〈超越〉〈浸透〉を抽出しつつ、彼が水平関係を思考できなかったとして「自己革命」からこぼれ落ちるものへの違和感を表明した『ルソー』でも、そうだっただろう。作田はいつも「どうしても解かなければならない謎」を概念の物差しからこぼれ落ちる「残余」として発見しつづけ、「謎の空白」をとらえうる物差しを選び直し、作り直しつづけたのではないか。

『生成の社会学をめざして』第Ⅳ章は四〇ページに満たない短い章だが、「権威主義的性格またはヒトラー主義者たち」と題され、ナチズムを支持したドイツ下層中産階級の社会的性格が扱われる。フロムやアドルノが研究したこの性格の特性は権威主義的な攻撃性と服従性であり、一方で無力感に陥った服従者がそれを逃れるために強迫的に強い権威と〈防衛同一化〉するという非合理性を持ち、他方でこの同一化で強者を装った服従者が自分より弱い者を攻撃する（作田 1993: 179）。この性格はいかにして生まれたのか。

ここでも作田は四つほどの物差しを当てていく。第一の物差しは、ヴェーバー（！）が描いた「ピューリタン的近代人」の理念型である。天職に没頭することが救済の証と考え、快楽を避け営利の追求をめざしたピューリタンは、人間全体として生きることより「神の道具」として部分的に生きることを選ぶ。作田はこの性格を、「グノーシス的二元論」のプロテスタンティズムによる編成替えと関連させてとらえる（ヴェーバーにはない物差しだろう）。グノーシス的二元論は、善は善神、悪は悪神に帰属させる思想で、カトリックからは異端とされたが、地上の肉体を嫌悪し天上の精神の生活に憧れる傾向としてカトリックにも残された。だがプロテスタンティズム、とくにピューリタニズムは天上の「超越界」の具象的なイメージを一掃し、超越界での救済を否定した。その空白を充填したのが世俗的成功であり、これは「勝者の哲学」であって、「他人に打ち勝つことを目標にし、世界を機械のように整理し、自己を徹底的に管理する要請」を民衆にも押しつける（ibid.: 180-2）。

作田はこれを「地上から天上に向かう垂直の線が横へ傾き、水平の線と重なりそうになった」と表現する。ただし当時のプロテスタントには世俗的成功への罪悪感、劣者も憐れむべきとする信念があり、水平線には重ならずその差分を「祈り」が埋めた。これに対しヒトラー主義者では、超越的普遍主義的な神の存在は無視され、世俗界での幸福があれば十分で、「祈り」の必要などない。つまり原則規準（B）は弱化し、有用規準（A）が強化されて、垂直線は完全に水平線と重なる。ピューリタン的近代人は〈超越〉志向をもつAB'型だが、ヒトラー主義者は〈防衛〉志向が最強であるA'B型なのだ（ibid.: 183-4）。このように、本書が鍛えた三つの価値観の物差しが、まず当てられる。

第二に作田は、強い攻撃性を伴った反ユダヤ主義、少数者や無力な者への「権威主義的攻撃」を、ヒトラー主義の「指導者」と「追従者」に分けて論じる。第一次世界大戦の敗北はドイツ下層中産階級に「方向感覚のトータルな喪失」と「絶滅あるいは奴隷化の恐怖」からなる「災害症候群」をもたらし、「根こぎ」の感覚を生んだ。このとき伝統的・保守的なカイザーライヒへの回帰を求めたのが追従者たちであり、彼らは有用規準（A）を追求する「俗物型」だった。これに対し指導者たちは悪の根源をユダヤ人に求めて根絶やしにしようとし、同調しないイギリスやアメリカという民族の外の悪も倒そうとする。彼らは原則規準（B）に忠実な「プロメティウス型」で、理想を果たすために現実を乗り越えようとする。だが「あらゆる防衛は自己保全を目的としているから有用価値（A）の追求」であり、原則志向のエネルギーは垂直線ではなく「ゲルマン種族対ユダヤ種族という水平的二分法」に拘束され、外敵を滅ぼして自己を防御する有用価値に従属することになる（ibid.: 185–90）。

ここで作田は、ベルクソンから「仮構機能（fabulation）」（≠フィクション！）という物差しを導入して議論を展開する。反ユダヤ主義の偏見が「自我の防衛機制」として作用するようになると、人は「受け入れることのできない現実に代わる仮構を採用し、これをもって無力となった自我を支える」ようになる。第一次大戦後の「災害症候群」は現実には反ユダヤ主義とは無関係なものだったが、世界を「善＝ゲルマン種族／悪＝ユダヤ種族」の戦場と見るグノーシス的二元論の「仮構」による別の解釈で自我防衛を果たそうとするのだ（ibid.: 190–2）。「幸福になるためには自分たちを絶滅させ、あるいは奴隷化しようとする劣等種族を打ち倒すほかない」（ibid.: 193）。この「黒白二分法」による仮構が「内省から生じる懐疑を抑圧し、タフな行動力を身に着けさせる」（ibid.: 194）。

では、犠牲者の心身全体を殲滅する「破壊性」はなにに由来するか。作田は第三に、フロムの『破壊』から「ネクロフィリア（死せるものへの愛）／バイオフィリア（生命への愛）」の対概念を引いて物差しとする。これが、第I章以来の「死のサイド／生のサイド」と対応するのは明らかだろう。フロムによれば「人間は生物学的にバイオフィリアの能力を与えられている」が、なにも創造できず誰をも動かす力がないとき、虚無の感覚から逃れるには「生命を破壊するという行為」で自己を主張するしかない。ネクロフィリアは「生きられなかった生命が生命自身へ向かって攻撃を試みる」ネクロフィラスな破壊性は人間固有のものだと言明する（ibid.: 204–5）。そして、「バイオフィリアは超個体我の属性であり、ネクロフィリアは社会我の偏曲した属性である」という。「独立我」は「超自我」に結びつくときバイオフィリアの面を、「社会我」に結びつくときネクロフィリアの面を見せる（ibid.

206）。

ピューリタン的近代人の「独立我」が持つ垂直線上に上昇する〈超越〉志向が、世俗的成功のみを目的として水平方向の〈防衛〉志向に重なる（第一の物差し）。「災害症候群」をまえに、原則価値による自己防衛が反ユダヤ主義の「仮構」と結びつく（第二の物差し）。バイオフィリアが阻害され、ネクロフィリア（＝死のサイド）の破壊性による自己主張をせざるをえなくなる（第三の物差し）。こうして形成されたヒトラー主義の社会的性格は「自己防衛」＝「有用価値」を至上の価値として組み立てられ（水平方向）、「超越価値」（垂直方向）はこれに従属し、挫折する。――ではもうひとつの反有用価値となりうる「共感価値」はどうなのか？　この第四の物差しについてはごく簡略に触れるなら、作田は、ヒトラーもゲッペルスも芸術を愛好したが、彼らにとって芸術は政治のための手段にすぎず、「共感価値」もまた「有用価値」に従属していたと指摘する（ibid.：209-10）。

このように、作田はこの本で製錬した物差しと、ヴェーバーやフロムが形作った理念型を、「ヒトラー主義者」という現実に矯めつ眇めつ当ててみてその性格を理解しようとする。一方でそれは、「有用価値の優位化というピューリタニズムの衰退過程」に位置づけられ、「二〇世紀の近代人の姿」そのものである。他方それは、「災害症候群に伴う対外的防衛と対内的防衛のメカニズム」によって特異なまでの非合法性を帯びており、この面では「反近代的」である。そして、有用価値を優先する近代人がなんらかの要因で防衛メカニズムを発動させるとき、「権威主義的性格」はいつでも現れうる「普遍性」をもつ（ibid.：211）。

ところが作田は、ここで終わらない。ヒトラー主義者を測定したあと、最後にそれから「こぼれ落ちるもの」を論じようとするのだ。それは「日本人の中の権威主義」である。西欧と日本は歴史的・文化的に異なった背景のもとで近代化しており、「詳細な検討を加えるまでもなく……ピューリタン的近代人やヒトラー主義者そっくりの日本人がいるはずがないことは断言できる」（日本人は「近代人」から「こぼれ落ちる」！）。グノーシス的二元論は日本の伝統にはないし、日本人の超越志向は西欧とそれと異なるので、権威主義的な性格にも差異が見られるはずだ。日本では仏教の影響で彼岸への信仰は広がったが、現世をトータルに悪と見るような超越志向は育たず、滅びを自然に任せて待つ「消極的ペシミズム」に傾いた。だから、有用価値の優位が進むと、現世の権力・権威・多数にナイーブに同調することで物質的・精神的な自己利益を保全する傾向が強まっていく（ibid.:212-3）。

作田は、こうした同調には第Ⅲ章で述べたCA'型とA'B型があるとし、自己利益＝「有用価値」と相互作用の場に緊張を生みたくない「共感価値」が結び着くのが前者だが、自己利益の追求を「超越志向」によって正当化する後者のほうに権威主義的性格が見出せる、という。多数派は「服従することが自己利益だから」集まっているのかもしれないのだが、「権威主義的人間は、多数派が正しいがゆえに多数派を構成するにいたったと見るから、その多数派にくみすることは正しいと判断する」（ibid.:213）。ここで作田はこう述べる。「多数派＝善、少数派＝悪の黒白二分法に立ち、世界を単純化し、紋切型に考え、内省性に反抗することによって、自我の内部の諸力が矛盾し合う葛藤から免れることができる」（ibid.:213）。こうすることで多数派は、制度からの拘束（≒定着の論理！）と内部の自発性（≒生成の論理！）を衝突しないようにできる。「制度と感情のあいだにずれのない生き方ができれば、どんなに楽かを、どの社会の人々もよく知っている。ただ、どの社会も両者のあいだに多少ともずれが生じるように作られている。だからこそ、そのずれを埋めようとして、どの社会においても世界の単純化、紋切型思考、反内省性といった権威主義的性格の諸特性が形成されるのである」（ibid.:213）。この性格はあらゆる社会で再生産される。「それゆえ、これらの特性は、断片的にあらゆる人々に内在している、と見なければならない。……もし、これらの特性の内在をみずから意識せず、自分は権威主義的性格とは無縁であると信じる人がいれば、その人自身が世界を黒白に分ける二分法的思考にとらわれており、したがって権威主義的傾向の持ち主であるということになる」（ibid.:214）。

ここで作田は、「ずれ」を埋めようとする思想を厳しく批判しているといえるだろう。「こぼれ落ちるもの」があり「残余」がある。それをふたつに仕切ってしまう「二元論」や「二分法的思考」、あるいは「定着の論理」は、「ずれ」を埋めようとすればするほど権威主義に陥ってしまい、ナチズムに見られたような破壊性やネクロフィリアを呼び寄せてしまう。こうした「二元論」や「二分法」はフィクションであり「仮構」であって、「防衛志向」のためにそれらは自己展開していく。擁護すべきは「ずれ」であり「残余」である。

そして作田は、この批判から「あらゆる人々」が逃れることを許さない。誰もが権威主義者になりうる、というより誰もが権威主義者の側面を有していて、自分はそれから自由と考えること自体が権威主義者の証拠である。このことに「外部」はない。なんらかの「外部」を拠点にして構図を反転させるのではなく、このあやうさの内部にしか人間はいられない（私は殺人者になりえたかもしれない！）[3]。だから作田はいつも第三極の「こぼれ落ちるもの」を見つけようとする。「ずれ」や「残余」が私たちのなかにあることを探求しつづけ、そのざらざらした居心地悪い感覚をなくすことのほうがはるかに危険であることを、誰も例外とせずに呼びかけつづけるのだ。

この「残余のラディカリズム」による探求は、二〇一六年三月の彼の死まで途絶えることがなかったといっていいだろう。たとえば二〇一二年の『現実界の探偵』の序論で作田はこう述べる。「現実界の探偵はまた、犯罪行為の前後のつながりを切断する隙間にリアルが浮き上がるのを認めると共に、それ以外の諸状況においても、それぞれ隙間があり、そこにリアルが浮き上がるのを見届ける。つまり、彼にとって隙間一般が問題となるのだ。これを問題視するのが現実界の探偵と呼ぶことができる作家たちである」（作田 2012:12）。その死の直前に刊行された『記憶とリアルのゆくえ』に寄稿した「日本近代文学に見られる自我の放棄（続）」（二〇一三年初出）でも作田は、複数の人物のあいだの隙間、価値のあいだの両立不可能性の隙間、生の光と死の闇とのあいだの隙間、過去から現在に移るあいだの変化による隙間を詳述し、これらの「隙間にリアルが現れるのだ」と論じている（作田 2013→2016：230）。

他者のまなざしのもと「〈怒り〉の陥穽」に囚われていたN・Nが『自我の起原』を目にしたらどう感じただろう、との反実仮想を記したが、複数のまなざしの交錯とずれにより「羞恥」を抱える人間が『生成の社会学をめざして』を読んだとしたらどう感じるだろう。この「残余のラディカリズム」はその人になにを与えるだろう。一九六〇年代の作田は「羞恥の共同態」に救済と連帯の可能性を見出したけれど、ここからどんな解放の契機を引き出すことができるだろう。――しかしそろそろ稿を閉じよう。本稿では「反転のラディカリズム」と「残余のラディカリズム」と呼んでみたが、まなざしのまえに置かれた自我という地点から出発し、一九九三年の「自我の社会学」に至るふたりの社会学者の探求がなにを切り開き、なにを切り開きえなかったのか、その可能性と限界について本稿はいくつかのヒントを示しえたかもしれない。だが、彼らのそのあいだ・それ以降の多くの仕事は未検討である。それらをとらえ返す作業は、私たちを含む今後の世代に引き継がれることになる。

3　一九六五年に『展望』に発表された「われらの内なる戦争犯罪者」（『恥の文化再考』に収録）で作田は、「戦争犯罪が集合的人格のせいでも劣等な仲間のせいでもなく、まさに私自身の中に内在する性質によって生じたとみなす立場」を論じている。その立場によれば、「その性質は戦後二〇年経ってもあまり変わらず、私自身の中に生き残っているから、もし私が戦争犯罪をかつて犯さなかったように、今も犯していないのは、ただその機会に恵まれなかったためにすぎない」（作田 1965→1967：77）。

参考文献

真木悠介　一九七七a　『現代社会の存立構造』筑摩書房

――　一九七七b　『気流の鳴る音――交響するコミューン』筑摩書房

――　一九八一→二〇〇三　『時間の比較社会学』（岩波現代文庫版）岩波書店

――　一九九三　『自我の起原――愛とエゴイズムの動物社会学』岩波書店

――　一九九四→二〇一二　「竈の中の火――『自我の起原』補注」、『定本真木悠介著作集Ⅲ』岩波書店、一九七‐二一一

見田宗介　一九七三→二〇一一　「まなざしの地獄――尽きなく生きることの社会学」、『定本見田宗介著作集Ⅵ』岩波書店、一‐六六

――　一九八四　『宮沢賢治――存在の祭りの中へ』岩波書店

――　二〇〇六　『社会学入門――人間と社会の未来』岩波書店

奥村　隆　二〇一五　「〈明晰〉なる反転――見田宗介におけるその拠点と陥穽について」、『現代思想』四三（一九）、九七‐一一三

作田啓一　一九六五→一九六七　「われらの内なる戦争犯罪者――石垣島ケース」、『恥の文化再考』筑摩書房、七五‐一〇七

――　一九六七→一九九〇　「ノンフィクションの精神」、『仮構の感動――人間学の探求』筑摩書房、一四〇‐七

――　一九七二　『価値の社会学』岩波書店

――　一九八〇→二〇一〇　『ルソー――市民と個人』白水社

――　一九九三　『生成の社会学をめざして――価値観と性格』有斐閣

――　二〇一二　『現実界の探偵――文学と犯罪』白水社

――　二〇一三→二〇一六　「日本近代文学に見られる自我の放棄（続）――リアルの現れる場所」、亀山佳明編『記憶とリアルのゆくえ――文学社会学の試み』新曜社、一二九‐六三

●**鳥越信吾**（とりごえ しんご）【第4章執筆】

慶應義塾大学大学院社会学研究科社会学専攻博士課程。1985年岡山県生まれ。専攻は理論社会学、知識社会学、時間の社会学。翻訳（共訳）にアルフレッド・シュッツ&トーマス・ルックマン『生活世界の構造』（那須壽監訳、ちくま学芸文庫、2015年）。論文に「A.シュッツにおける時間論」（『社会学史研究』第35号、2013年）、「A.シュッツにおけるふたつの未来」（『日仏社会学年報』第24号、2013年）、「時間の社会学の展開」（『人間と社会の探求』第79号、2015年）などがある。

●**小形道正**（おがた みちまさ）【第5章執筆】

公益財団法人京都服飾文化研究財団研究員。1985年長崎県生まれ。東京大学大学院総合文化研究科博士課程満期単位取得退学。専攻は文化の社会学、社会理論、現代社会論。論文に「ファッション・デザイナーの変容」（『社会学評論』67巻1号、2016年）、「まなざしの誘惑」（『現代思想』43巻19号、2015年）、「着物文化と都市の現在」（『季刊iichiko』126号、2015年）、「ファッションを語る方法と課題」（『社会学評論』63巻4号、2013年）などがある。

●**鈴木洋仁**（すずき ひろひと）【第6章執筆】

東京大学大学総合教育研究センター特任助教。1980年東京都生まれ。東京大学大学院学際情報学府博士課程単位取得退学。京都大学総合人間学部卒業後、関西テレビ放送、ドワンゴ、国際交流基金を経て現職。専門は、歴史社会学。著書『「平成」論』（青弓社、2014年）。共著（分担執筆）として、『映像文化の社会学』（長谷正人編著、有斐閣、2016年）、『新・若者論を読む』（小谷敏編著、世界思想社、2017年近刊）、『海賊史観から見た世界史の再構築』（稲賀繁美編著、思文閣出版、2017年近刊）などがある。

●**岡崎宏樹**（おかざき ひろき）【第7章執筆】

神戸学院大学現代社会学部教授。1968年兵庫県生まれ。京都大学大学院文学研究科博士後期課程単位取得退学。京都大学博士（文学）。京都学園大学講師、准教授を経て現職。専門は社会学理論、文化社会学、音楽社会学。論文に「人間の聖性について—バタイユとアガンベン」（『Becoming』20、BC出版、2008年）、「リズム論的思考（1）—社会学とクラーゲスのリズム論」（『Becoming』34、2015年）、「文学からの社会学—作田啓一の理論と方法」（亀山佳明編『記憶とリアルのゆくえ—文学社会学の試み』新曜社、2016年）などがある。単著『至高性の社会学』（関西学院大学出版会）を近刊予定。

●**浅野智彦**（あさの ともひこ）【第8章執筆】

東京学芸大学教育学部教授。1964年宮城県生まれ。東京大学大学院社会学研究科博士課程単位取得退学。東京学芸大学助手、講師、助教授を経て現職。専攻はアイデンティティ論、若者論。著書に『自己への物語論的接近』（勁草書房、2001年）、『趣味から始まる社会参加』（岩波書店、2011年）、『「若者」とは誰か』（河出書房新社、2013年）、『現代若者の幸福』（共編著、恒星社厚生閣、2016年）などがある。

【著者紹介】

●奥村　隆（おくむら たかし）【編者　序章・第9章執筆】

立教大学社会学部教授。1961年徳島県生まれ。東京大学大学院社会学研究科博士課程単位取得退学。博士（社会学）。東京大学文学部助手、千葉大学文学部講師、助教授を経て現職。専攻はコミュニケーションの社会学、文化の社会学、社会学理論。著書に『他者といる技法―コミュニケーションの社会学』（日本評論社、1998年）、『エリアス・暴力への問い』（勁草書房、2001年）、『反コミュニケーション』（弘文堂、2013年）、『社会学の歴史Ⅰ―社会という謎の系譜』（有斐閣、2014年）などがある。

●出口剛司（でぐち たけし）【第1章執筆】

東京大学大学院人文社会系研究科准教授。1969年大阪府生まれ。東京大学大学院人文社会系研究科博士課程修了。博士（社会学）。立命館大学産業社会学部助教授、フランクフルト大学社会研究所客員研究員、明治大学情報コミュニケーション学部准教授を経て現職。専攻は理論社会学、社会学史研究。著書に『エーリッヒ・フロム』（新曜社、2002年）、論文として「栗原社会学における社会意識の構成と自明性による支配」（『情報コミュニケーション学研究』第16号）、“Erich Fromm and Critical Theory in Post-War Japanese Social Theory”, in: *Towards a Human Science: The Relevance of Erich Fromm for Today*, Rainer Funk and Neil McLaughlin (Eds.), Psychosozial-Verlag, 2015. “Sociology of Japanese Literature after the Great East Japan Earthquake”, in: *The Consequences of Global Disasters*, Anthony Elliott & Eric L. Hsu (Eds.), Routledge, 2016. などがある。

●長谷正人（はせ まさと）【第2章執筆】

早稲田大学文学学術院教授。1959年千葉県生まれ。大阪大学大学院人間科学研究科博士後期課程中退。千葉大学教養部専任講師、文学部助教授などを経て、現職。専攻は映像文化論。著書に『敗者たちの想像力―脚本家山田太一』（岩波書店、2012年）、『映画というテクノロジー経験』（青弓社、2010年）、『映像という神秘と快楽―〈世界〉と触れ合うためのレッスン』（以文社、2000年）、『悪循環の現象学―「行為の意図せざる結果」をめぐって』（ハーベスト社、1991年）などがある。

●片上平二郎（かたかみ へいじろう）【第3章執筆】

立教大学ほか兼任講師。1975年東京生まれ。上智大学理工学部化学科卒業。慶應義塾大学大学院社会学研究科社会学専攻（修士課程）修了。立教大学大学院文学研究科比較文明学専攻（博士後期課程）修了。理論社会学（主に批判的社会理論）、現代文化論。主な論文は「アドルノの「伝統」概念」（『社会学評論』第59巻3号）、「断片化された世界へのまなざしと弁証法」（「社会学評論」第66巻2号）、「肯定のまぶしさ、そして、あやうさ」（「現代思想」43-19号「総特集：見田宗介＝真木悠介」）など。単著『ポピュラーカルチャーの地平　時代意識の社会学』（晃洋書房）を近刊予定。

作田啓一 vs. 見田宗介

2016（平成28）年11月30日　初版1刷発行

編　者　奥村 隆

発行者　鯉渕友南

発行所　株式会社 弘文堂　101-0062 東京都千代田区神田駿河台1の7
TEL 03(3294)4801　振替 00120-6-53909
http://www.koubundou.co.jp

装　丁　笠井亞子

組　版　スタジオトラミーケ

印　刷　大盛印刷

製　本　牧製本印刷

ISBN978-4-335-55183-3